한의학과 러셀 역설 해의

음양오행론으로 현대 논리학의 난제 풀어보기

김상일

지식산업사

김 상 일

연세대와 대학원에서 신학을 전공하였고, 성균관대 대학원에서 한국철학을 수학한 뒤, 미국 서부 클레어몬트대 대학원에서 과정철학과 한국불교연구로 박사학위를 받았다.

한신대학교 철학과 교수로 재직하다가 지금은 1980년대 초부터 관계한 미국 서부의 한의과대학에서 한의학과 과정철학, 한의학의 논리적 배경 등을 강의하고, CalUMS에서 제공하는 연구실에서 연구에 전념하고 있다. 클레어몬트과정사상연구소의 한국학 담당 디렉터로 있다.

주요 저서로는 《동학과 신서학》,《초공간과 한국문화》,《러셀 역설과 과학혁명구조》, 《카오스와 문명》, 《화이트헤드와 동양철학》, 《수운과 화이트헤드》, 《괴델의 불완전성 정리로 풀어본 원효의 판비량론》,《원효의 판비량론 비교 연구》 등이 있다.

한의학과 러셀 역설 해의
- 음양오행론으로 현대 논리학의 난제 풀어보기 -

초판 발행 2005. 3. 23.
2쇄 발행 2017. 6. 22.

지은이 김 상 일
펴낸이 김 경 희
펴낸곳 (주) 지식산업사
　　　　본사 ◉ 10881, 경기도 파주시 광인사길 53
　　　　　　　전화 (031) 955-4226~7 팩스 (031) 955-4228
　　　　서울사무소 ◉ 03044, 서울시 종로구 자하문로6길 18-7
　　　　　　　전화 (02) 734-1978 팩스 (02) 720-7900
　　　　영문문패 www.jisik.co.kr
　　　　전자우편 jsp@jisik.co.kr
　　　　등록번호 1-363
　　　　등록날짜 1969. 5. 8.

책값은 뒤표지에 있습니다.

이 책을 읽고 저자에게 문의하고자 하는 이는
지식산업사 전자우편으로 연락 바랍니다.

책을 내면서

글을 시작하며 필자는 이 책이 '한의학의 탈을 쓴 러셀 역설 해의'라는 논리적 내용을 담고 있음을 밝혀둔다. 동서고금을 막론하고 인간의 지혜로 풀지 못한 난젯거리가 하나 있다. 그것이 바로 '러셀 역설(Russell's Paradox)'이다. 서양에서는 고대부터 '거짓말쟁이 역설'로 전해 내려온 것인데, 20세기 초 철학자 러셀이 수학에서 이 역설을 발견한 뒤로 '러셀 역설(Russell's Paradox)'이라고 널리 알려지게 되었다. 이 역설의 해법에서 서양의 논리학과 철학이 탄생했다고 해도 과언이 아니다. 동양철학 역시 마찬가지이다. 서양에서 이 역설이 처음 체계적으로 등장하는 문헌은 플라톤의 《파르메니데스》일 것이고, 동양에서는 《역(易)》일 것이다. 이 역설은 비단 철학이나 인문과학의 영역에 국한되어 나타나는 것은 아니다. 마치 미다스 왕의 손이라도 닿은 것처럼, 자연과학은 물론 인간의 손길이 미치는 곳이라면 어디서나 모두 이 역설로 변하고 만다. 이 역설을 만난 사람은 모두 위기와 맞닥

4

떠리며 생명의 위협마저 느꼈다. 서양에서는 20세기 초 수학의 집합론에서 이 역설이 처음 나타나기 시작했는데, 러셀 자신은 이것과 마주치자 망연자실할 정도였다고 한다. 만일 인간의 병을 치료하는 의학에 이 역설이 나타난다면, 이는 인간의 생명과 직결되어 의사에게는 큰 부담이 될 것이다.

역설이란 마치 야누스의 얼굴처럼 상반된 두 현상이 하나의 몸에 달려 있는 것과 같다. 이를 처리하는 간단한 방법은, 제우스가 그랬던 것처럼 야누스의 몸을 두 동강이 내버리는 것이다. 실제로 서양철학은 지금까지 줄곧 이런 제우스의 칼을 휘둘러왔다. 인간의 몸과 마음이라는 것은 한 몸의 두 얼굴과 같다. 데카르트는 이를 별개의 것으로 나누어버렸으며, 서양의학은 바로 이러한 데카르트의 철학을 기초로 성립한 것이다. 그야말로 양의학(洋醫學)은 양의학(兩醫學)이 되고 말았다. 그리고 철학에서 행한 역설 해법도 데카르트가 사용한 방법과 다르지 않다. 이러한 분위기 속에서 두 얼굴을 한 몸에 지니고 있는 것은 마치 비과학적이며 미신인 것처럼 취급을 받았다. 한의학이 그동안 동양 사회 안에서도 푸대접을 받아온 원인이 여기에 있는 것이다. 그러나 동양은 서양과는 다른 역설 해법을 가지고 있었으며, 그 논리는 서양과는 다른 종류의 것이었다.

이 책에서는 고대 그리스 철학에서 아리스토텔레스(Aristoteles)가 역설을 배격하기 위해 사용한 논리학, 곧 모순율과 배중률에 근거한 논리학을 'A형 논리'라고 할 것이다. 그리고 다른 한편에서 사용된 논리학을 'E형 논리'라고 할 것이다. E형 논리란 다름아닌 '거짓말쟁이 역설'이며, 이 역설을 말한 '에피메니데스(Epimenides)'의 이름 첫 글자 'E'를 딴 것이다. E형 논리학은 '자기언급(self-reference)'에 그 논리적 근거를 두고 있다. 우주와 존재의 기본 원리와 원칙이 자기언급이라고 할 수 있을 텐데, 동양에서는 이 자기언급에 정신적 유산을 모두 보관하고 있다고 해도 과언이 아니다. 동양의학 역시 예외가 아니라는 말이다. 자기언급의 원칙에 따라 양의학과 한의학이 그 논리적인 구조에서 얼마나 다른가를 이 책을 통해 알게 될 것이다. 진단에서 치료에 이르기까지 자기언급 없이는 한의학의 철학적 배경과 논리적 구조를 파악할 수 없을 정도이다. 한의학의 음양오행설과 12경맥의 구조를 파악하는 데도 필요 불가결한 것이 바로 자기언급이다. 수학에서는 이를 '페어홀스트 방정식'이라고 했고, 북한 학자들은 '부반결합조절'이라고 했다. 이러한 자기언급을 구조적으로 관찰할 수 있는 것이 바로 위상기하학(topology)이다. 그래서 이 책은 거짓말쟁이 역설을 위상기하학과 연관시켜 한의학의 주요한 경맥 구조를 파악하는 것으로 그 절정을 이루고 있다.

실로 20세기는 고대의 거짓말쟁이 역설이 러셀로 말미암아 러셀 역설로 다시 등장한 시기였다. 그리고 논리학자와 수학자들은 이 역설의 해법을 찾기 위해 한 세기 동안 몰두했다. 20세기 중반, 즉 1970~1980년대는 이 역설 연구의 절정기였다. 러셀은 이를 스페인 마을에 전해 내려오는 이발사의 역설에서 발견하고, 그것이 수학에도 그대로 나타남을 확인하고는 크게 놀랐다고 한다. 그리고 이 역설에 휘말려 모든 학문에 대해 의욕을 잃을 정도였다고 한다. 이 역설의 해법으로는 러셀-타르스키의 유형론적 해법과 굽타-키하라의 순환론적 해법이 있다. 전자가 전형적인 A형 논리학의 해법이라면, 후자는 E형 논리학의 해법이다. 20세기 지성이 총동원되어 찾아내려 한 이 역설의 해법을 우리는 한의학의 논리적 구조를 통해 발견하게 될 것이다. 이 역설 해법을 위해 타르스키·콰인·크립키·바와이즈·코이넬·닐·스트로슨·헤르츠버그 같은 철학자와 과학자들이 총동원되었으나, 그 해법은 여전히 미궁에 빠져 있다. 그런데 일석이조라는 말 그대로, 이 책은 그동안 구명되지 않고 있던 한의학의 논리적 구조를 구성해보는 동시에 서양 지성계의 최대 난제인 러셀 역설의 해법을 모색하는 기회도 독자들에게 줄 것이다. 물론 필자는 후자에 많은 비중을 두고 독자들이 이 책을 읽어주기를 바라는 것이다.

이 책이 주요 내용으로 삼고 있는 것은 사각형의 종이 위에서 벌어지는 모든 가능성을 고찰하는 것이다. 점, 선, 평면, 원기둥, 원환, 뫼비우스 띠, 클라인 병, 사영 평면 등, 이 여덟 개의 가능성을 '위상범례(topological paradigm)'라고 한다. 필자는 이 위상범례를 러셀 역설과 연관시키고, 다시 오행 및 12경맥의 구조와 연관시킬 것인데, 이러한 3자의 관계를 통해 역설 해법의 새로운 탈출구를 찾으려 한다. 즉, 한의학을 통해 지난한 역설 해법의 실마리를 찾으려는 것이다.

지금 인문학은 고사 직전에 있다. 인문학이 다시 살아나기 위해서는 자연과학과 만나야 할 것이다. 그러나 스노우 같은 학자들의 연구로 인문학과 자연과학의 만남이 시도되고는 있지만, 그 실마리가 보이지는 않는다. 필자의 생각으로는 한의학이야말로 두 문화의 종합화를 위한 최적의 학문 분야라고 본다. 철학이 없다면 한의학은 처음부터 성립할 수 없었을 것이다. 이러한 이유로 한의학과 쌍벽을 이룰 만한 한철학의 등장이 고대되는 것이다. 이 책은 한의학을 공부하는 사람들에게 한의학의 논리적 배경을 제공하는 동시에, 인문과 자연 두 학문의 융합이라는 새로운 목적 제시도 겸할 것이다.

1980년도에 박준환 총장님의 배려로 사우스베일로 대학 한의학과에서 일하는 동안 고 이창빈 교수님과 염태환 교수님 그리고 길태승 교수님으로부터 개인적인 사사를 받은 뒤, 거의 25년 동안 혼자 몰두해오던 원고를 이제 탈고하게 되었다. 그런 연유로 박 총장님께 심심한 감사를 드리지 않을 수 없다. 후학들을 아끼며 한의학 발전에 애쓰고 계시는 박 총장님의 노고에 이 책이 조금이라도 보탬이 된다면 더없는 보람일 것이다. 박준환 총장님께서는 해외 굴지의 사우스베일로 한의학 대학을 로스앤젤레스에 세우시고, 지금은 후학 양성에 공헌하고 계신다. 이 책이 한의학 발전에 기여할 수 있다면 더없는 보람이겠지만, 동시에 도움을 주신 분들께도 큰 보답이 되겠다.

사우스베일로 한의과 대학 임순옥 교수님은 이 책 후반부의 한의학 부분을 철저하게 읽어주시고 첨삭을 해주셨다. 임 교수님과 함께 작업을 한 것이 필자에게는 큰 기쁨이 되었다. 그러나 혹시 이 책의 한의학 부분에서 부족한 이해가 드러난다면, 그것은 전적으로 필자의 탓이다.

더불어 80여 개 이상의 그림과 표를 만들며 교정과 편집을 맡아 지난 봄부터 거의 사계절이 지나도록 노고를 아끼지 않은 이경희 선생님께 깊이 미안한 마음과 감사의 뜻을 전하며, 지식산업사 김경희 사장님의 따뜻한 애정과 격려의 말씀에도 거듭 감사의 말씀을 드린다.

2005년 3월
한신대학교 연구실에서   김 상 일

제2부 러셀 역설의 해법과 한의학의 논리

모듬글 : 의학과 기틀 전환

토마스 쿤은 과학적 지식마저 '기틀(paradigm)'에 지나지 않는다고 보았다. 여기서 '기틀'이라는 말은 어떤 것을 사용하다가 쓸모없으면 때때로 버려도 됨을 뜻할 정도로, 절대적 진리의 기준이 없음을 내포하고 있다. 쿤에 따르면, 새로운 과학이 나타날 경우 이것과 종전에 정상과학이라고 여기던 것 사이에는 틈이 생기게 된다. 그리고 이 틈으로 말미암아 정상과학은 틀리게 된다. 틀리게 되면 새로운 과학의 틀이 나타나 트인다. 이것이 이른바 쿤이 말하는 과학혁명 구조의 내용이다. 틈이 생겨 틀려지고 새로운 과학의 틀로 트인다. 그러면 의학도 이러한 기틀 변화를 겪는 것일까?

오늘날 우리가 알고 있는 양의학 혹은 서양의학이 지금과 같은 모습을 갖춘 것은 19세기 말에 이르러서였다. 더욱이 인체에 대한 체계적 연구는 불과 한 세기 전에야 가능해진 일이었다. 19세기는 전통 의학과 큰 틈이 생기면서 의학 사상 큰 기틀 전환이 일어난 시기였다고 할 수 있다. 19세기 말부터 의학도 자연과학의 한 분과가 되면서 해부학과 생리학이 처음으로 등장했다. 그러나 인체를 기계로 보고 질병을 기계적 모델로 본 것은 이미 또 하나의 트임을 의미하는 기틀 변화를 예고하는 것이었다. 19세기에 등장한 현대 양의학은 지금까지 정상과학의 위치를 공고하게 지키고 있는 것이 사실이다. "쿤의 용어로 말해서 정상과학의 시기에 들어선 것이다"(울프, 1999, 23).

이때 정상의학이란 전형적으로 인체를 하나의 기계로 보는 뉴턴-데카르트적 세계관 위에 선 의학이었다. 그리고 A형 논리의 기초를 발판으로 하는 의학이었다. 이 정상의학은 자기들의 수수께끼를 스스로 풀기에 바빴다. 데카르트적 세계관에 입각해 있던 정상의학의 처지로서는, 의학은 사람의 몸만을 다루는 것이기 때문에 철학과는 아무 상관이 없다고 생각했다. 해부학과 생리학이 쏟아내는 결과물에 만족한 나머지, 드디어 1971년에 이르러 수 세기 동안 코펜하겐 대학의 의대생들에게 필수과목이던 철학 강좌가 폐지되기에 이르렀다(울프, 1999, 23).

그러나 정상과학이던 의학이 틀리기 시작한다. 1960년경 임상의들이 신약의 효능에 의문을 갖기 시작한 것이다. 이전까지는 신약의 임상 효과는 실험실에서 그 작용 메커니즘을 연구함으로써 예측할 수 있다고 생각했다. 이른바 '이중 맹점에 의한 역학 임상 역학 실험(double-blind randomized therapeutic trial)'이라는 방법은 특정 약물의 약리적 효과를 측정하기 위해 약물을 투여할 때 투여자나 사용자가 그 물질이 활성인지 비활성인지를 모르게 하는 방법이다. 이 방법은 기존의 정상과학 방법과는 다른 것으로, 여러 가지 철학적 문제성을 지니고 있다. 이는 주관적 비결정성과 비확정성을 의학에 도입하는 것과 마찬가지이다. 아무튼 이런 예들에서 보는 것처럼 의학에서도 기틀 전환이 있어왔으며, 이런 기틀 전환은 철학적 문제성을 떠나서는 생각할 수 없는 것이 사실이다.

'현대 서양의학의 종말(The End of Modern Medicine)'(Foss, 2002, xv)과 함께 그 대안 의학이 절실하게 요청되는 마당이기는 하지만, 그렇다고 동양의학 혹은 한의학이 그 대안일 것이라고는 쉽게 대답할 수 없다. 최근 북한에서 지만석과 지성광이 쓴 《고려의학원리》(과학백과사전출판, 평양, 2002)는 이른바 한의학 혹은 고려의학이 어떤 점에서 현대 과학보다 우월하고 또 반대로 어떤 점에서 제한과 약점을 지니고 있는지 지적하고 있다(지만석, 2002, 26). 그 지적을 보면, 첫째, 한의학은 논리 체계가 서 있지 않다는 것이다. 즉, 한의학이 논리적인 추리 없이 서술 방법에서 비유적이라는 약점을 지적하고 있는 것이다. 둘째, 한의학에는 과학적 논거와 실험과학적 증명이 없다는 것이다.[1] 셋째, 한의학은 서술하는 방식이 비유적일 뿐만 아니라 단편적이라는 것이다. 예를 들어, "심장은 군주의 기관이다"라고 할 경우 이는 과학적 서술 방법이 아니라 비유적 서술 방법이라는 것이다. 위 두 북한 학자들의 저술 속에는 이전 한의학의 약점을 극복하려고 심혈을 기울인 흔적들이 곳곳에 엿보인다.

필자는 북한 학자들이 지적하는 이러한 고려의학 혹은 한의학의 제한성을 일견 수용하는 점도 있지만, 그 첫번째 지적인 한의학의 논리성 결여에 대해서만은 이 책을 통해 그 반대 견해를 천명해보려고 한다. 서양사상을 지배해온 논리와 동양사상을 지배해온 논리는 두 가지로 나뉘며, 궁극적으로 이러한 논리의 차이 때문에 의학의 논리도 달라진다는 것이 바로 이 책에서 필자가 주장하는 견해이다. 북한 학자들은 결론적으로 말하기를, "지금까지 많은 책들에서 고려의학 기

---

1   가령, "5장 6부에 병이 있으면 원혈을 취해야 한다"라고는 되어 있으나, 어째서 그런지 그 근거와 이유를 알 수는 없다는 것이다(지만석, 2002, 27).

초 이론으로서의 음양과 5행에 대하여서는 서술하고 있었으나 음양을 가르는 기준, 음양의 파생적 근원인 태극의 본질에 대하여 언급하지 않고 있었기 때문에 론리성, 체계성이 없었으므로……"(같은 책, 27)라 고 했다. 그러나 북한 학자들이 고려의학에 대해 과학적인 설명을 하 려고 부단히 노력하고 있음을 높이 평가할 수는 있겠지만, 필자와 같 이 논리를 두 가지 종류로 나누어 다루지 않았다는 점에는 아쉬움이 적지 않다. 고작 몇 군데에서 논리적인 표현법, 즉 A형 논리인 아리스 토텔레스의 삼단논법을 통해 한의학을 표현하려 하고는 있으나, 치밀 성이 결여되어 있음을 엿볼 수 있었다. 이에 북한 학자들의 연구 성과 에 많은 도움을 받으면서도 다른 한편으로는 필자의 독자적인 논리 개발에 집중하려고 한다. 이 책에서 필자는 한의학을 지배하는 논리 는 아리스토텔레스의 논리와는 다른 논리임을 견지할 텐데, 그것이 바로 'E형 논리' 혹은 '러셀 역설의 논리'인 것이다.

20세기 초, 러셀은 스페인 마을에 전해져 내려오는 우화집에서 다 음과 같은 글을 읽고 세기적인 영감을 얻는다. 어느 스페인 마을에 이 발사가 단 한 사람밖에 없었는데, 이 이발사는 "자기 집에서 자기 수 염을 스스로 깎지 않는 사람만 그 수염을 깎아준다"라는 원칙을 정한 다. 그런데 만약에 이 원칙에 이발사 자신을 적용시킨다면 다음과 같 은 우스꽝스러운 일이 발생한다. 즉, 이 이발사가 만일 자기 집에서 스스로 수염을 '깎지 않는다면' 위의 원칙에 따라 자기 수염을 스스로 깎아야 하고, 만일 스스로 '깎는다면' 더불어 깎지 말아야 한다는 이상 한 일이 발생하는 것이다. 이러한 곤혹스러운 현상은 크레타 사람의 '거짓말쟁이 역설(The Liar Paradox)'과 그 성격이 같다. 즉, "거짓말쟁이 가 거짓말을 하면 거짓말이 아닌 참말이 되고, 반대로 참말을 하면 거 짓말이 되는" 현상이 위의 이발사의 경우와 같다는 것이다.[2] 위의 두 경우를 보편화하면, "무엇이 '이면 아니고', '아니면 이다'"와 같게 된

다. 이런 경우를 두고 역설적이라고 하며, 이는 아리스토텔레스의 '갑
이면서 동시에 갑이 아닐 수는 없다'는 모순율과 상치된다.

러셀은 나중에 수학의 집합론에서 이러한 역설이 발생함을 발견했
고, 이로써 '러셀 역설(Russell's Paradox)'이라는 말이 비롯되었다.[3] 실로
20세기는 수학에서뿐만 아니라 인문과학과 자연과학의 모든 영역에
서 이 역설을 발견하는 시기였다. 동양에서는 이미 오래전에 이 역설
을 발견했다는 것이 필자가 이 책에서 견지하고 있는 근본 주장이다.
서양에서도 이른바 '거짓말쟁이 역설'이라는 이름으로 알려져온 것이
있었으나, 아리스토텔레스의 논리에 의해 백안시되었다. 그러나 동양
에서는 이 역설을 특히 역과 의학에서 애지중지 써온 것이다.

토마스 쿤(Thomas S. Kuhn, 1922~1996)의 대표작 《과학혁명의 구조
(*The Structure of Scientific Revolution*)》[4]를 검토해보면, 쿤은 새로운 과학의
공통된 논리적 배경이 무엇인지 구체적으로 지적하지 못한 것 같다.
필자는 20세기의 양자물리학을 중심으로 한 과학혁명 구조의 논리적

---

2   '크레타 사람들은 거짓말쟁이'라는 말은 기원 원년을 전후해 하나의 유행
     어처럼 보편화했던 것 같다. 가령, 사도 바울은 자신의 서신인 〈디도서〉
     제1장 12~13절에서 "크레타 사람들은 예나 지금이나 거짓말쟁이요, 악
     한 짐승이요,……"라고 말하고 있다. 그래서 학자들 사이에는 러셀 역설을
     말할 때 바울의 이 말을 빌미로 잡기도 한다. Robert Martin, *The Paradox
     of The Liar*, New Haven : Yale University Press, 1970. 1쪽.
3   러셀 역설의 철학사적 의의는 프레게의 '논리주의(logizism)'에서 시작된
     다. 물론 출발점을 그 이상으로 잡아본다면 19세기 말의 칸토어까지 거
     슬러올라갈 수 있을 것이다. 그러나 이 역설이 수학사에서 각광을 받게
     된 것은 러셀과 화이트헤드의 《수학원론》으로부터라고 할 수 있다. 바로
     이 책에서 집합론을 설명하는 가운데 역설이 나타나기 시작했다.
4   이 책은 1962년 초판 출간 이후 찬사의 대상인 동시에 비판의 대상이 되
     었다. 가히 '쿤의 혁명'이라고 할 수 있을 정도였다. 과학철학 분야의 논
     쟁을 유발시킨 동시에 나아가 인문과학과 사회과학에도 영향을 미치게
     되었다. 토마스 쿤, 김명자 옮김, 《과학혁명의 구조》, 서울 : 동아출판사,
     1994. 295쪽 참조.

배경이 '러셀 역설'이라고 보는데, 이 역설이 동양사상에서는 보편화한 논리적 배경으로 사용되었다는 것을 여기서 강조하고자 한다. 쿤이 만일 현대 과학의 틀을 만드는 논리적 배경이 '러셀 역설'이라는 것을 알았다면, 또 이 논리가 동양에서는 이미 수천 년 전부터 흔하게 사용되었다는 사실을 알았다면, '과학혁명'이라는 말은 삼갔을 것이다.[5] 특히 불교에서는 이 역설이 '자어상위(自語相違)'라는 이름으로 널리 알려져 있다.[6] 동양적 시각에서 보았을 때는 '혁명'이 아니라는 말이다.

다른 한편 1970년대에 등장한, 카프라를 중심으로 한 신과학운동가들은 현대 과학과 동양사상이 비슷하다고 하여 또 다른 방면에서 충격을 던져주었다. 하지만 이것 역시 재고해볼 필요가 있다. 즉, 카프라나 쥬커브 같은 신과학운동가들은 어째서 '러셀 역설'을 공통의 배경으로 언급하지 않고 현대 과학과 동양사상을 바로 연결시키는가 하는 점이다.[7] 필자는 카프라가 현대 과학자들과 동양사상가들로부터 환영을 받으면서도 한편으로 비판을 받는 이유가 여기에 있다고 본다. 그들은 러셀 역설 혹은 거짓말쟁이 역설이 현대 과학과 동양사상의 공통 배경이라는 점을 지적했어야 했다. 양자는 모두 그 논리적 어법에서 같음을 드러내야 한다는 것이다.[8] 상대성 이론, 불확정성 이

---

5   물론 쿤이 '과학혁명'이라고 할 때 비단 현대 과학으로 패러다임이 전환되는 것만을 의미한 것은 아니어서, 그 범위와 종류도 다양하다. 그러나 러셀 역설의 관점에서 보자면, 20세기 과학은 이전의 과학과는 판이하다고 할 수 있는 것이다. 그런데 이러한 20세기 과학의 판이한 논리가 동양에서는 오래전부터 평범하게 사용었기 때문에 필자는 이점을 강조하는 것이다.

6   末木剛博, 《東洋의 合理思想》, 대구 : 이문출판사, 1987. 47쪽 ; B. K. 마티랄, 박태섭 옮김, 《고전인도 논리철학》, 서울 : 고려원, 1993년.

7   Fritjof Capra, *The Tao of Physics*, Berkerly : Shambhala, 1975 ; Gary Zukav, *The Dancing Wu-li Master*, New York : William Morrow & Company, Inc., 1979 참조.

론, 퍼지 이론, 홀로그래피 이론, 카오스 이론, 복잡화 이론[9] 등 현대 과학의 주요 이론적 배경이 되는 논리가 바로 모두 러셀 역설이라는 것이다. 심지어 미로(迷路, labyrinths)를 연구하는 학자들도 거짓말쟁이 역설로 돌아와 그 효시로 삼고 있는 실정이다.[10] 만일 신과학운동가들이 현대 과학과 동양사상이 그 실재에서 같은 것이 아니라 그 논리적인 배경에서 같다고 했더라면, 그들의 이론은 훨씬 더 설득력을 지닐 수 있었을 것이다. 이런 맥락에서, 신과학운동을 비판하는 사람들도 정작 이를 지적하지 못했다는 점에서 비판을 받아야 할 것이다.

거듭 말하지만, 서양사상은 오랫동안 아리스토텔레스의 논리(A형 논리)에 지배를 받아왔다. 그의 모순율과 배중률은 모든 분야에서 지배적인 논리가 되었고, 고전 뉴턴 과학도 그의 논리적 산물에 불과했다. 그러나 서양의 그리스 전통을 들여다보면, 별로 이름이 알려지지 않았던 에피메니데스의 '거짓말쟁이 역설'이라는 논리(E형 논리)가 있었다.[11] 거짓말쟁이 역설이 바로 러셀 역설의 전신이다. 서양 전통 속에

---

8   김상일, 〈윌버의 과학사상〉, 《과학사상》, 서울 : 범양사, 1997년 봄호, 145~165.

9   바르토 코스코는 퍼지 이론에, 존 브리기스와 데이비드 피트는 카오스 이론에, 존 카스티는 복잡화 이론에 거짓말쟁이 역설 혹은 러셀 역설을 직접 적용하고 있다. 이 책에서는 복잡화 이론은 언급하지 않을 것이다. 카스티는 미국 헌법 제4조에 "모든 헌법 조항은 수정될 수 있다"가 있는데, 그렇다면 이 제4조 자체도 수정될 수 있는가 하는 데서 복잡화 이론의 배경을 도출하고 있다. 이 헌법 조항이야말로 러셀 역설적이다.

10   William Poundstone, *Labyrinths of Reason*, New York : Doubleday, 1988. 130쪽.

11   그렇다고 에피메니데스가 논리학을 전개했다고 볼 수는 없다. 그는 전설적인 인물로 겨우 이름 정도만이 후대에 알려졌다. 그런데 거짓말쟁이 역설을 대변할 수 있는 논리가 바로 제논의 역설로 알려진 논리라고 볼 수 있겠다. 제논의 역설 또한 아리스토텔레스의 논리로 말미암아 그동안 빛이 바랜 상태였다. 그러나 제논의 역설은 현대의 수학과 물리학에 정초를 놓는 것으로 다시금 등장하게 된다. Fred A. Wolf, *Taking the Quntum Leap*, Sanfrancisco : Harper & Row, 1981, 박병철·공국진 옮김, 《과학은 지금 물

서 전자는 정통시되었으며 후자는 이단시되었다. 부류가 요원으로 포함된다는 러셀 역설은 신이 세상에 부분으로 포함되는 논리이기 때문에 신성모독적인 논리이다. 그러나 불교는 모든 중생이 부처라고 한다. 중세기 기독교 이단들은 줄기차게 에피메니데스의 논리를 사용했다. 그러나 우리 동양에서는 후자가 정통시되었으며, 전자는 백안시되었다. 동양의 도(道)·기(氣)·무(無) 같은 개념들이 모두 이 역설에 논리적 기초를 두고 있다. 동양사상가 가운데 그 누구도 모순율과 배중률을 사용해 이론을 전개한 예는 없었다. 20세기에 들어와 서양의 과학자들(물리학자와 생물학자를 포함하여)은 앞장서서 자신들의 이론 속에서 러셀 역설을 발견했다. 러셀의 역설에 대한 재발견은 제논의 역설을 재발견한 것이라고도 할 수 있다. 최근에 프랑스 철학자들을 중심으로 전개되고 있는 포스트모던 사상의 논리적 기초도 러셀 역설에 근거하고 있다고 본다.[12] 그 이후 20세기 서양 지성사에서 이에 영향을 받지 않은 분야는 거의 없을 것이다.

그러나 역설에 대한 해법 혹은 해결 방안은 크게 두 가지 다른 방향으로 가닥이 잡혀 있는데, '위계론적 일관성 이론(hierarchical consistency theory)'과 '순환론적 비일관성 이론(circular inconsistency theory)'이 바로 그것이다.[13] 역설의 발견자인 러셀 자신은 전자의 방법을 취했다. 1970년대에 들어와 후자의 해결 방안이 등장한다. 거의 한 세기에 이르도록 영미 철학자들이 벌인 이 역설과의 씨름은 괄목할 만하다. 20세기 초반부터 시작된 이 역설과의 씨름은 곧 철학사에 대한 요약이

질에서 마음으로 가고 있다》, 서울 : 고려원 미디어, 1992, 28~37쪽 참조.

12 미셸 푸코, 김현 옮김, 《이것은 파이프가 아닙니다》, 서울 : 민음사, 1995 참고. 책 제목 자체가 거짓말쟁이 역설을 그대로 표현한 것이다. '이것은 파이프가 아닙니다'는 또한 마그리트의 작품명이기도 하다.

13 Ha Suk Song, *The Nature the Logic of Truth*, Claremont : Claremont Graduate School, 1994.

라고 할 수 있다. 왜냐하면 동서양을 포함한 철학의 공통된 주제와 과
제가 바로 이 역설에 대한 해법을 어떻게 찾느냐 하는 데 있었기 때
문이다. 그런 의미에서 서양철학은 위계론적 일관성 해법을, 그리고
동양철학은 그 반대인 순환론적 비일관성 해법을 선호한다. 이에 대
한 철학사적 검토는 또 하나의 연구 과제이다.[14] 물론 서양철학사 속
에서도 후자를 택하는 철학자들이 있었지만, 박해와 수모를 겪어야
했다. 이 두 해결 방안이 동서양에 따라 확연히 나뉜다기보다는 일반
적인 성격에서 그러하다고 할 수 있다.

　20세기 과학에서 이 역설과 가장 큰 관계를 가지고 있는 분야는 양
자물리학이다. 관찰자가 관찰에 참여하고 있다는 논리야말로 이발사
가 자기 이발의 원칙에 참여하고 있다는 말과 같기 때문이다. 앞으로
양자물리학뿐만 아니라 현대 과학의 거의 모든 분야가 이 역설과 인
연을 맺고 있음이 밝혀질 것이다. 그레고리 베이트슨(Gregory Bateson)
에게 노벨상을 안겨준 '이중 구속 이론(double binding theory)'은 이 역설
에 가장 많이 덕을 보고 있다.[15] 상담학과 의사소통 이론의 폴 와츠라
위크(Paul Watzlawick) 역시 러셀 역설을 사용해 이 분야에서 독창적인
이론을 수립했다.[16]

14　김상일, 〈러셀의 역설과 동양철학〉, 《현대사회와 철학 교육》, 부산 : 한국
　　철학회, 1996, 259~286쪽. 필자는 이 글에서 러셀 역설의 시각에서 이른
　　바 아호논쟁이라고 알려진, 주자와 육상산 형제들 사이의 태극 논쟁을
　　검토했다.

15　다음 자료들은 베이트슨이 러셀의 논리 유형 이론을 생물학과 정신의학
　　그리고 문화인류학에 연관시켜 쓴 글들이다. Gregory Bateson, *Naven*,
　　Stanford : Stanford University Press, 1958 ; Gregory Bateson, *Mind and Nature*,
　　New York : Bantambooks, 1979 ; Rodney E. Donaldson(ed.), *A Sacred Unity :
　　Further Steps to an Ecology of Mind*, New York : Harper Collins Publishers, 199
　　1 ; David Lipser, Gregory Bateson, *The Legacy of a Scientist*, Englewood Cliffs :
　　Prentice-Hall, 1980 ; Robert W. Rieber(ed.), *The individual, communication, and
　　society*, New York : Cambridge University Press, 1989.

아서 케슬러는 우리의 유머나 익살이 모두 이 역설 구조를 지니고 있다고 지적한다.[17] 일본 학자들은 대중들이 러셀 역설을 쉽게 이해할 수 있도록 여러 종류의 책을 저술했다. 최근 야마오카 에쓰로는 《거짓말쟁이의 역설》(안소현 옮김, 영림카디널, 2004)에서 "논리적으로 사고하고 표현하는 일이 다양한 분야에서 점점 더 중요해지고 있는 오늘날, 거짓말쟁이의 역설은 이런 논리적인 사고에 대해 근본적인 문제 제기를 한다는 점에서 분명히 살펴볼 가치를 지니고 있다"고 했다(야마오카, 2004, 11~13). 러셀 역설을 이해하는 사람과 그렇지 않은 사람의 의식구조는 차이가 클 것이다. 아리스토텔레스의 논리로 사고하는 한 우리는 결코 높은 의식으로 올라갈 수 없다. 일본 학자들이 우리보다 먼저 이 역설을 강조하고 있는 것은 많은 시사점을 던져준다.[18] 러셀 역설은 궁극적으로 메타 언어와 대상 언어 그리고 부분과 전체가 혼동되는 데서 발생한다. 거짓말쟁이가 '거짓말을 했다면'(이는 대상 언어) '그 자체는 참말이다'(이는 메타 언어)라고 할 때, 바로 대상 언어와 메타 언어가 혼동될 때 역설이 발생한다는 것이다. 이발사의 역설도 이발사 자신이 만든 법칙에 바로 그 법칙을 만든 자신을 적용시킬 때 발생한 것이다. 이를 '자기언급'이라고 한다. 이때 대상에 대

---

16   Paul Watzlawick, *The Language of Change*, New York : Basic Books, Inc., Publisher, 1963 ; Paul Watzlawick, *Anatomy of Human Communication*, Palo Alto : Science & Behavior Books, Inc., 1964 ; Paul Watzlawick, *Pragmatics of Human Communication*, New York : W. W. Norton & Company. Inc., 1967 ; Paul Watzlawick, *How Real is Real?*, New York : Random House, 1976 ; Paul Watzlawick, *The Art of Change*, San Francisco : Jossey-Bass Publishers, 1993.

17   아서 케슬러, 최효선 옮김, 《야누스》, 서울 : 범양사, 1993, 120쪽.

18   노지키 아키히로, 홍영의 옮김, 《궤변 논리학》, 서울 : 팬더-북, 1994 ; 노자끼 아끼히로, 조미영 옮김, 박을룡 감수, 《역설의 논리학》, 서울 : 새날, 1993 ; 다무라 사부라, 임승원 옮김, 《패러독스의 세계》, 서울 : 전파과학사, 1995.

해 메타는 전체의 구실을 한다. 그래서 역설은 전체와 부분 그리고 부분이 전체와 혼동될 때 발생한다고 볼 수 있는 것이다. 부분과 전체가 혼동을 일으키면서 부분이 전체가 되거나 혹은 그 반대가 될 때 역설이 발생한다.

그렇다면 우리 한국 사람들이 가장 즐겨 사용하는 문화목록어인 '한'이라는 어휘가 왜 그 사전적 의미에서 '부분'과 '전체'를 동시에 표현하고 있는지 러셀 역설과 관련시켜 생각해보지 않을 수 없다.[19] 이러한 전체와 부분의 문제는 플라톤의 《파르메니데스》에서 제3의 인간 역설로 이미 나타난 것이다. 전체-부분의 문제는 이른바 '미리올로지(mereology)'라는 학문 분과로 독자적인 자리를 잡고 있으며, 하이젠베르크는 현대 양자물리학에서 이 문제를 다루고 있다(하이젠베르크, 1982 참고). 필자가 러셀 역설을 중요하게 여기게 된 궁극적인 까닭도 우리 한국인들이 가장 즐겨 표현하는 '한' 개념 속에 바로 '미리올로지'의 문제가 제기되고 있기 때문이다. 그래서 '한의학'의 '한'을 철학적으로 이해하려는 과정에서 러셀 역설의 문제는 자연스럽게 대두되었다.[20]

이 책에서는 러셀 역설이 나타나는 여러 가지 사례들을 현대 과학 속에서 찾아보려고 한다. 특히 러셀 역설을 위상학적으로 고찰해 역과 경맥의 구조에 연관시킨 것이 특징일 것이다. 이와 같이 20세기의 여러 과학적 발견들과 동양사상에 나타나는 주요 주제들 속에서 사례들을 뽑아 엮어놓았다. 필자가 생각하기로는, 아마도 21세기에는 이 역설을 아는 사람이 역사를 이끌어나갈 것이다. 그렇다면 한의학에서

---

19   '일(one)'과 '다(many)'의 관점에서 역설과 관련시켜 다룬 자료로, Rudy Rucker, *Infinity and The Mind*, Princeton : Princeton University Press, 1995 참고. 여기서는 괴델의 정리와 무한의 역설 문제를 집중적으로 다루고 있다.

20   김상일, 《한철학》, 서울 : 전망사, 1983. 필자는 이 책에서 처음으로 '한' 개념을 러셀 역설과 연관시켜 언급했다.

역설 해법의 지혜를 찾아보는 것도 불필요한 일만은 아닐 것이다. 아무쪼록 이 책을 통해 현대의학의 난젯거리인 러셀 역설을 다루는 논리적 기법도 배우고, 한의학에 접근하기 위한 또 다른 방법론도 익힐 수 있다면 일석이조가 될 것이다.

제1부 서양의학의 논리적 근거

제1장 철학의 논리와 의학의 논리

1. 두 가지 의학과 두 가지 논리

(1) 오르가논과 오르간 : 논리가 의학을 결정한다

동양과 서양을 나누는 기준이 무엇이냐고 묻는다면 그 종류가 다양하다고 말할 수밖에 없다. 스즈키(D. T. Suzki)는 "동양은 정적이고 서양은 동적이다"라고 말했다. 스즈키의 이 말은 하나의 전형이 되어 지금까지도 그의 이런 주장을 비판하는 사람은 없다. 그러나 이러한 기준은 실로 단편적인 것이며, 더 이상 일반적으로 타당하다고 할 수는 없다. 동양과 서양 사이에 다른 점이 있는 것은 사실이지만, 가장 포괄적이며 보편적으로 동서를 나눌 만한 기준은 아직 없는 것 같다. 그런데 그러한 기준을 정할 때 가장 필요하고 적합한 도구는 역시 논리학인 것 같다. 헤겔이 말한 것처럼, 모든 학문은 선행하는 전제가 있어야 하지만 논리학은 자기 안에서 세우는 전제 외에 바깥의 전제를 필요로 하지 않는다.

칸트가 말했듯이, 서양철학을 지배해온 논리학은 아리스토텔레스의 논리학이다. 아리스토텔레스의 논리서인 이른바 《오르가논(*Organon*)》은 서양 사회를 전반적으로 지배해온 논리학 체계라고 할 수 있다. 서양에서는 인체의 장기를 두고 '오르간(Organ)'이라고 한다. 논리학과 의학의 관계를 직접 암시하는 것은 아니다. 그렇지만 아리스토텔레스는 당시의 궤변론자들이 제기하는 역설, 특히 '제3의 인간 역설' 같은 것을 사고의 병으로 보았으며, 논리서를 쓴 목적도 이와 관계가 있다. 아리스토텔레스는 바로 이런 역설을 제거하는 도구로서 《오르가논》을 저술한 것이다. 사고 속에서 생기는 병이 논리적인 데 있다면, 육체의 병 역시 논리적인 데 있다는 것이다. 그러나 일반적으로 의학을 논리적인 데서 찾은 경우는 한번도 없었으며, 논리학과 의학은 아무 상관이 없는 것처럼 생각해왔다. 그러나 이 책을 통해 알게 되겠지만, 아리스토텔레스가 퇴치하려고 한 역설이 사람의 몸에서도 그대로 나타난다. 그러나 논리학을 다루는 방법에서 동서양은 판이하게 달랐고, 거기서 의학의 종류가 나뉘었다. 한마디로 말해서, 서양에서는 역설을 '부자연스러운(unnatural)' 병적인 것으로 본 반면, 동양에서는 '자연스러운(natural)' 건강한 것으로 보았다. 때문에 질병관이 견원지간만큼 다를 수밖에 없다.

칸트는 자기 당대까지 아직 아리스토텔레스의 논리학이 조금도 변하지 않은 사실에 놀랐다. 아리스토텔레스는 인간의 사고를 지배하는 세 가지의 중요한 법칙을 '동일률(Law of Identity)'·'모순율(Law of Contrdadiction)'·'배중률(Law of Excluded Middle Term)'이라고 했다. 역설을 치유하기 위해 제시한 이들 법칙들은 지금 인체의 병을 비롯한 만병의 원인이 되고 있다. 치료를 위한 것이 도리어 병의 원인이 되고 있는 것이다. 그의 스승인 플라톤은 병의 이런 역설적인 면을 알고 있었다. 포스트모던 철학자인 데리다는 플라톤의 파르마티콘(*parmaticon*)을 재조명했는데, 이는 '약'이라는 뜻으로, 약은 인체에 이롭기도 하지만 병이 된다고도 했다. 이러한 역설적인 이중성을 그는 특히 차연(*differance*)이라고 했다. 그러나 아리스토텔레스는 스승 플라톤의 역설적인 이중성을 사고의 세 가지 법칙으로 파괴하고 만다. 아무튼 데리다가 자기 철학의 주요 개념을 약과 병이라는 데서 빌려온 것은 우리의 주제와 맞물려 매우 흥미롭다. '차연'은 다르면서 같다는 역설적인 의미를 지닌 말로, 노자의 도 개념과 연관해서도 연구가 이루어지고 있다 (Caputo, 1997, 1~6).

그런데 서양철학사에는 아리스토텔레스의 논리만 있었던 것은 아니다. 크레타 섬의 현자 에피메니데스(Epimenides)가 제기한 "거짓말쟁이가 한 거짓말은 참말이다"라는 '거짓말이 참말'이라는 논리는 그 이후 지중해 일대에 유행하는 말이 되었다. 이것이 후대에 '거짓말쟁이 역설(The Liar Paradox)'로 알려지게 되었다. 이는 아리스토텔레스의 모순율에 정면으로 어긋나는 논리였다. 아리스토텔레스의 논리가 '반대 불일치'의 논리라면 에피메니데스의 논리는 '반대 일치(coincidence of opposite)'의 논리인 것이다. 두 논리는 그래서 서로 상반된다. 물론 아리스토텔레스의 논리를 따르는 것이 서양철학의 주류를 형성하여 칸트와 헤겔에까지 이르고 있는 것이다. 아리스토텔레스의 논리를 그대로 이어받아 서양신학에 적용시킨 인물이 토마스 아퀴나스(Thomas Aquinas)이다. 그래서 이러한 일련의 사상 노선을 '아리스토텔레스-아퀴나스 논리학(Aristoteles-Acquinas Logic)' 혹은 줄여서 A형 논리라고 부르기로 한다. 이러한 논리가 서양철학과 신학의 주류를 형성해왔다. 이러한 논리를 사용하지 않은 철학과 신학은 비정통으로 혹은 이단으로 다루어지지 않을 수 없었다. 그리고 이러한 정통 철학과 신학은 고질적으로 이원론이라는 함정에 빠질 수밖에 없었다. 다른 한편 에피메

니데스의 거짓말쟁이 역설이라는 논리는 에피메니데스보다 한 세기
먼저 살았던 에우불리데스(Eubulides)와 에피메니데스로부터 비롯하여
중세의 신비주의자 마이스터 에크하르트(Meister Eckhart)에 이르기까지
하나의 비정통 혹은 이단시되면서 그 맥을 이어왔다. 이를 '에피메니데
스-에우불리데스-에크하르트 논리학(Epimenides-Eubuleides-Eckhart Logic)'
혹은 E형 논리라고 부르기로 한다.[1] 앞으로 전개될 내용들을 통해 이
들 두 논리 체계가 얼마나 상반된 현상을 가져오는지 살펴볼 것이다.
의학뿐만 아니라 기하학·언어학·물리학·신학·철학·심리학 등 모든
분야의 갈등은 궁극적으로 이 양대 논리의 싸움에 불과했다는 사실이
밝혀질 것이다.

기하학을 예로 들자면, 유클리드 기하학은 A형 논리를 사용하고 있
으며 비유클리드 기하학은 E형 논리를 그대로 사용하고 있다. 뉴턴-
데카르트 물리학과 철학은 A형 논리를, 아인슈타인-화이트헤드의 물
리학과 철학은 E형 논리를 선택하고 있다. 그 밖에 심리학의 영역에
서도 A형 논리와 E형 논리의 갈등은 심각하다. 가령, 전통 심리학이
A형 논리의 주장을 택한다면, 최근의 양태심리학은 E형 논리의 주장
위에 서 있다. 이러한 분류는 동서 철학의 대단원 같은 정리라고도 할
수 있다. 건축에서조차도 서방의 고딕(Gothic) 양식이 A형의 양식을
보이는 반면, 동방의 돔(Dome) 양식은 E형 양식을 보이고 있다. 애슈
브룩은 A형 고딕은 좌뇌를 E형 돔은 우뇌를 그대로 반영한다고 보았
다(Ashbrook, 1988, 14~49).

필자가 여기서 제시하려고 하는 '거짓말쟁이 역설'이라는 하나의 잣

---

1   A형 논리 쪽의 사람들이 'A'로 시작하는 이름을 가진 것처럼, 에우불리데
스·에피메니데스·에크하르트도 우연히 이름 첫글자가 'E'로 시작된다. A
형 논리는 실체를 의미하는 'Arch' 혹은 'Atom'의 첫글자이고, E는 'Eastern'
의 첫글자이기도 하다.

대를 사용해본다면, 동양적인 것과 서양적인 것을 쉽게 나눌 수 있을 것이다. 거짓말쟁이 역설은 과거 2,400여 년 이상을 두고 논쟁이 되어온 문젯거리이다. 이미 기원전 4~5세기경에 그리스의 철학자 에우불리데스와 에피메니데스는 이 역설을 제기했다. 그러나 이 역설은 그동안 서양철학사 속에 잠들어 있었다. 그러다가 20세기에 새롭게 등장하면서 지난 100년의 가장 중요한 철학적 주제로 떠오르게 되었다. 서양에서는 이 역설을 병적인 것으로 보고 폐기하거나 제거하려고 한 반면, 동양에서는 자연스러운 것으로 보았다. 동양사상이 서양의 그것과 전혀 다른 방향으로 발전한 근본 원인은 바로 거짓말쟁이 역설을 철학의 바탕으로 삼은 데 있다. 실로 거짓말쟁이 역설에 대한 동서양의 차이는 정치·경제·과학·철학 등 모든 분야에서 근본적인 차이를 만들어버렸다고 해도 과언이 아니다.

　서양의학이 동양의 한의학을 비과학적이라고 하는 근본적인 이유도 바로 서양의학이 과학적인 것과 달리 한의학은 비과학적이라고 보는 시각에 있다. 이런 고정관념은 지금도 우리 사회에서 지배적이다. 여기서 과학적이라고 하는 것은 예전의 뉴턴 과학을 두고 하는 말이다. 그러나 우리 시대의 최대 과제는 다름아닌 이런 뉴턴적 세계관을 극복하는 데 놓여 있다. 20세기와 더불어 시작된 신과학은 '과학적'이라는 말을 새롭게 정의하고 있다. 신과학의 과학은 논리적으로 전혀 다른 논리적 기반 위에 서 있는 것이다(안재구, 1991, 219).

(2) A형 논리의 두 의학철학 : 경험론과 실재론

　서양의 논리를 지배해온 A형은 철학을 경험론과 실재론으로 갈라놓는다. 철학의 두 물줄기는 의학의 흐름도 그렇게 결정하고 말았다. 의사들은 인간의 병이 어디에서 유래하며 어떻게 그 치료가 가능한가 고민하지 않을 수 없다. 이때 경험론자들은 인간의 병에 대한 의사의 지식을 백지 상태에서 출발한다고 보았다. 이는 경험주의자 존 로크가 인간의 마음을 빈 백지 상태(*tabual rasa*)로 파악한 것과 같다.[2] 그래서 병의 원인을 알기 위해서는 경험적 관찰로 귀납법을 통해 추리하는 방법밖에 없다고 보았다. 이러한 경험주의자들의 태도는 현대 의학을 발전시키는 데 크게 기여한 것이 사실이다. 하지만 이것이 전부가 아니다. 호주에 오기 전에 유럽 대륙의 백조를 관찰한 조류학자들은 "모든 백조는 희다"라는 결론을 내렸다. 그러나 호주에 와서야 검은 백조가 있다는 사실을 알게 되었다. 경험적 관찰을 통해 지식의 정보를 축적하여 귀납적으로 자연 법칙을 도출해낼 수 있다고 하는 경험주의자의 한계는 여기서 벽에 부딪히게 된다. 경험적 관찰이 능사는 아닌 것이다.

이러한 경험론자들에 견주어 실재론자들은 인체 안에서 실재로 어떤 일이 일어나고 있는지 알고 싶어하며, 그 원인을 특정 원인 혹은 부위에서 찾으려고 한다. 그러나 경험론자들은 관찰된 현상 사이의 통계적 관계에 주의를 기울인다. 아리스토텔레스의 A형 논리에 충실한 히포크라테스는 실재론적 처지에서 인간의 병을 인간 내부의 어떤 특정 물질에서 기인한다고 주장한 최초의 사람이다. 그는 인체 안의 네 가지 체액(humours)이 병의 원인이라고 보았다. 혈액·점액·황담즙·흑담즙이 바로 그것이다. 건강한 사람은 이 네 가지 체액이 균형 잡혀 있지만, 환자는 그렇지 않다고 보았다. 이는 병의 원인을 바이러스라고 보는 현대 의학에 이르기까지, 우주의 원질(*arche*)이 무엇인가 물었던 그리스 철학의 질문과 불가분리적 관계에 있다. A형 논리란 이러한 원질 탐구의 논리인 것이다. 이는 고대 그리스 철학자 탈레스가 물이 우주의 원질이라고 한 것과 맥을 같이하는, 환원주의적 사고방식

2   "이를테면, 정신은 아무런 특성도 없고, 어떤 경험도 없는 백지라고 가정해보자. 그러면 그 종이는 어떻게 채워지는가?"(Lock, 1975, 104).

에서 말미암은 실재론적 견해이다. 근원적 토대를 탐구하는 이런 논리학은 양의학의 철학적 기저가 되고 있다. 물질에는 그 물질의 토대가 있다는, 그런 사고방식에서 나온 논리학인 것이다.

이러한 실재론적 주장은 18세기의 윌리엄 쿨렌(William Cullen, 1712~1790)에게도 그대로 이어졌다. 그는 질병이란 중추신경계의 조절에 이상이 생길 때 발생한다고 보았다. 쿨렌을 히포크라테스에 이어 같은 실재론자로 보는 이유는, 그가 병을 인체 안의 어느 특정 부위에서 발생하는 메커니즘으로 보았기 때문이다(울프, 1999, 57). 경험론자들이 관찰에 의존해 병의 원인을 찾는다는 점에서 실재론자와 다른 것 같지만, 그들도 궁극적으로 환원주의자들이라는 점에서는 같다. 예를 들면, 위장병 환자들이 위궤양 환자의 위에서 염산이 분비되는 것을 관찰하고는 귀납적으로 이것이 보편적 법칙이라고 여겨버리는 것과 같은 경우이다. 그러나 백조가 꼭 흰 것은 아니듯, 위궤양의 원인이 반드시 염산의 분비에만 있는 것은 아니다(울프, 1999, 41). 오랫동안 그렇게 믿어왔지만 최근에는 헬리코박터가 그 원인일 수 있다는 것이 밝혀져 위궤양 치료의 새로운 전기가 마련되었다. 이처럼 서양의학의 철학이 두 갈래로 나뉘어 상반된 방향으로 나가는 이유는 근본적으로 의학철학의 배경이 되는 논리에 문제가 있기 때문이다. 실재론과 경험론이 갈라지게 된 근본적인 이유는 파르메니데스 이후 일자와 다자가 조화를 이루지 못했기 때문이다. 실재론자들은 병을 밝히는 데 이론에 의존하고 경험론자들은 관찰에 의존한다. 그러나 이론 없는 관찰, 관찰 없는 이론이란 허무맹랑하다. 칼 포퍼는 이에 대해 "이론에 의존하지 않은 채, 순전히 관찰에서 시작할 수 있다는 믿음은 불합리하다.…… 관찰은 어디까지나 선택적이다. 그것은 선택된 대상과 일정한 임무, 관심, 관점, 문제를 필요로 한다"고 했다. 한의학은 실로 이런 실재론과 경험론의 약점을 극복하는 데 그 특징이 있다. 양의학(洋

醫學)은 실로 경험론과 실재론을 둘로 나누는 양의학(兩醫學)이 아닌가 싶다. 이런 특징은 양의학의 구석구석에서 발견된다. 그 가장 큰 양분은 바로 몸과 마음을 나누는 것이다.

실로 과학적 연구의 첫 단계는 관찰이 아니라 그 관찰을 할 수 있는 가설을 만들어내는 것이다. 이론이 앞서 있어야 하는 것이다. 그래서 경험론자들은 이를 반대로 뒤집어 생각한다. 그래서 포퍼가 말한 대로 마차를 말 앞에 두는 것과 같다. 포퍼는 반증(falsification)이라는 방법을 통해 이러한 경험론의 한계를 극복하려고 한다. 반증이란 검증(verification)에 대한 반대 입장이다. 위궤양이 염산의 분비 때문이라는 것을 반복적으로 관찰하는 것이 아니라, 헬리코박터라는 한 가지 이유를 관찰함으로써 염산이라는 일반 명제를 반박하는 방법을 취한다는 것이다. 그러자면 관찰자는 고정관념에서 벗어나 독창적인 아이디어를 개발하고 새로운 추론을 대담하게 전개할 수 있어야 한다고 포퍼는 주장한다. 그러나 포퍼의 주장은 검증을 극복했다기보다는 피해 갔다는 인상을 주고 만다. 그가 말하는 새로운 창의성 역시 귀납적 검증이 전제되고서야 가능하기 때문이다.

관찰에 앞서 이론이 중요하다는 실재론의 주장 역시 그 한계가 분명하다. 그러나 가설을 만든다고 할 때 여기에는 경험적 관찰이 전제되지 않을 수 없다. 이러한 경험론과 실재론의 한계를 극복한 사람이 바로 칸트이다. 칸트는 인간의 상태는 아무것도 입력되지 않은 백지 상태이지만 나중에 입력된 모든 정보를 조직화하도록 프로그램화되어 있는 컴퓨터와 같은 것으로 보았다. 이른바 칸트의 범주(category)라는 것이 이러한 프로그램에 해당한다. 양과 질, 원인과 결과, 가능성과 필연성 같은 범주들은 나중에 입력될 정보들을 처리할 능력을 가지고 있다. 이런 것은 우리가 본래부터 가지고 태어난 것이다. 이것이 전제되지 않으면 모든 것이 불가능하다. 이러한 범주들이 있기 때문에 관찰자들은 관찰을 시작하기 전에 일정한 가설과 전제를 만들 수 있고, 이 전제와 가설을 기초로 해서 다음 관찰을 할 수 있게 되는 것이다. 이렇게 선행하는 것을 그대로 물려받는 것을 전이적(*transitive*)라고 하고, 그렇지 않고 관찰에 의해 후속적 관찰로 얻어지는 것을 비전이적(*intransitive*)이라고 한다(울프, 1999, 50). 유기체 철학자인 화이트헤드는 전이적인 것을 인과적 효능(causal efficacy)이라고 했으며, 비전이적인 것을 현재적 직접성(presentational immediacy)이라고 했다. 인식은 이 양자가 결합될 때 가능한데, 화이트헤드는 이것을 상징적 준거(*symbolic reference*)라고 했다. 한의학은 바로 상징적 준거의 틀 위에 건립된다.

우리는 지금까지 A형 논리학에서 빚어진 철학이 어떻게 의학을 이끌어왔는지 고찰했다. 여기서 서양의학과 한의학의 근본적인 차이를 알 수 있는데, 양의학은 인체를 바라볼 때 여전히 일차원적인 시야를 가지고 있다는 것이다. 다시 말해서, 인간의 장기에 탈이 날 경우 장기 자체에 난 병으로 파악한다는 것이다. 이 점에서는 경험론자나 실재론자가 같다고 할 수 있다. 양자는 한치의 차이도 없다. 다만 인간 장기에 생긴 병을 관찰하는 데서만 차이가 날 뿐이다. 그러나 한의학은 인간의 몸을 다차원적으로 바라본다. 다시 말해서, 장기에 일대일로 대응하는 경맥이 있다고 보는 것인데, 장기와 직접 일대일로 대응하는 열두 개의 경맥을 정경(正經)이라고 하고, 그렇지 않은 여덟 개의 경맥을 기경(奇經)이라고 한다. 그래서 몸에 병이 날 경우 장기 그 자체를 치료하는 것이 아니라 경맥을 보는 것이다. 경맥 체계야말로 상징적 준거(symbolic reference)와 같은 것이라고 할 수 있다.

이는 논리상 큰 차이를 보여주는데, 대상과 메타로 나눌 때 장기는 대상에 해당하고 경맥은 메타에 해당한다. 경험론이든 실재론이든 대상만을 다룬다는 점에서는 같다. 그러나 한의학은 대상과 메타의 상관관계 속에서 인체를 고찰한다. 여기서 서양의학과 한의학 사이에는

깊은 논리적 문제가 제기되어 그 차이를 크게 만들 수밖에 없는 것이
다. 장기와 경맥의 문제는 곧 철학의 오랜 문젯거리였던 특수와 보편
의 문제 그리고 개별자와 형상의 문제인 것이다. 아직도 서양철학에
서 미해결로 남아 있는 이 문제는 한의학을 통해 그 해결의 실마리를
얻게 될 것이다. 그래서 한의학에 대한 고찰은 단순히 의학적인 문제
가 아니고 철학의 주요한 문제이기도 한 것이다.

장기와 경맥의 문제는 앞으로 말할 '자기언급'의 문제와 연관된다.
다시 말해서, 대상과 메타는 '닮음'의 문제를 제기한다. 장기와 경맥은
같기 때문에 경맥을 치료하면 장기가 동시에 치료된다. 그러나 장기
와 경맥은 또한 서로 다르다. 즉, 장기는 가시적이지만 경맥은 비가시
적이다. 서로의 다름은 분명하다. 양의학은 이러한 닮음과 다름의 문
제를 의학적으로 심각하게 고려하지 않았다. 그래서 양의학은 경맥을
발견하지 못했던 것이다. 그리고 지금도 비가시적이라는 이유로 경맥
을 인정하지 않으려고 한다. 이런 점에서도 경험론과 실재론은 같은
처지이다. 한마디로 말해서, 경맥은 전이적인 것이지만 장기는 비전이
적인 것이다. 경맥은 전이적인 것으로 한의학의 기본 전제가 된다. 그
러나 장기는 비전이적인 것으로 경험적 관찰의 대상이 된다. 위궤양
이 염산의 분비 여부에 달려 있는지만을 볼 때는 앞에서 설명한 것처
럼 다양한 관찰 결과가 나올 수 있다. 그것이 염산으로 말미암은 것이
든 아니면 헬리코박터로 말미암은 것이든 위 경맥상의 허실 때문에
생긴 것으로 보는 것은 한의학에서 기본 전제로 받아들인다는 것이
다. 그런 의미에서 한의학은 화이트헤드가 말한 상징적 준거에 따른
관찰을 하고 있는 것이다.

2. 양의학과 한의학의 논리적 차이

(1) 서양의학과 동양의학의 논리적 차이 : 정비공이냐 정원사냐

서양의 A형 논리는 이제 의학에 다음과 같은 세계관을 제공한다. 뉴턴-데카르트적 세계관[3]의 특징은 이원론적·실체론적·기계론적이라는 점이다. 서양에서 현대 의학이 시작된 역사는 고작 300년 정도라고 하는 이유는, 엄격하게 말해서 뉴턴-데카르트적인 세계관의 등장과 때를 같이해 현대 의학 개념이 나타났기 때문이다. 그래서 서양의학은 뉴턴-데카르트적인 세계관을 떠나서는 생각할 수 없다. 뉴턴-데카르트적인 세계관은 의학뿐만 아니라 정치·경제·교육 등 근대적인 세계관을 결정해온 기틀(*paradigm*)을 제공했다. 그리고 금세기 최대 과제는 바로 이 기틀을 깨고 새로운 틀을 만드는 것이라고 할 수 있다. 카프라는 자신의 책《전환점(*Turning Point*)》를 통해 양의학에서 한의학으로 전환하는 것이 문명의 대전환 가운데 하나라고 했는데, 그 이유가 바로 여기에 있다(카프라, 1986, 제9장).

뉴턴-데카르트적인 세계관의 첫번째 특징으로 이원론(*dualism*)을 들 수 있다. 이원론적 세계관이란 물질과 정신, 그리고 몸과 마음을 별개의 것으로 보는 관점이다. 이원론적 세계관에 따르면, 사람의 몸 역시 하나의 기계적인 부속품과 같다. 아울러 육체와 정신은 아무 상관이 없다. 자동차가 고장난 경우와 사람의 몸에 병이 난 경우, 이 둘 사이에 차이점은 무엇인가? 고장난 자동차를 고치는 사람을 '정비공(mechanic)'이라고 하고, 병이 난 사람의 몸을 고치는 사람을 '의사(physician)'라고 한다. 이때부터 의사가 해야 할 일은 인간의 몸을 기계의 부속품같이 보고 정비공으로서 구실을 다하는 것이다. 그리고는

---

3   과학자 뉴턴과 철학자 데카르트는 같은 세계관을 가지고 있었다. 그래서 이를 뉴턴-데카르트적 세계관이라고 한다.

마음의 영역을 자기의 소관 밖이라고 생각해버리는 것이다. 그래서 현대 서양의학은 숙명적으로 몸과 마음을 갈라놓고 말았다. 기계에는 정신이 들어 있지 않기 때문에 의사가 담당해야 할 영역은 몸에 국한되며, 마음의 영역은 심리학자(psychologist)들의 손에 넘겨버렸다. 오늘날 양의학은 몸과 마음의 이원론에 근거해 장족의 발전을 한 것이 사실이다. 그러나 몸과 마음의 분리라는 치명적인 문제점을 야기하고 말았다.

뉴턴-데카르트적 세계관의 두번째 특징은 **실체론적**(*substantial*)인 뉴턴의 입자설에 기초하고 있다는 점이다. 입자설은 A형 논리학의 동일률에 근거한다. 즉, 돌은 돌로서, 나무는 나무로서 고유한 자기동일성을 가지고 있으며, 그 동일성은 바로 동일률에 기초를 두고 있다. 물질의 고유한 본질을 불교에서는 **자성**(自性)이라고 한다. 그런데 불교는 자성은 없다는 무자성을 말하고 있다. 한의학은 이런 불교의 무자성적 물질관에 철학적 기초를 두고 있다. 그러나 양의학은 자성적 기반 위에 서 있다.[4] 이는 인체의 장기를 이해하는 데도 그대로 적용된다. 자성적 혹은 실체론적 세계관이 의학에 응용될 때, 병의 원인을 규명하는 문제에서도 역시 같은 실체론적 입자설에 기초를 두게 된다. 즉, 병에는 그것을 유발하는 실체의 원인이 있어야 하는데, 그것이 다름아닌 '바이러스(virus)'라는 것이다. 이것은 마치 뉴턴이 물질의 근본이 되는 실체를 '입자(particle)'라고 본 것과 같다. 의학의 바이러스가 곧 물리학의 입자였던 셈이다. 나무는 나무로서, 돌은 돌로서 자기의 고유한 실체를 가지고 있다는 것이 실체설이라고 했다. 이러한

---

4   몽테스키외의 삼권분립 역시 권력에는 그에 해당하는 실체 같은 방이 있다는 사상에서 유래한 것이다. 그리고 현대에 볼 수 있는 대학의 학과 구분 역시 학문에는 각 과마다 자성이 있다는 실체관에 근거를 두고 있다. 이러한 학문관을 파괴하려는 것이 곧 '학제적'이라는 것이다.

실체로서 입자를 제거하면 물질은 그 본성도 없어지고 만다. 양의학에서는 병의 원인이 되는 이 바이러스를 제거하면 병이 없어진다고 보았다. 그래서 이 바이러스를 박멸하기 위한 수많은 의약품을 개발해왔다. 뉴턴의 입자가 입자마다 고유한 자성을 가지고 있어서 어느 물질이 바로 그 물질이 되도록 만드는 것처럼, 모든 병에는 그 병에 해당하는 바이러스가 있어야 한다. 그러나 비실체론적·무자성적 한의학에서는 병의 원인에 대한 견해가 당연히 서양과 다를 수밖에 없다. 한의학의 허실 진단법은 서양의 진단법과는 그 발상 자체가 다르다.

뉴턴-데카르트적 세계관 세계관의 세번째 특징은 기계론적(*mechanistic*)이라는 점이다. 기계론적 세계관이란 인체가 마치 기계처럼 서로 독립된 수많은 부분들로 조직되어 있다고 보는 견해이다. 각 기계의 부품들은 각각 독립적으로 짜여져 있다. 각 부분이 고장나면 고장난 부분만 갈아 끼우면 된다. 마치 자동차 정비공이 차의 고장난 부품을 다른 것으로 갈아 끼우듯이, 의사들은 정비공과 같은 태도를 가지고 인체의 고장난 부분에 국한해 병을 치료하려고 한다. 그래서 바인필드는 말하기를, 서양 의사는 정원사(*gardner*)가 아니라 정비공(mechanistic)이라고 단정하고 있다(Beinfield, 1991, 20).[5] 인간의 몸을 한갓 기계로 보는 견해는 다음과 같은 데카르트의 말에서 기인하는 것이다. 그는 1634년에 쓴 《인간론(*Triate de l'homme*)》에서 "몸은 기계이다. 신경·근육·힘줄·피와 피부로 된 기계이다. 그 몸 속에 마음은 없지만, 마음과 같은 작용을 하는 것을 그만 두지는 않는다"(Foss, 2002, 37)라고 했다. 데카르트의 이 말 한 마디가 현대 의학을 탄생시키는 계기가 되었다. 이는 17세기 후반 생리학과 의학계에 등장한 패러다임의 혁명이라고 할 수 있다. 이 혁명과 함께 현대 이전의 전일적 인체관은 사라지고

---

5   Harriet Beinfield and Efremkorngold, L. Ac., *Between and Heaven and Earth*, New York : Ballantine Books, 1991, 20쪽.

몸과 마음의 이원론이 나타나게 된 것이다(McMahon, 1984, 35) 데카르트의 이 말에 충실한 양의사들은 정비공 노릇을 하는 데 여념이 없다. 그러나 한의사는 정비공이 아니라 정원사와 같다. 정원사는 식물을 가꿀 때 그 식물이 자라는 토양과 기후 그리고 주변 환경을 고려해야 한다. 그러나 정비공은 전혀 그럴 필요가 없다. 양의사는 정원사 노릇을 하지 못하고 이와 같은 정비공의 구실만을 하고 있는 것이다. 그러나 인체는 정원과 같지, 기계와 같지는 않다는 데 문제가 있다. 정원과 같은 사람의 몸을 관리할 주인공은 과연 정원사인가 정비공인가 (Leshan, 1982, chapter 2).

네번째로 뉴턴 과학은 병과 약을 차연 관계로 생각하지 않고 대립 관계로 본다. 그래서 양의학은 병과 약을 대립·투쟁적인 관계로 본다. 병은 약에 의해 박멸되어야 할 대상이다. 병을 치료하는 사람이 의사이고 병을 고치는 것이 약이라고 본다. 그런데 과연 병과 약은 서로 대립적인 관계에 있는 것일까? 양의학에서는 병이 만일 '질문'이라면 약은 그 '대답'과 같다고 생각한다. 환자는 묻고 의사는 대답한다. 그러나 과연 그런가? 양의학에서는 병의 원인이 바이러스라고 생각했지만, 그것을 정복할 약은 아직 발견되지 않고 있다. 약을 개발하면 어느새 그 약을 능가하는 새로운 바이러스가 나타난다.[6] 즉, 약이 병을 고치는 것이 아니라, 약 자체가 병을 계속 만들어가고 있는 것이다. 한의학은 이 역설을 일찍부터 터득해 알고 있었다. 다시 말해서, 병과 약이 같다는 사실을 알았던 것이다. 그러므로 바깥에서 약을 투입해 병을 고치는 것이 아니라, 병 자체가 약이 되는 역설(paradox)을 이용해 차연 관계로서 병 스스로가 병을 고치도록 한다. 의사의 구실도 마찬가지이다. 환자 자신이 자기 병에 대한 의사이다. 한의학에서

---

6   퇴치되었다고 생각했던 폐결핵이 최근 재등장하는 것은 하나의 좋은 예가 될 것이다.

는 그래서 환자가 찾아오면 의사가 환자를 향해 먼저 절을 한다. 왜냐하면 환자 자신이 자신에 대해 의사이고 의사는 환자의 보조자 구실밖에 하지 않는다고 생각하기 때문이다. 소크라테스는 교육자를 가리켜 산파와 같다고 했는데, 이는 피교육자 스스로 지식을 잉태하고 있음을 뜻하는 것이라고 하겠다. 한국에서는 천연두 같은 전염병에 걸리면 '손님이 들었다'고 한다. 이 말은 병을 귀한 손님 대하듯 해야 한다는 뜻이다. 손님이 주인이 되는 주객전도가 생겨야 병이 낫는다고 본, 그런 철학에서 나온 말이 아닐까 한다. 병은 퇴치와 박멸의 대상이 결코 아니다.

　이런 점에서 서양의학과 동양의학은 근본적으로 병의 대한 다른 견해를 가지고 있다. 기계가 고장 났을 경우, 고장난 상태를 그냥 둔다고 해서 기계 스스로 고치는 힘이 있는 것은 아니다. 그러나 인체나 살아 있는 생명체는 그렇지 않다. 생명체는 스스로 자기의 병을 치유하는 능력이 있고, 스스로 병을 방어하는 면역 체계도 지니고 있다. 이를 두고 자기치유(*homeopathis*)라고 한다. 동양의학은 이 사실에 착안한다. 동양의 의사들은 정원사같이 토양과 기후 그리고 주위 환경을 고려해 생명체가 스스로 치유(cure)할 수 있도록 도와주는 구실을 한다. 병든 나무를 손대려 하지 않고, 나무의 주위 환경을 돌봄(care)으로써 나무를 치유하려고 한다. 그들은 자기치유의 논리를 잘 알고 있었다. 아니, 잘 알고 있었을 뿐만 아니라 자기언급의 논리를 이용해 병을 치유하는 기술을 터득했던 것이다. 즉, 병은 병 자체가 약이며, 병이 난 몸은 그 자체가 의사가 된다는 것이다. 자기치유란 바로 거짓말쟁이 역설에서 말하는 '자기언급'이다.

　서양의 종교는 인간의 영혼을 치료하는 데서도 정비공 같은 태도를 취한다. 종교인들의 바이러스는 죄이다. 그래서 교회의 목사들은 죄라는 바이러스를 뽑아 제거하고 성령이라는 약을 투여함으로써 영혼의 병을 치유할 수 있다고 설교한다. 그러나 동양종교는 한의학과 마찬가지로 스스로 치유할 수 있는 자생적 치유력이 인간 영혼에 있다고 믿는다. 마치 서양의 의사들이 바이러스를 제거하려고 약을 사용하면 할수록 사람을 더욱 불행하게 만들듯이, 동양종교의 견지에서 보자면 영혼을 치료하는 목사들도 똑같은 오류를 범하고 있는 것이다. 이 점이 오늘날 기독교가 지니고 있는 최대의 신학적 문제점이라고 할 수 있다. 이 점을 예수도 알고 "주여, 주여, 하는 자마다 하늘나라에 가는 것은 아니다"라고 했다. 예수의 이 말은 구원을 밖에서 구하지 말라는 뜻이다. 영혼의 병을 밖에서 구하지 말고 자기 안에서 구하라는 뜻이다. 자기 안에서 스스로 치유하는 힘을 동양에서는 '기(氣)'라고 한다. 그러나 기독교는 이러한 기치료를 위험시하며, 오직 밖으로부터 오는 능력이 전부라고 말한다. 기는 마음속에 집을 짓고 있는데, 장자는 이를 심제(心齊)라고 했다.

해마다 의료보험에 드는 비용은 엄청나게 증가하고 있지만, 양의학이 인간에게 행복을 가져다 줄 기미는 보이지 않는다. 도리어 의학에 대한 불신만 증가시키고 있다. 서양 사람들 스스로가 정작 서양의학에 대한 불신을 더 많이 가지고 있다. 서양의학에 세뇌되어 한의학을 미신이요 비과학적이라고 매도하는 의사들이 있는가 하면, 서구의 의료 방식에 대한 맹신을 가지고 있는 동양인들 사이에서 서양의학은 더 애호를 받기도 한다. 이는 또 하나의 의학적 오리엔탈리즘에 지나지 않는다. 서양의학은 근본적으로 병에 임하는 논리를 바꾸어야 한다. 이렇게 뉴턴의 과학과 데카르트의 철학은 암묵적으로 그리고 뿌리 깊게 현대 의학의 기초가 되고 있다. 즉, 현대 서양의학의 많은 장점과 약점을 모두 데카르트의 철학이 제공하고 있는 셈이다(Pellegrino, 1991, 18).

(2) 뉴턴-데카르트적인 세계관과 현대 의학

서양의 현대 의학 역사는 300여 년이 된다고 했다. 데카르트의 철학이 나타난 뒤로 진정한 의미에서 현대 의학의 개념이 등장했다는 점에는 거의 이의가 없다. 데카르트는 르네상스기에 등장한 아리스토텔레스의 경험적 유물론(*empirical materialism*)을 그대로 물려받아 데카르트주의(Cartesianism)를 발전시킨다. 경험적 유물론이란 물질이 고정되고(*fixed*) 불변하는(*unchanging*) 실체(*substance*)를 형성하고 있다는 사상이다. 데카르트는 이러한 경험적 유물론에 근거한 분석적이고도 귀속적인 방법론을 도입해 현대 과학철학의 기초를 만든다. 과학에 대한 그의 이러한 철학이 곧 현대 의학의 철학적 기초가 된다. 데카르트의 이러한 사고는 토마스 쿤이 말하는 하나의 기틀을 만들어 의학을 비롯한 광범위한 영역에 영향을 미치고 있다.

데카르트는 분명하고 확실하고 정확한 것을 추구하는 것이 자기 철학이 갖는 지상의 과제라고 했다. 그래서 그는 절대적이며 확실한 진리가 있다고 다음과 같이 말한다.

> 모든 과학은 분명하고 확실한 것에 관한 지식이다. 우리는 그럴싸한 모든 지식을 배격한다. 완전하게 알려져 의심의 여지가 없는 것이라고 믿어지는 것만을 판단하는 것을 사명으로 한다(Garber, 1991, 10).

이러한 말의 배경에는 데카르트가 사용한 논리가 있다는 사실에 명심하지 않으면 안 된다. 그의 논리는 귀속주의적 논리이다. 귀속주의(reductionism)는 전체와 부분을 엄격하게 나누고, 부분의 합이 전체이고 부분은 절대로 전체가 될 수 없다는 논리를 견지한다. 예를 들면 전체를 10이라고 할 때 부분은 '10분의 1, 10분의 1,……'과 같다. 그래서 질에서나 양에서 부분과 전체는 같을 수 없다. 이러한 귀속주의

는 데카르트로 하여금 기계론적 사고에 몰두하게 만들었다. 기계가
그런 것처럼 각 부품들이 자기 독자성을 가지고 잘 짜여져 있다는 사
고를 한다. 데카르트가 생각한 이상적인 기계란 시계 같은 것이다. 시
계처럼 톱니바퀴나 나사 등 각 부분들이 빈틈없이 잘 조립되어 있는
것을 두고 하는 말이다. 자신의 이러한 기계론적 세계관을 두고 데카
르트는 다음과 같이 말하고 있다.

> 나는 어느 기능공이 만든 기계와 자연이 만든 인체 사이에 어떤 차이
> 점이 있다는 사실을 인정할 수 없다(Beinfield, 1991, 19).

데카르트는 기계를 지배하는 절대적인 법칙이 곧 온 우주를 지배하
는 법칙이라고 믿었다. 즉, 자연을 지배하고 다스리는 절대 불변의 정
확한 법칙 같은 것이 곧 인간의 인체에도 그대로 적용될 수 있다고
본 것이다. 데카르트에게 인체란 곧 기계이다. 건강한 사람이란 곧 잘
만들어진 시계와 같은 것이다. 현대 서양의학의 철학적 기초는 바로
데카르트의 이러한 기계론적 사상 위에 세워져 있는 것이다.[7] 데카르
트는 인체를 하나의 기계에 일치시켜 생각했다. 그래서 그는 자연을
지배하는 정확한 과학의 법칙들을 인체에 그대로 적용시켜 생각했던
것이다. 그에게 건강한 상태란 사고 없이 잘 움직이는 기계 같은 상태
이다. 데카르트는 물질(matter)과 정신(mind)이 전혀 다른 두 개의 영
역에 속한다고 보고, "정신 속에는 물질의 개념이 없고, 물질 속에는
정신의 개념이 없다"고 단정했다. 그는 정신이 있는 마음의 세계를
'res cogitans'라고 했으며 물질이 있는 몸의 세계를 'res extensa'라고 했다.
이러한 데카르트의 기계론적 자연관은 수학자요 천체 물리학자였던

---

7   이러한 철학은 신을 기계 조립공으로 보는 이신론(deism)과 같은 맥락이다.

뉴턴으로 하여금 절대적으로 불변하는 법칙 같은 것이 있음을 믿도록 만들었다. 여기서 말하는 절대-불변하는 법칙이란 물질적인 우주를 설명하는 데 동원되는 원인-결과의 법칙, 즉 인과론(因果論) 같은 법칙을 두고 하는 말이다. 뉴턴의 이러한 세계관은 1687년에 쓴 《자연세계의 수학적 원리(*The Mathematical Principles of the Natural World*)》에 잘 나타나 있다. 그의 이러한 세계관은 "Nature was laid bare"라는 말 속에서도 여실히 읽을 수 있다.

이러한 우주의 법칙이 인체에도 그대로 적용된다는 세계관이 바로 의학을 지배하게 된다. 의학은 물리학·화학·생물학과 함께 발달하게 되었다. 그래서 의학의 연구는 곧 생화학적이다. 이러한 의학철학이 오늘날까지도 신성한 카리스마를 가지고 영향을 미치고 있으며, 과학적 탐구의 방법론이 되고 있다. 지금 이 순간에도 과학적 연구 방법론을 말하는 데서 기계론적 세계관이 가장 알맞고 정당한 방법론이라고 믿는 과학자들이 실험실을 지배하고 있다. 우리는 이러한 법칙이 지배하는 세계관을 두고 뉴턴-데카르트적 세계관(*Newton-Cartesion World View*)이라고 부른다. 이러한 세계관은 인간과 자연이 하나의 기계론적 법칙에 지배된다고 본다. 인간이 기계라면, 의사는 이 기계를 고치는 정비공과 같다. 정비공은 단지 기계가 고장났을 때만 끼어들어 부품을 수리하고 교환하는 구실을 담당할 뿐이다. 오늘날 서양의학의 병원들 그리고 그 속에서 일하는 의사들이 모두 이러한 정비공의 구실을 충실히 수행하고 있는 것이다.

인체를 기계로 보는 견해는 인체에 생긴 병을 이해하는 데 결정적으로 중요한 단서를 제공한다. 즉, 인체를 기계로 보기 때문에 병이란 곧 그 기계의 파괴인 것이다. 그래서 의사의 사명은 그 기계를 고치는 것이다. 인체에 대한 기계론적·물질적 견해는 인체를 "굳고 비활동적이며 분할할 수 있는(solid, inactive, and divisible)"것으로 보는 것과 같다. 17세기의 이러한 기계론적 인체관은 그대로 20세기까지 이어진다. 20세기 초 아서 코른베르그는 데카르트의 심신 이원론을 그대로 물려받아 자신의 생화학에 적용한다. 그는 신 칸트학파에 속하는 인물이지만, 그의 인체관은 데카르트의 기계론에서 벗어나지 못하고 있다. 그는 다음과 같이 단정적으로 말한다. "마음은 생명의 한 부분으로서 물질이다. 거듭 말하거니와 물질일 뿐이다.…… 그래서 한 개인의 행동은 우주 안에 있는 모든 물질을 지배하는 화학적 아니면 물리적 지배를 받고 있다"(Kornberg, 1987, 689). 실로 대담한 선언적 발언이라고 할 수 있겠다.

제2장 서양의학의 종말과 자기언급

1. 인간 욕구와 우주

(1) 인간 욕구와 자기언급

매슬로에 따르면, 주관과 대상이라는 관계에서 볼 때, 욕망 혹은 욕구란 주관이 어떤 대상을 소유하고 싶은 데서 생긴다고 할 수 있다. 이에 따라 매슬로는 다음과 같은 5단계 욕구 이론을 제시했다. 배고플 때 먹을 대상을 가지고 싶어하는 욕구라든지, 이성을 차지해 성욕을 채우려는 등의 욕구는 인간으로서 가장 '기본적인 욕구(basic need)'라고 할 수 있다. 이 기본적인 욕구는 인간이 다른 동물들과 함께 공유하고 있는 욕구라고도 할 수 있다. 기본적 욕구가 충족되면 인간은 '안전(security)'을 희구하는 욕구를 갖게 된다. 안전하게 살 수 있는 집을 장만해야겠다거나 하는 것이 이 두번째 욕구에 해당한다고 할 수 있다. 이제 안전이 보장되면 바깥으로 눈을 돌려 동료와 더불어 살면서 어떤 단체나 모임 같은 곳에 속하려고 하는 '소속감(membership)'을 추구하게 된다. 이것이 세번째 욕구이다. 소속감은 자연히 인간으로 하여금 소속의 다른 성원들로부터 '인정(recognition)'을 받으려는 욕구로 이끌린다. 이것이 네번째 욕구이다.

이상 네 가지 욕구는 성질에서 서로 차이가 있는 것 같지만, 주관이 대상을 전제하고 거기서 만족을 얻으려고 한다는 점에서는 같다고 하겠다. 매슬로에 따르면, 인간이 내면에서 진정으로 추구하는 욕구는 다섯번째의 자기실현(*self-realization*)에 있다. 즉, 자기가 자기 자신이 되고자 하는 욕구, 즉 어떤 대상으로부터 얻어지거나 주어져 만족되는 것이 아니라, 오직 자기 자신이 곧 만족의 대상이 되는 욕구 충족인 것이다. 이것이 최상의 욕구라는 것이다. 외적인 대상에 의존하는 욕구 실현이 아니고 '자기 자신을 위한(for his own sake)' 욕구로서, 자기 언급적인 욕구라고 할 수 있겠다. 공자가 70세에 자기가 하고 싶은 욕구에 따라 살아도 한계를 넘어서지 않는다(從心所欲不踰距)고 한 것은 바로 이러한 자기실현의 경지에 대한 터득을 의미한다.

1970년대에 매슬로가 내놓은 이와 같은 욕구 충족의 5단계설은 지금도 여전히 많은 설득력을 지니고 있다. 그런데 필자는 이 5단계의 욕구 충족이론이 결국 두 가지로 나뉠 수 있다고 본다. 즉, 처음 4단계가 모두 같은 성격을 지니고 있다고 보는 것이다. 이것들은 모두 객관적인 조건에 따라 주어지거나 만들어진다는 점에서 같다. 주체와 대상으로 나뉘어, 먹는 것과 입는 것과 사는 것 그리고 주위의 동료들과 같은 대상 조건이 갖추어진 다음에야 만족이 이루어진다는 점에서 같다는 것이다. 그러나 마지막의 '자기실현'이란 어떤 외부 대상이나 조건에 따라 충족되는 것이 아니라, 자기 자신이 자기 자신을 대상으로 해서 만족되는 것이라는 점에서 앞선 네 가지와는 그 성격이 다르다고 할 수 있다. '자기실현'이라는 말은 곧 '자기언급'이라는 말로 바

꾸어놓을 수 있는 것이다. 자기언급의 관점에서 보자면, 처음 네 가지
는 '타자언급적(other reference)'이라고 할 수 있다. 소크라테스의 "너 자
신을 알라"에서부터 시작된 서양의 자아 인식에서 자기언급은 그 걸
어온 길이 순탄하지만은 않았다. 우선 플라톤은 제쳐두고라도 그의
제자 아리스토텔레스는 소크라테스의 말을 달갑게 여기지만은 않았
는데, 왜냐하면 자기언급이 역설을 초래하기 때문이다. 필자는 이후의
글에서 자기언급이 자아의 문제뿐만 아니라 여러 가지 현상에서 얼마
나 중요한 위치에 있는가를 살펴볼 것이다.

불교에서는 자기가 스스로 자기됨을 보는 것을 두고 관자재(觀自在)
라고 했다. 이러한 관자재를 무시한 채 대부분의 인간들은 세번째(소
속감)나 네번째(인정) 단계의 욕구 충족에 머물고 만다. 먹는 음식, 사
랑할 수 있는 짝, 그리고 자기를 인정해주는 동료들로부터 오는, 즉
어떤 대상으로부터 주어지는 것에 그만 만족하고 만다는 것이다.
1982년에 뇌 안에서 생성되는 모르핀이 발견되었다. 그리고 이것이
매슬로가 말하는 욕구 단계가 높아질수록 많이 분비된다는 것이 증명
되었다. 우리의 인체에는 '자기항상성(自己恒常性, homeotasis)'이라는 것
이 있어서 스스로 자기를 조절해나간다. 항진과 억제를 교감신경과
부교감신경이 각각 담당해 조절하는 것이다. 마치 차에 가속장치와
제동장치가 있는 것과 같다고 할 수 있겠다. 이를 '네거티브 피드백
(negative feedback)'이라고 부른다. 호르몬 역시 이러한 네거티브 피드백
의 영향을 받는다. 즉, 노르아드레날린이나 아드레날린 같은 항진물질
이 나오면 반드시 그것을 억제하는 세로토닌이라는 신경전달물질이
나온다. 한의학에서는 이를 음양조절이라고 부른다. 배가 고프면 식욕
이 즉시 항진된다. 그러나 그것이 충족되면 음식을 보기만 해도 싫어
지는 억제 현상이 생긴다. 성욕이 충족되거나, 소속감이 채워지거나,
사람들로부터 인정을 받고나면 그 뒤로 싫증이 나는 것과 같다.

인간의 뇌 가운데 가장 진화된 전두야합야(前頭野合野)가 자극을 받아 뇌 안의 모르핀이 분비될 경우에 한해 네거티브 피드백은 작용하지 않는다. 이곳이 자극받을 경우에는 뇌 안의 모르핀은 아무런 장애 없이 얼마든지 분비될 수 있다고 한다(Ramachandran, 1998, 74). 이곳은 곧 '이다'와 '아니다'를 모두 초월한 자리라고 할 수 있다. 의학적으로는 아직 그 까닭이 규명되지 않고 있으나, 동양철학으로는 대답할 수 있으리라 생각한다. 매슬로가 말하는 '자기실현'의 단계란 바로 전두야합야가 자극받는 단계라고 할 수 있다. 오직 자기가 자기 자신에게 주는 자기언급적 관자재라고 할 수 있는 것이다. 이와 같이 불교의 관자재는 다름아닌 자기언급적이다. 바가지로 밖에 있는 물을 퍼올리는 것이 아니라, '그 사람 속에서 샘물처럼(a source of water within them)'[1] 저절로 솟아나는 물이다. 자기실현의 삶이란 바로 이러한 내용이며, 동시에 네거티브 피드백이 없는 전두야합야에서 나오는 뇌 안의 모르핀이 이러한 마르지 않는 샘물이라고 할 수 있다.

자기언급이란 증명의 근거를 자기 자신 안에 두는 논리이다. 그것만이 지식의 확증을 주기 때문이다. 만일 자기언급적이지 못하면, 즉 타자언급적이 되면 확정의 근거를 외부에 두어야 하고, 그러면 외부의 외부라는 무한퇴행을 하고 말 것이다. 물을 마셔도 또 목이 마르는 것은 바로 이러한 무한퇴행 현상 때문이다. 그래서 소크라테스는 물론이고 불교에서도 인간 정신이 자기언급적이어야만 병에 걸리지 않는다고 했다. 모든 병은 궁극적으로 정신적으로나 육체적으로 자기언급을 하지 못하는 데서 발생한다. '제대로'란 '자기대로'를 의미하며,

---

1   이 말은 〈요한복음〉에 나오는 것으로, 목이 마른 예수가 우물가에 물을 길러 온 여인에게 한 말이다. 예수는 우물가에서 한 여인을 만나 이렇게 말했다. "이 우물물을 마시는 사람은 다시 목마르겠지만, 내가 주는 물을 마시는 사람은 영원히 목마르지 않을 것이다"(요 4 : 14).

이는 곧 '바로 됨'을 의미한다. 그리고 일단 병이 난 경우에도 그 치료법은 자기언급적이어야 한다. 한의학과 양의학이 갈리지는 분기점은 곧 자기언급적이냐 아니냐 하는 그 지점이라고 할 수 있다.

(2) 내의(內医)와 자기언급

만일 똑같은 병을 가지고 있는 환자에게 같은 의사가 같은 약과 치료법을 사용한다면, 과연 그 결과가 어떻게 나올까? 결론적으로, 어떤 환자는 잘 치료가 되는데, 다른 환자는 그렇지 않다. 이는 병의 원인과 치료가 의사에게 달려 있다기보다는 환자에게 달려 있음을 말해주는 것이다. 슈바이처 박사는 아프리카의 정글에 사는 토인들로부터 다음과 같은 사실, 곧 토인들의 의사가 마녀(witch)라는 사실을 발견했다. 병이 나면 아프리카의 토인들은 마녀에게 먼저 간다. 우리나라로 치면, 그 마녀는 무당과 같다고 할 수 있겠다. 슈바이처의 관찰에 따르면, 토인들은 악령이 인간 속에 있어서 병을 일으킨다고 믿는다. 그래서 병을 치료하기 위해서는 환자의 의사 결단(intention)과 신앙(faith)이 중요하다. 슈바이처는 이를 가리켜 내의(內医, *The doctor within*)라고 불렀다. 무당 역시 이 원리를 그대로 응용한다. 환자 내면에 의사가 있다고 믿으며, 마음의 의지와 신앙이 스스로 자기에 대한 의사라고 믿는다는 것이다. 다시 말해서, 환자 자신이 의사인 것이다. 그런 면에서 치료란 곧 자가치료(self-healing)이다.

샌프란시스코 캘리포니아 의과대학 교수인 딘 오니쉬 박사는 미국에서 사망 원인 1위에 속하는 동맥경화증에 관한 연구 결과를 발표했다. 이 병의 초기 증상은 가슴에 통증이 오는 데서 출발한다. 이 동맥경화증의 치료 역시 다른 모든 병과 마찬가지로 병의 원인을 찾고 그 원인을 제거하는 방식을 취한다. 통상 동맥경화란 혈관에 콜레스테롤이 끼고 혈관 벽에 달라붙어 혈류를 막기 때문이라고 진단할 수밖에 없었다. 즉, 콜레스테롤이 동맥경화의 주원인인 것이다. 이 콜레스테롤을 제거하기 위해 서양의 의사들이 취하는 세 가지 조치는 다음과 같다. (1) 지방질 음식을 먹지 않음으로써 콜레스테롤의 침입을 막는다. (2) 혈류가 방해받지 않도록 혈관에서 콜레스테롤을 깨끗하게 제거한다. (3) 혈관을 새것으로 갈아 끼운다.

그러나 위의 세 가지 방법은 그 어느 것이든 문제를 더 복잡하게 만들 뿐이다. 첫번째의 경우, 즉 콜레스테롤의 양을 줄이는 경우를 생각해보자. 영국의 한 단체가 발표한 연구 보고에 따르면, 원숭이 몸의 콜레스테롤의 양을 줄인 결과 그 원숭이들이 모두 멍청이가 되어버렸다는 것이다. 핀란드의 한 연구 단체는 사람의 경우도 마찬가지더라는 연구 결과를 발표했다. 사람의 경우 콜레스테롤의 양이 줄어들면 불안정해지고 공격적으로 변하며 또한 난폭해진다. 이 가운데는 교통사고를 범해 사망에 이른 사람들도 있다고 한다. 만일 콜레스테롤의 양을 줄여 이런 결과가 초래된다면, 과연 그렇게까지 할 필요가 있는지 회의가 들 수밖에 없다.

콜레스트롤을 줄이는 약은 차연적이어서 약인 동시에 병인 것이다. 이에 오니쉬 박사는 50명의 동맥경화증 환자들을 대상으로 다음과 같은 실험을 실시했다. 50명을 두 집단으로 나누어 집단 1은 위의 세 가지 방법에 따라 치료하고, 집단 2는 자신이 개발한 '새로운 방법', 즉 포괄적 생활 태도 변경법(*Comprehensive life-style changes*)이라는 방법을 사용해보았다. 그 결과 집단 1에서는 17명 가운데 11명의 병세가 더 악화된 반면, 집단 2의 경우에는 12명 가운데 10명의 상태가 좋아진 것을 발견했다. 집단 2의 사람들에게는 콜레스테롤의 양을 줄이는 방법을 사용하지 않았는데도 상태는 더 좋아진 것이다. '포괄적 생활 태도 변경법'이란 환자 자신이 의사라는 견해에 근거하고 있다. 그래서 환자 자신이 스스로 자기 자신에 대한 의사가 되어 치료에 참여하지 않고

서는 병이 치료될 수 없다는 이론으로 전개된다. 그러나 전통 양의학에서는 이런 개념이 전혀 응용될 수 없다. 환자는 수동적으로 의사 앞에 자기 몸을 완전히 맡겨놓고 고쳐주기를 기다리고만 있으면 된다. 의사가 환자의 병에 적극적인 태도로 참여하는 것은 "병에 대해 죄책감을 느껴서 그러는 것이 아니라, 필요한 변화에 적응하고 치유 과정에 '환자 역시 참여할 수 있다'는 사실을 깨닫게 하는 것이다"(Capra, 1986, 313).

의사는 환자의 밖에 존재하는 것이 아니라 안에 있다는 내의 이론을 뒷받침할 수 있는 새로운 이론들이 최근 들어 속속 등장하고 있으며, 이제 병원에서도 이 방법을 적극 사용하고 있다. 결국 현대 의학은 슈바이처가 만난 토인들의 생각에 근거하고 있다고 생각할 수밖에 없게 되었다. 의사가 환자 안에 있다는 내의 이론에 공감한다는 말이다. 그러나 이는 의업이라는 상술과는 배치되는 것이며, 아직 내의 이론을 수용하는 일은 현실적으로 요원하다고 할 수 있다.

2. 내의의 논리와 자기언급

(1) 자기언급과 호메오파씨

내의 이론은 다음과 같은 몇 가지 현대 의학의 치료 기법에서도 발견할 수 있다. 그 가운데 위약(僞藥, placebo)이란 환자 자신의 적극적인 기대만으로도 치유가 가능하다는 이론에 기반하고 있다. 위약이란 가짜 약을 진짜 약처럼 포장해 환자로 하여금 진짜 약을 먹었다고 믿게끔 하는 일종의 모조약품이다. 35퍼센트의 환자가 '만족할 만한 위안'을 위약을 통해 경험했다는 연구 결과도 나왔다.[2] 위약은 병원에서 진

짜 약을 사용할 경우에 생기는 온갖 부작용을 피할 수 있으며, 무엇보
다도 의학적 치료법이 아직 알려지지 않은 병으로부터 극적인 회복을
보는 데 큰 도움이 되고 있다. 이를 '위약 효과'라고 부른다. 위약 효
과는 **자발적 회복**(*spontaneous remission*) 혹은 '정신-신체적 치유'라고도 불
린다. 위약 효과는 인간 내면에 있는 내의가 스스로 자기 병을 고치는
현상으로, 자기치유 혹은 자기언급의 효과라고 부를 수 있다. 이와 관
련해 노먼 커즌스(Norman Cousins)는 "많은 의학자들이 말하는 의학사
는 사실 위약 효과의 역사라고 믿는다"(Capra, 1986, 313)라고 말했다.
그렇다고 내의가 반드시 좋은 것만은 아니다. 내의가 적극적인 사고
를 하는 한에서 병의 치유 효과를 가져올 수 있기 때문이다. 정신-신
체적 효과는 완전히 반대 방향으로 나갈 수 있다. 즉, 옛 원시사회에
서 통용되던 주문처럼 환자 자신이 자신에 대해 오래 못 살 것이라거
나 혹은 이 약을 먹어도 별 효과가 없을 것이라고 암시를 하면 '역위
약 효과(inverse placebo effect)'가 생길 것은 분명하다. 그래서 우리가 우
리들 자신 속에 얼마나 좋은 내의를 모시고 사느냐는 '마음 먹기에 달
렸다'고 할 수 있다.

　위약과 함께 내의 이론이 적중하는 흥미 있는 치료 요법 가운데 동
종요법(homeopathy)이라는 것이 있다.[3] 동종요법은 '닮음'을 의미하는
그리스어 '*hamoios*'와 고통을 의미하는 '*pathos*'의 합성어로, 1796년에 하
네만(Hahnemann)이 발견한 것이다. 동종요법이란 모든 육체적·감정적·
심리적 현상의 기반이 되는 생명력의 변화에서 병이 발생한다는 이론

2　　Norman Cousins, "The Mysteriono placebo", *Saturday Review*, October 1, 1977.

3　　동종요법은 멀리 파라켈수스와 히포크라테스로까지 거슬러 올라갈 수 있
　　다. 정신 치료 체계는 18세기 말 독일의 의사인 사무엘 하네만이 수립했
　　다. 그러나 서양의 의학계는 동종요법에 대해 극렬히 반대했다. 그럼에도
　　1900년 말경 미국 전체 의사의 15퍼센트가 동종요법사였으며, 20세기에
　　들어 이 요법은 더욱 각광을 받고 있다(카프라, 1986, 323).

이다. 동종요법에는 3대 법칙이 있는데, 첫째, 같은 것이 같은 것을 치료
한다(*similia similibus curantur*)는 유사 법칙(law of similars), 둘째, 농도의 희
석이 많으면 많을수록 효과가 강력해진다는 미량농도의 법칙(law of
the infinitesimal dose), 셋째, 병의 증상은 개인에 따라 구체적으로 나타
난다는 전일적 치료 법칙(a holistic model)이 바로 그것이다. 하네만은
"개인의 질병은 확실하고 근본적이고 신속하고 영구히 제거될 수 있
는데, 이것은 그 병에서 나타나는 증상과 완전히 똑같은 증상을 일으
키는 약에 의해 가능하다"라고 했다(장동순, 1999, 167).

닮음의 논리를 이용한 동종요법은 환자에게 나타나는 증상의 독특
한 형태를 유사한 치료 형태의 특성과 일치시키는 것이다. 동종요법
을 치료에 응용한 조지 비툴카스(George Vithoulkas)는 치료자와 환자
사이에서 에너지가 공명 효과를 내기 때문에 치료가 가능해진다고 믿
었다. 여기서 치료자는 환자 앞에 객관적 대상으로 나타나는 것이 아
니라, 동일하게 치료자라는 처지에서 동병상련(同病相憐)의 태도를 취
할 필요가 있다. 밖에 있는 외의(外医)와 안에 있는 내의(內医)가 서로
만나 고통(pathos)을 나누어야 병이 치유된다는 것이다. 비툴카스에 따
르면, 치료자는 수동적 관찰자가 아니라 친밀한 참여자가 되어야 한
다. 그는 또한 치료자가 객관적이며 수용적이며 동정적이며 민감해야
한다고 했다. 이는 현대 양자물리학에서 관찰자가 관찰 대상과 분리
된 채 생각될 수 없는 경우와 완전히 같다고 할 수 있다. 마치 사격술
에서 총이 총 자신을 먼저 겨냥(이를 조준선 정렬이라고 함)한 다음 목
표물을 겨냥(이를 정조준이라고 함)해야 하는 경우와 같다. 여기서 정조
준이라고 함은 다름아닌 공명인 것이다. 환자 안에 있는 내의와 밖의
외의, 즉 치료자가 공명 현상을 일으켜야 병이 완전히 치료될 수 있다
는 이론이 동종요법인 것이다.

동종요법이 과학적이냐 아니냐에 대해서는 아직도 의견이 분분하

다. 그러나 중요한 것은, 현대의 모든 과학 분야가 그런 것처럼 동종 요법 역시 철저하게 거짓말쟁이 역설을 이용해 병을 치료하고 있다는 사실이다. 이 역설이 현대 과학의 여러 영역에 나타나지 않는 곳이 없 다는 것을 필자는 이 책의 제2부를 통해 드러낼 것이다. 현대 과학의 처지에서 볼 때 이 역설을 사용하지 않은 것이 차라리 비과학적인 일 이 아닐까? E형 논리 혹은 거짓말쟁이 역설을 통한 치료법이 곧 동종 요법이다. 이런 시각에서 볼 때 비툴카스는 현대의 자기언급 논리를 치료에 응용한 평범한 발견을 한 사람 가운데 하나로 볼 수밖에 없을 것이다. 왜냐하면 한의학에서는 오래전부터 이러한 동종요법을 사용 해왔기 때문이다. 자기가 자기를 치료하는 자기언급적 치료법, 곧 동 종요법은 한의학에서 낯선 것이 아니다. 동종요법의 한의학적 이해는 다음에 다시 언급하도록 하겠다.

(2) 자기언급과 치료-자생훈련

독일의 정신의학자 요하네스 슐츠(Johannes Schultz)는 1930년대에 '자 생훈련(autogenic training)'이라는 치료 기법을 개발했다. 이 기법은 정신 및 육체 기능을 통합시키고 긴장 없는 상태를 유도하기 위한 자기-최 면(self-hypnosis)의 한 형태이다. 일종의 자기언급을 통해 자기 자신을 깊이 들여다보면 자기의 무의식과 접촉하게 되고, 그러면 자기가 왜 병에 걸리게 되었는지 스스로 그 정보를 찾아낼 수가 있다는 것이 바 로 자생훈련의 이론이다. 즉, 자기가 자기의 깊은 곳으로 찾아갔다가 다시 자기에게로 돌아오는 생체 피드백(bio-feedback) 기법이 자생훈련 의 이론인 것이다. 여기서 자신에게 돌아갈 때는 여러 가지 상징이라 는 마차를 타고 여행을 하게 되는데, 이를 심상화(心像化)라고 한다(카 프라, 1986, 332). 심상화란 일종의 마음의 제곱 작용이다. 자기 곱하기 작용인 것이다. 자기 더하기 작용은 심상화를 이루지 못한다. 들뢰즈

가 그렇게 제곱을 강조하는 이유가 여기에 있다. 제곱 작용의 중요성
은 다음에 상세히 논의할 것이다.

자기언급을 하는 경우와 하지 않는 경우의 차이점은 무엇일까? 그
차이는 크다. 피드백, 즉 자기언급을 한번 하고나면 자기가 자기 자신
을 제어할 수 있는 기법과 힘이 생긴다. 여기서 제곱이 더하기와 다른
이유가 생긴다. 자기언급을 함으로써 스스로 자기 병을 다스리는 주
인이 될 수 있다. 우리는 대부분 병에 걸리면 병의 노예가 되어 그것
에 종속되고 만다. 그런데 자생훈련 치료법은 자신의 무의식적인 육
체 기능을 탐지하고 그 결과를 전자적으로 확대해 보여줌으로써, 이
를 피드백해 그 기능을 자의적으로 통제할 수 있도록 도와준다. 마치
병이 있는 적진에 첩자를 침투시켜 그 상황을 파악한 다음 그 적진을
다시 공격하는 것과 같다고 할 수 있다. 이때 공격에 성공하기 위해서
는 첩자가 주객 조화의 명수라야 한다.

그런데 여기서 조심해야 할 사항은, 마치 의식이 무의식의 세계를
엿보고 그 비밀을 탐지해내는 것으로 자생훈련을 이해되어서는 안 된
다는 점이다. 그렇게 되면 의식이 무의식을 통제하는 종래의 기법과
아무런 차이가 없게 되고, 병을 도리어 악화시키기 때문이다. 여기서
종래의 기법이란 A형 논리학의 사용을 두고 하는 말이다. E형 논리
기법은 차라리 의식과 무의식이라는 두 개의 자아가 자기언급을 통해
가까운 친구가 되도록 하는 기법이다. 그래서 자기-통제(self-regulation)
라는 말은 적합하지 못하다. 그러면 여기서 제3의 의식, 즉 의식과 무
의식을 포괄해 연결시키는 또 다른 의식이 있어야 하는지 자연히 물
음이 제기된다. 어떻게 의식과 무의식을 연결하는 통신망을 구축할
것인가 하는 질문이 생길 수밖에 없는 것이다. 다시 말해서, 어떻게
인간의 의식이 스스로 자생적일 수 있느냐 하는 문제가 발생한다는
뜻이다. A형 논리를 기피하는 이유는 이러한 무한퇴행 현상 때문이다.

유형별로 의식과 무의식을 나누면 문제는 쉽게 해결될 수도 있을 것
이다. 유형론은 거짓말쟁이 역설에 대한 해법 문제와도 관계되는 것
이다. 의식과 무의식을 포괄하는 제3의 의식망을 구축하고자 한다면
그것은 위계적인 방법이 될 것이다. 그러나 이는 바람직하지 못한 방
법이라고 생각한다.

반대로 순환적 방법을 선택한다는 것은 개인이 자신의 의식과 무의
식의 세계를 수시로 들락날락할 수 있는 훈련을 순환적으로 반복하는
것이라고 할 수 있다. 실제로 10년에 걸쳐 이런 훈련이 실시된 결과,
자율적 혹은 비자율적인 생리 기능(심장 박동, 체온, 근육 긴장, 혈압, 뇌
파 활동 등)을 과연 의식적으로 그리고 스스로 감시할 수 있으며 또
확대할 수 있음이 드러났다. 궁극적으로 유형론은 해결 과정에서 신
을 부르지 않을 수 없는 상황을 만든다. 그러나 자기-통제 훈련을 시
키면 자의적 통제가 가능해진다. 의식이 무의식을 직접 통제하려고
한다는 것은 데카르트 철학에서 정신이 육체를 통제한다는 말과 같
다. 이는 가장 위험한 방법 가운데 하나이다.

자기가 자기를 보는 훈련은 의식과 무의식을 연계시켜 순환시키는
결과를 가져온다. 그러면 벌써 무의식 속에 있는 병은 의식 속에 있는
자기 자신의 내의가 붙잡게 되고, 이로써 치료가 가능해진다. 그러지
못한 채 밖에 있는 외의가 무의식의 병을 고치려고 한다면 병은 더욱
악화되고 만다. 신약성서에서 보듯이, 이는 일곱 귀신을 쫓아내니 더
많은 귀신이 들어와 괴롭힌다는 상황과 같다. 그래서 그 사람의 나중
형편은 먼저보다 더 나빠지는 것이다. 의식과 무의식의 조준선 정렬
이 끝난 다음 밖에 있는 외의와 정조준을 시도해야 한다는 이유가 여
기에 있다.

(3) 자기언급과 사이먼튼

프랭클린 루즈벨트 대통령은 "우리들이 진정 두려워하지 않으면 안 되는 것은 바로 우리들 속에 있는 두려움이다"라고 했다. 밖의 사건이나 사물로부터 오는 두려움[1]보다는 그 두려움[1]을 두려워하는 마음 안의 두려움[2]이 더 두렵다는 뜻이다. 두려움[1]이 대상 언어라면 두려움[2]는 메타 언어이다. 그런데 우리 인간들은 아직 이 두 언어를 거의 구별하지 못하고 있다. 러셀은 말하기를, 아직도 이를 구별하지 못하는 것은 실로 문명사의 커다란 수치라고까지 했다. 대상 두려움[1]과 머릿속에서 만들어진 두려움[2]의 식별은 매우 어렵다. 어른들이 어린아이들을 겁주며 '호랑이가 나온다'라고 할 때는 거의 두려움[2]를 사용하고 있는 것이다. 어린아이들은 사실로서 두려움[1]과 말로서 두려움[2]을 구별하지 못하고 무서워한다. 이는 어른의 경우도 마찬가지이다. 정치인들이 공산당이 남침한다며 국민들에게 겁을 주면 대중은 그만 속고 만다. 대상 언어와 메타 언어의 교묘한 조작이라고 할 수 있다.

샌프란시스코에 있는 캘리포니아 의과대학의 심리학자 케네트 펠레티어(Kenneth Pelletier)는 스트레스 연구의 전문가인데, 그는 "인간의 신체는 우직할 정도로 정직해서 '진짜' 위험과 머릿속에서 만들어낸 가짜 위험을 구별하지 못한다"라고 했다. 아울러 "불안감을 가지고 있다든가 부정적인 감정을 품고 있으면, 신체는 그것을 정말로 굳게 믿기 때문에 병이 생긴다"라고 했다(사이먼튼, 1997, 42). 내의 이론은 이와 같은 논리학의 대상 언어와 메타 언어의 문제로 바꾸어 생각할 수 있다. 플러시보(위약) 효과는 이러한 메타 언어의 위력을 이용한 것이다. 노시보(Nocebo)는 반위약 효과로서, 플러시보의 반대말이다. 가령, 소금물을 환자에게 주면서 두통을 일으키는 약이라고 하면 그 환자는 정말로 두통 증상을 보이는데, 이것이 바로 반위약 효과이다. 플러시보든 노시보든 모두 대상 언어와 메타 언어를 구별하지 못하는 인간의 본성을 이용한 것이라고 할 수 있다. 결국 이러한 사례들은 인간의 의술이 논리학의 한계를 넘지 못하고 있음을 보여주는 것이라고 하겠다. 요즘 농가의 배나무밭 주인들은 까치들과 전쟁을 벌이고 있다. 까치를 속이기 위해 온갖 방법을 동원하지만, 까치는 농장에 설치된 허수아비가 가짜라는 것을 금방 알아차리고 만다. 마찬가지로 위약이 효력을 갖는 것은 인간이 위약이라는 것을 알아차리지 못하는 한계 안에서이다. 그러나 인간은 '내 손이 약손'이라는 할머니 말에 그대로 속는 본성을 가지고 있다.

 암을 치료하는 데도 이러한 메타 언어의 위력을 응용해 각광을 받는 것이 있는데, 그것이 바로 사이먼튼 요법이다. 방사선종양학자인 칼 사이먼튼(Carl Simonton)과 정신요법학자인 스테파니 메튜스 사이먼튼(Stephanie Mattews-Simonton)이 개발한 암 치료 요법은 앞으로 병 치료에 일대 전환을 일으킬 것으로 보인다. 사이먼튼 요법이란 내의 이론을 심화·발전시킨 것으로, 거짓말쟁이 역설을 이용한 방법이다. 대상 언어와 메타 언어의 구별은 앞으로 의식의 발전사에 큰 전환을 이룰 것이다. 사이먼튼 요법은 치료의 효과와 육체의 방어 능력에 대해 환자의 확신을 강화시키는 요법이다. 이 연구 결과에 따르면, 치료에 대한 환자의 반응은 병의 심각성보다는 환자의 태도에 더 많이 좌우된다는 것이다. 희망을 가지고 환자 자신이 적극적으로 치료 과정에 참여하겠다는 감정을 갖는 순간부터 신체의 균형이 회복되고 면역체계도 활성화되기 시작한다. 그럼으로써 암세포의 생산이 느려지며 면역체계는 더욱 강해진다. 현대 의학은 병의 원인을 줄곧 외부 세계인 객관에서 찾았다. 몸 밖에 있던 바이러스가 인체 내부에 침투함으로써 병이 생긴다고 본 것이다. 그러나 바이러스의 발견 당사자인 파스퇴르(Louis Pastoir)마저도 나중에 자신의 학설과는 반대로 세균이 병을 일으키는 것이 아니라 세균에 침입당한 신체가 병을 일으킨다고 주장하기에 이르렀다(사이먼튼, 1997 참고). 그는 "결국 세포가 문제가 아니라 세포의 배양체가 문제이다"라고 했다.

그러면 여기서 사이먼튼이 어떻게 대상 언어와 메타 언어를 결합해 병을 치료하는지 그 구체적인 기법을 살펴보도록 하자. 우선 조용히 앉아서 신체의 근육에 의식을 집중시킨다. 그리고는 신체의 각 부분이 이완된다고 속으로 명령한다. 그 다음에 조그마한 개울가와 같은 쾌적한 장소에서 쉬고 있는 자신의 모습을 상상한다. 이어서 자기 속에 있는 암의 이미지를 구체적으로 상상한다. 그리고 방사선의 활동, 즉 몇백만이나 되는 방사선 에너지의 탄환이 그 암세포를 공격하는 상상을 한다. 그 방사선은 암세포와 함께 건강한 세포도 함께 공격하지만, 건강한 세포는 아무런 영향을 받지 않는다고 상상한다. 이런 식으로 방사선치료와 심리요법을 병행해나간다. 이를 이미지요법이라고도 한다. 자기가 바라는 상황과 목표를 머릿속에 구체적인 이미지(심상)로 그려봄으로써 치료를 한다는 뜻이다.

여기서 이미지라는 것은 무엇인가? 그것이 바로 메타 언어인 것이다. 병도 사실은 이 이미지로부터 생긴 것이다. 두려움[1]이 중요한 것이 아니라, 두려움[1]의 이미지인 두려움[2]가 더 중요한 것이다. 이것은 같은 이미지로만 제거할 수 있다. 이열치열의 논법이라고나 할 수 있겠다. 두려움[2]와 같은 이미지가 만든 스트레스를 방사선치료와 같은 대상 언어로만 치료하려고 하니 실패할 수밖에 없는 것이다. 방사선치료를 하면서 그 치료하는 장면을 이미지로 만들어 속의 내의가 동시에 동원되도록 하지 않으면 안 되는 것이다. 병이 난 것도 자신이고 그것을 치료하는 것도 자신이어야 한다.

"내 손이 약손이다"라고 하면서 주문 같은 말을 반복하는 것 역시 이미지요법이라고 볼 수 있다. 할머니의 손이 몸속에 있는 병마를 몰아낸다고 머릿속에 상상한다. 그러면 이러한 상상이 주술적 구실을 하면서 병을 치료한다. 이것이 바로 사이먼튼 요법의 핵심 이론이다. 사이먼튼 요법만큼 내의를 확신하는 요법도 없을 것이다. 그러나 아직도 서양 전통 의학계에서는 이 요법에 긍정적인 반응을 보이기보다는 회의적인 것이 사실이다. 필자가 그들에게 들려주고 싶은 말은, 사이먼튼 요법은 그들과는 전혀 다른 논리적 방법, 즉 거짓말쟁이 역설을 사용하고 있다는 점이다. 이는 사소한 차이가 아니라 근본적인 차이를 드러내는 것으로, 논리의 대 변화가 의학에서 일어나고 있는 것이다.

제3장 고침의 의학과 돌봄의 의학

1. 생리 현상과 자기언급

(1) 자기언급과 뇌의 구조

인간의 신경계 가운데는 자기언급적인 것이 있다. 그것이 바로 자율신경계이다. 자율신경계는 글자 그대로 자기가 자기 자신을 작용하게 함으로써 의지의 지배를 받지 않는 신경계이다. 그래서 불수의신경(不隨意神経)이라고 불리기도 한다. 논리적으로 표현하자면 자기언급적이라고 할 수 있다. 이에 비해 운동신경은 의지에 따라 움직이기 때문에 수의신경(隨意神経)이라고 한다. 몸의 심장, 위장, 기관, 혈관, 안구, 피부, 모발, 내분비 기관들은 모두 자율신경계에 속한다. 수의신경은 약간의 손상이 있더라도 생명에 별다른 지장을 주지 않으나, 자율신경, 즉 불수의신경은 조금만 마비되어도 치명적일 수 있다. 그래서 이를 일명 '생명신경'이라고도 하며, 지금 설명했듯이 인체의 내장을 지배하기 때문에 '내장신경'이라고 부르기도 한다.

자기언급이 필수적으로 수반하는 대칭의 상호 작용 현상이 자율신경계에도 그대로 나타난다. 거울 속에서 자기언급은 곧 왼손이 오른손이고 오른손이 왼손인 것이다. 마찬가지로 자율신경계에서도 교감신경(交感神経)과 부교감신경(不交感神経)이라는, 서로 상호 작용하면서 동시에 상호 견제하는 두 종류의 신경이 있다. 동양철학에서 말하는 음과 양 같은 것이라고 할 수 있다. 한의학에서는 음양이 조화되지 않은 탓에 교감신경이 과도하게 흥분 상태에 있어서 체온이 보통 사람보다 높고 맥박이 강한 것을 음허양승(陰虛陽勝)이라고 하고, 반대로 부교감신경이 과도하게 흥분 상태에 있어서 체온이 부족하고 활동력이 떨어지는 것을 양허음승(陽虛陰勝)이라고 한다(조헌영, 1983, 60).

교감신경과 부교감신경의 상호 작용은 자율신경계에만 있고 수의신경계에는 없다. 여기서도 대칭의 상호 작용이 반드시 자기언급 현상을 수반한다는 사실을 발견하게 된다. 자율신경계는 생명신경으로서, 대칭하는 두 신경이 서로 힘의 균형을 유지하고 있을 때는 건강하지만, 그 균형이 깨어질 때는 병적인 반응을 보이게 된다. 음양이 조화로우면 건강하고, 조화롭지 못하면 병적인 것이라고 할 수 있다. 자율신경은 두 줄의 교감신경과 부교감신경으로 이루어져 있으며, 인체의 주요한 장기와 연관되어 있다. 그리고 우리가 눈여겨보아야 할 것은 자율신경이 뇌의 시상하부와 접촉되어 있다는 점이다.

시상하부의 구실이 얼마나 중요한지는 여기서 말로 다 표현할 수 없다. 인체 안에 내재하는 내의가 주둔하는 곳이 바로 이 부분이라고 생각되기 때문이다. 즉, 여기는 곧 마음과 몸이 만나는 곳이다. 이 부분에 자율신경이 붙어 있다는 것은 매우 큰 의미를 지닌다. 시상하부를 위에서 둘러 감싸고 있는 것이 고피질 변연계이다. 변연계는 무서운 야수적 본능이 지배한다고 해서 파충류의 뇌라고도 한다. 이 변연계 피질은 뇌 안의 깊숙한 곳에 들어 있어서 눈에 잘 띄지 않는다. 기본적인 욕구와 감정의 본고장이며, 희로애락애오구의 칠정을 체험하고 담아두는 저장소와 같다. 여기는 인간이 가장 상처받기 쉬운 감정을 저장하고 있기 때문에 그만큼 스트레스도 많이 쌓이는 곳이다. 무엇보다도 자율신경을 직접 지배하고 있어서 '내장뇌' 혹은 '감정뇌'라고도 한다. 그런데 여기서 욕구불만이 생기고 그것이 쌓이기 시작하면 당장 시상하부에 영향을 미치게 되며, 다시 차고 넘치는 욕구는 자율신경을 자극하게 된다. 그렇게 되면 자율신경의 지배를 받고 있는 5장 6부와 기관지 및 혈관에 이상이 생기게 되고, 이것이 심신증을 불러일으킨다.

시상하부에서 노도와 같은 욕구불만을 방출하는 두 개의 물줄기는 자율신경계와 호르몬계이다. 호르몬계 역시 5장 6부와 혈관으로 병든 욕구불만을 방출하는 구실을 한다. 그러면 고피질 변연계를 억압해 욕구불만을 만드는 장본인은 누구인가? 그 장본인이 바로 자아(Ego)가 나오는 신피질(neocortex)이다. 그래서 신피질의 자아와 고피질의 본능은 숙명적인 싸움을 하게 된다. 고래 싸움에 등 터지는 새우와 같은 것이 바로 자아이다. 이 두 정신 체계의 싸움에서 자아에 생긴 병은 육체의 병을 그대로 유발한다. 우리는 감정과 자아의식을 통틀어 마음이라고 하는데, 이 마음이라는 것이 스트레스를 유발하고 스트레스는 다시 5장 6부 같은 육체의 병을 유발한다(이성언, 1978, 78).

우리는 여기서 의사가 속에 있다는 내의 이론의 생리학적 메커니즘을 한눈에 보게 된다. 시상하부는 몸과 마음이 접촉하는 곳이며, 자율신경계와 호르몬계라는 두 개의 메스를 들고 병을 내기도 하며 병을 낳게도 한다. 여기서 병이 나기도 하고 여기서 병을 고치기도 한다는 뜻이다. 이곳에서 웃고 우는 데 따라 5장 6부도 따라서 웃고 운다. 때문에 우리말에서 '웃'(laughing)과 '울'(weeping)이 같은 '우' 돌림으로 되

어 있는 까닭도 이해가 되는 듯하다(정호완, 1996, 242). 이런 이유로
우리는 "인간은 슬프기 때문에 우는 것이 아니라, 울기 때문에 슬프
다"라는 심리학자 윌리엄 제임스와 생리학자 C. G. 랑게의 말에 수긍
하게 된다. 동물도 희로애락을 느끼기는 하지만, 사람처럼 울고 웃지
는 않는다. 울고 웃는 것은 정신의 생각과 마음에서 나온다. 제임스의
이 말은 인간이 슬프기도 하고 기쁘기도 한 것은 마음 때문이라는 것
과 같다. 그리고 '울기 때문에 슬퍼한다'라는 것은 인간은 논리적인 동
물로서 메타가 대상을 좌우함을 의미한다. 인간은 슬퍼서 울지만 울
기 때문에 슬퍼지기도 하는 동물이다. 인간만이 메타화를 할 수 있는
능력을 타고났기 때문이다.

(2) 파토스와 포노스

히포크라테스는 병의 원인을 'pathos'와 'ponos'에서 찾는다. 'pathos'
란 외부에서 기인한 것에 고통을 겪는 일이 병이라는 뜻이고, 'ponos'
란 병이 사람의 내부에서 생기기 때문에 그 치유도 자기 능력에 의존
한다는 뜻이다. 히포크라테스는 의사가 'pathos'보다 'ponos'에 더 신경
을 써야 한다고 했다(Leshan, 1982, 46). 이와 관련해 12세기의 의사 마
이모니데스는 다음과 같이 진술하고 있다. "고대 그리스인들은 환자
가 스스로 자연에 자기 몸을 내맡기고 스스로 치유해나가도록 하는
방법을 알고 있었다. 자연의 힘 이상으로 위대한 힘은 없다. 의사는
자연의 힘을 돕고 지지하며 그것을 따르는 자라야 한다"(Leshan, 1982
참고). 이런 식으로 자연에 맡기는 의료 형태를 자연 위탁형이라고 하
며, 그 대표적인 인물이 갈렌(Galen)이었다. 로마시대에도 의술에 대한
양대 견해는 첨예하게 대립했다. 비티니아(Bithynia)의 아스클레피아데
스(Asclepiades)는 갈렌학파에 날카롭게 대항했는데, 그는 갈렌의 주장
이 '죽음에 대한 명상(meditation on death)'이라며 혹평했다. 이들 대립

은 마치 오늘날 한국의 한방과 양방의 대립만큼이나 심각했다.

의견 충돌이 심각했음에도 정원사로서 의사의 구실을 강조한 히포크라테스-갈렌의 주장은 중세기까지만 하더라도 무시하지 못할 정도로 그 세력을 유지할 수 있었다. 16세기의 파라켈수스(Paracelsus)는 "인간은 자기 자신에 대해 의사이다. 제 자신의 정원에서 약초를 발견해야 한다. 의사는 바로 우리들 자신이다. 우리 자신의 몸(자연) 속에 우리가 필요로 하는 모든 것이 있다"(Leshan, 1982, 47)라고 했다. 16세기에는 드디어 갈렌(Galenic)학파와 스파릭(Spaayric)학파로 나뉜다. 그런데 후자가 현재의 '주류 의학(Mainline Medicine)'을 결정하고 말았으며, 전자는 현재의 '전체 의학(Holistic Medicine)'으로 발전하게 되었다. 갈렌학파는 인체의 자기 치유를 그리고 스파릭학파는 의사의 적극 개입을 강조했다. 전자는 E형 논리를, 후자는 A형 논리를 사용한다는 점에서 물과 불의 관계와 같다고 할 수 있다.

17세기에 이르러 획기적인 사건이 일어났다. 즉, 교회가 인체해부를 허용한 것이다. 교회의 힘을 받은 적극 개입파들은 득세하기 시작했으며, 여기에 힘을 더욱 실어준 것이 데카르트의 철학이었다. 심신 이원론의 데카르트 철학은 교회의 선언에 힘을 더해주었다. 사람의 몸을 아무리 해부해도 그 속에서 정신이라는 것은 발견할 수 없었다. 결국 몸은 몸이고 마음은 마음이라는 데카르트의 주장이 정당하다고 인정을 받게 되었다. 정신이나 마음은 철학자나 신학자가 다룰 대상이 되었다. 의사는 정비공으로서 기계와 같은 인체를 다룬다. 이때부터 의사가 고장 난 기계의 부속품을 고치는 정비공으로서 구실을 다하는 의술이 발달하게 되었으며, 이것이 현대 양의학의 기본 원칙이 되었다. 데카르트의 심신 이원론 철학에서는 인체를 기계처럼 생각했는데, 이는 몸과 마음뿐만 아니라 의사와 환자 사이의 간격도 벌려놓고 말았다. 병은 그 분류법에 따라 여러 종류로 나뉘었다. 그리고 의사들도 전공 분야가 세분화되었다. 의사는 인간의 생명을 고치는 원래의 목적보다는 병 자체가 무엇인가 하는 데 더 관심을 갖게 되었다. 그 결과 몸은 점차 스스로 치유하는 능력을 잃고 말았다. 그러나 다른 한편으로 17세기의 토머스 시든햄(Thomas Sydenham)은 데카르트의 철학에 맹렬히 대항하면서 "자연은 제대로 내버려두기만 하면 가장 좋은 치유자"라고 선언했다. 하지만 그의 선언은 데카르트의 위력을 잠재우기에는 역부족이었으며, 17세기부터 서방 의료계는 의사의 적극 개입 쪽으로 기울기 시작했다. 그러나 적극 개입파 의사들은 동키호테와 같았다. 그들은 수술 도구를 마치 장검으로 착각이라도 했는지, 유유히 돌아가는 풍차를 향해 마구 휘두르기 시작했다. 그렇지만 동키호테는 바람과 함께 돌아가는 풍차를 멈추게 할 수는 없었다.

1800년대 초 주류 의료진에 대항하는 대중 건강 운동(Popular Health Movement, PHM)이 전개되었다. 여기서는 "의술을 인간에게 돌려주라", "모든 사람이 제 자신의 의사(make every man him own doctor)"라는 등의 표어를 내세웠다. 1849년에는 뉴저지주와 컬럼비아를 제외한 미국 전지역에서 이 운동이 법적인 승인을 받게 되었다. 새뮤얼 톰슨(Samuel Thomsom)의 '우정어린 식물 운동 사회(Friendly Botanical Society)'도 이 운동을 지원했다. 그러나 세기가 바뀌어 19세기로 넘어오면서 데카르트적 주류 의학은 다시 강세를 나타내기 시작했다. 그것은 세균 이론, 방부제 이론, 새로운 화학 이론 등의 발달 때문이었다. 이때부터 자기 치유 이론은 숨도 제대로 못 쉴 지경이 되었다.

세균의 정체가 밝혀지면서 불치로만 여겼던 폐결핵과 천연두 그리고 발진티푸스 같은 점염성 질병이 박멸되는 효과를 거두었기 때문에 개입파는 더욱 힘을 얻게 되었다. 우리나라의 경우만 하더라도 이런 병들은 불가항력적이었다. 그러나 세균을 죽이는 약이 발명되면서 이런 전염병은 거의 사라지고 말았다. 1910년 의학계는 서양의학의 대승리를 보고할 지경이었다. 한편 약학계는 화학물질로 약품을 만들어 의사들을 지원하는 보급창 구실을 했다. 세균학자와 화학자들의 지원은 곧 현대 서양의학이 병기창고와 군수보급창을 동시에 확보한 꼴이 되었다. 식물에서 뽑아낸 습기 있는 한약 같은 제약보다 광물질에서 뽑아낸 화학 제약품이 더 효과적이라는 보고서가 쏟아져나왔다. 이제 화학자와 의사가 합작해 거액의 돈을 손에 거머쥐게 되었다. 지금 미국에서 이런 약을 선전하기 위한 광고 비용만 하더라도 2억 4,000만 달러에 이르고 있다. 이렇게 의학은 약학과 야합을 하면서 더욱 환자의 판단을 헷갈리게 했다. 지금도 우리는 병이 날 경우 자가치료를 할지 아니면 의사의 개입을 받을지 망설이게 된다. 그러나 후자를 선택한다. 왜냐하면 전자는 자신의 수고가 따르기 때문이다. 그러나 의사에게 자신을 맡긴다는 것은 마치 고양이에게 생선가게를 맡기는 것과 같다. 자기언급으로 가는 일은 철학에서도 어렵지만 의학에서는 더 어렵다. 그러나 최근에 일고 있는 명상과 호흡에 대한 열풍은 의학에도 큰 변화를 불러올 것으로 예측되고 있다.

2. '고침'의 의학과 '돌봄'의 의학

(1) 'D' 요소란

병을 '실체(substance)'로 보느냐 아니면 '과정(process)'으로 보느냐에 따라 두 가지 종류의 의학이 가능하다고 본다. 병을 실체로 보고 그것을 고쳐야 한다고 보는 의학을 고침의 의학(*Medicine of Cure*)이라고 한다. 반대로 병을 실체로 보지 않고 전체 환경과 가지는 유기적인 관계로, 아울러 병의 치료를 시간의 흐름 속에서 파악하는 것을 돌봄의 의학

(*Medicine of Care*)이라고 부른다. 고침의 의학에서는 병을 하나의 '실존적 상태(states of existence)'로 파악한다. 즉, '몸의 어느 부분에서 병이 났으니 그 사람은 환자다'라고 규정하고 접근하는 의학은 고침의 의학이다. 그러나 돌봄의 의학에서는 병을 '상태'로 파악하지 않고 과거와 현재와 미래라는 전체적 흐름 속에서 관찰하며, 환자와 가정 그리고 사회라는 전체 맥락 속에서 파악한다. 아리스토텔레스는 "인간은 '무엇으로서' 태어나는 것이 아니고(not what he was born as), '무엇을 위해서' 태어난다(but what he was born for)"라고 말했다. 전자는 상태를 그리고 후자는 과정을 강조하는 말이라고 할 수 있다. '으로서(as)'는 된 상태를, '위해서(for)'는 될 과정을 말하는 것이다.

아리스토텔레스의 말에 따라 의학도 고침의 영역과 돌봄의 영역으로 나누어 생각할 수 있다. 기계는 무엇으로서 태어난다. 그러한 기계에 고장이 나면 고치면 된다. 정비공으로서 서양의 의사는 몸을 상태로 파악함으로써 고치는 데만 주력한다. 때문에 정비공으로서 의사들은 정상적인 상태가 무엇인지 먼저 관찰한다. 비정상적인 것이 병이기 때문에 정상적인 상태로 돌려놓기만 하면 자신이 할 일은 다 끝났다고 생각한다. 고침의 의학에서는 병 자체(sickness)에만 관심을 갖는다. 그래서 병만 고치면 일이 끝난 것이고, 곧 환자의 퇴원 수속으로 이어진다. 그러나 돌봄의 의학에서는 병 자체보다 보건(health)에 더 관심을 갖는다.

고침의 의학은 '살아남(survival)'에 관심을 쏟고, 돌봄의 의학은 '자라남(thriving)'에 관심을 갖는다. 돌봄의 의학은 병을 다 고쳤다고 하더라도 그 사람에게 최적의(optimal) 보건이 무엇인지 관심을 가지고 그것을 향해서 가도록 도와준다. 고침의 의학은 환자에게 "어디 이상(wrong)이 있습니까?" 하고 묻는다. A. 마즈로는 이를 'D' 요소라고 했다. 'D'는 '결함(Deficiency)'의 약자이다. 고침의 의학은 D 요소를 찾는 데만 급급하며, 그 요소가 없어지거나 제거되면 병이 고쳐졌다고 한다. 그러나 돌봄의 의학은 'B' 요소, 즉 '있음(Being)'에 관심을 돌려, 환자에게 "어떻게 해드리면 좋겠습니까(right)?" 하고 묻는다. '있음'은 '잇'달아 '일'어남으로써 '있다'. 과정으로 관찰한다는 뜻이다. 고침의 의학은 다름아닌 정비공으로서 의사를 이상적으로 본다. 그러나 돌봄의 의학은 의사를 정원사로 본다. 정원사는 자기 정원의 나무들을 고치는 일로 끝낼 수 없다. 생명체는 잇달아 일어나 자라나기 때문에 끊임없이 돌보아주어야 한다. 정원사는 과학적인 지식만 가지고는 정원을 돌볼 수 없다. 과학이 아직 발견하지 못한 지식까지 동원해야 좋은 정원사가 될 수 있다. 돌봄의 의사는 과학자를 너머 예술가라야 한다.

돌봄의 의학은 영양 상태, 운동, 인간관계, 창조성, 직업 만족도, 마음의 갈등, 영적 활동 같은 것을 포함한다. 그래서 돌봄의 의학은 전체 의학(holistic medicine)이라고 할 수 있다. 한의학은 고치는 일에 그다지 관심을 두지 않는다. 돌봄에 더 큰 비중을 두고 있다. 한의사는 환자가 자기 병원을 찾아오면 백배사죄하는 태도를 가진다고 한다. 의사가 잘 돌보지 못한 데서 병이 생겼다고 보기 때문이다. 돌봄의 의학은 고침을 방관하는 것이 아니다. 돌봄이 곧 고침이다(Caring is Curing)라고 본다. 돌봄에서는 의사가 환자에 개입하는 태도를 삼가한다. 마치 정원을 잘 돌보면 나무들이 저절로 자라는 것과 같다고 하겠다. 그래서 돌봄의 의학은 내의를 믿고 그것을 전제한다. 그러나 고침의 의학은 스스로 고치는 힘이 환자에게 없다고 본다. 오늘날 병원에서 의사가 환자를 돌보지는 않고 고치는 데만 혈안이 되어 청진기를 목에 건 채 바쁘게 돌아다니는 모습을 볼 때면 서글픔을 금할 수 없다. 그러나 새로 생겨나는 수많은 병들은 이들 의사들을 비웃고 있을 것이다. 언젠가는 싸늘한 병원이 정원으로 변할 날이 올 것이다. 그날이 오기까지 인간은 병원에서 끊임없이 폐차 처분을 당하는 자동차처럼 취급받고 말 것이다.

(2) 돌봄의 의학과 그 수칙

돌봄의 의학은 거짓말쟁이 역설을 논리적 도구로 사용한다. 르샨 (Leshan)은 다음 네 가지를 돌봄의 수칙으로 삼고 있는데, 그 내용이 모두 자기언급의 문제와 관련되어 있다. 네 가지 수칙을 소개하면 다음과 같다(Leshan, 1982, 93~94). 첫째로, 환자는 자기-치유(*self-healing*)와 자기-수정(*self-repair*) 능력을 가지고 있다. 이 점이 병의 치료에 결정적인 구실을 한다는 것을 명심해야 한다. 둘째로, 환자는 치료 과정에 사려 깊게 참여해야 한다. 환자와 의사는 상호 의존적이며 협동자임을 명심해야 한다. 셋째로, 환자의 병은 다양하며 개별적이다. 도매금으로 한꺼번에 환자를 취급해서는 안 됨을 명심해야 한다. 넷째로, 환자는 고침의 대상인 동시에 돌봄의 대상임을 명심해야 한다. 이상 네 가지 사항이 모두 거짓말쟁이 역설과 관계되어 있다. 환자의 자기-치유 그리고 자기-수정은 자기언급에 따라 환자가 주체이면서 동시에 객체임을 인식하는 것이다. 환자는 치료 과정에서 소외되는 방관자일 수 없다. 밖에서 고치는 외의와 자기치유하는 내의를 잘 부릴 줄 알아야 자기 병을 성공적으로 치유할 수 있다. 외의와 내의가 상호 작용을 할 때 병 나음을 받을 수 있다는 뜻이다.

자기치유는 인간의 자기 깨달음과 그 논리적 구조가 같다. A가 "B는 거짓말쟁이이다"라고 하자 B가 "A의 말은 정말이다"라고 한다면, 이는 "'〈B가 거짓말쟁이이다〉가 정말이다'라고 B가 말했다"와 같다. 이것이 거짓말쟁이 역설이 갖는 구조이다. 크리슈나무르티는 이런 거짓말쟁이 역설을 논리적 배경으로 삼고 인간의 내적 각성 문제를 다음과 같이 말했다.

머리가 바보라는 것을 자각하는 것은 바로 바보에서 해방되는 것이다. "나는 바보다"라고 말한다면, 말로만이 아니라 실제로 "그렇다, 나는 어리석다"라고 말한다면, 그것만으로도 당신은 현명하게 된 것이다. 더 이상 바보가 아니게 된다. 자기의 진정한 모습에 저항하려고 한다면 당신의 바보됨은 더욱 커지고 불어난다.

《현대병과 명상치료(Creating Health)》의 저자 디팩 초프라는 심신 치료의 제1법칙이 바로 '자기언급(self-reference)'이라고 했다. 그의 말을 직접 들어보자.

제1법칙은 마음이 스스로 작용하여 스스로 바꾼다는 것이다. 밖에서의 작용은 일절 필요없다. 왜냐하면, 애당초 창조적 마음 이외에 아무것도 없기 때문이다. 창조적 마음은 널리 존재하기 때문이다. 이 원칙이 '자기언급'이라 불린다(초프라, 1992, 229).

치유에 관한 한 이 제1의 법칙이 충족되는 것이 목표에 도달하는 최상의 길이자 가장 빠른 길이다. 만약 자기언급 요법을 회피하고 약물 요법에 의존한다면, 효과가 약하고 더디며 수고롭고 복잡하다. 제1법칙은 말 그대로 자연의 법칙이다. 노자는 "사람은 도를 따르고, 도는 자연을 따른다(人法道, 道法自然)"라고 했다. 자기언급은 곧 '자연치유'의 원리인 것이다. 왜냐하면 우주라는 것이 결국 자기 자신이기 때문이다. 가장 가까운 자기 자신과 하나되는 것이 가장 빠른 치유의 길을 택하는 것이다. 그 까닭은 우주마저도 바로 자기언급의 원리를 따르기 때문이다. 노자의 말 가운데 '도(道)'라는 말을 우주로 생각한다면, 인간과 우주는 모두 자연 그대로이다. '자연(自然)'은 스스로 그렇게 된다는 것으로 자기언급적임을 뜻한다. 자연계의 온갖 법칙은 공통의 발생 원인으로부터 나오고 있으므로, 그 발생 원인은 무한한 활동성과 자기언급성, 즉 스스로의 내면에서 창조하는 능력을 가지고 있다. 그것이 곧 의식의 성격이다. 크리슈나무르티의 말과 노자의 말은 모두 자기언급을 든다는 점에서 같다.

초프라는 더 부연해 설명하기를 "견고한 과학조차도 피드백 루프나 자기 규정성을 지닌 메커니즘에 관해 갖가지 연구를 하고 있다. 그것들은 모든 생명 시스템의 평형을 유지하기 위해, 별이나 은하계나 블랙홀을 형성하기 위해, 다시 빅뱅 자체를 창조하기 위해 없어서는 안 될 메커니즘이라고 생각했다. 견고한 과학마저도 자기-언급에까지 일보 진전해 와 있다. 바가바드기타에서 말하듯이 '자기 자신 속에 되돌아감으로써 나는 창조를 되풀이한다'"(초프라, 1992, 237).

이 자기언급의 논리는 현대인들보다는 원시인들이 더 잘 알고 있었다. 그런 까닭에 전 과학 단계에 있던 원시인들의 세계가 근대 서양의 세계보다 창조성이 풍부하고 생기가 넘쳤다고 초프라는 주장한다. 원시인들은 이런 자기언급의 논리를 뱀이 자기 입으로 자기 꼬리를 물고 있는 **우로보로스**(*uroboros*)라는 상징으로 표현했다. 이 우로보로스 상징은 동서양을 막론하고 어디에서나 볼 수 있다. 지금 현대 서양의학과 과학은 이 자기언급의 논리를 몰라서 허둥대고 있다. 우파니샤드는 노벨상을 탄 현대 과학자들을 향해 "아는 그것을 알라, 그러면 모든 것을 알리라" 하고 갈파하고 있다. 천재란 자기언급의 명수들이다. 그들은 철저하게 자기 자신에 일관하는 자들이었다. 자기언급은 지혜(wisdom)를 낳는다. 현대 지식인들은 지식은 있어도 지혜는 없어 보인다. 왜냐하면 자기언급을 회피하고 있기 때문이다. 자기언급을 하게 되면 매슬로가 말한 '신이 된 것 같은 기분'을 맛보게 되며, 놀랍게도 만물이 자기와 연계되어 움직인다는 사실을 깨닫게 된다. '천상천하유아독존'이라는 부처의 탄생 제1성도 자기언급에서 나온 말이라고 할

수 있다. 이를 이해하지 못한 기독교는 부처의 이 말을 그저 자기 교
만 정도로 이해하고 있다.

(3) 일체유심조와 고양이 실험

　불교의 대승종파 가운데 하나인 유식종에서는 모든 만물을 마음이
만들어내는 것이라고 한다(體唯心造). 마음이 움직이는지 깃발이 움
직이는지 묻는다면, 유식불교에서는 당연히 마음이 움직인다고 한다.
유식불교의 이러한 주장은 객관성이 결여된 허황된 말처럼 들릴지도
모르지만, 새끼고양이를 이용한 헬무트와 스피네리의 다음과 같은 실
험은 '일체유심조' 이론을 뒷받침하고 있다. 이들은 새끼고양이를 세
개의 집단으로 나누고 각각 다른 환경에서 키워보았다. 첫번째 집단
은 벽의 온 면을 수평선 무늬로 채운 방에서 키웠다. 이 집단에 속한
고양이는 수평 방향의 물건은 완벽하게 볼 수 있었지만, 수직 방향의
물건은 아무것도 분별할 수 없었다. 두번째 고양이 집단은 수직선 무
늬로 채운 방에서 길렀는데, 이곳 고양이는 첫번째 집단과는 반대 반
응을 나타냈다. 세번째 고양이 집단은 아무 무늬도 없이 새하얀 벽으
로 된 방에서 키웠는데, 이 고양이들은 아무것도 분별하지 못하는 반
응을 보였다.

　외부 대상물이 있어도 주관이 그것을 붙잡지 못하면 '없다'고 말할
수밖에 없다. 앞의 고양이 실험에서 본 반응은 모든 동물에서 거의 같
게 나타난다. 수평선 무늬가 있는 방에서 자란 고양이는 신경계에 이
수평선 무늬만 축적된다. 신경계의 뉴런(Neuron)이 이런 식으로 단위
를 만들기 때문이다. 신경계에 축적된 전기 패턴이 감각의 여러 기관
을 발달시키고, 그것들과 뇌의 결합이 강화되어 지각 작용의 신체적
측면을 정비해나간다. 지각 작용의 왕좌에 있는 뇌의 구조 자체가 과
거의 경험에 따라 영향을 받는다. 즉, 대상'을 신경계가 계속 경험하

는 동안 뇌 안에서는 대상^{2}를 또 하나 만들게 된다. 그러면 이제는 거꾸로 이 뇌 안의 대상^{2}를 통해 외부 대상^{1}을 보게 되는 것이다. 시간의 전후가 피드백되어 나타나는 현상이라고 할 수 있다.

경험론자들의 과오는 인간의 마음을 빈 백지(Tabula Lasa)로 본 데 있다. 그러나 그렇지 않다. 인간은 태어나기 전 혹은 그 전부터도 신경계에 축적된 정보를 가지고 있다. 이 축적된 정보는 외계의 대상물과 접하면서 마음속에 그것과 유사한 것을 만든다. 관념론자들은 이것을 선천적이라고 보았다. 하지만 그들은 선천적인 것이 아니라 후천적인 경험으로 그것이 축적되었다는 사실을 망각하는 오류를 범하고 있다. 후천적으로 경험되어 축적된 정보는 이미 순수 객체만 혹은 주체만이 아닌, 굳이 표현하자면 '주체-객체(subject-object)'라고 할 수밖에 없다. 화이트헤드는 이런 것을 엄연한 사실(*stubborn fact*)이라고 했다. 경험론자들은 이 엄연한 사실을 전면 부정하고 인간의 마음을 백지로 보는 오류를 범했고, 관념론자들은 그것이 후천적인 경험의 축적인 줄 모르고 선천적 혹은 생득적인 것으로 보는 오류를 범했던 것이다.

앞의 실험에서 수평선(혹은 수직선)만 경험한 고양이는 머릿속에 수평선(수직선)만을 엄연한 사실로 축적하게 되어, 밖의 대상물을 볼 때 수평선만 있다고 생각하게 된다. 그 고양이에게 다른 방향을 감지할 만한 지각을 기대하기란 어렵다. 그 고양이에게 수평선 이외의 모든 존재는 없는 것이다. 병의 치료에서도 인간 내면에 존재하는 엄연한 사실을 이용하는 것이 매우 중요하다. 플러시보, 호메오파씨, 사이먼튼 요법 등은 모두 순수 주관도 순수 객관도 아닌 이 엄연한 사실을 통해 치료하는 요법이라고 할 수 있다. 내의란 자기 안에 축적된 자기 자신인 것이다. 그래서 내의는 경험의 축적에 따라 끊임없이 만들어지고 있지, 고정된 채 불변하는 실체로 몸 안에 머물러 있는 것은 아니다. 개인이 얼마나 이 내의를 길러가느냐에 따라 그 개인의 건강 여부가 결정된다. 화이트헤드의 엄연한 사실 이론은 실로 현대 의학의 철학적 근거를 근본적으로 바꾸어놓을 것이다.

제4장 한의학의 자기언급 논리와 탈의 논리

1. 중압감의 논리적 구조

(1) 스트레스와 논리 계형

스트레스 연구가인 알릭스 키르스타는 《스트레스로부터 살아남는 법(*The Book of Stress Survival*)》에서 "이것이 바로 스트레스이다"(키르스타, 1992, 25~26)라고 말했다. 여기서 '이것'이라고 말하는 것은, 마치 거짓말쟁이 역설에서 대상 언어와 메타 언어를 나누듯이, '스트레스'란 메타 언어에서 발생함을 드러내는 것이다. 스트레스는 적대감·조급함·분노·근심·공포 같은 감정에서 발생하는데, 그 이전에 불규칙적인 식생활·흡연·음주·약물복용 등의 대상에 원인을 두고 있다. 이러한 스트레스는 밖에 있는 대상에 그 원인이 있고, 그것들이 안으로 들어온 것이다. 이는 다음에 말할 한의학의 상화(相火)와 같은 것이다. 그런데 스트레스는 이런 대상이 없을 때도 생긴다. "걱정도 팔자다"라는 말은 대상 없이도 걱정거리가 생긴다는 데서 나온 말이다. 이것이 '스트레스이다'라고 생각하는 것도 스트레스이기 때문에, 걱정도 팔자라는 말은 옳다고 하겠다. 스트레스 자체보다는 스트레스를 스트레스라고 생각하는 메타 '스트레스'가 더 큰 스트레스인 것이다. 이런 의미에서 우리 속담은 메타적 성격을 잘 표현하고 있다. 스트레스라는 말은 우리말로 **중압감**(重壓感)이라고 번역하는 것이 적합할 것 같다. 스트레스는 그 성격상 더하기 작용이 아니고 제곱 작용이다. 그렇기 때문에 스트레스가 '많다'고 해서 문제가 되는 것이 아니라, 작은 것이라도 거듭제곱으로 중압을 하기 때문에 문제가 커지는 것이다. 대상과 메타의 관계는 제곱의 관계이다. 그래서 스트레스는 밖에서 생기는 대상 스트레스의 종류가 문제가 아니라, 그것에 대해 자신의 반응을 제대로 조절하지 못할 때가 문제이다. 그래서 이러한 스트레스의 메타적 성격을 알게 되는 것만으로도 스트레스에서 벗어날 첫발을 내딛을 수 있는 것이다(키르스타, 1992, 13). 작은 스트레스라도 거듭제곱할 때 위험성이 있다.

스트레스를 '대상 스트레스'라고 하고 스트레스를 스트레스라고 생각하는 것을 '메타 스트레스'라고 할 때, 메타 스트레스는 생각, 즉 정신 차원에서 발생하는 스트레스이다. 그런데 신체와 정신은 상호 작용을 하기 때문에 메타 스트레스인 정신적 스트레스에 대한 심리적 부담감을 무의식적으로 신체적 스트레스에 몰아넣는다고 한다. 제2차 세계대전 당시의 일로, 병사들이 전쟁 전야에 공포감으로 말미암아 자살하는 사례가 많았는데, 이러한 경우를 그 예로 들 수 있을 것이다. 전쟁에 대한 생각이 전쟁 그 자체보다 더 중압감을 준다는 것이다. "어떤 일에 앞서 생기는 조바심, 근심, 분노, 그리고 공포와 같은 감정들도 구체적인 도전에 직면했을 때 못지않게 충격과 화학적 반응을 일으킨다"(키르스타, 1992, 16). IMF 체제를 맞이해 사방에서 자살

사건이 벌어졌다. 정리해고가 시작될 무렵의 자살률이 막상 정리해고
가 시작되었을 때보다 더 높았다는 사실은 이를 잘 반영하고 있다. 정
리해고보다는 정리해고에 대한 두려움이 더 중압감을 주는 것이다.
그래서 스트레스는 스트레스의 양이 더해서 생기는 것이 아니라, 스
트레스를 제곱함으로써 생기는 것이라고 할 수 있다. 이런 제곱 작용
이 부정적인 것만은 아니다. 그레일링은 "우리가 그림을 보고 즐거움
을 느끼는 이유는 그림 자체가 매력적이기 때문이 아니라 우리가 그
림을 보고 즐거워하기 때문이다"(그레일링, 2003, 36)라고 했다. 우리가
드라마를 보고 몰입하는 이유도 모두 이러한 이유 때문이다. 이는 즐
거움의 메타 작용 혹은 제곱 작용이라고 할 수 있다. 양이 많아서 받
는 것은 압박감일 뿐이다. 그러나 압박감 자체에 다시 가하는 압박은
중압인 것이다. 우리 인간은 동물과 달리 중압감을 느끼는 동물이다.
그래서 즐거움을 갖기도 하고 슬퍼하기도 한다.

　호모 사피엔스로서 인간은 3만 년 전부터 다른 동물에 비해 신피질
의 크기가 갑자기 비대해졌다. 그러면서 즐거움을 즐길 줄 알게 되고
슬픔에 괴로워할 줄 알게 되었다. 이러한 메타화 과정은 피드백 메커
니즘이며, 이 같은 메커니즘을 통해 진화적 적응이 순간적으로 이루
어지게 되었다.[1] 이는 곧 예술과 과학을 발달시키는 필수 조건이다.
피드백 메커니즘을 한번 구체적으로 생각해보자. 스트레스가 가해질
때 신체의 각 부위는 반응을 일으키며 스트레스와 관련된 분비물을
쏟아내기 시작한다. 그 내용을 살펴보면 다음과 같다.

1　투르친은 인간의 메타화 과정이 곧 문명사의 발달 과정이라고 고찰하고
　있다. 메타화의 반복적 제곱 없이는 새로운 문명이 탄생할 수 없다. 동물
　이 인간과 같이 문명을 만들 수 없는 이유는 바로 의식의 메타화를 시키
　지 못하는 탓이다(Turchin, 1977, 74ff.).

뇌하수체 : 이곳에서 부신을 내보내는 ACTH라는 호르몬이 방출된다.

심장혈관 : 아드레날린과 노르아드레날린 같은 스트레스성 화학물질이 분비되는데, 이것들은 신체에 에너지를 불어넣기 위해 핏줄로 흘러 들어간다. 그러면 심장의 박동이 빨라지고 혈관이 팽창하며 혈압이 높아진다.

간 : 코더졸 호르몬이 간에 있는 글리코겐을 혈당으로 바꾼다.

부신 : 간에서 활동하는 호르몬이 생성된다.

피부 : 땀이 많아진다.

소화기관 : 혈액이 다른 곳으로 흘러간 탓에 소화 작용이 멈춘다.

근육 : 긴장이 고조된다.

방광과 직장 : 근육이 풀어진다.

스트레스는 그 메타적 성격 때문에 개인에 따라 많은 차이가 있다. 스트레스는 비록 같다고 하더라도 스트레스 자체에 대한 제곱은 다르기 때문에, 같은 내용의 스트레스라도 어떤 사람은 느긋한 반응을 보이는 반면, 어떤 사람은 매우 초조할 수 있다. 그래서 스트레스에 대한 치료에는 개인차가 있을 수밖에 없다. 같은 술을 마셔도 '눈물이냐 한숨이냐' 하고 마실 수도 있고, 기분이 좋아 흥겹게 웃음을 보이며 마실 수도 있다. 남에게 모욕을 당했을 때 화를 내는 사람 있는가 하면 서러워하는 사람도 있다. 한의학에서는 음양의 두 체질로 나누어 소극적-원한-비탄-침울-사념적인 사람을 음체질, 적극적-환희-경쾌-야욕적인 사람을 양체질이라고 한다. 그래서 스트레스에 대처하는 방법도 체질에 따라 달라야 한다고 본다(조헌영, 1983, 52). "이렇게 해서 준비되었다가 소모되지 않는 스트레스성 화학물질과 근육의 긴장이 몸속에 싹터간다"(키르스타, 1992, 16). 점차로 쌓인 화학물질은 **스트레스 중독**(*stress addict*)을 야기시킨다. 스트레스성 중독증 환자는 심장혈관에서 나오는 노르아드레날린 같은 화학물질의 중독 상태에 빠지게 된다. 걱정을 팔자로 여기며 사는 사람들은 이런 스트레스성 중독증을 조심해야 할 것이다.

(2) 스트레스의 야누스적 두 얼굴

이렇게 스트레스는 역설적인 개념이다. 스트레스는 야누스같이 '유스트레스(Eustress)'와 '디스트레스(Distress)'의 양면을 가지고 있다. 전자는 긍정적이며 건설적인 측면을, 후자는 부정적이며 파괴적인 측면을 가지고 있다(유기현, 1995, 86). 제곱 작용을 어떻게 하느냐에 따라 스트레스의 종류도 다르게 결정된다. 최초로 스트레스의 이중성을 지적한 예키스와 닷슨(R. M. Yerkes and J. D. Dodson, 1908)은, 유스트레스는 성장성과 적응성 같은 높은 성과를 높여주지만, 디스트레스는 퇴행성·도피성·파괴성을 가져온다고 했다. 스트레스가 이처럼 이중성을 갖는 이유는, 스트레스가 사람이 직면하는 객관적 상황에 따라 좌우되는 것이 아니고, 개인이 경험하는 스트레스의 정도를 결정하는 재조정(readjustment) 혹은 적응(adaption)에 따라 좌우되기 때문이다. 객관적 상황은 대상적 성격을 그리고 재조정은 메타적 성격을 지닌다. 상황에 대한 재조정이란 이미 메타적인 것이다.

스트레스는 바로 이 메타적인 데서 발생하는 것이다. 재조정이나 적응 같은 것은 자기언급적이다. 자기 내면 속에 형성된 스트레스에 대해 다시 자기언급하는 것이라고 할 수 있다. 이는 더하기 작용이 아니라 제곱 작용이다. 이와 같은 자기언급적 성격 때문에 스트레스는 결국 상반되는 이중적 성격을 갖게 된다. 이러한 스트레스의 논리적 관계를 표현하면 다음과 같다. 저지적 요구(역할 요구, 관념 요구, 물리적 요구, 대인간 요구)와 조직외적 요구(결혼 관계, 자녀 관계, 사회적 책임, 자발적 책임)는 객관적 대상에서 주어지는 것이고, 제 요구를 관리하기 위한 개인적 요구(지식, 기술, 능력, 사회적 지원, 생물적 생활사, 정서적 생활사)는 메타적인 것이다. 메타적인 것은 단순히 사고 작용에서만 일어나는 것이 아니라, 스트레스에 반응하기 위해 교감신경계와 내분비 체계가 동원되어 작용하는 데서 일어난다.

'스트레스'라는 말을 처음 사용한 생리학자 캐논(W. B. Cannon, 1914)은 생명체의 자기 항상성(homeostasis) 연구에서 이 말을 "유기체에 해를 가하는 감정 상태"라고 정의했다(유기현, 1995, 85). 캐논 이후에 스트레스에 대한 다양한 정의가 있어왔지만, 스트레스가 단순한 객관적 상황이 아니라고 본 점에서는 모두 관점이 같다고 할 수 있다. 스트레스가 만병의 근원이라고 하는 이유도 스트레스의 자기언급적 성격과 이에 따른 이중성 때문이다. 그래서 스트레스는 사람들로 하여금 역설에 스스로 봉착하도록 만들어버린다. 그러면 인간들은 자기언급적 성격 때문에 도저히 방향을 잡을 수 없는 곤혹스러운 상황에 직면하게 된다. 스트레스를 받는 것보다는 차라리 한 차례 매를 맞는 것이 더 좋겠다는 심정에 처하게 될 때조차 그 사람은 스트레스를 받고 있는 것이다.

정신적인 스트레스의 여러 요인들이 일어날 경우, 이를 관리하는 개인적 스트레스에 대한 반응은 교감신경계(Sympathetic Nervous System)와 내분비 호르몬계(end crine hormon system)를 자극해 육체적·심리적 반응을 유발시킨다. 손에서 땀이 나게도 하고 근육을 긴장시키기도 한다. "조직적 스트레스는 개인적 수준에서 발생하지만, 그 원인은 개인에게 주어지는 조직에서 생기는 요구 때문이다"(유기현, 1995, 89). 스트레스는 이렇게 자기언급적 성격을 갖는다. 이러한 스트레스의 자기순환적인 자기언급성 때문에 스트레스를 받는 사람은 그것이 자기 자신 때문인지 아니면 밖에 있는 요소 때문인지 분간할 수 없게 된다. 이에 메타의 메타 현상까지 생겨버리면 악순환은 무한 차원으로 이어진다. 여기서 중요한 것은 메타 차원의 대처라고 할 수 있다. 대상 차원의 것을 메타 차원에서 어떻게 다루느냐에 따라 두 가지 스트레스가 발생한다.

개인이 조직적인 스트레스를 잘못 관리하게 되면 디스트레스를 유발하고, 이로 말미암은 조직 안의 인적 자원 손실은 직무 성과의 저하, 생산성의 감소, 품질의 저하와 같은 결과를 초래한다. 거꾸로 유스트레스가 발생할 경우에는 그 반대 결과가 나타난다(유기현, 1995, 90). 그래서 예키스와 닷슨은 스트레스의 과불급(過不及)을 강조한다. 스트레스가 너무 지나쳐도 안 되고 모자라도 안 된다. 알맞은 스트레스를 잘만 메타화시킨다면 훨씬 건강한 결과를 가져올 수 있다. 제곱〔自乘〕 작용은 의식의 상승을 가져오기도 하고, 반대로 하강을 가져올 수도 있다. 더하기와 달리 하강도 하고 순환도 한다. 자기에 대한 관조를 고등 종교가 한결같이 강조하는 이유는 의식의 제곱 작용 때문이다. 그러나 나쁜 사고 대상에 대한 제곱 작용은 스트레스와 암을 유발하게 되는 것이다. 그래서 디스트레스와 유스트레스는 종이의 양면과 같다. 제2부에서 페어홀스트 방정식을 다루며 다시 언급하겠지만, 스트레스는 하나의 순환 고리를 만들어 제곱을 해나간다.

2. 한의학의 스트레스와 열 개념

(1) 군화와 상화

한의학에서는 스트레스를 화(火)라고 하며, 일상적으로는 스트레스에 대해 '열받는다'라는 표현을 쓴다. 화에는 군화(君火)와 상화(相火)가 있다. 열이 '자기언급'적인 열로서 자기가 열을 내는 주체인 동시에 객체일 때 이러한 열을 '군화'라고 한다. 반대로 외부로부터 받아 나는 열을 상화라고 한다. 우리는 '열난다'라고도 하고 '열받는다'라고도 한다. 전자는 군화에 해당하고, 후자는 상화에 해당한다. 인체도 그렇지만, 지구 역시 '열나기'도 하고 '열받기'도 한다. 지구 내부에서 나오는 열이 있는가 하면, 태양으로부터 받는 열도 있다. 지구의 온난화를 이야기할 때 과학자들은 지구가 외부로부터 받는 열만을 생각하고 있다. 가령, 대기오염으로 지구가 온난화한다고 할 때 이는 외부로부터 받는 열만을 두고 하는 말이다. 그리고 대부분의 경우 이렇게 받는 열이 더 클 것 같지만 사실은 그렇지 않다. 지구 온난화의 주범은 사실 이러한 상화가 아니고 지구 자체에서 나오는 열, 곧 군화인 것이다. 태양으로부터 받는 열은 지구 자체 안에서 나오는 열에 비하면 오히려 작다고 할 수 있다.

마치 통 속에 물을 넣고 회전시킬 때 가운데 부분이 움푹 들어가는 것처럼, 지구가 회전할 때 지구 자체의 군화가 바람을 일으키면 마찬가지로 남북극에서 움푹 들어가게 되고, 그 부분에 찬 대기권이 형성된다. 이렇게 남북극권에서 빨려 들어간 열은 지구 표피로 발산되고, 지구 표면의 가장 넓은 곳인 적도가 열을 제일 많이 받아 더울 수밖에 없다. 지구는 자전이라는 자기언급을 하는 힘을 가지고 있다. 지구가 자전하면서 공전을 한다는 자체가 논리적이다. 지구의 자전은 자기언급적이라고 할 수 있다는 것이다. 자기언급적인 지구의 자전이 곧 지구를 유기체적이도록 만든다. 지구는 자기언급을 하기 때문에 군화가 만들어지며, 공전을 통해 태양으로부터 상화를 절기마다 다르게 받는다. 군화는 불변이지만 상화는 춘분·추분·하지·동지 등 계절마다 다른데, 이를 상화지기라고 한다(금오, 1997, 68). 병아리는 계란 자체가 가지고 있는 군화와 어미닭이 데워주는 상화가 결합되어 부화된다. 사람의 몸에도 군화와 상화가 갖추어져 있다. 성욕이 대표적인 군화이다. 예수도 성욕만은 안으로부터 나오는 욕망이라고 해서 다른 욕망과 구별했다. 병아리는 어미닭이 데워주는 열로만 부화하는 것이 아니다. 내부에서 용암처럼 스스로 분출되어 나와 화산같이 폭발하는 것이 성욕이다. 이러한 성욕이라는 군화를 좌우하는 것이 경맥의 족소음신경이다. 족소음신경이 이 생식욕을 좌우하며 군화를 만들어낸다. 만일 이러한 군화가 없었다면 생물은 오래전에 자멸하고 말았을 것이다. 그러나 명예나 권력욕 같은 것은 정치적·경제적 외부 조건에 따라 생기는 열이기 때문에 상화라고 할 수 있다.

상화의 가장 대표적인 것이 바로 스트레스이다. 스트레스를 우리는 '화병(火病)'[2]이라고 하는데, 스트레스는 사업의 실패나 가정불화 등 외부의 조건에 따라 생겨 안으로 들어온 열이다. "열받는다"는 말 그대로 밖에서 받아들인 열이다. 그래서 스트레스는 전형적인 상화라고 할 수 있다. 우울·짜증·불화·시기·질투·원한 등은 모두 외부로부터 받아 생긴 열로, 스트레스의 원인이다. 중풍 환자를 두고 "바람맞았다"고 한다. 성욕과 관련해서는 "바람났다"라는 표현이 쓰인다. 전자는 상화이고 후자는 군화이기 때문이다. 전자는 외부의 스트레스가 원인이 된 것이며, 후자는 안에서 발동하는 충동이 원인이 된 것이기 때문이다. 욕정의 자연스러운 발동으로 성욕이 저절로 속에서 돋아난 바람은 난 것이다. 열받는 종류가 판이하게 다른 것이다. 마치 지구가 자전과 공전을 하고 군화가 상화가 서로 작용하듯이, 인체 역시 두 가지 화가 상호 작용을 한다. 군화지기와 상화지기가 서로 일치되지 않으면 어떤 현상이 생기는가? 군화와 상화가 서로 조화되지 않을 때 남북극의 얼음이 녹아내리게 된다. 군화지기에 따르면 남북극은 냉해

---

2   '화병'은 최근 미국 학계에서 학명으로 정식 등록되었는데, 이 병은 다른 나라 사람들에게는 발견되지 않는 것으로, 한국인, 특히 한국의 여인들 속에 있는 전형적인 병이라고 밝히고 있다.

야 하는데, 엘리뇨 현상처럼 태양으로부터 오는 상화지기가 너무 강해 그 균형을 잃게 되면 빙하가 녹아내리게 된다. 때문에 한의학에서 지구 온난화를 바라보는 방식은 일반적으로 알려진 것과는 다르다. 다시 말해서, 온난화는 상화와 군화의 불균형에서 발생하는 것이다. 당연히 두 열이 모두 필요하지만, 문제는 균형이다.

　개인도 열을 받아 혈압이 오르고 맥박이 고동치면 갑자기 바람맞는 일이 생기게 된다. 이것이 졸도로 이어지면 중풍이 된다. 군화와 상화의 조절, 이것이 무엇보다 중요하다. 지나친 성욕은 폭력을 가져오고 지구 속의 지나친 열의 분출은 화산을 일으킨다. 지열에 데워진 적당한 온도의 물이 솟아나는 것을 온천수라고 한다. 화를 적당히 다스리는 데는 숙지향과 인삼 정도면 좋다. 이것이 평상시에 화를 다스리는 약이다. 그러나 화가 너무 거세어져 대황과 부자를 쓸 정도가 되면 지나친 상태라고 할 수 있다. 대황은 미치광이의 광폭한 열기를 진정시키는 약이고, 부자는 냉혈한들의 찬 열을 녹이는 약이다. 우리가 사는 지구나 우리 인간 자신은 지금 숙지향이나 인삼으로 다스리기에는 힘들어진 상태이고, 아마도 대황과 부자가 필요한 때인 것 같다. 지금은 광기 어린 우주 속에 미친 인간들이 살아가고 있는 것이다. 이 지구상의 모든 대황이나 부자로도 다스리기 어려운 상황이 되어버리면 지구는 파멸하고 말 것이다.

(2) 허열과 자기언급
　학생들이 와글와글 떠들어대는 교실에서 선생이 '조용히 해' 하고 소리친다. 선생이 소리치면 칠수록 학생들은 더 떠들고 선생의 음성도 높아져 결국 '조용히 해'라는 말도 소음이 되고 만다. 여기서 우리는 학생들이 만드는 소음과 선생이 '조용히 해'라고 말하는 소음을 어떻게 구별할 것인가? '조용히 해'라는 것도 소음이기 때문이다. 그러면 '조용히 해'라는 말은 결국 '조용히 해'가 아닌 것이 되고 만다. '낙서하지 마시오'를 낙서라고 할 것인가 말 것인가? '자연보호'라는 말은 자연보호가 아니다. 이는 거짓말쟁이 역설의 실례들이다.

한의학에서는 우리의 인체에서도 이런 현상이 생긴다고 본다. 하루 가운데 낮은 양이고 밤은 음이다. 낮 가운데 양이 가장 성할 때는 오후 2~4시경이고, 음이 가장 성할 때는 오전 5시 경이다. 폐결핵 환자와 학질 환자들은 오후 2~4시에 열이 가장 많이 난다. 왜냐하면 하루 동안 양이 가장 성할 때가 오후 2시에서 3시 사이이기 때문이다. 그리고 새벽 설사를 하는 환자들은 음이 가장 성한 새벽 5시경에 설사를 하는데, 그럼으로써 찬 물기를 몸 밖으로 내보내 체온을 유지하기 위해서이다. 다시 말해서, 하루에서 기온이 가장 낮은 새벽 5시경은 자기 체온마저 유지하기 어렵기 때문에, 장은 수분을 흡수하지 않으며 급히 외부로 설사 형태로 내보내야 한다.

새벽 설사가 이런 까닭은 첫째, 몸 안에 수분이 많이 있을 경우 그 수분까지 체온과 같은 온도를 지니도록 하는 데 많은 열량이 소모되기 때문이다. 둘째, 몸 안의 수분은 그것이 호흡으로든 땀으로든 소변으로든 몸 밖으로 나갈 때까지는 많은 열량을 필요로 하기 때문이다. 셋째, 특히 호흡과 땀으로 수분이 발산될 때는 엄청난 기화열을 빼앗아간다. 이러한 현상을 막으려는 자기 보호적 생기 조절이 바로 새벽 설사이다(조헌영, 1989, 56~57). 배가 풍랑을 만났을 때 배 안에 있는 짐들을 바다로 던져버려야 하듯이, 밖의 온도가 낮을 때는 몸 안에서 체온을 빼앗아가는 수분을 몸 밖으로 던져버려야 한다는 것이다. 그렇다고 모든 사람들이 새벽 설사를 하는 것은 아니다. 모든 배가 풍랑에 민감한 것은 아닌 것처럼 말이다. 큰 배일수록 덜 민감할 것이다. 마찬가지로 양증의 사람은 바깥 온도가 내려간다고 하더라도 몸 안의 수분 때문에 체온을 빼앗기는 정도가 약하나, 몸이 찬 음증인 경우에

는 사정이 다르다. 밖도 음이고 몸 안도 음이니 음양 조화를 만들기
위해 몸 안의 음의 양을 줄여야 한다.

그런데 여기서 한 가지 새로운 사실은, 음증인 경우에도 몸에 열이
생긴다는 것이다. 왜냐하면 몸 안에 있는 작은 양의 양(陽)이 새벽 5
시와 같은 비상시에는 어떻게 해서든 맹렬한 활동을 해서 양의 기운
을 만들어, 즉 발열을 시켜 건강을 회복하려고 하기 때문이다. 이때
생기는 열을 한의학에서는 허열(虛熱)이라고 한다. 한의학에서는 음양
과 허실로 나누어 진단을 한다. 양으로 말미암아 열이 생기는 것이 아
니라 음을 부족한 양으로 극복하려고 할 때 몸 안에서 열이 나는데,
이를 허열 혹은 가열이라고 한다. 이 허열 혹은 가열 때문에도 땀이
나는데, 이러한 땀을 일상적으로 허열 혹은 '식은땀'이라고 한다.

외부 온도가 많이 내려가거나 우리가 입은 옷이 체온을 보호해주지
못할 때면 몸이 떨린다. 우리 몸의 중과부족인 체온이 밖의 온도를 꺾
기 위해 몸을 흔들어 열을 만들려고 하기 때문이다. 추운 날 소변을
보면 몸이 떨리는 이유도 마찬가지이다. 그것은 실열이 아니라, 몸 안
의 부족한 열기를 보충하기 위해 자체적으로 만들어내는 내부적인
열, 곧 허열이다. 몸이 밖의 온도에 따라 내는 열은 실열이지만 몸 안
의 온도가 자기 몸의 온도를 조절하려고 내는 열은 허열이라는 것이
다. 그런데 실열이든 허열이든 모두 체온기로 측정하면 눈금이 같이
상승하는 것을 볼 수 있다. 이러한 까닭에 양의학은 실열과 허열을 구
분하지 않고 똑같이 하열제로 열을 내리려고 한다. 그러나 허열의 경
우에는 절대로 체온을 내려서는 안 된다. 도리어 체온을 높여주어야
한다. 몸에 열이 부족해서 그 부족한 열을 보충하려고 인체가 비상조
치로 만들어낸 열인데, 그것을 실열로 착각했다가는 병을 도리어 악
화시키고 말 것이다. 여기서 체온기로 열을 재는 것을 능사로 삼는 양
의학에 경종을 보내지 않을 수 없다.

학질의 경우를 보면, 열이 나서 땀을 흠뻑 흘린 다음에는 잇달아 오한이 일어나고, 오한이 일어난 다음에는 땀을 흘리는 것을 반복한다. 오한이 나면 몸이 떨려 발열이 되고 발열이 되면 땀을 흘려야 하는데, 이렇게 실열과 허열이 번갈아 나타남으로써 사람을 괴롭힌다. 새벽 설사를 하는 음증의 사람들은 추운 겨울인데도 콧등에 땀이 나는 것을 볼 수 있다. 이런 땀은 식은땀으로 허열 때문에 생기는 것이다. 도대체 서양의학으로는 설명할 수 없는 이런 열의 개념을 한의학은 음양이론으로 충분히 설명해낸다. 논리적으로 볼 때 허열은 교실에서 선생이 '조용이 해' 하면서 만들어내는 소리와 같다. 이를 '허성'이라고 한다면, 허성이란 학생들이 만드는 소리(이를 '실성'이라고 하자)에 대응해 만드는 소리이다. 이는 소리에 대한 소리로서, 곧 메타 소리라고 할 수 있다. 몸이 밖의 온도라는 '대상'에 대해 만드는 실열과 비교하자면, 허열은 자기 몸 안의 온도에 대해 자신이 조절하기 위해 만드는 열이다. 다시 말해서, 자기언급적인 열이라고 할 수 있다. 열에 대한 열, 즉 메타 열이라고 할 수 있다.

한의학에서 말하는 '허(虛)'와 '실(實)'의 개념은 서양의 'empty'나 'fullness'와는 전혀 다르다. 양의학에서는 보통 '허'를 병적인 것으로, '실'을 건강한 것으로 이해한다. 그러나 한의학에서는 몸 안에는 '정기(正氣)'와 '사기(邪氣)'의 두 종류의 기가 흐르고 있다고 본다. 여기서 정기가 부족한 것을 허라고 하고, 반대로 사기가 넘치는 것을 실이라고 한다. 정기가 부족한 것이 실이 아니라, 사기가 넘치는 것이 실이라는 사실을 알아야 한다. 구미호를 미녀로 착각하는 것과 같다. 정기가 부족한 상태가 '허'이고, 사기가 왕성한 상태가 '실'이라는 것이다. 이렇게 허실로 나눌 때, 음허과 양허 그리고 음실과 양실로 병의 상태를 구분해볼 수 있다. 이는 마치 논리적으로 거짓말쟁이 역설에서 거짓말-참말 혹은 참말-거짓말이라고 하는 것과 같은 것이다. 음과 양

이 허와 실에 따라 다시 조합된다는 것이다. 거짓말쟁이 역설에서 '거
짓-참-거짓-참……'의 사슬 고리가 만들어지는 원리와 같은 것이다.
우리는 한의학의 열 개념이 지닌 이러한 논리를 가지고 거짓말쟁이
역설의 해법을 생각해볼 수 있다.

(3) 허실 진가

A형 논리에서 병은 허한 것이고 건강은 실한 것으로 본다. 그러나
거짓말쟁이 역설에서 보는 바와 같이 E형 논리에서 허실은 그 속에
또 허실을 가지고 있으며, 그래서 허실은 파생적 개념으로 서로 包含
하는 개념이다. 그래서 허는 병적인 것이고 실은 건강한 것이 아니라,
몸에는 정기와 사기의 두 종류가 있다고 보아 정기가 부족한 것을 허
라고 하고 사기가 넘치는 것을 실이라고 한다. 그래서 허와 실은 모두
건강하지 못한 상태이다. 거짓말쟁이 역설과 같이 허와 실은 음양으
로 나뉘어 음허와 양허 그리고 음실과 양실이 있다.

몸 안에 본래 있는 음양을 진음과 원양이라고 한다. 진음과 원양은
기가 허하고 실한 정도에 따라 허증과 실증으로 나뉜다. 그 가운데 원
양(元陽)이 부족한 상태를 양허, 진음이 부족한 상태를 음허라고 한다.
진음과 원양의 어느 한쪽이 약해진(허) 틈을 타서 그 영역을 침범한
경우라고 할 수 있다. 한 집안의 경우를 보면, 남편의 정력이 부족한
경우를 양허라고 하고, 반대로 아내의 체력이 부족한 경우를 음허라
고 할 수 있을 것이다.

실증에는 양실과 음실이 있다. 실증은 사기가 과대하게 많은 경우
이다. 정기는 건강을 유지하기 위해서 필요한 체력이다. 사기는 밖에
서 체내로 침입해 병을 일으키는 것이다. 건강이란 정기와 사기의 균
형 위에서 성립한다. 정기가 약한 것을 허증, 사기가 왕성한 것을 실
증이라고 한다. 양실이란 원양에 사기가 끼어들어 원양이 과대하게

부푼 상태이다. 음실은 진음에 음사가 끼어들어 증가된 상태이다.

　일반적으로 건강하다가 처음으로 병에 걸린 경우는 실증에 속한다. 반대로 몸이 약해 오랫동안 병이 들어 있는 상태는 허증에 속한다. 환자가 강성해 보이는 것은 실증이고, 쇠약해 보이면 허증이다. 맥이 강한 것은 실증이고, 맥이 약한 것은 허증이다. 몸에 땀이 많이 흐르면 허증, 땀을 흘리지 않으면 실증이다.[3] 허증은 몸 안에 있는 정기가 진음과 원양 가운데 어느 쪽으로 치우치느냐에 따라 양허와 음허로 나뉘는 반면, 실증의 경우는 사기가 밖에서 들어오는 것이기 때문에 그것이 들어와서 원양을 보태어 양사가 되느냐 진음을 보태어 음사가 되느냐 따라 양실과 음실로 나뉜다.

　음양·표리·한열·허실(병세)이 조합되어 여덟 가지 병 증상을 만든다. 한열에 진가가 있듯이 허실에도 진가가 있다. 허실도 메타화할 수 있다는 뜻이다. 즉, 지극히 허증인데도 그것이 극성을 부리면 마치 그것 자체가 실증인 것처럼 보인다. 그 와는 반대로 지극히 실증일 때 그것이 극성을 부리면 오히려 위축되어 마치 허증처럼 보인다. 그래서 진실가허(眞實假虛)와 진허가실(眞虛假實)이 있을 수 있다. 이를 잘 분별하는 것이 의원의 사명이다. 한열과 허실은 모두 액면 그대로 믿을 수 없다. 한 그 자체는 열(가열)이고, 열 그 자체는 한이다(가한).

3　실증과 허증의 증상을 자세히 살펴보면 다음과 같다.
　　1. 가끔 윗부분이 고통스럽고 막힌 것 같으면 실증, 가끔 아랫부분이 고통스럽고 막힌 것 같으면 허증이다.
　　2. 기분이 안정되어 있지 못하고 들떠 있으면 실증이다.
　　3. 지압이나 안마를 싫어하면 실증, 좋아하면 허증이다. 복통이 있을 때 손으로 복부를 만지면, 실증의 경우에는 아픔을 느끼고 허증의 경우에는 시원함을 느낀다.
　　4. 공복감에 민감하지 않으면 실증, 구역질과 구토가 있으면 허증이다.
　　5. 변비의 경향이 있으면 실증, 설사가 있으면 허증이다.
　　6. 맥이 강하면 실증, 약하면 허증이다.

허 그 자체가 실(가허)이고 실 그 자체는 허(가실)일 수 있기 때문이다. "만일 허실의 진가를 규명하지 못하고 치료하면 오히려 정기를 깎아내려 더욱 허증에 빠질 수 있고, 혹은 사기를 보하고 도와주어 실증에 빠질 수 있다. 이것이 한의학의 보사기법의 요체라고 할 수 있다"(신재룡, 1989, 166). 실증사기는 땀이 나지 않는 반면, 허증정기의 결핍은 땀이 나온다. 그러나 두 경우가 모두 병이다(산전광윤, 1992, 240).

이상과 같은 한의학의 허실에 관한 기본 이론을 도대체 전통 서양의 A형 논리로 어떻게 설명할 수 있겠는가? A형 논리의 세 가지 사고 법칙으로는 도저히 설명하지 못할 논리적 구조를 한의학은 가지고 있는 것이다. 진가를 TF로 그리고 허실을 ft로 본다면,[4] 진실가허는 'TtFf'로 그리고 진허가실은 'TfFt'로 표현할 수 있다. 이는 모순율을 근본적으로 어기는 표현이다. 그러나 E형 논리로 보자면 바로 표현된 것이라고 할 수 있다. 이런 의미에서 한의학은 나름대로 논리를 가지고 있으며, 그것이 바로 E형 논리라는 것이다.

3. 4진과 8강 : 그 논리 계형적 고찰

(1) 證과 症

진료와 진찰에서 한의학은 양의학과 근본적으로 다르다. 양의학의 진단법에서는 주 증상을 찾아 실험을 통해 객관성을 확보하는 것을 중요시한다. 그러나 한의학은 증후군을 통해 병인·증상·허실 관계를 종합적으로 판단한다. 그래서 한의학에는 4진과 8강이라는 진단법이 있다. 마치 컴퓨터에 하드웨어와 소프트웨어가 있어서 컴퓨터에 병이

---

4   T는 Truth, F는 False를 뜻한다.

생기면 이 둘을 점검해보아야 하듯이, 한의학의 4진이란 하드웨어와 같은 것이고 8진은 소프트웨어와 같은 것이다. 생각하건대, 양의학은 하드웨어에 해당하는 4진만을, 그것도 유기적이지 않는 국소적인 방법으로 진찰한다. 눈으로 병인의 상태를 관찰하는 **망진**(望診), 병인의 소리를 들어 병의 기미를 파악하는 문진(聞診), 환자에게 직접 묻는 문진(問診),[5] 그리고 병인의 몸을 직접 만지고 맥을 짚는 **절진**(切診)을 두고 4진이라고 한다. 여기서 망진·문(聞)진·문(問)진·절진의 순서가 중요하다. 4진은 이렇게 하드웨어처럼 가시적으로 대상이 되는 것을 상대하는 것을 의미한다. 그러나 8강은 표리(表裏)·한열(寒熱)·허실(虛實)·음양(陰陽)의 네 가지 쌍으로서, 소프트웨어와 같은 정보 체계라고 할 수 있다. 컴퓨터에 이상이 생기면 우선 눈에 보이고 귀에 들리는 하드웨어를 먼저 검사하고, 다음으로 그 속에 담긴 프로그램(소프트웨어)을 조사해보아야 한다. 마찬가지로 몸에 병이 나면 한의학은 가시적인 것, 가시적이고 가청적인 것, 그리고 접촉 가능한 것 등 4진에서부터 진단을 시작한다.

　그런데 8강은 허실·한열·표리·음양에서 보는 바와 같이 상대적인 쌍으로 되어 있다. 그래서 그 구조가 이론적이며 논리적이다. 그 독특한 논리란 다름아닌 E형 논리이다. 현대 과학의 상대성 이론, 불확정성 이론을 비롯해 카오스 이론 등이 모두 거짓말쟁이 역설에 그 논리적인 근거를 두고 있다(김상일, 1998, 3장). 혼돈을 연구하는 학자들이 발견한 사실은 진동·반복·점진·되먹힘·한계 순환이다. 그리고 이러한 것들의 배경은 거짓말쟁이 역설이다(브리그스와 피트, 1991, 76). 한의학

5　　서양의학의 청진은 심장의 박동 소리, 폐의 호흡 소리, 장기음, 관절음을 대상으로 하는 것이지만, 한의학은 5장 6부 전체의 소리를 대상으로 삼는다. 즉, 오행론을 통해 오음과 5장 6부의 소리를 연결시키는 것이다. 특히 기미라고 해서 병의 냄새, 구취, 담채, 대소변 냄새까지도 망진의 대상으로 삼는다.

에서 병을 진단하는 방법이 양의학과 근본적으로 다른 까닭은 혼돈 이론을 그대로 적용하고 있기 때문이다. 같은 것이 점진·반복하고 그것으로 복잡계가 형성되어 인체의 병이 생긴다고 보고 있다. 한의학의 진단법은 현대 과학의 이러한 논리와 같으며, 진찰과 진료 과정에서 E형 논리가 그대로 적용되고 있다. 인체의 병에 대한 진단만큼 중요하고 복잡한 경우는 없을 것이다. 최근 들어 오진으로 많은 물의가 빚어지는 까닭도 바로 진단의 어려움 때문이다. 그래서 한의학은 최첨단 카오스 이론의 기법을 진단에 응용하고 있다. 북한 학자들은 이 점에서 훨씬 앞서가고 있으며, 8강을 물리적 의미, 의학적 의미, 수학적 모형 등으로 나누어 그 논리적 모형을 찾기에 고심하는 모습을 보이고 있다(지만석, 2002, 6장 참고).

한의학은 병을 진단하는 방법에서 전체적으로 진단하는 방법과 부분적으로 진단하는 방법을 엄격하게 나눈다. 즉, 부분적으로 병을 관찰하는 것을 증(症)이라고 하며, 질병의 전체적인 발전 단계를 관찰하는 것을 증(證)이라고 한다. 症은 병의 구체적 임상에 주로 쓰이고, 證은 의사가 환자를 전체적으로 관찰할 때 쓰는 진단 방법이다(신천호, 1990, 206, 363). 다시 말해서, 證은 (1) 병이 발생한 근본적인 원인을 음양(陰陽)으로, (2) 병이 발생한 위치를 표리(表裏)로, (3) 병의 성질을 한열(寒熱)로, (4) 병의 세력을 허실(虛實)로 나눈다. 그런데 여기서 음양은 네 개의 쌍 가운데 하나가 아니고 나머지 세 가지를 결정하는 표준과 같다. 즉, 표와 열과 실은 양에, 그리고 이와 한과 허는 음에 속한다. 그래서 8강이란 음양이라는 2의 세제곱(2^3)과 같다고 할 수 있다. 한의학에서는 표리·한열·허실을 모두 장악한 다음 그것을 최종적으로 추상화해 음과 양이라고 한다. 그러나 음양도 4진의 하나이다. 여기서도 제곱 작용이 중요함을 볼 수 있다. 다시 말해서, 8강이란 음양 2수를 기수로 해 세제곱으로 나타낸 것이다. 이 말은 표리·한

열·허실이 모두 음양을 기수로 해 그것이 세제곱됨으로써 성립함을 의미한다.

(2) 8강의 의학적 의미

양의학은 환자의 병명(病名)부터 결정하려고 한다. 즉, '무슨 병에 걸렸느냐'가 주된 관심사이다. 임상 진찰에 따른 병명을 먼저 결정해 놓고 다음 단계의 치료로 넘어간다. 그러나 한의학에서서는 병명에 별로 관심을 갖지 않는다. 그 병의 증이 더 중요하기 때문이다. 병의 유형에 대해 음양으로 표중을 결정한 다음, 그것에 따라 증후의 현상이 어느 부위에서 발생했는지(표리), 어떻게 나타났는지(한열), 병의 성쇠 세력이 어떠한지(허실) 먼저 관심을 갖는다. 2의 세제곱 현상은 점진·반복을 의미한다. 표리·한열·허실이라는 삼자 사이에는 유형적 구별이 있으며, 환자의 증상을 제일 먼저 구별하는 것이 다름아닌 허실인 것이다. 의사들의 입에서 가장 많이 들을 수 있는 말이 허실인 까닭은 그것이 가장 원초적인 병증을 관찰하는 첩경이기 때문이다. 다시 말해서, 한의학에서 말하는 제반 증후군은 허실에 있다고 해도 과언이 아니다. 《황제내경》에서 말하는 허실에 대한 정의를 보면, "병적인 사기가 넘치면 실이요, 정기가 부족하면 허(邪氣盛卽實 正氣不足卽虛)"[6]라고 했다. 건강과 병의 기준을 나누는 가장 기본이 되는 것이 다름아닌 허와 실이다. 허는 음 실은 양이다.

8강의 논리 관계를 컴퓨터와 연관시켜 설명해보면 8강의 관계가 평면적이지만은 않다는 사실을 발견하게 된다. 컴퓨터의 글자판(keyboard)은 모니터에 표시되는 글자와 그대로 일대일 상응을 한다. 가령, 'A, B, C, D, ……'나 'ㄱ, ㄴ, ㄷ, ……' 같은 것이 그렇다. 그런데 이 글자

---

6   여기서 정기는 건강한 상태를, 사기는 병적인 상태를 의미한다. 정기가 약한 것을 허 그리고 사기가 성한 것을 실이라고 한다.

판의 여러 가지 다양성을 조정하는 'F1, F2, F3, ……' 같은 기능키가
있는가 하면, 다시 이들을 제어하는 'Ctrl', 'Alt' 같은 키도 있다. 글자
판이 글을 쓰려고 하는 대상에 관한 것이라면, 기능키는 그것에 대한
메타이며, 'Alt'나 'Ctrl' 등의 키는 다시 그 메타에 관한 메타인 것이다.
마우스는 그 위의 메타의 메타의 메타이다. 8강의 구조 역시 이와 같
다고 할 수 있다. 여기서 인체의 병적 증후와 직접 관계되는 것은 8강
가운데 허실뿐이라고 할 수 있다. 그리고 음양은 8강 전체를 총괄하
는 것으로 표리·허실·한열에 모두 관계해 8강을 조절하는 구실을 한
다. 표리에도 음양이, 허실에도 음양이, 한열에도 음양이 참가해 그것
들을 조절한다. 마치 컴퓨터의 마우스처럼 어느 곳에나 커서를 옮겨
놓을 수 있는 메타적 성격을 갖는 것이 음양이라고 할 수 있다. 이를
도해로 나타내면 〈그림 1〉과 같다(산전광윤, 1992, 241).

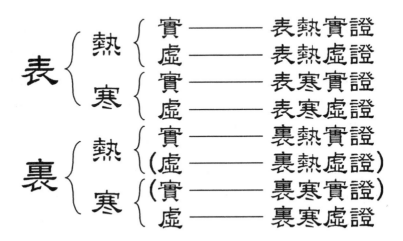

〈그림 1〉 8강의 구조

이 도해에 따르면, 네 개의 한(寒)과 네 개의 열(熱)이 각각 존재한
다. 컴퓨터의 자판과 같이 대상에 직접 관계하는 것이 한열이다. 몸이
라는 대상에서 직접 일어나는 현상이 바로 한열이라는 것이다. 예를
들면, 외열(畏熱)은 소화불량을, 번열(煩熱)은 변비를, 오한(惡寒)은 신
열을 각각 일으킨다. 한열은 이와 같이 인체의 병 증상에 직접 관계된
다. 이러한 대상 언어에 속하는 한열의 메타는 바로 허실이며, 허실의
메타는 표리이며, 표리의 메타는 음양이다. 그래서 음양은 모든 것을
조정하는 마우스와 같은 구실을 한다.

그런데 컴퓨터에 쓰이는 모든 자판은 기기 내에서 본체와 같은 전
기 회로를 사용하고 있다. 이는 8강이 모두 한 몸 안의 같은 회로 위
에 있음에도 논리적 계형이 서로 다름을 의미한다. 메타와 대상이 다
른 회로를 사용하고 있는 것은 아니다. 여기서 대상과 메타의 계형이
나 유형을 분간하기란 힘들다. 이 점이 러셀 유형론의 발목을 잡는다.
같은 자판 위에서 같은 회로를 사용함에도 그 유형이 다른 것이다. 마
찬가지로 8강 역시 인체 안에서 같은 회로를 따라 작용하지만, 그 작
용 위상은 각각 다르게 나타난다. 허실은 몸의 증상을 일차적으로 나
타내는 것이라고 할 수 있다. 몸이 건강하다가 처음으로 병에 걸리는
것은 실증에 속하고, 몸이 약해 오랫동안 병들어 있는 것은 허증에 속
한다. 그런데 이런 허실 증상이 몸의 밖에 나타나느냐 속에 나타나느
냐에 따라 표리의 구별이 생기며, 몸에 열이 있느냐 없느냐에 따라 한
열의 구별이 생긴다. 이렇게 점차로 메타화한다.

여기서 허실을 제1차 질서로 해서 제2차 질서로 나타난 것이 한열
이다. 예를 들어, 입이 마르지 않고 또 말라도 물을 찾지 않으면 한증
에 속하고, 입이 마르고 물을 자주 마시며 열이 있고 번조하면 열증에
속한다. 그러나 단순한 한증과 열증은 쉽게 구별되지만, 한열에 진가
가 착종되어 혼돈 현상을 만들 때는 그 진단이 매우 어려워진다. 열이

난다고 해서 무조건 해열제를 먹이는 양의학의 위험성이 여기에 있는 것이다. 열이 나는 위치로 보아 속이 진한이고 밖이 가한인 경우, 그리고 속이 진열이고 밖이 가한인 경우는 카오스 현상의 극치라고 할 수 있다. 이렇게 한의학의 진찰과 진료는 현대 과학의 혼돈 이론으로만 설명될 수 있는 어려움이 있다. 다시 말해서, 한증이 극한점에 도달해 열의 가상이 나타나는 것도 있고, 열증이 극한점에 도달해 한의 가상이 나타나는 경우도 있다(《소문》, 음양응상대론편). 북한 학자들은 열증과 한증을 생체의 고반응과 저반응에 비유해 고반응은 교감신경의 반응으로 그리고 저반응은 부교감신경의 반응으로 보고, 이를 효소의 활성화와 밀접하게 관련되어 있다고 한다. 왜냐하면 모든 생리적 현상들이 효소 반응에 기초하고 있어서, 많은 병적 현상들이 효소계의 장애와 밀접하게 관계되기 때문이다. 그런데 이러한 여러 가지 관계 가운데 기본적인 것은 온도이다(지만석, 2002, 160). 하지만 과연 한의학에서 말하는 한열이 몸의 체온을 그대로 뜻하는 것인지 의문이 들지 않을 수 없다.

거짓말쟁이 역설은 한열에 그대로 적용될 수 있다. 한열은 '가'와 '진'으로 또 나뉜다. 한증이 발전해 극점에 도달하면 한증이 가상적 열로 나타난다. 반대로 열증이 극에 도달하면 가상적 한으로 나타난다. 이는 마치 거짓말이 참말이 되고 반대로 참말이 거짓말이 되는 현상과 같다고 할 수 있다. 여기서 극에 도달한다는 말을 생각해보면, 부분이 극에 달하면 원이 된다. 다각형이 극에 달하면 원이 되는 것과 같다고 할 수 있다. 부분적인 열이 모여 그 극에 도달해 도리어 한이 되고, 부분적 한이 모여 그 극에 도달해 열이 된다. 언어에서 '그 자체(itself)'라는 것은 부분의 합 전체를 다른 말로 표현할 수 없을 경우에 사용하는 것이라고 할 수 있다. 그렇다면 한증이 극에 달할 경우 그 한 자체는 열이며, 열증이 극에 달할 경우 그 자체는 한이라고 할 수 있다. 한 그 자체는 열이고 열 그 자체는 한이라는 역설이 성립되어, 열이 한이고 한이 열이라고 할 수 있게 되는 것이다.

'한증'이 가상적 열을 나타낼 때, 다시 말해서 메타화할 때 한의학에서는 이를 '진한가열'이라고 한다. 그 반대로 '열증'이 한의 가상을 나타낼 때는 '진열가한'이라고 한다. 이러한 메타 열과 메타 한은 곧 우리 인체의 심각한 증상들을 나타내는 말이다. 진열가한에는 격양(格陽)의 증과 재양(載陽)의 증이 있다고 한다(산전광윤, 1992, 237). 격양의 증이란 음이 내부에서 성해 양을 외부로 쫓아내어, 내부는 진한이고 외부는 가열인 상태이다. 재양의 증이란 음이 아래로 쏠리고 양이 위로 넘어가 아래가 진한이고 위가 가열인 것을 두고 하는 말이다. 이렇게 병의 증상 하나하나를 지적해 논리적 결합 관계를 나타내는 것이 한의학의 특징이다. 이는 거짓말쟁이 역설에 기초한 참과 거짓의 사슬 고리가 만들어내는 혼돈 이론의 점진·반복을 그대로 실증하는 것이라고 할 수 있다.

다음으로 병이 나타나는 위치에 따라 사람 몸을 속과 겉으로 나누어 생각해볼 수 있다. 표리는 제3차 질서에 속하는 것으로, 한열과 허실을 총괄한다. 몸의 겉 부분에 나타나는 피부·근육·경맥의 부위를 표(表)라고 하고, 몸의 안에 있는 5장 6부를 이(裏)라고 한다. 어떤 것은 표와 이의 가운데 나타는 경우가 있는데, 이를 반표반리(半表半裏)라고 한다. 그리고 표는 양인데 양병은 주로 머리에 나타나며, 이는 음인데 음병은 주로 5장 6부가 있는 흉부 속에 나타난다. 그런데 표리는 유형에서 볼 때 허실과 한열보다 높은 논리 계형에 속해 있기 때문에 허실과 한열을 모두 아우른다. 다시 말해서, 표리의 한열허실증에 따라 표열·표허·표실·이한·이허·이실로 나뉘며, 표리동병증에 따라 표한이열·표열이한·표허이실·표실이허 그리고 표리가 모두 한인 경우, 표리가 모두 열인 경우, 표리가 모두 허인 경우 등으로 나뉜다. 여기에 **반표반리증**의 경우는 병사가 표리에 있는 것이 아니라 표와 이 사이에 끼어 발생하는 경우이다(산전광윤, 1992, 231~241). 이런 경우는 병이 진행되는 경향을 파악할 필요가 있다. 즉, 표증이 이로 들어가는 경우와 이증이 표로 나오는 경우로 나누어볼 수 있는 것이다. 이처럼 마치 퍼즐을 맞추듯이 짜여진 분류는 거짓말쟁이 역설에서 참말과 거짓말이 점진·반복을 하는 것과 같다고 할 수 있다. 한의학에서는 이 모든 경우마다 인체에 나타나는 증상이 각각 다르다고 본다. 예를 들어, 반표반리증의 경우 몸에 한열이 왕래하고 마음이 번민스러우며 구역질이 나는데다 식욕도 없어지고 입이 쓰다. 표실이허의 경우 맥이 매우 느리며 배가 부르고 아프다. 이와 같은 논리는 모두 우리 몸의 병 증상을 그대로 나타낸다. 그런 의미에서 유능한 한의사는 논리학의 명수라야 한다. 거짓말쟁이 역설에 대한 공부가 그런 점에서 한의학 연구의 필수 조건이 되는 것이다.

한의학은 실체의 의학이 아니라 어디까지나 과정의 의학이기 때문에, 표리를 마치 어느 고정된 실체인 것처럼 파악해서는 곤란하다. 표리는 발병 원인과 병의 이동 경로를 파악하는 것이다. 그래서 표증과 이증이란 병의 증상 자체를 찾기 위한 것이 아니라, 증을 통해 발병 원인과 병의 이동 방향을 알아내기 위한 것이다.

(3) 8강의 물리-수학적 의미

북한의 한의학자들은 8강을 물리학과 연관시켜 자세히 설명하고 있다. 《고려의학원리》의 내용을 그대로 요약·정리하면 다음과 같다. "사물의 운동과 자연현상을 고찰할 때 중요한 것은 지표를 선정하는 것이다. 그런데 지표를 선정할 때는 수많은 지표를 모두 선정할 필요 없이 대표적인 몇 개만을 선정하면 된다. 예를 들어 물리학에서 질점 혹은 질점계의 운동을 완전히 규정하기 위해서 필요하고도 충분한 운동 방정식의 수를 결정하거나 평형 상태에 놓인 불균일계에서 계에 포함된 상의 수를 일정하게 유지하고 독립적으로 변화시킬 수 있는 상태 변수의 총수로서 자유도를 구한다. 즉, 어떤 계의 운동상태와 평형상태를 표시하는 데 필요한 독립변수의 개수로서 자유도를 구한다"(지만석, 2002, 158~159).

물리학에서 이러한 자유도에 대한 개념은 한의학(고려의학)의 탐색 지표와 같다. 인체의 병을 두고 이러한 물리 현상과 한번 비교해보자. 인체에서 발생하는 병만큼 그 원인이 다양한 경우도 없을 것이다. 자연의 물리계에서 일어나는 현상보다 어떤 점에서는 더 복잡하고 다양하다. 때문에 그 수많은 지표 가운데 몇 개를 선정할 수밖에 없는데, 그것이 바로 8강이라는 것이다. 즉, 인체의 여러 가지 증상을 탐색해 대표적인 지표만을 몇 개 고른 것이 바로 8강이다. "8강으로 어떻게 천태만상의 증상무리(증후근)들을 기본적으로 규정할 수 있게 하는가에 대한 이해를 도와주고 있다. 즉, 8강 가운데 음양으로 구분한 3개의 탐색 지표(표열실은 양, 리한허는 음)인 3개의 자유도를 가지고 음증과 양증을 가를 수 있게 하는가에 대한 리유를 알 수 있게 한다. 이렇게 물리학에서 자유도에 대한 개념은 8강의 본질을 밝히고 리해함에 있어서 안내자 역할을 할 수 있게 한다"(지만석, 2002, 159).

이들 학자는 같은 책에서 8강의 수학적 모형을 더 상세히 설명하면서 물리학적 의미를 심화시키고 있다. 이는 우리가 모색하고 있는 8강의 논리적 구조를 더욱 선명하게 드러내준다. 우선 8강을 다음과 같이 집합론적 구조로 표현한다. "양증과 음증을 모임기호(집합론적 기호)로 표시하면 양증∋(표, 열, 실), 음증∋(리, 한, 허)로 된다. 그런데 여섯 개 인자(지표)에서 세 개 인자들이 결합하는 표준 경우는 여덟 가지로 나타난다. 이 세 가지 인자가 표준 경우로 되는 수학적 경우는 $2^3=8$이 되기 때문이다." 즉, 음증과 양증으로 귀결되는 경우는 여덟 개의 인자(8강)들 가운데 세 개의 인자들의 결합으로 이룩된다는 것이다. 이 표준의 경우를 공간직각자리표에 대응시켜 살펴보면 〈그림 2〉와 같다.

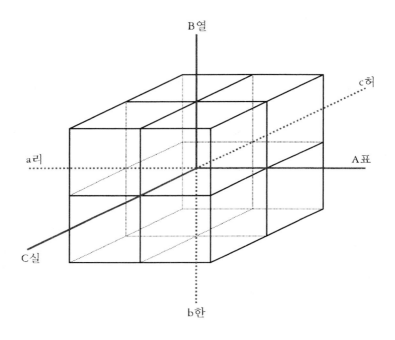

〈그림 2〉 8강을 모형화한 직각자리표계

여기에 음과 양의 기호를 대입해 표열실을 양 기호(―)로 그리고 이한허를 음기호(--)로 나타내면 다음과 같다.

표열실 ABC	≡(건)	표열허 ABc	≣(태)
표한실 Abc	≡(이)	표한허 Abc	≣(진)
리한실 abC	≣(간)	리한허 abc	≣(곤)
리열실 aBC	≡(손)	리열허 aBc	≣(감)

정확하게 공간직각자리표를 통해 역의 8괘가 만들어졌다. 8강의 구조가 결국 역의 구조와 같음을 여기서 발견할 수 있으며, 역의 원리가 결국 한의학의 진단법에 사용되고 있음을 알 수 있다. 이 자리표를 통해 볼 때, 전형적인 양증(표열실)과 전형적인 음증(이한허)과 비전형적인 양증(표한실·표열허)과 비전형적인 음증(이한허·표한허·이열허)이 있다는 것을 발견하게 된다. 《고려의학원리》에서는 "이것은 참으로 론리적이며 현실적이다"(지만석, 2002, 165)라고 말하고 있다. 여기서 임의로 표열실(☰)만을 자리표에서 떼어내면 〈그림 3〉과 같다.

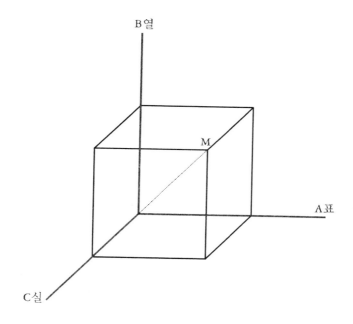

〈그림 3〉 표열실상한에서 진단점(M) 구하기

이 그림에서 의사가 정확하게 찾아내야 할 진단점은 M이다. "그런데 임상적으로 같은 표열실인 양증이라고 하여도 그 상태량은 개별 환자에 따라서 모두 다를 수 있으므로 같은 ABC 상한에 M 점은 무수히 존재한다. 이것은 같은 실증 환자라도 구체적인 병 상태는 모두 다르다는 것을 보여준다. 그러므로 공간직각자리표계로써 진단을 개별화할 수 있다"(지만석, 2002 참고). 이 말은 같은 양증이라도 표열실의 구체적 상태량에 따라 진단점(M)이 달라짐을 뜻한다. "이와 같이 4진 8강의 수학적 모형화인 공간직각자리표계는 치료를 개별화하여야 한다는 수학적 근거를 제공해준다. 그러면 Aa, Bb, Cc에 실제적으로 어떤 상태량을 대응시켜 M점을 구할 것인가는 8강과 불가분리적 관계에 있는 4진을 통해서만 가능해진다"(지만석, 2002 참고).

북한 학자들의 위와 같은 8강에 대한 고찰은 우리가 여기서 구하고자 하는 논리적 설명을 하는 데 도움을 주는 것이 사실이다. A형 논리는 수학의 더하기 논리와 같다. 그리고 E형 논리는 곱하기와 같다고 했다. '더하기'는 차원을 변경시킬 수 없다. 양의학의 진단법이 8강과 같은 방법론을 개발할 수 없었던 까닭은 병을 객관적 관찰로만 파악하려 했기 때문이다. 그래서 여러 가지 복잡한 병의 원인을 드러나는 결과로만 판단하게 되었다. 예를 들어, 인체에 나타나는 열을 관찰할 때 표리를 허실과 연관시키지 못하기 때문에 해열제로만 다스리려고 한다. 그러나 같은 열이라고 하더라도 그것이 허증일 때는 해열제가 도리어 위험하다.[7] 여기서 더하기 의학과 곱하기 의학의 차이가 나는 것이다. 곱하기 의학이란 '$2^3=8$'과 같이 나타난다. 그 결과 음양에 3을

---

7   예를 들어, 표(외인)가 감기 바이러스라고 할 때 그 감염 양과 독성의 차이로 말미암아 열(증상)은 개체 반응성에 따라 여러 가지 증상으로 나타날 수 있으며, 개체의 병기(급성·만성)에 따르는 실(저항성)은 다를 수 있다(같은 책, 165).

지수로 한 결과 8강을 얻을 수 있게 된다. 음양을 세제곱할 때 8강을 얻게 된다는 것이다.

다시 말해서, 허실을 대상으로 한열이 이를 메타화하고, 다시 이를 표리로 메타의 메타화를 했을 때 8강이 나타나게 된다. 이렇게 3중 메타화를 통해 인체의 병 증상은 비결정적인 모습으로 나타나게 되며, 증상들은 개별화하고 만다. 그런 의미에서 abc와 ABC의 결합 관계에 따라 결정되는 M점은 비결정적이라고 할 수 있다. 이는 한의학이 비결정의 의학임을 드러낸다. 진단에서도 한의학은 M점을 하나의 고정된 실체로 파악하지 않고, 변화로 말미암아 결정할 수 없는 비결정성으로 파악한다. 한의학의 E형 논리는 바로 자연 그대로의 논리이다. 인체 자체가 교감과 부교감이라는 상반된 역설 작용으로 이루어지지 않고서는 건강이 유지될 수 없다. 그래서 역설은 병적인 현상이 아니라, 도리어 건강한 현상인 것이다. 그러나 양의학은 지금까지 이러한 역설을 병적인 것으로 보고 제거하려고 했다. 역설은 자연스러운 논리이다. 그러나 A형 논리는 이러한 자연스러움을 파괴했으며, 병적인 것으로 치부했다. 이 점에서 양의학과 한의학의 차이는 매우 크다.

4. 몸론의학의 논리적 기초

(1) 탈론과 몸론

한국 사람들은 병이 난 것을 '탈났다'고 한다. 그래서 위병은 '배탈'이라고 한다. 영어에서 'illness'와 'disease'가 구별되는 것처럼, 탈과 병도 구별된다고 생각한다. 한국 사람들이 병을 탈이라고 보는 근본적인 까닭을 검토하는 일은 의학의 근본을 검토하는 것이나 마찬가지이다. 인간의 병은 근본적으로 논리가 잘못된 탓이라는 것이 필자의 견해이다. A형 논리가 지배하면서 인간을 이해하는 방법이 근본적으로 잘못되었고, 그래서 인체에 생기는 병의 원인에 대해서도 잘못 이해하게 되었다는 것이다. A형 논리는 몸과 마음 그리고 정신과 물질을 그 바탕에서부터 이원론적으로 나누어놓고 말았다. 그러나 필자가 계속 강조했듯이, 물질과 정신의 두 세계는 자기언급적이다. 두 세계는 항상 동일자이면서 타자라는 역설적 관계 속에 있다는 것이다. 그런데 A형 논리학은 이러한 자기언급을 파괴함으로써 불가피하게 이원론의 함정에 빠지고 말았다.

자기언급이란 제대로, 곧 '자기대로(self as self)'를 말한다. 이러한 자기언급이 파괴되면 자기가 자기 자신으로부터 분리되어 일탈하게 될 터인데, 이것이 바로 '탈'인 것이다. 다시 말해서, 몸과 마음은 자기언급적인데, 서로 일탈해 분리가 되면 탈이 나게 되고 제대로 되지 않게 되며, 이것이 곧 병이라는 것이다. 그러므로 탈로서 병을 이해하는 것은 바로 자기언급의 문제인 것이다. 이런 까닭에 탈은 병의 필요충분 조건이다. 여기 A형 데카르트에 대한 대항마로서 E형 파스칼이 있다. 파스칼은 서양의 주류 철학에 속한 철학자는 아니다. 왜냐하면 그는 E형을 고수했기 때문이다. 그는 이원론으로 몸과 마음을 나누지 않았다. 이러한 비이원론적 성격 때문에 그의 철학은 데카르트 철학에 밀려 주류에 끼지 못했다. 몸과 마음의 비이원론적 성격을 필자는 **몸**이라고 표현하고자 한다. 서양철학사에서 이러한 몸론을 편 철학자가 바로 파스칼이다.

현대 신파스칼학파 학자인 맥마한 같은 인물은 탈과 병을 'illness'와 'disease'로 구별한다. 파스칼은 데카르트와는 다르게 마음이 몸에 직접적인 영향을 미치는 것으로 파악했다. 그는 몸과 마음이 결합된 몸론(psychosomatic)을 전개한 철학자이다. 같은 신파스칼학파 마틴 로스만

(Martin Rossman)은 몸론의 준거인 자기언급을 도입해 다음과 같이 설명하고 있다.

최면술이나 생체 피드백 같은 자기-규제적(self-regulative) 임상 실험을 통해 볼 때, 인간은 자기의식을 자기가 스스로 의식하는 과정을 통해 환자 스스로 치료 과정(healing process)에 관여한다. 마음과 몸을 나누어 놓는 것은 인위적이며, 차라리 몸(mind-body)이라고 하는 것이 자연스럽다. 심신일체 의학(psychosomatic medicine)을 이제 제기할 때가 된 것이 아닌가(Rossman, 1984, 27).

건강한 상태란 다름아닌 몸과 마음이 제대로 되는 자기언급의 상태이다. 이것이 탈이 없는 상태이다. 그런데 자기언급 행위가 파괴되면 탈이 생긴다. 자기가 자기로부터 이탈하는 일이 벌어지면 이것을 탈이라고 하는 것이다. 따라서 몸과 마음의 자기언급적 조화가 건강한 상태임은 두말할 필요가 없다. 몸에서 마음이 이탈했을 때, 의사는 마치 몸속에 어떤 병의 원인이 있는 것처럼 찾기 시작한다. 히포크라테스마저도 그렇게 생각할 정도였다. 인체 안의 점액의 불균형이 병의 원인이라고 한 것이 그 좋은 예이다. 그런데 진정한 이유는 몸에서 마음이, 마음에서 몸이 이탈한 데 있다는 사실을 알아야 한다. 몸에서 맘과 몸이 분리되는 상태이다. 의술은 몸의 예술이다. 몸과 마음을 몸으로 조화시키는 예술인 것이다. 예술의 원리는 자기 반성적 자기-언급 구조(reflexivity self-referential system)이다. 위약의 영어 표현은 좀더 이에 접근하고 있다. 즉, 'placebo'란 "자기 즐기기(I will please a will-to-do)"이다. 자기언급적이라는 뜻이다(Foss, 2002, 55). 이를 '위약' 혹은 '가짜약'이라고 번역한 것은 그 논리적 구조를 많이 훼손시키고 있다.

어원 슈레딩어는 이러한 몸론을 두고 '자기대로 흐르는 질서의 물줄기(stream of order on itself)'라고 했다. 이러한 자기언급 효과는 그 파장이 넓어서, 의학도 이제는 몸만 다루는 것이어서는 안 되며 심생물리적(*psychobiophysical*)이어야 한다. 심리학과 생물학 심지어는 물리학까지 함께 하는 의학이라야 한다는 말이다. 이러한 심생물리학은 이미 고대 그리스의 스토아 철학에서 엿볼 수 있는데, "영혼은 자기 자신에 대해 힘쓴다(The souls' ability to do violence to itself)"라는 말 속에 그러한 의미가 잘 드러나 있다. 자기언급에 따른 인체의 이해는 근본적으로 물리학의 자기조직(*self-organizing*)과 밀접하게 연관되어 있다. 자기조직하는 우주는 데카르트가 물질을 연장적 실체(res extensa)로 이해한 것과는 정반대이다. 연장적 물질은 아무런 능동성도 없고 창조성도 없는 무기력한 것이다. 그러나 자기조직하는 우주는 자기-창조하는 자기능동적(res autopoietica) 성격을 지니고 있다. 연장적 실체는 마치 말이 없는 상태에서는 한발짝도 움직이지 못하는 마차와 같다. 그러나 자기능동적이라는 것은 스스로 내연기관에 따라 움직이는 자동차와 같다. 지금 우리는 '자기' 시대에 살고 있다. 마차의 시대는 가고 내연기관의 자동차 시대에 살고 있다. 한의학은 바로 이런 내연기관의 의학이다. 양의학은 얼핏 발달한 것처럼 보이겠지만, 아직도 그 논리 구조에서 마차 시대를 넘지 못하고 있다.

(2) 몸론과 성론

한의학에서는 "마음이 몸을 주관 한다(心主身)"고 말한다. 몸과 마음의 관계가 곧 의학이 성립하는 데 기초 철학이 되고 있는 것이다. 서양에서도 오래전부터 이러한 사실을 알고는 있었다. 2,000여 년 전에 갈렌(Galen)은 우울한 사람이 명랑한 사람보다 병에 걸릴 확률이 높다는 사실을 알고 있었다. 1701년 겐드론(Gendron)이라는 의사는 이미 〈인생에서 경험하는 고통과 비탄을 수반하는 비극적인 사건〉이라는 논문에서 많은 사례를 들어 암과 마음이 상관관계가 있다는 사실을 입증했다. 1783년에 버로즈(Burrows) 역시 만성적인 스트레스가 암으로 발전한다는 사실을 알고 있었다. 1822년에 넌(Nunn)은 《유방암》이라는 저서를 통해 종양이 자라는 데 감정이 영향을 준다는 사실을 밝혔다. 그는 어느 여성의 유방암이 남편의 죽음에서 비롯된 신경증과 병행되었음을 발견한 것이다.

1846년에 왈쉬(Walter Hyle Walshe) 박사는 〈암의 생태와 치료〉라는 글에서 정신적 고통이 암의 원인이 된다는 사실을 발표했는데, 그는 "마음의 활동과 암의 발병의 상관관계를 의심하는 일은 있을 수 없다"라고 했다. 1865년에 버나드(Claud Bernard) 박사는 《실험의학서설》에서 인간의 신체를 관찰할 때 국부적으로 관찰하는 것도 중요하지만 전인적 관찰, 다시 말해서 몸론적으로 관찰하는 것이 더없이 중요함을 강조했다. 1870년에 파제(James Paget) 경은 《외과병리학》에서 암 발생의 원인 가운데 억울한 일을 당한 경험이 가장 크다고 했다. 그는 강렬하고 불안한 경험을 한 사람들에게서 암세포가 급속히 증식하는 것을 발견했다. 1893년에 스노우는 통계학적으로 암 발생 원인을 조사했는데, 그 결과 정신적인 혼란이 가장 크게 심신의 에너지를 소모하게 하고, 그것이 암의 원인이 된다는 사실을 발견했다. 그는 또한 정신박약자나 정신병자에게는 이상하게도 어떤 종류의 암도 발생하지 않는다는 사실을 밝혔다.

이상에서 본 것처럼, 서양에서 몸론은 19세기 후반부터 20세기 초반까지 가장 활발하게 연구된 것을 발견할 수 있다. 이 시기는 바로 뉴턴-데카르트적인 세계관이 무너져가면서 포스트모더니즘이 등장하던 때와 일치한다고 할 수 있다. 그렇다면 그때부터 지금까지 서양에서는 어째서 더 이상 몸론이 발전하지 못했는지 묻지 않을 수 없다. 서양에서도 괄목할 만한 몸론이 전개되었음에도 지속적으로 연구가 이어지지 못한 까닭에 대해 사이먼튼은 전신마취와 외과수술 방법, 방사선 요법 등이 등장하면서 몸론이 결국 희석되고 만 탓이라며 애석해했다(사이먼튼, 1997, 110). 의사들은 마음에 따르는 병은 어쩔 수 없는 것이 아니냐며 신포도를 바라보는 여우와 같은 태도를 취하고 말았다. 그래서 1930년대에 이르기까지 몸론은 서양에서 답보 상태를 면할 수 없었다.

역설적인 것은 의학과 심리학이 서로 다른 길을 걷게 되었다는 점이다. 이 말은 20세기 전반에 프로이트 같은 심리학자들이 나타나 병과 마음의 관계가 활발하게 연구되었음에도, 이런 심리학의 연구 성과가 전혀 의학에 반영되지 않았음을 뜻한다. 심리학의 시대에 의학은 가장 반심리학적으로 나가고 말았다. 의학의 연구에 심리학이 전혀 반영되지 않았다는 말이다. 사이먼튼은 이러한 사실에 대해 "얼마간 놀라지 않을 수 없었다"(사이먼튼, 1997 참고)라고 술회하고 있다. 양 진영 사이의 이러한 절연된 관계 때문에 귀중한 자료들이 모두 매몰된 채로 있었다는 것이다. 이는 고질적인 뉴턴-데카르트의 기계론적 세계관 때문이다.

이에 비해 몸과 마음이 하나라는 것은 한의학에서 볼 때 전혀 새로운 것도, 이상한 것도 아니다. 몸에 병이 생길 때는 반드시 마음속의 우울증·억울함·상실감 등이 원인이 된다는 사실을 알고 있었던 것이다. 그래서 병이 생기면 마음의 병을 치료하기 위해 무당을 찾아 굿판을 먼저 벌인다. 서양에서도 원시 토인들 사이에 성행했던 이러한 치료 형태를 부두 의학(voodoo medicine)이라고 한다. 우리는 지금 '오래된 미래' 속에 살고 있는 것이다. 이런 원시 의학을 액면 그대로 수용할 수는 없지만, 심신을 일체로 보는 그들의 몸론은 철학적 근거로서 그대로 수용해야 현대 양의학의 미래가 열릴 것이다. 환자를 지킬 것인가, 아니면 의학을 지킬 것인가?

몸이 몸 자신을 자기언급하면 마음이 되고, 마음이 마음 자신을 언급하면 몸이 된다. 물질이 물질 자체를 자기언급하면 정신이 되고, 정신이 정신 자체를 자기언급하면 물질이 된다. A형 논리학이 자기언급을 배제한 탓에 물질과 정신 그리고 몸과 마음의 이원론이 비롯된 것이다. 이러한 지적은 사상사에서 매우 중요하다. 이원론의 극복은 그래서 쉽고도 가까운 곳에 있다. 그러나 아리스토텔레스 이후 상실한 E형 논리학을 복원하면 쉽게 가능해진다. 이런 의미에서 자기언급에 대한 훈련은 모든 학문의 강령이 되고도 남음이 있다. S. 바트레트 교수는 자기언급에 대한 연구에 집중하기 위해 교수직을 사임할 정도였다(Bartlett, 1987, Preface). 그러면서 자기언급이 그렇게 중요함에도 《맥밀란 철학 백과사전(*Macmillan Encyclopedia Philosophy*)》에서 '자기언급(self-reference)'이라는 말을 단 한 구절도 포함시키지 않고 있다며 아쉬움을 피력하고 있다. 이는 그동안 서양철학이 얼마나 자기언급을 혐오해왔는지 단적으로 보여주는 좋은 예라고 할 수 있다. 여기서 분명히 지적해둘 것은, 서양의학의 종말은 바로 자기언급의 무시 내지 혐오에서 유래한다는 것이며, 반대로 서양의학의 재건도 자기언급의 회복에서부터 가능해진다는 것이다.

몸론의 논리적 근거는 자기언급이다. 몸이 몸을 언급하고 마음이 마음을 언급하는 것을 수학적으로 표현하자면, 이는 차원이 근본적으로 달라지는 것이기 때문에 몸^2 그리고 마음^{2}이라고 해야 한다. 이렇게 제곱 작용으로 표현해야 할 것이다. 마음이 마음을 제곱하면 몸이 되고, 몸이 몸을 제곱하면 마음이 된다. 이것이 몸론이 성립하는 공식인 것이다. 들뢰즈가 그렇게도 제곱의 중요성을 강조한 이유가 여기에 있다. 그렇다면 여기서 중요한 것은 자기언급을 시키는 상수가 있어야 한다는 점인데, 이를 f라고 할 경우 다음과 같은 공식이 가능해진다.

$$마음 = f(몸 \times 몸)$$
$$몸 = f(마음 \times 마음)$$

이 공식은 물질이 'res extensa'이고 정신이 'res cognitas'라는 데카르트의 이원론적 주장과는 정면으로 상치하는 것이다. 데카르트의 이원론에서는 몸과 마음이 어떤 모양으로든 서로 등식을 유지한다는 것이 불가능하다. 그러나 데카르트의 철학에서도 자기언급의 시사점이 없는 것은 아니다. 그것은 바로 "나는 생각한다. 고로 나는 존재한다(cogito ero sum)"라는 말이다. 이는 사유가 자기 자신을 언급한다는 말과 같은 것이다. 데카르트가 만일 "생각을 생각한다. 고로 물질이 된다"라고 했더라면 그는 모더니즘을 넘어 포스트모더니즘으로 성큼 다가섰을 것이다. 그러나 그는 자신의 시대적 제약 때문에 결국 당대를 넘어서는 철학자는 되지 못했던 것이다. 생각이 거듭제곱을 하면 물질이 된다. 그래서 연장이 있는 것과 없는 것의 구별은 무의미하다. 20세기의 화이트헤드에 이르러서야 이러한 자기언급에 따른 뭄론이 가능하게 되었다. 화이트헤드는 물리적 극(physical pole)과 정신적 극(mental pole)이 같은 것의 양면이라고 보았다. 이것은 데카르트의 주장에 정면으로 배치되는 것이다.

몸×몸의 공식이 다름아닌 자능(自能, *autopoietica*)이다. 여기서 '능(能)' 자를 한번 파자해보자. '月'은 '肉' 혹은 몸과 같은 의미로 쓰인다. 그리고 'ヒ'는 비교를 의미한다. 'ヒ'가 두 번 반복된다는 것은 자기가 자기를 반복적으로 언급한다는 뜻이다. 다시 말해서, 몸이 자기언급을 하는 것을 상징한다고 해석해보는 것이다. 이는 물론 임의의 해석이지만, 우리가 여기서 말하려는 제곱의 취지에 매우 상합하고 있다. 데카르트의 물질 혹은 몸은 자능적이지 못하다. 정신 혹은 마음만이 자능적이다. 물질은 다만 수동적으로 거기에 연장되어 있을 뿐

이다. 물질은 그래서 정신에 따라 수동적으로 움직일 뿐, 자능하는 힘이 없다. 다시 말해서, 타자언급적이다. 이렇게 물질과 몸을 정신과 마음에서 분리시킴으로써 정신이 자기언급을 하더라도 그것이 차원을 변화시켜 물질이 된다는 사실을 알지 못했다. 그래서 물질이 정신을 타자언급하는 일방향적 화살표만 그어질 뿐이었다. 그러나 몸론의 자기언급에서는 물질에서 정신으로 화살표가 향할 뿐만 아니라, 그와는 반대로 정신에서 물질로 화살표가 그어질 수도 있다.

데카르트의 모더니즘에서는 물리학에서 시작된 화살표가 일방통행을 하지만, 포스트모던의 세계관에서는 쌍방향적이다. 다시 말해서, 물리학에서 생물리학(biophysics)으로 그리고 생물리학에서 심생물리학(psychobiophysics)로 상향하다가, 다시 역방향으로 하향한다. 그리고 물리학·생물학·심리학 사이에 아무런 구별과 차별도 없다. 데카르트의 기계론적 세계관에서는 마음이 신경생물학(neurobiology)으로, 그리고 궁극적으로는 생물학과 물리학으로 귀속되고 만다. 가장 적은 부분의 것이 축적되어 가장 높은 전체로 귀속되는 귀속주의적 세계관이다. 그러나 물리학적인 물질이 자기조직을 함으로써 차원이 다른 생물학적 생명체가 생겨나며, 이는 다시 마음이라는 심생물리학적인 것으로 변한다. 이것이 바로 '마음=몸×몸'이라는 자기조직의 원리인 것이다. 이는 소용돌이 속의 소용돌이를 만드는 프랙털의 원리와 같은 것이다. 이를 두고 프로고진은 "지속적인 불안정을 통한 진화(evolution through successive instabilities)"라고 했다. '몸=$몸^2$×$마음^2$'과 같은 공식을 만들 수도 있다. 위상공간적으로 볼 때 몸과 마음은 안과 밖이 없는 클라인 병과 같은 상태를 만든다(Cohen, 1994, 428).

그렇다면 여기서 문제가 되는 것은 몸이 마음이 되고 마음이 몸이 된다는 몸론 공식의 상수 f이다. 이러한 상수 없이는 몸과 마음의 상호 순환이 불가능하기 때문이다. 잘 알려진 것처럼, 물리학에서도 이

런 상수가 발견되기까지는 에너지와 물질의 관계를 설명할 수 없었
다. 1900년, 독일의 막스 프랑크가 발견한 **프랑크 상수** 'h＝6.625erg/sec'
를 통해 드디어 물질과 에너지의 매개가 가능하게 되었다. 마음과 몸
을 매개하는 데도 이러한 상수 개념이 필요하다. 그런데 동양사상에
서는 이러한 상수와 같은 개념이 일찌감치 있었다. 다시 말해서, 물질
과 정신을 통일하는 개념이 있었다는 것이다. 유교 경전인 《중용》은
다름아닌 물질과 정신의 통일 그리고 몸과 마음의 통일을 지향하는
글이라고 할 수 있다.

　《중용》의 중(中)이란 다름아닌 물질과 정신의 '가운데' 개념을 찾는
것이다. 그러한 찾기를 궁극적인 목적으로 삼고 나가는 것이 성(誠)이
라고 했다. 《중용》에 따르면 '誠者 天之道 誠之者 人之道'라고 했다. 즉,
하늘과 땅을 조화시키는 것이 '성'이라는 것이다. 유교에서 하늘은 항
상 정신을 상징하고 땅은 물질을 상징한다. 성 자체는 하늘의 도이고
성이 되게 하는 것은 사람의 도라고 할 때, 그렇다면 성은 하늘과 사
람을 하나기 되도록 만든다는 뜻이다. 윤성범은 이를 기독교의 성육
신(incarnation)과 연관시켜, '성(誠)' 자를 파자해 '말씀〔言〕이 육신이 됨
〔成〕'이라고 했다. 이러한 성이 통속적으로 신앙화한 것이 바로 '지성
감천(至誠感天)'이다. 이는 정성이 지극하면 하늘도 감동시킬 수 있다
는 말이다. 정성이 지극하면 돌부처도 걷게 한다고 했다. 그래서 《중
용》에서는 **불성무물**(不誠無物)이라고 했다. 성이 없으면 어떤 사물도
성립할 수 없다는 뜻이다. 이는 정신과 물질이 성을 통해 통일될 수
있음을 보여주는 것이라고 하겠다.

　여기서 자능의 개념과 성을 한번 연관시켜보자. 물리학에서 심생물
리학으로 상향하는 것은 '성자(誠者)'와 같고, 반대로 심생물리학에서
물리학으로 하향하는 것은 '성지자(誠之者)'와 같다고 할 수 있다. 《중
용》이 지향하는 그 '중'은 다름아닌 이 쌍방향적 운동을 두고 하는 말

이다. 그래서 우리는 뫔론 공식을 다음과 같이 만들 수 있다. 몸과 마음을 매개하는 상수는 바로 '성'이다.

몸(땅 성지자) = 성(마음×마음)
마음(하늘 성자) = 성(몸×몸)

마음을 지속적으로 제곱하면, 다시 말해서 정성이 지극하면 그것이 몸이 되고, 다시 몸이 지속적으로 제곱해 정성이 지극하면 마음이 된다는 것이다. 몸과 마음 혹은 물질과 정신이 통일되는 것을 '대학(大學)'의 길이라고 했으며, 이를 두고 《대학》은 격물치지(格物致知)라고 했다. 사물에 지극해지면 그것이 정신적 지(知)가 된다는 것이다. 이 역시 물질과 정신의 통일을 지향하는 말이며, 이는 《대학》의 근본 정신이다. 그렇다면 격물치지를 어떻게 이룰 것인가? 《대학》은 그것이 성의 정심(誠意正心)을 통해 가능하다고 했다. 격물과 치지를 일치시키는 것은 성의 정심뿐이라는 것이다. 다시 말해서, 성의와 정심은 마음과 몸을 자유자재로 융화·일치시킬 수 있는 함수와 같다는 것이 동양의 정신이다. 이런 점에서 《중용》과 《대학》의 정신은 같은 것이라고 할 수 있다.

동양 한의학의 기본 정신은 동양의 이러한 성의정심 격물치지에서 시작되며 동시에 여기서 끝난다고 할 수 있다. 이는 뫔론의 다른 유교적 표현이라고 할 수 있다. 의사의 사명은 환자가 자기언급을 하도록 보살피는 것이며, 성의정심을 갖도록 먼저 지도하는 것이다. 그래서 마음을 몸과 일치시켜 몸의 병이 궁극적으로 마음에서 생긴다는 사실을 알도록 해야 한다. 자기언급을 통해 병을 치료하도록 해야 한다는 말이다. 환자는 자기 속의 내의와 자기언급을 함으로써, 즉 자기와 자기가 대화를 함으로써 병이 치료되는 것이다.

한자 '의(醫)'를 한번 보자. 여기에는 '巫' 자가 들어 있다. '巫' 자는 하늘과 땅을 연결한다는 뜻이다. 이는 정신과 물질 그리고 마음과 몸을 연결한다는 것과 같은 뜻이다. 물론 무당은 주문을 통해 양극을 연관시킨다. 무속 다음으로 등장하는 고등종교의 경우, 서양에서는 하늘과 땅의 연결 고리를 끊어버리고 말았다. 그리고 심지어 중국에서는 땅에서 하늘의 소리를 듣는 행위를 금지해 '절천지통(絶天地通)'이라고 했다. 그러나 유교의 중(中)이란 근본적으로 무에서 유래한 것이며, 인간 내면의 자기언급적 성으로 대치하게 되었다는 차이가 있을 뿐이다. 한국에서는 고등종교의 박해 속에서도 무속이 계속되었으며, 포스트모던 시대에 이르러 다시 의미를 갖게 되었다.

5. 정보의학과 몸론

(1) 위약은 마음의 약

마음이 마음을 스스로 자기언급을 할 때 몸이 되는 실례가 바로 'placebo'이다. 필자는 앞에서 이를 '위약(僞藥)'이라고 번역하는 것은 잘못이라고 했다. 이 말의 원래 의미는 '스스로 즐기기', 즉 자락(自樂)이라고 보는 것이 옳을 것이다. 시골 장터에서 약장수들이 파는 약은 거의 가짜이다. 그들이 상투적으로 쓰는 말이 바로 '만병통치'이다. 그런데 우리는 의료법도 제대로 되어 있지 않던 어려운 시절에 이런 가짜 약을 먹고 병을 고치며 산 것이 사실이다. 그러면 이들 약장수들은 과연 거짓말쟁이들이고 우리들은 그들의 선전에 속은 채 지냈는가? 그럼 과연 약이 약 자체만으로 병을 고치는가? 필자는 그렇지 않다고 본다. 그런데 현대 의술은 지금 어느 정도 기만적인 이런 약장수들의 수법을 제도적으로 이용하고 있다. 위장병이나 감기약을 많이 사용할 경우 면역이 생겨 약효가 떨어지고 만다. 그래서 사탕 같은 가짜 약을 사용해 환자에게 접근하는데, 이 때문에 위약이라고 하는 것이다. 무당은 병을 고칠 때 끊임없이 주문을 반복한다. 그러나 오늘날 병원에서는 아침 회진 시간이면 주치의가 수련의들을 대동하고 한 부대씩 이동하면서도 환자와 나누는 대화라고는 고작 몇 마디뿐이다. 반면 환자는 의사와 대화하기를 갈구한다. 장터의 약장수들을 한번 보자. 그들은 입이 닳도록 장광설을 늘어놓는다. 그리고 굿을 할 때 무당들은 환자는 물론이고 그 가족들과 함께 먹고 자면서 대화를 나눈다. 오늘날 의사들은 이 점을 좀 배워야 하지 않을까?《동의보감》에서 허준이 다른 의사들과는 달리 환자에게 접근하는 방법으로 제시한 것은 바로 환자와 나누는 대화 그리고 그들에게 쏟는 정성이었다.

해리스 딘스프리는 "의사의 행동거지, 내뱉는 말 한마디, 그리고 눈짓 하나가 모두 의료 행위"(Dinsffley, 1998, 5)라고 했다. 인간이 동물과 다른 점은 바로 상징적 행위를 하는 것이라고 말할 수 있다. "소 귀에 경 읽기"라는 속담이 있다. 소는 의미 해석이라는 상징 작용을 수행할 수 없기 때문에 아무리 좋은 경을 읽어도 소용이 없다. 이는 객관적인 진리가 있다기보다도 그것을 풀이하는 상징 행위가 더 중요함을 뜻한다. 기호학자 소쉬르는 능기(能記)와 소기(所記)로 나누어, 글로 씌인 문자는 능기이고 그것의 의미는 소기라고 했다. 이는 논리적으로 대상과 메타의 관계와 같다고 할 수 있다. 능기는 대상이고 소기는 메타이다. 다시 말해서, 마음이 마음을 자기언급한다는 것은 다름아닌 메타 작용을 한다는 것과 같은 뜻이다. 자기언급은 자기가 주체이면서 동시에 그러한 자신을 객체화하는 것이나 마찬가지이다. 자기가 자기와 같은 동시에 같지 않다. 이를 자기동일성과 자기비동일성이라고 한다. 아리스토텔레스가 이를 그렇게 두려워 한 까닭은 바로 이것이 모순율을 위반하기 때문이다. 그래서 아리스토텔레스는 모순율을 들어 이를 파괴시키려고 했던 것이다.

약장수의 '만병통치'라는 말 한마디는 마치 주문처럼 되어 환자로 하여금 마음이 마음을 자기언급해 상징적 가치와 의미를 마음속에서 만들어내게 한다. 이를 '플러시보' 혹은 자락이라고 한다. 곧 스스로 즐긴다는 말이다. 실제로 '레몬'이라는 말을 반복한 결과 피실험자의 몸에서 레몬 효소가 분비되는 것이 밝혀졌다(Foss, 2002, 87). 이는 자락(自樂)이 곧 자약(自藥)이 된다는 것을 의미한다. "자락은 자약이다"라는 말이 '플러시보'의 의미인 것이다. 마음이 마음을 자기언급(자락)할 때 몸의 병이 낫는다는 것은 앞에서 든 공식을 그대로 입증하는 것이라고 할 수 있다. 다음에 말할 한의학의 기본 원칙인 "마음이 몸을 주관한다[心主身]"가 이에 해당한다. 시골 장터의 돌팔이 약장수들이야말로 상업적으로 이 원칙을 가장 잘 이용한다고 할 수 있지 않을까? 만일 그 약장수가 가짜 약을 팔아 병을 고치지 못했다면 그는 그 장터에 다시 나타나지 못할 것이다. 그러나 지금도 그 맥은 여전히 이어지고 있다. 아마도 의료법만 없다면 영원히 이어질 것이다. 잘 교육받은 약사가 말없이 건네는 약봉지(능기)보다는 돌팔이 약장수의 신바람 나는 약에 대한 의미 부여(소기)가 더 효과를 갖는 결과를 어떻게 설명할 것인가? 병에 잘 듣는 약이 있는 것이 아니라, 그 약에 대한 의미가 있을 뿐이다. 거짓말쟁이가 거짓말을 하면 참말이 된다. 거꾸로 참말을 하면 거짓말이 된다. A형 논리는 이에 대해 할 말이 없는 것이 사실이다. 자기언급으로 시작된 E형 논리는 비논리가 아니라 또 다른 종류의 논리인 것이다.

우리는 여기서 지금까지 현대 양의학이 얼마나 '과학'이라는 이름으로 동양의 한의학을 미신으로 치부해왔는지 분명하게 볼 수 있다. 그러나 이러한 과학의 탈을 쓴 현대 의학은 그 종말 지점까지 와 있다.

모더니즘과 함께 그 조종이 울려 퍼지고 있다. 포스트모더니즘의 등
장과 새로운 의학 논리가 등장하고 있는 것이다. 다시금 서양의학은
원시인들이 행하던 부두 의학으로 눈을 돌려보아야 한다. 사람 몸에
병이 날 경우 무당들이 행하던 원리를 일차적으로 도입하는 것이 순
서일 것이다. 의사들이 만일 상업적인 이해타산만 버린다면 무속의
의료 행위야말로 자기언급의 원리를 그대로 사용하고 있다는 사실을
인정하고 그들로부터 배우려고 할 것이다.

　포스는 이렇게 새롭게 등장할 의학을 정보 의학(*infomedicine*)이라고 했
다. 그는 정보 의학에 대해 'semantic(마음의 의미와 상상력)'과 'somatic
(몸)' 사이를 일치시키는 의학이라고 말한다. 때문에 정보 의학은 곧
몸론 의학이다. 같은 곶감을 놓고도 아이와 호랑이가 갖는 의미 체계
는 다르다. 우리는 곶감으로 우는 아이를 달래는 할머니 이야기를 잘
알고 있다. 할머니가 아무리 달래도 아이가 울음을 그치지 않자 호랑
이가 온다고 말해보지만, 그래도 아이는 여전히 운다. 그런데 곶감을
준다고 하니 울음을 그친다. 이 말을 밖에서 들은 호랑이는 곶감이 자
기보다 더 무서운 줄 알고 줄행랑을 치고 만다. 그러나 아이에게 곶감
(somatic)의 의미(semantic)는 무서움이 아니라 단맛이다. 동일한 물질적
대상에 대해서도 주관에 따라 의미 해석이 이렇게 다른 것이다. 정보
(情報)란 말 그대로 '정이 전달'되는 것이다. 서양에서는 객관적 지식
의 전달을 정보라고 하지만, '정보'란 객관적 사물에 대해 각각의 주체
가 느끼는 감정인 것이다. 그런 의미에서 정보 의학은 몸론에 그 기초
를 두고 있는 것이다.

(2) 몸의 제곱은 마음

　마음이 자기언급하는 것을 수학적으로 표현하면 제곱 형식이 된다
고 했다. '제곱'이라는 말의 사전적 의미는 '같은 수를 두 번 곱함', 즉

자승(自乘)을 의미한다. 다시 말해서, 더하기는 자기언급이 아니다. 아무리 더하기를 한다고 해도 차원의 변화가 생기지 않지만, 곱하기의 경우에는 차원을 높아진다. 그래서 '자승'이라고 하는 것이다. 더하기가 부분과 부분의 합으로 전체를 만들어나가는 것이라면, 곱하기는 부분과 전체를 대응시키는 것으로서 그 구조가 판이하게 다르다. 그러면 마음이 마음을 제곱할 때 과연 그것이 차원 변화를 하는지, 그것의 과학적 메커니즘은 무엇인지가 의문이다. 이에 대한 설명이 없다면 뫔론은 한갓 허황되고 비과학적인 사설이 되고 말 것이다.

그러면 마음을 제곱해나가는 '마음×마음×마음……'의 과정을 과학적으로 한번 고찰해보자. 과연 지성이면 감천이라는 것이 과학적으로 증명 가능할까? 과연 《중용》의 말대로 성이 없으면 아무것도 없다는 것이, 즉 불성무물(不誠無物)이 가능할까? 심리적 스트레스가 심해지면 어떻게 그것이 신체적인 병으로 나타나는가? 보통 심리적 스트레스가 반복될 경우(제곱될 경우) 6개월 내지 1년 뒤에는 암으로 발전하는 것을 볼 수 있다(사이먼튼, 1988, 145). 마음이 제곱을 할 때 스트레스란 마음의 제곱의 빈도가 높은 중압감을 의미한다.[8] 자극을 받은 신경은 신경전달매체(neurotransmitter)에 연결된다. 신경전달매체는 즉각 심리적 변화를 대뇌변연계로 전달한다. 대뇌변연계는 정보를 모아서 이를 시상하부에 넘겨준다. 시상하부는 대뇌변연계에 모아진 정보를 전달하는 통로와 같다. 시상하부는 두 가지 작용을 하는데, 그하나는 심리적 스트레스에 강하게 반응하는 것으로, 시상하부의 일부

8　'마음×마음×마음……'과 같은 곱하기 작용에서는 마음이 몸으로 변하지 않는다. 그래서 더하기 작용에서는 중압감이 생기지 않는다. 더하기 작용에서는 그 반대인 빼기를 하면 스트레스가 감소될 수 있다. 그러나 제곱 작용에서는 사정이 달라서, 감소시키려는 것 자체가 다시 중압감의 원인이 되기도 한다. 이런 점에서 마음의 제곱 작용과 더하기 작용의 차이를 볼 수 있다.

가 면역 조직을 제어하는 형태로 전달이 되는 것이다. 이는 매우 위험하며, 결국 면역조직의 약화로 말미암아 암이 발생하게 된다. 두번째로 시상하부는 뇌하수체의 활동을 조절하는 구실을 한다. 그런데 뇌하수체가 받은 영향은 인체 호르몬의 증감 활동을 넓게 제어하는 구실을 해 내분비 조직의 잔여 부분을 조절한다.

　시상하부에서 이렇게 면역 조직의 활동을 제어한다는 것은 그것이 그대로 암과 연결되는 결과를 초래한다. 시상하부가 뇌하수체에 영향을 주어 내분비 조직에 불균형을 초래하게 되고, 여기서 이상 세포인 암세포가 자생하게 된다. 그런데 만일 이러한 심신일체, 즉 몸론의 메커니즘을 역으로 이용하게 되면 병을 마음으로 치료할 수 있게 된다는 논리가 가능해진다. 다시 말해서, 우울이나 절망감 같은 스트레스가 아니라 희망이나 기대감 같은 긍정적 마음을 갖게 된다면, 이것이 같은 통로, 즉 대뇌변연계에 자극을 주게 된다. 다시 여기에 모인 긍정적인 정보를 시상하부를 통해 전달하면 면역 활동을 증가시켜 암세포를 퇴출하게 되고, 결국 암세포는 감소하게 되는 것이다. 〈그림 4〉는 바로 이러한 몸과 마음이 제곱하는 맴돌이 회로를 한눈에 보여준다. 이 그림에서 볼 때 상위 단계는 데카르트가 말하는 'res cognitas(마음)'이고 하위는 'res extensa(몸)'의 영역이다. 이 두 영역은 불가분리적 관계에 있으며, 서로 맴돌이를 한다. 이 맴돌이가 역기능을 하지 않고 순기능을 하도록 하는 것이 건강 유지의 비결인 것이다. 이러한 맴돌이 회로를 자기 상사적 자율조절(*homeostatic automation*)이라고도 하는데, 이는 자기언급의 또 다른 표현에 불과한 것이다(Foss, 2002, 166).

(3) 생의미론과 몸론

　서양 전통 의학은 지금껏 인체에 전달되는 정보 체계에 무지했다. 거의 19세기까지 마음의 정보가 몸에 전달되는 과정을 몰랐다는 말이다. 이는 모두 데카르트의 철학 때문이다. 미래 의학이 반드시 고려해야 할 점은 바로 이 정보 체계이다. 살아 있는 생명체의 내부에는 신체 에너지의 흐름이 있는가 하면, 우울감이나 기대감 같은 감성 정보 에너지의 흐름이 있다는 사실을 간과해서는 안 된다. 그리고 이 두 흐름은 동시적(simultaneously)이다. 여기서 동시적이라고 하는 것은 정보 메시지 자체가 이미 신체 에너지 흐름 자체라는 뜻이다. 메시지와 메신저가 동시적이라는 말이다.

그런데 여전히 우리에게 의문으로 남는 것은 다름아닌 맘(마음)과 몸을 연관 시키는 고리이다. 즉, 어떻게 우울증이나 기대감이 뇌의 대뇌변연계에 전달되는가 하는 점이다. 여기서 우리는 두 가지 메커니즘을 생각하지 않을 수 없다. 하나는 에너지 전달(energy transfer)이고 다른 하나는 정보 전달(information transfer)이다. 에너지 전달이 몸의 자극과 반응(stimulus-response)이라는 작용에 따라 가능해진다는 것은 잘 알려진 사실이다. 에너지가 생물학적인 것이라면 정보는 의미론적인 것으로, 서로 대상과 메타의 관계이다. 그래서 두 가지 전달의 결합과 간섭으로만 생체 변화가 가능해진다. 그래서 이를 생의미론(Biosemiotics)이라고 한다. 생의미론은 몸론을 생물 기호학적으로 표현한 것에 지나지 않는다. 논리적인 표현을 빌리자면, 에너지와 정보는 자기언급적이다. 양자 사이에는 자기-규제적(self-regulating)인 내적 법칙이 있다. 이 자기 규제적 법칙이 에너지 전달에 중요한 구실을 한다. 우울증이 대뇌변연계에 전달되는 것은 이 자기-규제적 규칙에 따라 가능해진다. 이 자기-규제적 규칙이 바로 맘(마음)의 제곱이다. 맘의 제곱이란 맘이 맘을 자기규제한다는 뜻이다.

정보가 에너지와 같을 수는 없다. 그러나 정보는 에너지와 불가분리적이다. 정보 메시지는 마치 에너지 메신저를 등에 업고 있는 것과 같다. 그래서 몸과 맘의 이원론은 정보/에너지의 이원론으로 바뀐다.

진정한 대칭은 몸과 맘의 대칭이 아니고 정보와 에너지 혹은 메시지와 메신저 사이의 대칭이라고 할 수 있다. 정보-메시지를 생의미론(biosemiotics)이라고 한다면, 에너지-메신저는 생물리학(biophysics)이라고 할 수 있다. 이 양자는 분자와 분모로 서로 비례(ratio)를 이루고 있는 것과 같다.

맘-메시지(생의미론적 : 정보)

↓

誠

↑

몸-메신저(생물리적 : 물질-에너지)

메시지와 메신저는 전혀 다른 양상 혹은 유형임에도 양자는 서로 불가분리적이다. 양자의 불균형은 홀몬 분비의 불균형을 초래하며, 그것이 우울증의 원인이 된다. 분모와 분자의 비례 여하에 따라 분비물의 과다가 결정된다. 양자는 서로 자기 규제적이다. 자기 규제적 장치가 바로 성에 따라 가능해진다는 것이다. 성이란 대칭과 대립으로 융화시키는 구실을 한다.

자기 규제적 구조에 대해서는 다음과 같이 설명할 수 있을 것이다. 어떤 사람이 외부로부터 심리적인 중압감을 받는다고 하자. 이를 주변의 **환경적 자극**(*Circumambient Stimuli*)이라고 할 수 있겠는데, 이런 자극을 받으면 이때부터 맘은 제곱 작용, 즉 중압을 신체에 가하기 시작한다. 사람에 따라 다르지만, 보통 6개월 혹은 1년의 기간에 걸쳐 제곱의 제곱 작용을 한다. 우울감·절망감·상실감·억울함 같은 것들이 중압감으로 쌓이게 된다. 보통 이런 중압감은 메타화해 이런 중압감을 가지면 병이 된다는 생각이 또 다른 중압감이 된다. 이 때문에 암 환자 본인에게 사실을 알리는 것이 좋은지 나쁜지 결정하기가 어렵게 된다. 그것이 당사자에게 어떤 정보로 작용할지 모르기 때문이다. 이러한 제곱의 과정은 거의 무의식적으로 진행된다.

환경적 자극은 메신저가 되어 감관 기관(Sense Organs)에 전달된다. 감관 기관은 수용체로서 이를 받아들인다. 받아들인 것은 중뇌(Midbrain)로 전달된다. 뇌에 전달하는 구실은 수감 신경(afferent impulses)이 맡는다. 여기까지가 몸의 회로 영역이다. 'res extansa'에 해당하는 영역이다. 중뇌는 이렇게 몸에서 받은 정보를 처리해 메시지(message)로 바꾸는 구실을 한다. 바뀐 메시지 정보는 대뇌변연계(Limbic-hypothalmic System)로 전달된다. 대장뇌라고도 알려져 있는 대뇌변연계는 몸의 자기 보존에 불가결한 모든 활동과 필수적인 관련을 가진다. 예를 들면, 몸이 외부로부터 중압감을 받을 때 그 중압감이 미치는 정도와 강도를 모두 기록 장치에 새겨둔다. 절망·우울·기쁨·노여움 같은 것이 모두 여기에 기록으로 남게 된다. 어떤 일이 너무 괴로워 차라리 몰랐으면 할 때, 그리고 우리 속담에 "아는 게 병이다"라고 할 때, 그 아는 모든 기록을 변연계가 맡아서 하고 있는 것이다.

대뇌변연계의 주 통로는 시상하부이다. 시상하부는 대뇌 안의 작은 한 부분이다. 시상하부는 변연계로부터 받은 정보를 두 가지 형태로 나누어 전달한다. 그 하나는 시상하부가 면역 조직을 제어하는 형태로 나타난다. 이 시상하부의 첫번째 구실은 면역 조직을 억제하거나 신장을 조절하는 것이다. 두번째 구실은 뇌하수체의 활동을 조절하는 것이다. 잘 알려진 대로 뇌하수체가 받은 정보는 인체의 가장 중요한 호르몬 증감을 제어하고, 내분비 조직의 나머지 부분을 조절하는 구실을 한다. 이 두 가지의 기능 여하에 따라 면역 활동이 억제되기도 하고 호르몬 분비에 불균형이 생기기도 하는데, 이러한 불균형에 따라 이상 세포가 증가하면 바로 암세포의 발육에 원인이 된다. 면역 조

직은 인체의 자체 방어 능력이다. 면역 기능은 암세포를 제거하는 것
인데, 면역 세포가 억제된다는 것은 곧 암세포의 성장을 초래한다는
것을 의미한다. 그러나 면역 활동의 억제만으로 병이 발생하는 것은
아니다. 다시 말해서, 뇌하수체의 활동과 내분비의 조절이 면역 활동
과 결부될 때 비로소 문제가 악화되기 시작하는 것이다. 내분비물 가
운데 아드레날린의 균형이 붕괴되면 곧 발암물질의 영향을 받기 쉬운
체질로 바뀐다. 면역 기능의 억제와 내분비물의 불균형이 쌍벽을 이
루면서 이상세포가 증가하기 시작하는 것이다.

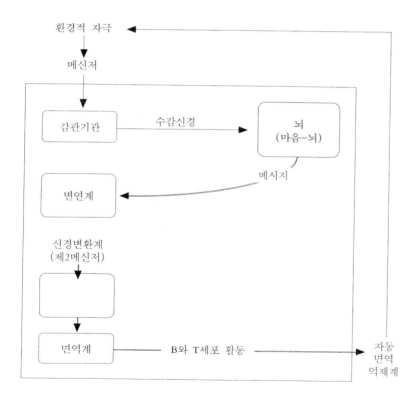

〈그림 4〉 **몸**론의 회로 구조

〈그림 4〉에서 사각형 안은 모두 몸을 맘으로, 맘을 몸으로 바꾸는 환승자(transformer)와 같다. 이것들이 있기 때문에 맘과 몸이 변환될 수 있다. 그리고 한 줄로 된 화살표는 몸이 맘으로 변형되는 회로이고, 두 줄로 된 화살표는 그 반대로 맘이 몸으로 변형되는 회로이다. 몸이 맘이 되는 회로를 메신저라고 하고, 반대로 맘이 몸이 되는 회를 메시지라고 한다. 여기에는 두 개의 메신저가 있다. 이는 대뇌변연계와 시상하부에서 면역 체계로 통하는 회로에 제2의 메신저(The Second Messenger)가 등장한다는 것을 의미한다. 그 회로는 환승자가 없는 빈 공간으로 남아 있다. 그러면 여기서 무슨 일이 일어날까? 몸×맘=뫔 작용이 바로 여기서 일어난다. 두 줄로 된 화살표 위에서 뫔 작용이 일어나는 상세한 과정은 〈그림 5〉를 보면 알 수 있다. 빈 공간 속에서 물질과 정신, 물질과 에너지, 그리고 몸과 마음이 서로 변형되는데, 그 변형되는 공식은 다음 〈그림 5〉에서 보는 것과 같다.

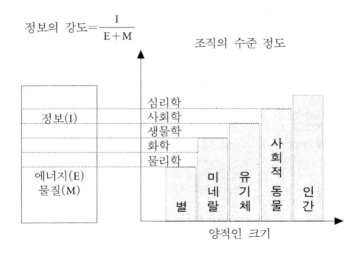

$$정보의\ 강도 = \frac{I}{E+M}$$

조직의 수준 정도

〈그림 5〉 물질과 에너지의 유기적 관계

두 개의 메신저 가운데 제2의 것은 메타 메신저이다. 그것은 이미 몸이 된 메신저이다. 이들은 면역 아래 면역 체계에 정보를 전달한다. 전달된 메시지는 뇌하수체에서 들어온 호르몬 분비물의 배율과 조화를 이룬 정보가 되어 인체에 어떤 결정을 내린다. 이때 면역 활동 억제와 이상 세포가 증가하는 결정을 내리면 곧 암이 되고, 반대로 면역 활동 증가와 이상 세포 감소라는 결정을 내리면 암세포가 줄어든다. 그러면 한 차례 회로는 끝나게 되며, 두 줄로 된 화살표는 다시 한 줄로 된 화살표로 변해 사각형의 밖으로 나가 자동 면역 체계를 만들고 환경적 자극에 영향을 준다.

이를 다시 요약하면, 메신저는 메타 메시지가 되고, 메시지는 다시 제2의 메신저가 되며, 이는 다시 메시지가 된다. 메시지와 메신저는 이렇게 맴돌이를 한다. 한 줄로 된 화살표와 두 줄로 된 화살표가 이를 잘 보여주고 있다. 이를 통해 우리는 몸론의 순환 구조를 파악하게 되는 것이다. 이제 이러한 순환 구조가 한의학에서는 어떻게 설명되고 있는지 알아보아야 할 차례이다. 지금까지 의학에 나타난 많은 예를 통해 자기언급을 익히기 위한 훈련을 했다. 다음으로 이러한 자기언급에 대한 논리적 천착이 필요하다. 지루하고 지난한 논리적 훈련을 할 시간이 온 것이다.

제2부 러셀 역설의 해법과 한의학의 논리

제1장 한의학의 논리와 러셀 역설

한의학을 지배하는 논리인 E형 논리학을 설명하기 위해서는 '자기언급'이 절대적으로 중요하다. 그렇기 때문에 지금까지 의학의 실례들을 통해서 이를 고찰해본 것이다. 지금부터 주된 과제는 자기언급이 한의학의 논리에 구체적으로 적용되는 구조를 논리적인 언어로 파악하는 일이다. 논리학의 근본적인 문제는 궁극적으로 '부분'과 '전체'의 문제, 즉 '미리올로지(mereology)'의 문제이다. 부분이 전체 안에 담기든지 아니면 전체가 부분 안에 담기든지 하는 문제가 집합론의 역설을 야기하기 때문이다. 사전적 의미로 볼 때, 한의학의 '한'은 일과 다 혹은 전체와 부분 사이에서 서로 담김의 문제를 지니고 있다. 담김의 문제를 한자로 표현할 때는 '包含'과 '包涵'의 두 가지 경우가 있다. 후자는 부분이 전체에 담기는 것만을 의미한다. 반면, 부분과 전체가 서로 담기는 경우에는 '包含'이라고 한다. 전자를 A형, 후자를 E형이라고 하는 것이다.

한의학의 음양오행론을 보면, 토(土)는 전체를 자기 속에 포함하는 동시에 그 전체 속에 자신이 포함된다. 즉, 토는 부류격이면서 동시에 요원격이라 하겠는데, 이는 현대 집합론에서 말하는 멱집합의 역설인 것이다. 현대 수학이 이 멱집합을 받아들인 것은 한 세기 전이다. 12 경맥에서도 심포와 삼초 경맥은 전체 경맥을 포함하면서도 그 전체 속에 하나의 경맥으로 포함된다. 이럴 경우 포함의 문제가 발생하게 된다. 그래서 한자로는 이들 포함을 두 가지로 구별해 사용하고 있다. 전체와 부분의 서로 담김의 문제에서 '닮음'의 문제가 발생한다. 전체로서 토와 부분으로서 토는 자기 자신이 담으면서 동시에 담긴다. 그래서 자기 자신과 다르면서 동시에 닮는다. '담음(containing)'에서 바로 이런 동과 이의 문제, 즉 '닮음(likeness)'의 문제가 생기는 것이다. 과연 한의학은 이 문제를 어떻게 다루고 있는가? 서양의 수학과 철학도 2,000년 이상 이 문제에 매달려 그 해법을 찾으려 했다. 여기에 한의학이 줄 수 있는 해법은 과연 무엇일까?

1. 한의학과 '한'의 논리

(1) 包涵과 包含 그리고 IN과 EN

아리스토텔레스가 논리학서인 《오르가논(Organon)》을 쓴 근본적인 동기이자 서양사에서 논리학 탄생의 배경이기도 한 것은 두말할 것 없이 플라톤의 《파르메니데스(Parmenides)》이다. 플라톤의 후기 작품이기도 한 《파르메니데스》는 동서양 철학을 불문하고 철학과 논리학의 가장 근본적인 문제를 다루고 있다. 여기에 등장하는 주요한 논리 쟁점은 다름아닌 제3의 인간 논증(The Third Man Argument)이다. 제3의 인간 논증은 실로 인간의 사고 속에 있는, 고질적으로 해결될 수 없는 난제 (aphoria)를 담고 있다. 이 제3의 인간 논증은 20세기에 들어서자 거짓 말쟁이 역설과 그 성격이 같은 러셀 역설로 둔갑했으며, 블라스토스 (G. Vlastos)로 말미암아 새삼 문젯거리로 대두되었다.

거짓말쟁이 역설이 대상 언어와 메타 언어 사이의 착종에서 발생하는 것이라면, 러셀 역설은 집합론에서 요소와 부류 사이의 착종에서 발생하는 것이다. 메타는 대상에 대해 부류의 성격을 지니고 있기 때문에, 이를 종합해서 말하면 부분과 전체가 서로 포섭 관계에 있다고 할 수 있다. 즉, 담음에서 대상이 메타에 포섭당하거나 부분이 전체에 포섭당하면 아무런 문제가 발생하지 않는다. 그러나 이와는 반대로 요소와 부류가 서로 포섭을 한다면 역설이 발생하고 만다. 19세기 말 수학자 칸토어가 이러한 역설을 발견한 뒤, 20세기로 넘어오자 이는 철학과 수학의 최대 쟁점이 되었다. 이렇게 재조명되기는 하지만, 그 성격을 보자면 이미 고대 그리스 사회에서 유행했던 거짓말쟁이 역설과 다르지 않다.

동양에서는 부분이 전체에 담기는 것을 '包涵[1]'으로, 물이 녹차에 그리고 녹차가 물에 녹는 것처럼 서로 담기는 것을 '包含'으로 표시한다. 만일 유클리드의 공리대로 부분의 합이 전체이거나 부분이 전체에 包涵된다면 아무런 역설도 발생하지 않는다. 영어에서도 이를 구별해 包涵은 'IN'으로, 包含은 'EN'으로 각각 다르게 표현한다.[2] 두 표현 사이에는 상당한 차이가 있으나, 지금껏 사람들은 양자의 차이에 대해 별다른 관심을 갖지 않았다. 화이트헤드는 전자를 외인적 관계(external

---

1   '涵'은 글의 모양 자체가 병에 물을 담는 형상으로, 부분적인 것이 전체에 담기는 형상이다.

2   영어에서 'IN'은 부분이 전체에 일방향으로 담기는 것이며, 'EN'은 서로 쌍방향으로 담기는 것이다.

relation) 그리고 후자를 내인적 관계(*internal relation*)라고 했다. 그에게 이 두 가지 포함 관계는 매우 중요하다. 철학과 논리학은 궁극적으로 부분과 전체의 포함 관계를 다루는 학문이라고 할 수 있기 때문이다.

한자에서 이렇게 두 가지 포함 관계를 구별한 데 비해 서양에서는 그 구별을 그다지 중요시하지는 않았다. 그래서 IN과 EN의 구별을 중요하게 다루지 않고, 후자를 전자와 같은 의미로 사용해온 것이 사실이다. 그리고 스피노자처럼 그것을 신과 인간의 관계에서 내인적 EN으로 이해할 경우에는 이단시될 수밖에 없었다. A형 논리란 다름아닌 IN의 논리이며, E형 논리란 EN의 논리이다. 그러나 서양에서도 칸토어로부터 멱집합이 등장하면서 부류가 요소 속에 한 부분으로 그 자체가 包含됨에 따라 EN으로 표현해야 할 필요성을 갖게 되었다.

'제3의 인간 역설'이란 바로 이 두 포함 관계의 애매성 때문에 발생한다. 즉, 이 애매성 때문에 궁극적으로 논리가 탄생하며, 그 애매성의 역설을 해결하려는 과정에서 철학이 탄생하게 되는 것이다. 그리스 철학 사상사에서 논리학과 철학이 탄생하는 배경에는 제3의 인간 역설이 자리 잡고 있으며, 동양의 역에서 음양의 논리가 발생하는 배경 또한 이와 다르지 않다. 다시 말해서, 역설에 대처하는 방안으로 서양의 철학이 탄생했으며, 동양에서는 역이 고안된 것이다. 이런 점에서 동서 철학의 발생 근원지는 같다고 하겠다. 우리는 이제 동서 철학을 그 발원에서부터 근본적으로 살펴보아야 한다. 그런데 《파르메니데스》를 볼 때, 고대 그리스 철학자들의 역설에 대한 대처 방안은 동양과는 달랐다. 이 때문에 두 가지 다른 논리 유형이 나타나게 되었으며, 더불어 의학도 달라지게 되었다. 20세기에 들어 이 역설은 러셀 역설로 다시 나타났는데, 이에 따라 서로 다른 역설 해법이 나오게 되었다. 그리고 그 두 해법의 차이가 바로 동서양의 논리적 차이와 철학적 차이를 만들어놓고 말았으며, 의학철학의 배경과 논리도 달라지게 되었다. 그래서 역설은 철학의 전제인 동시에 결과이기도 하다.

　그러면《파르메니데스》에서 플라톤이 말하고 있는 제3의 인간 역설이란 과연 무엇인가? 그것은 다름아닌 일자와 다자, 다시 말해서 전체와 부분의 문제이다. 즉, '하나'인 일자를 전체로 볼 것인가 부분으로 볼 것인가 하는 문제인 것이다. 여기에 큰 물건들이 '여럿' 있다고 하자. 그러면 반드시 큼 자체라는 '하나'가 있어야 할 것이다. 그러면 '큼'이라는 속성은 여럿에도 있고 그 하나에도 있다는 것인가? 이는 여럿과 하나 사이의 담고 담기는 관계에서 양자의 '다름'과 '담(닮)음'의 문제인 것이다. '닮'에서 필자는 받침에 쓰인 'ㄹ'과 'ㅁ'을 분리해 '달'은 'unlikeness'로 그리고 '담'은 'likeness'로 해석하려 한다. '담'은 독자적으로 물건을 담는다는 뜻이지만, 여기서는 '답다'처럼 순음으로서 '같다'를 의미한다고 해석할 것이다. '일'과 '다'는 서로 '담'을 때 '닮음'의 문제가 발생한다는 것이다. 부류가 동시에 요원이 될 때 그것은 자기와 같은 동시에 다르게 된다는 말이다. 플라톤이《파르메니데스》에서 다루고 있는 문제는 바로 이것이고, 이 문제가 곧 철학사의 난제를 만들어낸 주범이다. 의학에서도 같은 문제가 생긴다.

　여기 큰 물건들이 여러 개 있다고 하자. 그러면 그 여러 개를 하나로 묶는 큼 자체와 큰 물건들을 종합하는 제3의 부류가 필요하게 될 것이다. 이를 제3의 인간(The Third Man)이라고 하며, 이 문제는 끝없는 무한퇴행을 야기할 것이다. 큼의 큼이 끝없이 있어야 하기 때문이다. 20세기에 들어와 러셀 역설을 공부하던 블라스토스 같은 학자는 이역설이 고대 거짓말쟁이 역설과 그 성격이 같다는 사실을 발견하고는, 그와 연계해《파르메니데스》를 재조명하게 되었다. 한의학의 5행론에서도 이와 같이 제3의 인간 논증과 유사한 현상이 나타난다. 이처럼 제3의 인간 역설은 모든 것에 예외 없이 나타나는 궁극적인 문제라고 할 수 있다.

인간의 몸에는 5장 6부라는 여러 장부가 있다. 그렇다면 이들을 모두 담는, 包涵하는 것은 무엇인가? 목(위비)·화(심 소장)·토(위비)·금(폐 대장)·수(신 방광) 5행 가운데 위비에 해당하는 토는 나머지 4행을 그 속에 包涵하고 있다. 그래서 토를 오행도의 가운데에 그려놓기도 한다. 부류격인 토를 요소격인 다른 것들과 구별하기 위해서이다. 그런데 토는 동시에 나머지 4행과 동등한 부류의 한 요소이다. 그래서 다른 4행과 마찬가지로 오각형의 주변에 그려놓기도 한다.

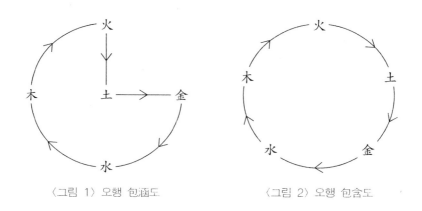

〈그림 1〉 오행 包涵도   〈그림 2〉 오행 包含도

이는 수순한 논리적 문제, 곧 제3의 인간 논증에서 발생하는, 전체 부류가 어떻게 부류의 한 요소와 같을 수 있는가 하는 문제이다. 다시 말해서, 토는 나머지 4행과 다른가 같은가 하는 문제가 발생한다는 것이다. 이런 문제는 경맥에서도 나타난다. 삼초(부)와 심포(장)는 해당 장기가 없는 것으로 경맥 전체를 총괄한다. 그러나 동시에 12경맥의 한 부분일 뿐이다. 그러면 삼초 심포는 다른 경맥들과 같은가 다른가? 이런 문제들은 순수 논리적인 문제로서, 그동안 이런 문제들이 논리적으로 취급되지 않은 것이 차라리 놀라울 정도이다. 보통 우리

는 음양을 말하고 있지만, 역에서 음양은 태극에서 나온다. 그렇다면 음양을 낳은 태극은 음양을 包含하는가 包涵하는가? 이것이 주자와 율곡의 지난한 논쟁거리가 되었다. 중국의 주자는 包涵이라고 하고 한국의 율곡은 包含이라고 할 것이다. 12경맥에서 양은 양명·태양·소양으로 삼분된다. 음은 태음·소음·궐음으로 삼분된다. 왜냐하면 양분될 때 반드시 그것을 포함하는 제3의 것이 필요하기 때문이다.

필자가 이 책을 통해 거론하려는 것도 이렇게 한의학과 직접 연관되는 《파르메니데스》의 제3의 인간 논증이라는 논리적 문제라고 할 수 있다. 불행하게도 아리스토텔레스의 A형 논리는 전체와 부분을 분리시켜 일자를 선택하고 다자를 버리는 것으로 역설에서 벗어나려 했다. 그러나 동양의 역은 이 문제와 관련해 서양에서는 발견하기 힘든 논리로 부분과 전체의 문제를 다루는데, 한의학을 지배하는 것이 바로 이러한 역의 논리이다.

(2) 한의학과 논리의 탄생

플라톤의 《파르메니데스》에 등장하는 '제3의 인간 논증(The Third Man Argument[TMA])'은 서양철학사에서 그동안 귀퉁이에 버려진 돌과 같았다. 그러나 이것만큼 중요한 것도 없다. 왜냐하면 서양철학의 논리학이 바로 이 버려진 돌과 같은 것에서 탄생했기 때문이다(안재오, 2002, 237~239). 즉, 이 논변에서 서양 논리학이 탄생했다는 말이다. 이 논변에서 생기는 역설을 해결하는 과정에서 동서 철학의 차이가 결정된다. 그러나 TMA는 뜨거운 감자와도 같았다. 그래서 사람들은 감히 접근하기를 두려워하기까지 했다. 필자가 생각하기로는, 이 논변은 서양뿐만 아니라 동양에서 보더라도 철학이 탄생하는 요람과 같다. 동양에 논리가 없는 것이 아니라 이 논변의 해결 방법이 바로 역(易)이기 때문에, 역은 동양철학의 논리서이다. 논변을 받아들이는 태도에서 동양은 서양과 판이하게 달랐기 때문에 두 가지 다른 유형의 논리학이 탄생하게 되었고, 이러한 차이는 곧 서양과 동양의 분기점이 되기도 한다. 양의학과 한의학의 차이도 근본적으로 논리의 차이인 것이다. TMA의 가장 중요한 요점은 일과 다의 담고 담기는 관계성 문제라고 할 수 있다. 양자 사이의 담(답)음(*likeness*)[3]과 다름(*unlikeness*)의 문제는 결국 일파만파 수많은 문제들을 야기시키고 있다. 한의학의 요체도 궁극에 가서는 이 문제와 직면하고 만다.

'한의학'의 '한'은 우리 민족의 '문화목록어(cultural inventor)'이다. 문화목록어란 어느 민족 문화를 상징적으로 대표하는 말로서, 이 '한'이라는 어휘 안에는 스물네 가지[4]의 다양한 의미가 담겨 있다. 그 가운데 존재론적으로 그리고 인식론적으로도 중요한 의미를 지닌 것은 하나(·)·여럿(多)·닮음(如)·가운데(中)·비결정(或), 이렇게 다섯 개이다. 실로 나라 이름, 겨레 이름, 글의 이름, 의학의 이름, 나아가 신의 이름에 이르기까지 '한국'·'한민족'·'한글'·'한의학'·'하나님'이라고 한 것을 보면, 이 한은 우리 민족의 고유한 문화목록어라고 하기에 손색이 없다. '도(道)'가 중국의 문화목록어라면, 또 '브라만(Brahman, 凡)'이 인도의 문화목록어이고 '알라'가 이슬람의 문화목록어라면, '한'은 한민족의 그것에 해당한다고 하겠다. 문화목록어란 어느 민족이 긴 역사를 거치며 살아오는 과정에서 삶의 진액이 모이고 축적되어 만들어진 것으로, 그 민족 문화의 정체성을 극명하게 드러낸다. 그래서 문화목록어는 갑자기 인위적으로 만들어지는 성격이 아니다.[5] 그리스인들의

---

3   우리말 '~ㅂ다'는 '같다'는 뜻이 있다. 예를 들어, '고맙다'는 '곰답다'라는 것으로, 곰과 같다는 뜻, 다시 말해서 신과 같다는 뜻이다(정호완, 2003, 23~24).

4   크다, 동쪽, 밝다, 하나, 통일, 뭇 무리, 오래, 전체, 처음, 한민족, 희다, 바르다, 높다, 같다, 많다, 하늘, 길다, 으뜸, 위, 임금, 온전함, 包含, 비결정, 가운데.

문화목록어인 '로고스(Logos)'를 떠나서 그리스 철학을 생각할 수 없듯
이, 마찬가지로 한민족의 문화목록어는 한민족의 그것인 '한'을 떠나
서는 생각할 수 없다. 필자는 여기서 '한'에 담긴 의미를 논리적으로
천착함으로써 철학의 논리적 기초를 정립해보려고 한다. 한의 논리적
구조에 따라 천착된 철학이 한철학이라고 할 수 있다. 이러한 한철학
에 기초한 의학이 바로 한의학인 것이다. 그러나 우리의 의학인 한의
학이 분명 존재해왔음에도, 지금껏 이에 상응하는 한철학이 전제된
적은 없었다. 1990년대 초에 '漢醫學'이 '韓醫學'으로 바뀐 데는 큰 의
미가 있다. 이는 중국의 예속에서 벗어나 우리의 독자적인 의학철학
을 갖게 되었음을 의미한다. 우리말 '한'을 고찰한다면, 더불어 한의학
의 논리적·철학적 기반을 구축하는 데도 계기가 마련될 것이다. '漢'
은 '크다'는 뜻은 있지만, '韓'과 같이 그렇게 다양한 뜻을 담고 있지는
않다. 이 차이는 두 의학을 가르는 분수령이다.[6]

   무릇 자기 자체 안에서 전제를 가져와 자체 안에서 일관성을 갖게
하는 학문 분야라는 점에서 논리학은 다른 학문과는 차별성을 갖는
다. 헤겔이 지적한 것처럼, 논리학만이 다른 것의 전제 없이 자기 자
신의 전제만으로 전개될 수 있는 학문 분야이기 때문이다. 어느 학문
이든지 반드시 그 분야의 논리학이 있어야 한다. 그런데 의학의 논리
학이라는 말은 어쩌면 가장 어울리지 않는 말처럼 여겨져왔다. 서양

---

5   언어학자들은 한의 스물네 가지 의미는 무려 6,000여 년 이상의 시간을
    거치며 생성된 것이라고 보고 있다. 거의 우리 민족의 역사와 운명을 같
    이하며 자라온 '한'은 이제 분석적 의미에서 그 논리의 구조를 밝힐 때가
    온 것이다.

6   '漢'과 '韓'의 차이 때문에 한국에서는 중국과 달리 사상의학이나 수지침
    같은 것이 등장할 수 있었다고 본다. 즉, 사람의 체질에 따라 병이 다르
    고 손안에 인체가 전부 들어 있다는 한(韓)의학은 '韓'의 뜻과 모두 일치
    한다.

논리학은 아리스토텔레스의 《오르가논》에 그 근원을 두고 있다. '오르가논'이라는 말 자체가 인체의 장기를 뜻한다. 그러면 아리스토텔레스는 왜 이 책을 저술했는가? 그 단서는 이전에 그가 어떠한 철학적 문제로 고민했는가를 살펴보면 알 수 있다. 그것은 다름아닌 '제3의 인간 논증'이다. 이 논변은 그동안 철학사에서 버림받아온 것이었다. 《파르메니데스》에 등장하는 이 논변이 아리스토텔레스의 논리학을 탄생시킨 동기가 되었다는 점에서 그 책의 저작권은 플라톤이 아니라 아리스토텔레스에게 있을 것이라는 주장마저 나오게 되었다(김성진, 1993, 45~94). 제3의 인간 논증은 한의 사전적 5대 의미인 큼·하나·여럿·닮음·가운데·비결정의 문제에서 시작한다. 그리고 서양철학사는 제3의 인간 논증에서 발생한 역설을 해결하려는 노력 그 이상도 그 이하도 아니라는 것이 필자의 주장이다. 20세기에 화이트헤드는 서양철학사란 플라톤 철학의 주석에 불과하다고 했다. 그가 이 말을 한 것은, 플라톤이 제3의 인간 논증이라는 문제를 처음으로 제기 한데다가 아직도 이것이 미해결의 난제(aphoria)로 남아 있기 때문이라고 본다. 한의 5대 의미 가운데 하나인 '비결정성'은 20세기의 괴델에 이르러서야 규명이 되는데, 실로 한의 어휘가 담고 있는 의미는 그만큼 철학사의 대장정을 요약하고 있다 해도 과언이 아니다. 비결정성은 전체와 부분이 되먹힘(recursive)을 할 때 발생하는 현상이다. 하나와 여럿이 서로 뒤바뀜을 하는 데서 비결정성이 등장한다. 하나가 여럿이 되고 여럿이 하나가 되는 현상이 곧 비결정성이다(조용현, 1996, 159).

　우선 괴델에 이르기까지 아리스토텔레스가 제기한 제3의 인간 논증은 한의 다섯 가지 의미에서부터 시작해보자. 지금으로부터 2,500여 년 전 아테네 사람들이 과연 이 문제를 어떻게 다루고 고민했는지 논변을 통해 알아보기로 하자. 여기서는 우선 《파르메니데스》에 나오는 논변 자체를 그대로 분석하고, 현대에 이르러 이 논변을 다시 철학의 전면에 부각시킨 블라스토스의 글을 통해 더욱 심화시켜보기로 하겠다. 그리스 고대 철학의 주제 가운데 아직도 이만큼 논쟁의 불씨를 지필 수 있는 것이 바로 제3의 인간 논증이다. 이 논변은 현대 분석철학의 러셀 역설과 그 맥을 같이하면서 논쟁의 불씨가 다시 살아났기 때문이다. 논리학이란 실로 삶이나 문화를 떠나 있는 것이 아니다. 오히려 그것들이 먼저 있고 논리가 이에 따라 생긴다고 할 수 있다. 이 말은 다음에 말할 한의 논리적 구조를 분석해보면 알 수 있을 것이다. 논리란 오랜 문화 속에서 자생적으로 발생하는 것이기 때문이다.

그러면 이제부터 한의 논리성에 대해 구체적으로 천착해보기로 하겠다. 한의학에서 아직까지도 풀기 어려운 난제로 남아 있는 것들이 바로 이 문제들과 연관되어 있기 때문에 각별한 관심이 요구된다. 철학적으로 여전히 미해결로 남아 있는 이 문제에 대해 한의학이 그 해결의 실마리를 제공할 수 있다는 점에서, 비록 지난한 작업일지언정 보람이 있을 것이다. 그리고 철학적으로는 아직 어렵게만 여겨지는 문제들이 어쩌면 한의학의 용어로 읽어나가는 동안 해소될 수도 있을 것이다. 즉, 한의학과 논리학을 동시에 배울 수 있다는 말이다.

2. '漢'과 '韓'의 차이와 역설

(1) '큼〔漢〕'의 역설

한이 가지고 있는 '큼'이라는 의미는 지금도 가장 확인하기 쉬운 것 가운데 하나이다.[7] 그러면 여기에 '큰 물건 1'·'큰 물건 2'·'큰 물건 3'이 있다고 하자. 여기서는 '큼'을 5행의 목화토금수 같은 것으로 생각

---

7   가령, 대전을 '한밭'이라고 한다거나 큰길을 '한길'이라고 하는 것이 그 예이다.

해도 좋다. 그러면 이 세 개의 큰 물건을 담는 '큼 자체'가 있어야 할 것이다. '큼 자체'가 있어야 그것에서 분유된 큰 물건 세 개가 가능해지기 때문이다. 여기서 '큼 자체'란 다름아닌 큼의 형상 혹은 이데아(Idea)인 것이다. 그런데 '큼 자체'와 '세 개의 큰 물건'은 '서로 다른(달, 異)'가 '담(담, 同)'은가? 여기서 전체와 부분 사이의 동이(同異)의 문제가 발생하며, 더불어 양자 사이에 동도 아니고 이도 아닌 '닮음'의 문제가 발생한다. 아리스토텔레스는 동과 이를 묶어주는 제3의 이데아가 있어야 할 것이라고 보았다. 이것이 이른바 '제3의 인간 논증'이다. 이 애매한 상황에서 그는 그만 '큼 자체'와 '세 개의 큼'을 갈라놓고 말았다. 여기서 그의 논리학이 탄생한 것이다. 다시 한 개념으로 돌아와 생각해보면, 큰 사물들은 '여럿(多)'이고 큼 자체는 '하나(·)'이다. 그리고 '가운데'와 '같음'으로 말미암아 이들 사이에 '닮음'의 문제가 발생한다. 그렇다면 닮음을 묶는 제3의 인간이 있어야 한다는 것이다. 문제는 큼 자체인 '하나'가 그 자신 속에 다자의 낱개로 包含되어버린다는 것이다.

현대 수학은 이를 멱집합으로 해결하고 있다. 어느 집합 { a, b, c }의 멱집합이 { ∅, a, b, c, ab, bc, ca, abc } 라는 것은 중학생 정도면 다 아는 사실이다. 'abc'는 여기서 전체인 동시에 자기 자신의 부분집합의 한 요소이기도 하다. 그렇다면 부분과 전체는 동인가 이인가? 전체로서 'abc'와 부분으로서 'abc'는 서로 닮아 있다고 할 수밖에 없다. 'abd'는 담기도 담기기도 한다. 그러나 유클리드 수학은 包涵 개념만 가지고 있기 때문에 이를 수용할 수 없었다. 1860년대에 조지 불 같은 수학자도 자신의 집합론에서 이를 수용할 수 없었고, 철학자 칸트도 수용하지 않았다. 칸트는《순수이성비판》의 증명론에서 철저하게 부분의 합은 전체이지 그 반대는 아니라고 말하고 있다(김상일, 2004 참고). 멱집합의 수용은 19세기 말 수학자 칸토어에 이르러서야 가능해졌다. 그러나 한의학에서는, 위 5행의 구조에서 본 것처럼 토는 다른 네 개를 包涵하면서 동시에 다른 네 개 속에 한 부분으로 包含된다. 이는 제3의 인간 논증에서 생기는 문제를 지시하고 있는 것이다. '한'이라는 어휘의 사전적 개념 속에 포함된 하나와 여럿의 의미가 이처럼 제3의 인간 논증과 함께 등장한다. 우리말 '한'의 논리성은 이렇게 발견되며, 한의학의 논리는 바로 여기에 기초하고 있다.

아리스토텔레스는 '큼 자체'와 '큰 물건들' 사이에 '닮음'이라는 공통성이 있다고 하면서, 이 양자를 묶어주는 제3의 이데아가 있어야 한다고 했다. 그러면 그것을 '큼 자체 2'라고 해보자. 그렇게 되면 원래의 이데아 '큼 자체'는 그 독자성과 불변성을 잃게 되며, 이데아는 그수가 많은 것이 될 수밖에 없다. 그래서 파르메니데스는 청년 소크라테스를 향해 "이리하여 자네에게 각각의 형상은 벌써 하나가 아니라 무수히 많게 될 것일세"라고 했다. 이와 같이 '큼'과 '하나'의 관계와 관련하여 대화 가운데 제3의 인간 논증에 해당하는 부분(132a~133a)을 직접 인용하면 다음과 같다.

내가 생각하기로는 자네가 다음과 같은 이유 때문에 각 형상이 단일한 '하나'일 것으로 여기고 있다고 생각되네. 그럴 때 (1) 자네에게 어떤 많은 것들이 큰 것들로 보이게 될 걸세. 그러면 (2) 그 모든 것들을 바라보는 자네에게는 하나이고 같은 그 '하나'인 어떤 이데아가 있다고 여길 것 같은데, (3) 바로 이로 말미암아 자네는 '큰 것'을 단일한 하나로 여길 걸세. 그러나 (4) 마찬가지 방법으로 큰 것 자체 및 다른 큰 것들 모두를 자네가 마음속에 그려본다면, (5) 이들 모두를 큰 것으로 보이게 하는 별개의[제3의] 어떤 큰 것이 나타날 걸세. (6) 그러므로 다시 이 모든 것들을 큰 것들이게끔 하는 다른 것이 또 나타날 걸세. 따라서 각 형상은 결코 단일하지 않고 수에서 무한하게 될 걸세.[8]

위의 인용문이 바로 제3의 인간 논증을 드러내는 부분이다. 2,500여 년 동안 사람의 머릿속을 괴롭혀온 이 난제를 한의학은 어떻게 해결하고 있는가? 그리고 양의학은 어떻게 해결하고 있는가? 결국 양의학은 서양철학의 수순을 따를 수밖에 없을 것이고, 한의학은 한의 사전적 의미에 나타난 궤도를 따를 것이다. 즉, 전자는 일과 다의 분리를, 그리고 후자는 중(中)과 동(同)을 찾은 것이다. 위의 논증 속에는 한의 주요 어휘들이 등장하고 있다. 하나·여럿·큼·닮음 등이 바로 그 것이다. 우리말 한의 철학적 의미는 바로 제3의 인간 논증과 그 궤를 같이한다고 했는데, 그 이유가 앞의 인용구에 분명히 나타난다. 서양철학의 불씨는 바로 이 논증에서 시작된다고 할 수 있으며, 철학의 위상도 여기서 결정이 난다.

'한'이라는 어휘 속에 포함된 사전적 의미들이 서양철학사의 무대에 등장하는 첫 장면은, 마치 긴 밤 동안 물속에 잠겨 있던 해가 이른 아침에 이글거리며 수면을 뚫고 부상하는 장면처럼 감격을 느끼게 한다. 우리 민족이 긴 역사 속에서 천착해온 한의 의미 구조가 이제 철학적으로 구명되기 시작한다. 위의 대화를 현대의 블라스토스는 다음과 같이 논리적으로 일반화시켰다. 블라스토스가 현대 논리의 상징기호로 바꾸어놓은 것을 일단 소개한 뒤에 제3의 인간 논증의 철학적 의미에 대해 더 논하기로 하겠다. 블라스토스의 다음과 같은 부연 설명은 제3의 인간 논증을 현대에 되살려내는 결정적인 계기가 되었다.

〈A1〉 만약 a, b, c라는 얼마간의 물건들이 모두 F라면, 하나의 F-ness 라는 단일한 형상, 즉 그 형상을 통해 a, b, c를 모두 F로 인지하는 F-ness라는 단일한 형상이 존재한다(Vlastos, 1954, 319~349).

---

8   플라톤, 《파르메니데스》(최민홍 옮김), 132a~133a.

여기서 a, b, c 등은 물건이라는 개별자들을 지칭하고, F는 이들 여러[다자] 개별자들이 갖는 속성('크다'와 같은)을 지칭하며, F-ness는 여러 물건들을 묶는 하나[일자]의 형상을 나타낸다. 그렇다면 F-ness 역시 F라는 속성을 가져야 한다는 논리가 자연히 성립된다. 만약 그것이 F라는 속성을 갖지 않는다면 여러 개별자들을 묶는 일자가 될 수 없기 때문이다. 이는 멱집합에서 부류가 제 자신의 집합에 한 요원으로 包含된다는 것과 같은 것으로, 당시에는 아직 수학의 이런 집합론이 없는 상태였기 때문에 자연언어를 통해, 다음과 같은 문제들이 제기될 수밖에 없었다.

〔파르메니데스가 묻기를〕만약 자네가 같은 방법으로 정신의 눈을 가지고 이 모든 것을 본다면, 이 모든 것이 그것에 의해 크게 보이는 또 하나의 큼[大]이 나타나는 것이 아닌가?

그렇습니다, 하고 소크라테스가 대답했다.

그러자 파르메니데스는 또 묻는다. 따라서 큼 자체와 그것을 나누어 분유하고 있는 것 외에 또 하나의 큼의 형상이 나타나게 되는 걸세. 그러고나면 그 모든 것 외에, 그 모든 것이 그것에 의해 큼일 수 있는 또 하나의 큼의 형상이 나타나게 되는 걸세. 이렇게 되면 각각의 형상은 벌써 하나가 아니라 무수하게 자네에게 나타나는 것이 될 걸세(《파르메니데스》, 132a2).

19세기의 수학자 칸토어에 이르러 무한의 무한 시리즈가 증명되고 무한에도 크고 작은 차이가 있다는 사실에서부터 연속체 가설의 문제가 제기되기까지, 서양 철학사는 무한의 무한이라는 가무한(potential infinite)의 문제를 두고 씨름하지 않을 수 없었다. 위의 대화에서 바로 가무한의 문제가 제기되고 있는 것이다. 《파르메니데스》의 이 인용문에 대해 현대의 블라스토스는 다음과 같이 일반화시켰다(Vlastos, 1954, 319~349).

⟨A2⟩ 만약 a, b, c와 F-ness가 모두 F라면 F1-ness라는 또 하나의 다른 형상, 곧 그것에 의해 a, b, c와 F-ness를 모두 F라고 인지하는 F1-ness라는 또 하나의 다른 형상이 있어야 한다.

《파르메니데스》에 나오는 '제3의 인간 논증'이란 다름아닌 위 ⟨A1⟩ 과 ⟨A2⟩에 제시된 논증을 두고 하는 말이다. '제3의 인간'이란 F1이다. F-ness와 a, b, c가 똑같이 F라는 속성을 갖는다고 할 때 이 둘을 묶는 또 다른 제3의 F1-ness가 있어야 한다는 것이다. 현대 집합론의 멱집 합에서는 F-ness 역시 집합 F의 한 요소들[a, b, c]로 包含될 수 있다고 할 것이다. 이에 대해 조지 불은 포함시킬 수 없다고 했으며, 칸토어 는 포함시켜야 한다고 했을 것이다. 이 점에서 동양과 서양은 서로 다른 길을 걷게 된다. 동양은 후자의 견해를, 서양은 전자의 견해를 취한다.

이와 같이 제3의 인간 논증은 중요한 논리적 문제를 제기하고 있으며, 이 제3의 인간에서 발생하는 역설을 해결하기 위해 아리스토텔레스의 논리학이 탄생하게 된 것이다. 이 논증이 서양 철학사에서 갖는 비중은 그만큼 크다. 제3의 인간 논증에서 F-ness는 무한퇴행을 만들기 때문에 이를 막는 것이 논리학의 사명이라고 아리스토텔레스는 생각한 것이다. 그러나 무한퇴행을 막는 방법은 일과 다의 관계를 끊어버리는 것이었다. 다시 말해서, 배중률을 가지고 일과 다의 '가운데 [Ⅰ]' 개념을 서양 철학에서 제거해버리는 것이었다. 그래서 서양 철학사에는 아리스토텔레스 이후 일과 다 사이의 '가운데' 개념이 사라지고 만다. 파르메니데스는 사실상 제3의 인간 논증이 만들어내는 역설 앞에 당황한 나머지 다자를 배제한 일자 중심적 사고로 선회하고 말았다. 부분 속에 전체가 다시 되먹힘하는 현상을 받아들일 수 없었던 것이다. 인도에서는 용수가 기원후 1세기경에 이 가운데 개념을 다시 찾았지만, 서양은 20세기 말에 이르러서야 홀로그래피나 카오스 이론을 통해 이를 겨우 수용하지 않을 수 없게 되었다.

제3의 인간을 가능하게 하는 핵은 다름아닌 생명과 우주의 본질을 가능하게 하는 자기언급이다. 여기서는 이러한 자기언급을 순수 논리적 차원에서만 거론해보려고 한다. 제3의 인간 논증과 러셀 역설이 그 성격에서 같음은 블라스토스가 증명했다. 러셀 역설과 거짓말쟁이 역설은 반드시 자기언급을 지니고 있어야 한다는 점에서 양자는 서로 같다고 할 수 있다.[9] '자기언급'은 역설이 성립하기 위한 조건이다. 모순과 역설의 차이점을 들자면, 후자는 반드시 자기언급을 수반해야 한다는 것이다. 블라스토스가 제3의 인간 논증에서 찾아낸 자기언급 (여기서는 '자기서술')은 다음과 같다. 자기언급이란 의미론적으로 볼 때는 대상 언어와 메타 언어가 되먹힘을 하는 것이고, 논리적으로 볼 때는 요원과 부류가 서로 되먹힘하는 것이다. 제3의 인간 역설이 그 성격상 거짓말쟁이 역설이나 러셀 역설과 같은 이유는 바로 앞에서 본 것처럼 큼 자체와 큰 물건들이 서로 그 속성를 놓고 되먹힘하기 때문이다. 되먹힘이란 다른 말로 하면 부분과 전체가 서로 담고 담기는 것을 의미한다. 부분이 전체 속에 담기는 경우에는 아무런 문제가 없다. 그러나 만일 부분이 전체를 담는다고 하면 되먹힘 현상과 더불어 역설이 발생한다. 자기 속에 자기가 되먹힌다고 해서 자기언급이라고 하는 것이다.

역설은 부분이 다 전체 속에 담기고 담을 때 부분과 전체 사이에 닮

---

9   최근 자기언급 없이도 역설이 가능하다는 주장이 나오기는 했지만, 결국 역설 그 자체는 자기언급이라고 해도 좋다(야마오카, 2004, 231~244).

음의 문제가 생기는 것이라고 했다. 블라스토스는 현대 논리학의 기호를 사용해 제3의 인간 논증을 다음과 같이 알기 쉽게 현대화함으로써 일약 유명해졌다. 여기서 〈A1〉과 〈A2〉는 모두 '만약 ~이면 ~이다(If~ then~)'라는 조건문으로 되어 있다. 제3의 인간 논증을 이런 조건문 형식으로 바꾸면 다음과 같다.

〈A1〉
전건 : 만약에 a, b, c라는 얼마간의 물건들을 모두 F라고 한다면,
후건 : 하나의 단일한 F-ness라는 형상, 즉 그 형상을 통해 a, b, c를 모두 F라고 할 수 있는 단일한 형상이 존재해야 한다.

〈A2〉
전건 : 만약에 a, b, c와 F-ness가 모두 F라면,
후건 : a, b, c와 F-ness를 모두 F라고 하는 F1-ness라는 또 하나의 단일한 형상이 있어야 한다.

그러면 〈A1〉과 〈A2〉의 전건을 비교해보기로 하자. 〈A1〉의 전건에는 { a, b, c } 라는 집합의 요원들밖에 없다. 그러나 〈A2〉의 전건은 { a, b, c, F-ness } 와 같다. 즉, 다음과 같아지는 것이다.

〈A1〉의 전건
F-ness = { a, b, c }

〈A2〉의 전건
F1-ness = { a, b, c, F-ness }

그렇다면 F-ness의 시리즈는 다음에 보는 것처럼 무한히 이어질 수

있다.

〈A3〉의 전건
F2−ness = { a, b, c, F−ness, F1−ness }

〈A4〉의 전건
F3−ness = { a, b, c, F−ness, F1−ness, F2−ness }

……

즉, 제4·제5의 인간이 무한히 탄생한다는 것이다.
이를 다시 일반화하여 다음과 같이 제3의 인간 논증 공식을 만들 수 있다.

FN−ness = { a, b, c, ……, F(N−1)−ness }

' 〈A1〉과 〈A2〉 이후를 비교하면, 〈A2〉 이후의 경우는 〈A1〉에는 없는 자기서술이 등장한다. 즉, 자기가 자기 자신의 집합 속에 부분의 요소로 포함되는 되먹힘을 하고 있다는 것이다. F2−ness는 자기 속에 F1−ness를 포함하고 있다. 다시 말해서, FN−ness는 자기 속에 항상 F(N−1)−ness를 포함하고 있는 것이다.

현대 집합론에서 볼 때, 이는 멱집합을 일컫는 것이다. "F−ness 역시 F"(F−ness=F)라고 할 수 있다는 것이다. 부류격과 요원격이 같아지는 이러한 현상을 두고 자기언급(Self-Reference)이라고 한다. 블라스토스는 이를 자기서술(Self-Predicate)이라고 했다. 그는 이 자기서술이야말로 《파르메니데스》의 제3의 인간 논증에서 '가장 중요한 것(the most important single issue)'이라고 지적하고 있다(Vlastos, 1954, 233). 부류가 자기 속의 한 요소로 包含되는 것이 바로 자기서술인 것이다. 만약에 'if~ then'이라는 문장 형식으로 표현한다면, 자기언급은 주격이 다시 술격이 되어 자기가 자기를 서술하는 것이 된다. 그래서 이를 '자기서술'이라고 한 것이다. 이렇게 자기서술은 다음과 같이 또 하나의 명제를 만든다.

〈A3〉 "어떤 형상도 자기 자신에 관해 술어가 될 수 있다. '큼 자체'는 그 자신 크다. 즉, F-ness는 그 자신 F이다"(Vasltos, 1954, 324).

F-ness 그 자체는 어째서 F인가? 여기에 산이[a]·재롱이[b]·똘돌이 [c] 같은 개별적인 개들이 있다고 하자. 그리고 '짖음'이라는 개들의 보편적 속성 자체, 곧 견성(犬性)을 F-ness라고 하자. 그리고 짖는다는 특성을 F라고 하자. 그렇다면 F-ness가 과연 '짖는다'라는 F를 특성으로 지니는가 지니지 않는가 하고 물을 때, 만일 지니지 않는다고 한다면 이는 견성으로서의 자격을 갖추지 못한 것이다. 이것이 곧 "어떤 형상도 자기 자신에 관해 술어가 될 수 있다"라는 말의 의미이다. "견성도 짖는다"가 곧 "F-ness 그 자체도 F이다"[큼 자체는 그 자신 크다]의 의미인 것이다. 개가 짖는다면 개의 보편적 특성인 견성 자체도 '짖음'이라는 속성을 지녀야 한다. 그러나 견성마저 '짖는다'면 과연 그것을 견성 자체라고 할 수 있을까? 여기서 견과 견성 사이의 '담음'과 '다름'의 문제가 제기되지 않을 수 없으며, 한의 세번째 '같음'이 갖는 의미가 중요하게 부각되는 것이다. F와 F-ness는 담음도 다름도 아니다. 바로 이것이 문제이다. 이는 또한 한의학 논리의 요체가 된다.

필자는 서양 철학사에서 이만큼 중요한 발견은 없다고 본다. 화이트헤드의 "서양 철학은 플라톤 철학의 주석에 불과하다"는 말은 바로

〈A3〉를 의미하는 것이라고 해도 지나친 말이 아니다. 이른바 제3의 인간 역설로 알려진 이 논증을 두고 자기언급에 대한 거부감에서 아리스토텔레스가 자신의 논리학을 쓰게 되었다고 필자는 보는 것이다. 아리스토텔레스는 자기언급적 표현인 소크라테스의 '너 자신을 알라'는 말을 플라톤만큼 달갑게 여기지는 않았는데, 왜냐하면 이 역시 자기언급으로 인한 역설을 그 속에 담고 있기 때문이다(Grisworld, 1986, 25). 다시 말해서, 제3의 인간 논증에 대한 대응 논리가 바로 《오르가논》인 셈이다. 그런 의미에서 《파르메니데스》의 저자가 플라톤이 아니라 아리스토텔레스라는 주장까지 나오게 된 것이다(안재오, 2002, 213).

그런데 놀라운 사실은, 앞의 여러 장을 통해 살펴본 것처럼 현대 대안 의학들이 자기언급의 문제로 돌아오고 있다는 것이다. 대안 의학의 논리 가운데 자기언급을 다루지 않는 경우는 없다. 그러나 서양 전통 속에서 자기언급은 2,500여 년 동안 백안시당하지 않을 수 없었다. 그러나 동양철학은 그 출발에서부터 자기언급으로 시작한다. 그 대표적인 예가 바로 역(易)이라는 것이다.

(2) 자기동일성과 자기비동일성

부분과 전체가 서로 다 담기고 담을 때 닮음의 문제가 발생하며, 이 것이 바로 역설의 진원지라고 했다. 블라스토스의 설명은 이 진원지에 대해 부연하는 것에 불과하다. 이제 다시 〈A1〉과 〈A2〉의 후건으로 돌아와 서로 비교해보기로 하자. F2의 후건은 F1의 그것과는 달리 F1-ness(즉, '하나'의 형상)을 그 속에 요소로 다 담고 있다. 멱집합의 원리가 여기에 보인다. 멱집합의 원리대로 만일 형상을 개별자 가운데 하나로 본다면 또 하나의 다른 형상이 나타나야 할 필요가 없다. 다시 말해서, F-ness라는 부류격 유형을 a, b, c라는 요원격 유형에 속하는 것으로 본다면, a, b, c 등의 개별자에서는 F-ness[형상]와는 서로 '닮음'과 '다름'의 문제가 제기된다. 그래서 부류격과 요원격은 서로 닮아 같기도 하고 다르기도 하다. 이런 차별을 블라스토스는 비동일성의 가정(the Nonidentity Assumption, NI)이라고 한다. 그는 이러한 가정을 〈A4〉를 통해 만들어놓았다. 비동일성의 가설은 닮에 대한 다름(달)의 한 면을 의미한다.

그러나 여기서 '한가지'란 다름(달)과 닮(답)이 복합된 닮이다. 닮은 다름과 닮(답)이 서로 분리되지 않는 모양으로, 자기서술과 자기부정을 동시에 설명하기에 적합하다. 자기서술을 하면 자기가 자기의 한 요소가 되기 때문에 F와 F-ness 사이는 닮는 동시에 다르다. 여기서 'likeness[同]'와 'unlikeness[異]'의 문제가 제기되는 것이다. F-ness를 개별자 a, b, c, d, ……로 볼 때, F-ness는 이들 개별자들과 다르다고 해야 한다. 이를 두고 블라스토스는 비동일성의 가설이라고 했다. 자기서술에 이어 따르는 필연적인 가설이라고 할 수 있다. 비동일성의 가설은 자기가 자기에 대해 '다르다'고 하는 가설이다. 블라스토스는 다시 이 비동일성의 가설을 다음 〈A4〉와 같이 정형화한다. 그러나 블라스토스는 '자기서술'과 '비동일성의 가설'은 필연적 관계 속에 있지 않다고 보았다.

〈A4〉 어떤 것이 특정한 성질을 가진다면 그것은 그 형상, 즉 이를 통해 우리가 그 성질을 파악하는 그 형상과 일치할 수 없다. 가령, x가 F라면 x는 F-ness와 일치할 수 없다.

〈A3〉의 자기서술(SP)과 〈A4〉의 자기부정(NI)은 블라스토스가 TMA를 변형시켜 스스로 만들어낸 것이다. 그는 〈A1〉과 〈A2〉를 타당하게 만들기 위해서는 〈A3〉와 〈A4〉가 필요하다고 보았다. 이들이 다름아닌 〈A1〉과 〈A2〉에 숨겨진 가정들이라는 것이다. 이와 관련해 과연 플라톤이 이들 숨겨진 사실들을 알았을까 하는 것이 문제이다(Chang, 1995 참고).

블라스토스 자신은 자기서술(SP)과 자기부정(NI)이 서로 조화되지 않는다고 보았다. 서양철학의 고질적인 병을 그는 지금 앓고 있는 것이다. 그러나 자기동일성과 자기서술은 동전의 양면과도 같다. 자기동일성으로서 SP는 "F-ness는 F이다"이지만, NI는 "만약에 x가 F라면 x는 F-ness와 일치할 수 없다"와 같은 자기부정이다. 여기서 x의 자리에 F-ness를 대입하면(F=F-ness이기 때문에) "만약 F-ness가 F라면 F-ness는 F-ness와 일치할 수 없다"가 된다. 따라서 SP와 NI는 서로 양립할 수 없다. 모순율을 어기기 때문이다. 이런 역설을 피하기 위해 블라스토스는 다음과 같은 또 하나의 가정을 만든다.

〈A4a〉 어떤 개별자가 어떤 성질을 가진다면 그것은 그 형상 즉, 그것을 통해 우리가 그 성질을 인식하는 그 형상과 일치할 수 없다. 만약 x가 F라면 오직 그 값이 개별자 a, b, c일 때만 x는 F-ness와 일치하지 않는다.

"x의 값은 a, b, c 등 개별자에 국한 된다." 이 새로운 논증은 집합의 부류와 요소가 서로 담으면서 담길 수 없다는, 즉 되먹힘할 수 없다는 논증이다. 그러나 칸토어의 멱집합에서 보는 것처럼 그것은 가능하다. 여기에 블라스토스가 TMA를 보고 있는 근본적인 한계가 드러나며, 나아가 플라톤 이후 서양철학 전반의 문제점이 극명하게 나타난다. 그리고 양의학의 논리적 문제점도 여기서 나타난다.

블라스토스는 이렇게 〈A4a〉와 같은 가설을 만들어 SP와 NI는 서로 조화가 되지 않는 것이라고 결론을 내렸다. 그러나 멱집합의 원리에 따르면, 〈A4a〉는 매우 부적절하다. 왜냐하면 F-ness는 x와 같을 수 있는 동일성의 가정(*the Identity Assumption*)을 가능하게 만들기 때문이다. 그렇다면 블라스토스의 주장과는 달리 SP와 비동일성의 가정은 서로 조화될 수 있다는 결론에 도달하게 된다. 제3의 인간 논증은 한의학의 주요한 이론들을 설명하기에 적합하다. 다시 말해서, 자기언급 없이는 한의학의 기본 원리들이 설명될 수 없기 때문이다. 5행에서 토와 다른 4행들이 갖는 관계, 12경맥에서 삼초-심포와 다른 장기들이 갖는 관계, 5행 속의 5행, 그리고 5운 6기 등, 이와 관련되지 않은 것은 거의 없다. 서양철학의 전통에서는 자기서술과 자기부정은 필연적 관계가 아니며 서로 일치할 수 없다고 보았지만, 한철학과 한의학은 양자가 서로 필연적 관계가 있다고 본다. 한의학은 바로 이런 필연적 관계 속에서 사람의 몸을 관찰하고 있는 것이다. 여기서 한의학의 러셀 역설에 대한 해법도 양의학의 것과는 달라진다.

철학의 근본 문제는 자기서술과 자기비동일성 사이의 담음과 달음의 문제, 즉 닮음의 문제이다. 양자가 필연적이지 않다고 본 데서 결국 서양철학은 그 사이의 가운데를 놓치고 말았다. 블라스토스의 TMA에 관한 분석 자체는 탁월했다. 그러나 그가 내린 결론은 실망스럽다. 즉, 자기서술(SP)과 비동일성의 가정(NI)은 상호 모순적이기 때문에, 플라톤은 애당초 TMA 자체를 만들지 말아야 했다(Vlastos, 1956, 329)는 그의 주장은 잘못된 주장인 것이다. 블라스토스는 자기의 잘된 분석에도 불구하고 다음과 같이 잘못된 결론을 내리고 만다. "만일 플라톤이 제3의 인간 논증의 후반부를 정당화하는 데 필요한(그리고 충분한) 모든 전제들을 확인했더라면, 그는 제3의 인간 논증을 도무지 만들지 않았을 것이다"(Vlastos, 1956, 329). 블라스토스의 분석적 작업은 현대의 러셀 역설과 관련하여 한 단계 발전된 것임에 분명하다. 그러나 그의 결론에서 아쉬움이 남는 것은 그가 러셀의 유형론의 한계를 넘지

못했다는 점이다. 바로 이러한 한계가 그의 주장 속에 잘 나타나 있
다. 즉, "x의 값은 a, b, c와 같은 개별자에 국한한다"는 말은 개별자
〔多〕와 형상〔一〕 간의 유형을 혼동해서는 안 된다는 것을 강하게 암시
하고 있다.[10] 그러나 x의 값은 결코 개별자에 국한되지 않고 F-ness에도
그대로 적용된다. 블라스토스는 이 점을 수용하지 않으면서, 만일 플라
톤이 이를 수용하지 않았더라면 TMA는 성립하지 않았을 것이라고 한
다.[11] 이를 수용하지 않으려 하는 것이 서양 주류 철학의 공통된 특징
이라고 할 수 있다.

형상과 개별자는 그 유형에서 담(닮)음과 다름이 동시에 가능한데,
전자는 자기서술(SP)로 그리고 후자는 비동일성의 가정(NI)으로 나타
난다. 우리말 '한' 속에 포함된 '가운데[中]'의 사전적 의미는 '닮음'이
다. 이는 형상(혹은 이데아)과 개별자의 관계가 담도 달도 아닌 그것의
가운데, 곧 '닮'이라고 보는 것이다. 그러나 서양철학은 이를 달(다름)
로만 보는 오류를 범했고, 그 결과 온갖 이원론을 만들어내고 말았다.

양의학(洋醫學)이 양의학(兩醫學)이 되어버린 이유가 바로 여기에
있다. 압축해서 말하자면, 형상을 일자라고 하고 개별자를 다자라고
할 때, 이는 일자와 다자 사이의 동과 이의 문제인 것이다. 다시 말해
서, 불교 화엄학의 6상 가운데 동상(同相)과 이상(異相)의 문제인 셈인
데, 이는 모든 존재론의 관건이 되고 있다. 화엄불교는 동상과 이상이
분리되지 않음을 말한다. 《중용》은 화이부동(和而不同)이라고 함으로
써 이와 동의 문제로 고민한 흔적을 드러내고 있는 것이다. 불교의 경
우 유와 무의 긴 논쟁 끝에 용수의 중관종(中觀宗)을 통해 '담'과 '달'

---

10   이는 러셀의 유형론적 해법과 일치한다.
11   그러나 SP와 NI는 결과로 나타난 것이 아니라, 플리톤 철학이 탄생하는
      전제이다. 즉, 이 역설을 해결하려고 철학이 탄생했지만, 해결하려다가
      오히려 다시 만나게 된 것이다.

의 '가운데'를 잡을 수 있었다. 그러나 플라톤의 처지는 갈팡질팡이다. 그의 글 속에서는 이 문제와 관련해 갈피를 못 잡고 있음이 쉽게 발견된다. 그러나 그의 제자 아리스토텔레스는 단호하게 양자를 이분화시키고 말았으며, 그로부터 서양 철학사에는 고질적인 이원론이 끼어들게 되었다. 그가 논리학 저술을 쓴 근본적인 동기도 다름아닌 자기서술과 자기동일성을 같이 볼 수 없었던 데 있다. 그는 양자를 갈라놓으려 했고, 여기서 바로 A형 논리가 탄생하게 된 것이다. 양의학은 이원론의 담보물이 되어버리고 말았다.

플라톤이 갈팡질팡하는 모습을 살펴보자. 그는 자신의 여러 책을 통해, 한 곳에서는 '닮음'을 말하는가 하면 다른 곳에서는 '다름'을 말하고 있다. 그리고 후자의 견해가 사실상 그의 주요 사상인 것처럼 후대에 알려지게 되었다. 플라톤은 동과 이의 가운데를 잡는 문제를 놓고 불교처럼 그렇게 철저하게 생각하지 못했으며, 그의 제자 아리스토텔레스는 결국 루비콘 강을 건너는 것과 같은 결과를 초래하고 말았다. 담과 달의 문제는 동일성과 차이성의 문제이며, 이는 철학의 가장 중요한 문젯거리로 다루어진다. 한의 비결정적 의미는 개별자와 형상은 담이면서도 동시에 달이라야 한다는 배경을 지니고 있다. 형상은 개별자와 달라야 하면서도 담(답)아야 한다. 여기서 자기서술의 문제와 비동일성의 가정은 필연적으로 동전의 양면 같을 수 밖에 없다. 이렇게 '가운데'로 가는 길목에서 서양철학은 좌절하고 만다. 그 이유는 SP와 NI를 서로 불가양립적인 것으로 본 데 있다. 플라톤이 양자 사이에서 갈팡질팡하며 미완의 것으로 남겨놓은 과제를 아리스토텔레스는 불가양립적인 것으로 만들어버렸다는 것이다. 서양철학사에서 '가운데'를 모색한 철학자들은 스피노자와 라이프니츠 그리고 화이트헤드 정도이다. 그러나 이들은 서양철학사의 이단아들이다.

우리는 동서 철학에서 가장 풀기 어려운 난제로 남아 있는 자기서술과 자기비동일성의 문제가 한의학을 통해 구체적으로 다루어지는 현장을 만나게 된다. 양자가 필연적으로 연관되어 있는 것은 자연스러운(natural) 현상이며, 이런 자연스러운 현상이 파괴될 때 몸에 병이 생기는 것이다. SP와 NI의 이탈은 이렇게 '탈'을 일으킨다. 그리고 인체에 발생하는 병의 원인은 결국 사회나 우주에 발생하는 병과 결코 다르지 않은 것이다. 자기동일성과 자기비동일성의 균형이 파괴될 때 우주와 인체 그리고 사회 전반에 병이 생긴다는 것이 한의학의 논리적 주장이다.

3. 러셀 역설과 위상기하학

(1) 음양과 TF 사슬

제3의 인간 역설에서 거둔 두 가지 보물과 같은 수확은 자기서술과 자기비동일성이다. 서양의 전통 철학을 이원론적이라고 말하는 것은 이 둘을 조화시키지 못한 데 대한 지적이라고 할 수 있다. 조화는커녕 둘로 양단내고 말았다. 양의학도 마찬가지이다. 그러나 한의학은 이 둘을 분리시키지 않는다. 자기서술은 부류가 요원 속의 한 부분이 됨으로써 생기는 자기언급적 현상을 두고 하는 말이며, 자기서술과 동시에 부류는 이미 부류격이 아니기 때문에 자기비동일성의 문제가 발생한다. 그런데 쉽게 생각해서, 부류격은 부류격으로 그리고 요원격은 요원격으로 자기의 고유한 격을 지키면 아무 문제가 없을 것처럼 보이기도 한다. 이런 해결법이 이른바 러셀의 유형론이고, 이런 방법이 서양철학을 수천 년 동안 지켜왔던 것이다. 그러나 이미 헤라클레이토스 같은 그리스 철학의 좌파들은 이런 구별이 어렵고 불가능하다는 사실을 직감했다. 그 불가능성은 역사의 뒤안길에서 백안시당했던 궤변론자들로 말미암아 제기되었던 것이다. 참과 거짓의 상대성은 이미 거짓말쟁이 역설에서 불가피하게 제기되었고, 이를 발견한 아리스토텔레스 일파는 이를 말하는 사람들의 입막음에 급급하지 않을 수 없었다.

한의학적으로 볼 때 제3의 인간 역설의 두 결과물은 음양오행의 상생상극론을 설명하는 데 더없이 소중한 도구가 된다. 목이 화를 생하면 목은 부류격 그리고 화는 요원격이 될 것이다. 그러나 화 다음에는 이미 비동일성의 결과가 나타나 목은 그것을 극하지 않으면 안 된다. 마치 화폐가 남발되면 인플레이션 현상이 발생하는 것과도 같다고 할 수 있다. 그러면 이미 돈은 돈이 아니다. 물건에 대해 돈은 메타이다. 화폐가 인플레이션된다는 것은 메타의 메타가 된다는 것, 즉 메타화한다는 것을 의미한다. 이렇게 과부하한 화폐는 억제되지 않으면 안 된다. 이러한 현상은 마그리트의 작품 〈이것은 파이프가 아닙니다〉에 비유할 수 있을 것이다. 그림으로 그려진 파이프는 실제 파이프와는 같지 않은 것이다. 그러나 엄연히 그림으로서 파이프에 대해서도 우리는 '파이프'라고 한다. 이를 두고 자기비동일성이라고 하는 것이다.

동양의 E형 논리는 제3의 인간 역설 그 자체이지만, 서양의 A형 논리는 위에서 보는 것처럼 제3의 인간 역설을 파괴시키는 데서 발생한 것이다. 동양의 E형 논리 역시 그 출발점은 서양과 마찬가지로 제3의 인간 역설에 있다. 이러한 주장의 근거는 역이 발생하는 과정을 보면 바로 알 수 있다. 거짓말쟁이 역설에서 말하는 '참(T)'과 '거짓(F)'을 양과 음이라고 하자. 그러면 음양의 구조는 거짓말쟁이 역설에서 발생하는 TF 사슬과 그 구조에서 같다는 사실을 알 수 있을 것이다. 현대 철학자들의 역설 해결 과정에서 나타난 두 가지 방법은 그대로 A형 논리와 E형 논리의 차이를 드러내고 있다. 앞으로 우리는 이 사슬 구조를 화두로 하여 의학의 모든 논리를 풀어나갈 것이다. 그럼으로써 의학을 비롯한 현대 과학의 기틀이 모두 이 사슬에서 만들어지고 있음을 알게 될 것이다.

러셀 역설은 여러 가지 방법으로 그 변형을 만들어 표현할 수 있다. 이발사의 경우에서 보는 것처럼, 러셀 역설은 이발사가 규칙을 만들어놓고 그 규칙 속에 자기 자신을 집어넣는 것과 같은 경우에 발생했다. 이발사 자신을 머리를 깎아주는 부류에 두고 머리를 깎이는 사람들을 그 부류의 요원으로 삼는다면, 이 경우에는 이발사 자신이, 즉 부류가 깎이는 요원에 포함되기 때문에 역설이 발생하는 것이다. 그렇다면 역설은 "부류가 자기 자신을 요원으로 담[包含]을"(Russell, 1960, 181) 경우 발생하는 것이라고 정의할 수 있다. 이발사가 자기 자신의 머리를 깎는 것이기 때문에 이를 '자기언급(self-reference)'이라고 한다. 아울러 부류가 자기 자신을 부정하고 스스로 요원화했기 때문에 '자기부정(self-annihilation)'이라고 한다. 전자가 바로 블라스토스가 말하는 자기서술이고, 후자가 자기비동일성이다. 그래서 러셀 역설의 필수 조건은 그 안에 자기언급과 자기부정을 담는 것이다. 자기언급과 자기부정은 곧 자기를 조직하는 유기적인 상호 연관 관계를 만든다. 그래서 '자기언급'과 '자기부정'은 현대 과학이나 동양철학에 러셀이 응용될 경우 매우 중요한 화두가 된다. 우리는 이 두 가지 현상이 동시에 일어나는 것을 문장을 통해 손쉽게 발견할 수 있다. 문장 속에서 대상 언어는 부분이기 때문에 소문자로 그리고 메타 언어는 전체이기 때문에 대문자로 표시한다. 그러면 소문자를 대문자로 바꾼다는 것은 곧 부분과 전체가 되먹힘한다는 것을 의미하게 된다. 거짓말쟁이 역설은 다음 문장에서 보는 것처럼 대문자와 소문자가 되먹힘하는 데서 발생한다.

〈문장 1〉 "below sentence is False" is Above sentence.
〈문장 2〉 "above sentence is True" is Below sentence.

여기서 큰 따옴표 안의 말은 상대방의 문장을 언급하는 대상 언어
이며, 소문자 'below'와 'above'는 상대방 문장을 지시하고 있다. 그러나
대문자 'Above'와 'Below'는 자기 문장 자체를 지시하고 있다. 대문자
는 글을 쓰고 있는 종이의 위치로 보았을 때 하는 말이다. 그래서 전
자를 '대상 언어(object language)'라고 하고 후자를 '메타 언어(meta
language)'라고 한다. 대상은 부분적 그리로 메타는 항상 대상에 대해
전체의 성격을 갖는다. 그래서 러셀 역설은 전체와 부분의 문제이
다.[12] 램지는 언어적 역설과 논리적 역설을 구별했지만, 그다지 의미
가 있다고는 생각하지 않는다. 왜냐하면 메타는 대상에 대해 전체적
성격을 지니고 있기 때문이다. 결국 문자의 의미론도 집합론으로 회
귀시켜 생각해볼 수 있다. 이제 편의상 몇 개의 기호를 다음과 같이
만들어 사용하기로 하겠다.

Above sentence → A
Below Sentence → B
above sentence → a
below sentence → b
True → T
False → F
is → =

---

12 한의학에서 볼 때, 장기를 대상이라고 한다면 경맥은 그것의 메타가 될
   것이다.

〈문장 1〉과 〈문장 2〉를 이 기호에 따라 표시하면 다음과 같다.

〈문장 1〉 bF＝A
〈문장 2〉 aT＝B

대문자는 종이 위에 문장이 놓인 위치를 두고 하는 말이라고 했다. 여기서 자기언급이란 곧 같은 알파벳으로서 대문자가 소문자를 혹은 소문자가 대문자를 언급하는 것이다. 다시 말해서, 'Above'가 'above'를, 'Below'가 'below'를 지시할 때 자기언급이라고 한다. 그렇다면 〈문장 1〉과 〈문장 2〉에서 대문자와 소문자를 서로 등호를 중심으로 바꾸어 보자. 여기서는 〈문장 2〉의 대문자 'B'를 〈문장 1〉의 소문자 'b'와 서로 바꾸어보겠다.

〈문장 3〉 aTF＝A

이 〈문장 3〉을 일상 언어로 옮겨보면 다음과 같다.

"'above sentence is True' is False" is Above sentence("'위 문장은 참이다'는 거짓이다"가 위 문장이다).

지금 여기서 자기언급 현상과 자기부정 현상이 동시에 일어나는 것을 발견할 수 있다. "'〈위 문장이 참이다〉는 거짓이다'가 위 문장이다"는 분명히 역설적이다. 자기[Above Sentence]가 자기[above Sentence]를 언급하며 동시에 부정하기 때문이다. 그렇다면 이런 규칙에 따라 다음의 문장들을 예측할 수 있을 텐데, 이는 문장의 피라미드(Pyramid of Sentence)를 이룬다.

$$bF = A \qquad \cdots\cdots \langle 문장\ 1 \rangle$$
$$aTF = A \qquad \cdots\cdots \langle 문장\ 3 \rangle$$
$$bFTF = A \qquad \cdots\cdots \langle 문장\ 4 \rangle$$
$$aTFTF = A \qquad \cdots\cdots \langle 문장\ 5 \rangle$$
$$\vdots \qquad\qquad\qquad \vdots$$

메타화   ←   →   대상화

이처럼 피라미드 형식의 시리즈를 'TF 시리즈' 혹은 'TF 사슬'이라고
부르기로 하자.

이렇게 해서 하나의 문장 피라미드가 만들어졌다. 이 피라미드에는
많은 의미가 담겨 있다. 피라미드의 왼쪽 방향은 메타화라고 할 수 있
고, 오른쪽 방향은 대상화라고 할 수 있다. 즉, 왼쪽 방향으로 갈수록
점점 메타화가 증가하는 것을, 그리고 그 반대 방향으로 갈수록 대상
화가 증가함을 알 수 있다. 피라미드의 아래위는 부류화와 요원화로
나누어볼 수 있다. 문장의 숫자가 증가할수록 점차 TF 사슬의 고리
수는 증가한다. 이러한 증가를 농도(intensity) 혹은 강도라고 한다. 피
라미드의 상하 층계의 고리 수 하나하나를 러셀은 '논리 유형(logical
type)'이라고 했다. 그리고 러셀은 피라미드의 위계적 층위만 혼동하지
않으면 역설을 피할 수 있다고 보았다. 다시 말해서, 〈문장 1〉의 TF를
〈문장 2〉의 TF와 혼동하지 말라는 것이다. 그러나 혼동은 제3의 인간
역설에서 보는 것처럼 불가피하다. 어떻게 큼 자체가 개별적인 큼들
과 다를 수 있겠는가? 그렇다고 해서 또 그것들을 같다고 할 수 있겠
는가? 만일 이런 문제가 없다면 역설이라는 것은 아예 발생하지도 않
았을 것이다. 역설은 그래서 논리의 전제인 동시에 결과이다.

이 피라미드는 인간의 의식구조인 동시에 모든 존재의 구조이기도
하다. 존재론적인 문제인 동시에 인식론적인 문제이며, 그 종류 역시

다양하다(야마오카, 2004, 15~36). 이 역설은 우주의 구조 안에도 나타나고 인체의 구조 안에도 나타나며, 한의학의 경맥 구조와 음양오행 구조도 모두 이 역설 때문에 생긴 것이다. 오운육기(五運六氣)의 진정한 의미는 바로 대우주에도 소우주에도 모두 동일한 논리, 즉 거짓말쟁이 역설이 지배한다는 데 있다. 대우주를 지배하는 논리와 소우주를 지배하는 논리의 일치, 그것이 바로 건강이다.

20세기 학자들은 앞 다투어 이 역설을 자기 분야에 응용하기 시작했으며, 이는 마치 노벨상을 쏟아내는 상자처럼 되었다. 앞으로도 이 문장 피라미드를 응용하기에 따라 많은 창조적 작업들이 이루어질 것이다. 그레고리 베이트슨은 생물의 진화 과정을 러셀 역설의 논리 계형 이론을 통해 설명했고, 동물이나 인간의 학습이 모두 이 계형을 통해 이루어진다고 보았다. 정신병 환자의 의식구조란 다름아닌 이 피라미드 구조의 혼동이며, 베이트슨의 독특한 '이중 구속론(double binding)' 역시 바로 이 구조의 산물이다. 스탠포드의 폴 와츠라위크는 문장의 숫자 단위가 올라가는 것을 정신병 상담 치료에 응용했다. 같은 문장 단위 안에서 불가능한 해결을 시도하는 것이 아니라, 문장 단위의 계형을 상승시킴으로써 정신 치료의 가능성을 타진한 것이다.

현대 과학의 주요 이론들도 거의 이 피라미드 구조와 관련되어 있다. 이 피라미드는 같은 돌로 쌓은 구조가 아니다. 이 피라미드는 T와 F라는 정반대의 돌, 그리고 자기언급과 자기부정이라는 매우 불안정한 돌로 이루어진 것이다. 한마디로, 매우 혼돈스러운 구조이다. 괴델의 불완전성 이론, 하이젠베르크의 불확정성 이론, 카오스 이론, 퍼지 이론 등이 모두 이 피라미드와 가지는 관계 속에서 이해될 수 있다. 종교학자 조나단 스미스는《지도는 땅이 아니다(Map is not Territory)》라는 저술에서 러셀 역설을 종교학에 응용했다(Smith, 1993, Preface).

이 피라미드는 논리가 발생하는 출발점이다. 여기서 발생하는 역설을 대처하는 과정에서 두 가지 논리 유형이 나타나기 때문이다. 러셀과 같이 TF 사슬을 상하로 일관성 있게 나누고 위계를 혼동시키지 않으면 역설이 사라진다는 주장과, 반대로 사슬을 순환시켜 비일관적이도록 해야 한다는 주장이 그것이다. 동양의 역은 오랫동안 이 문제로 고심해왔으며, 그 결과 역의 괘와 그 괘를 배열하는 방법이 나오게 되었다. 이는 약 6,000여 년의 시간 동안 세 번의 큰 변화를 겪었다. 복희의 하도(河圖), 문왕의 낙서(洛書), 김일부의 정역(正易)이 바로 그것이다. 필자는 이어서 러셀 역설을 기하학적 도형인 뫼비우스 띠를 통해 더 상론해볼 것이다. 역은 동양사상의 빌미이며 역의 일관된 내용은 바로 역설의 해법 문제인 것이다. 역의 세 가지 도상들은 역설을 어떻게 해결하는지 보여주는 상징과도 같다.

이제 역설을 기하학적 도형 속에 옮겨놓고 생각함으로써 러셀 역설이 위상학적 공간과 상관됨을 살펴보도록 하겠다. 다시 말해서, 초공간의 차원 문제임을 살펴본다는 것이다. 러셀 역설을 뫼비우스 띠와 연관해 고찰하는 일은 한의학의 경맥에 대한 논리적 구조를 파악하는 데 더없이 도움이 될 것이다.

(2) '뫼비우스 띠'와 러셀 역설

경맥의 구조와 뫼비우스 띠 그리고 러셀 역설의 삼자를 연관시켜 살펴보는 것이 이 책의 주된 목적 가운데 하나이다. 그렇게 함으로써 경맥의 위상수학적 구조와 논리성이 밝혀질 수 있기 때문이다. 그 일환으로 우선 여기서는 거짓말쟁이 역설과 뫼비우스 띠의 구조를 연관시키려 한다. 물론 이 부분은 경맥의 구조를 설명하는 제2부 5장에서 더 자세하게 언급될 것이다.

거짓말쟁이 역설이 성립되자면 두 가지 조건인 자기언급과 자기부정이 필수적이라고 했다. 지금 눈앞에 사각형 종이가 하나 있다고 하

자. 여기서 자기언급이란 사각형이 자신의 한쪽 끝을 다른 쪽 끝에 가
져다 붙이는 것과 같다. 이런 행위가 곧 사각형이라는 평면의 자기언
급이라고 할 수 있다. 이때 만들어지는 것이 원기둥이다. 그러면 자기
부정이란 무엇인가? 그것은 사각형을 180도 비튼 뒤 방향을 반대로
바꾸어 마주 붙이는 것과 같다. 이것이 뫼비우스 띠이다. 자기언급과
자기부정을 동시에 할 때 그것은 곧 사각형의 거짓말쟁이 역설이 될
것이다. 사각형을 가지고 자기언급을 하게 하든지 180도 비틀든지 다
양한 방법을 한번 고안해보자. 사각형에는 전후·좌우·상하, 이렇게 세
쌍의 대칭이 있는데, 전후를 두고 비트는 방법에는 상하 그리고 좌우
를 비트는 두 가지가 있다. 그러면 좌우나 상하 가운데 어느 하나만
비트는 경우(뫼비우스 띠), 어느 하나만 비틀고 다른 것은 그냥 마주
붙이는 경우(클라인 병), 전후와 상하를 모두 비트는 경우(사영 평면)를
생각할 수 있을 것이다. 여기서는 이를 특히 위상범례(*topological paradigm*)
라고 한다. 다시 말해서, 위상범례란 하나의 사각형이 자기언급과 자
기비동일성이라는 자기 비틀림을 해나가는 단계적 과정을 뜻한다. 사
각형–원기둥–원환–뫼비우스 띠–클라인 병–사영 평면으로 변하는
과정을 범례적으로 본 것이라는 말이다.

먼저 비틀지 않고 그냥 마주 붙이면 그것은 원기둥이다. 비틀지 않
을 경우에는 화살표의 방향이 같게 표시된다. 그러나 만약에 상하나
좌우의 어느 하나를 180도 회전시켜 비틀어 마주 붙이면 어떻게 될
까? 이는 자기언급과 자기부정이 모두 생긴 경우이다. 그러면 이상한
고리가 하나 만들어지는데, 이를 뫼비우스 띠라고 한다. 비틀지 않고,
즉 자기부정 없이 그냥 붙이면 원기둥이 되는 것이고, 비틀어서 마주
붙이면 뫼비우스 띠가 되는 것이다. 우리는 여기서 거짓말쟁이 역설
이라는 논리적 문제를 눈에 보이는 도형을 통해 확인할 수 있다. 거짓
말쟁이 역설은 원기둥과는 무관하며, 뫼비우스 띠와 서로 관련이 있

는 것으로 드러난다. 왜냐하면 원기둥에는 자기부정이 없고 자기언급
만 있기 때문이다.

그러면 거짓말쟁이 역설에서 본 것과 같은 TF 사슬을 과연 뫼비우
스 띠 속에서 발견할 수 있는지 묻지 않을 수 없다. 원기둥의 경우 면
을 따라 가위로 2등분을 하면 두 개의 고리로 완전히 나누어진다. 그
러나 뫼비우스 띠의 경우는 그렇게 나누어지는 것이 아니라 서로 연
결되는 단곡면(單曲面)의 띠가 나온다. 이를 아무리 많이 등분하더라
도 서로 연결된 채 분리되지 않는다. 그래서 뫼비우스 띠는 원기둥과
는 달리 앞뒤가 분리되지 않는 단곡면이라고 한다. 그리고 상하·좌우·
전후 3차원의 대칭점들이 모두 만나며 서로 일치하고 있다. 그러나
변은 만나고 있지 않다는 점에 유의해야 한다. 사각형의 대칭점들을
'T(참)'과 'F(거짓)'으로 바꾸어 생각해보자. 문장에서 소문자와 대문자
를 바꾼다는 말은, 사각형 종이의 경우와 비교해볼 때 다름아닌 180
도 비튼다는 말과 같은 것이다.

문장 및 사각형과 관련해 다음 세 가지 경우를 생각해볼 수 있다.
이는 러셀 역설과 위상기하학을 연관시켜 설명할 수 있는 좋은 예가
된다. 문장의 피라미드를 사각형 종이 위에 표시하면 다음에 보는 그
림과 같다(요시마사, 1993, 85). 사각형을 횡으로 2등분하고 거기에다
문장을 쓴다. 그리고 2등분된 사각형의 위를 T로 그리고 아래는 F로
한다. 왼쪽과 오른쪽 그리고 앞과 뒤를 각각 T와 F라고 해도 무방하
다. 그런 다음 원기둥과 뫼비우스 띠를 만들었을 때 어떤 현상이 나타
나는지 살펴보기로 하자.

소문자는 사격형 안에, 대문자는 사각형 밖에 적혀 있다. 사각형이
도형(圖形)이라면, 사각형이 놓여 있는 곳은 공간(空間)이다. 전자가
대상이라면 후자는 메타이다. 그러면 문장의 소문자는 도형에, 대문자
는 이 도형이 놓여 있는 백지 공간에 속한다. 위 〈그림 1〉은 바로 원

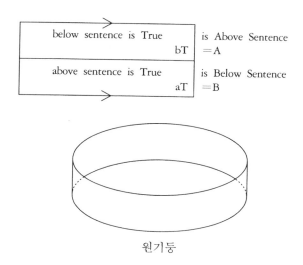

〈그림 3〉 문장 피라미드와 원기둥

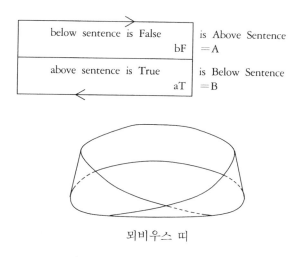

〈그림 4〉 문장 피라미드와 뫼비우스 띠

기둥의 경우인데, 마주보고 있는 두 쌍의 변 가운데 어느 한 쌍이 비틀림 없이 같은 화살표 방향대로 마주 붙어 있다.

그러나 〈그림 2〉에서 보는 사각형은 마주보는 한 쌍의 방향이 반대로 되어 있다. b와 a가 서로 상반되는 주장을 하기 때문이다. 바로 이런 것이 도형과 공간이 서로 교환되는 경우라 하겠는데, 대문자와 소문자를 서로 교환하는 경우와 비교할 수 있을 것이다. 소문자 'below'나 'above'는 대문자 'Above'나 'Below' 속에 있는 부분적 단어이다. 그래서 공간은 도형을 그 속에 包涵하고 있다. 공간은 전체 부류격이고 도형은 부분 요원격이다. 여기서 공간을 도형과 교환한다는 것은 곧 부류와 요원, 그리고 전체와 부분이 되먹힘한다는 말과 같다. 이때 원기둥의 경우에는 bTT=B 나 aTT=A 같은 현상이 생기지만, 뫼비우스 띠의 경우에는 bFT=B나 aTF=A와 같은 현상이 생긴다. 우리는 여기서 거짓말쟁이 역설이 위상기하학적으로 표현될 수 있음을 알수 있다.

다시 사각형의 경우로 돌아와 생각해보자. 사각형에서 마주보는 두 쌍의 방향에 대해 다음 두 가지를 더 생각해볼 수 있다. 즉, '▲▶'의 경우는 원기둥×뫼비우스 띠이다. 한 쌍은 원기둥과 같이 비틀지 않은 채 붙이고, 다른 쌍은 뫼비우스 띠와 같이 비튼 다음 붙인 경우이다. 이를 클라인 병(*Klein Bottle*)이라고 한다. 다음으로 두 쌍의 방향을 '◀▶'과 같이 모두 비틀어 붙이는 경우가 있다. 즉, 뫼비우스 띠×뫼비우스 띠의 경우이다. 이것이 바로 사영 평면(*projective plane*)이다. 이 두 가지 경우는 3차원 공간에서는 도저히 만들 수 없다. 과거로 여행 가능한 시간 차원을 덧붙이지 않고는 불가능한 공간이다. 이는 차원의 상승을 의미한다. 다시 말해서, 원기둥이 3차원의 공간이라면, 뫼비우스 띠와 클라인 병은 시간의 역방향을 고려하지 않으면 만들 수 없는 4차원의 공간이다. 사영 평면도 마찬가지이다. 원기둥×뫼비우스 띠나 뫼비우스 띠×뫼비우스 띠는 시간이라는 요소가 가미되지 않고서는 불가능한 공간이다.

우리는 여기서 러셀 역설의 해결 방안으로 '차원'과 '시간' 문제의 도입이 필요함을 알 수 있다. 뫼비우스 띠에서는 전후·좌우·상하 세 대칭의 꼭지점이 모두 일치한다. 클라인 병에서는 꼭지점과 두 변이 일치한다. 사영 평면에서는 꼭지점·면·변의 대칭이 한 점에서 일치한다. 이를 통해 거짓말쟁이 역설에서 발생하는 참과 거짓의 대칭이 위상공간에서는 차원이 높아지면 모두 일치함을 발견할 수 있다. 일치하는 데는 차원의 문제와 시간의 문제가 필수적으로 수반되어야 함을 또한 발견하게 된다. 비틀어서 붙인다는 것은 '자기부정'과 '자기언급'을 의미한다. 거짓말쟁이 역설에서 참과 거짓이 되먹힘하는 것은 초공간에서는 자연스러운 것이다. 이렇듯 높은 차원의 공간에서는 낮은 차원에서 보이는 참과 거짓의 대립이 모두 일치함을 발견하게 된다. 다시 말해서, 2차원 평면상의 대칭은 3차원 공간에서 해소되고, 3차원 상의 대칭은 4차원에서 해소된다. 2차원 세계에서는 참과 거짓이 양립할 수 없었으나, 3차원 세계에서는 그 둘이 양립할 수 있게 된다. 더욱이 사영 평면에서는 점·면·변의 모든 대칭이 사라지고 만다. 원기둥의 대칭은 뫼비우스 띠에서 사라지고, 뫼비우스 띠의 대칭은 클라인 병에서 사라지며, 클라인 병의 대칭은 사영 평면에서 사라진다. 결국 TF 사슬 고리가 메타화할수록 대칭은 사라져버린다. 이는 매우 자연스러운 현상이다. 위 차원의 자연스러움이 아래 차원에서는 부자연스럽게 보인다.

앞으로 한의학의 경맥의 구조를 이해하는 데서 뫼비우스 띠의 구조와 그것이 일치함을 발견하게 될 것이다. 아울러 경맥의 논리적 구조를 밝히는 데 도움이 됨을 알 수 있을 것이다. 12경맥의 순환 구조는 사각형 위의 모든 대칭점들이 사라지는 사영 평면과 같은 구조를 가지고 있기 때문이다. 그러나 지금까지 한의학에서는 위상기하학적 고찰을 시도해본 적이 없었기 때문에 논리적으로 그 까닭을 설명하지 못했을 따름이다.

4. 러셀 역설과 러셀의 유형론

(1) 집합론과 러셀 역설

20세기에 들어와 거짓말쟁이 역설은 제때를 맞이한 듯 가장 활발한 논쟁의 불씨를 지피게 되었다. 처음 문제가 제기된 것은 수학자들의 손에서였지만, 거짓말쟁이 역설은 수학이나 논리학 분야뿐만 아니라 20세기 주요 과학혁명을 가능하게 하는 하나의 새로운 기틀을 만들었다. 러셀 역설은 1900년을 전후해 현대 수학의 집합론(集合論)에서 나타나기 시작했다. 집합론에서 역설이 처음 나타난 것은 1897년 3월이었다. 이탈리아의 작은 도시 바랠모에서 열린 수학회에서 부르알리-포르티는 〈초한수에 관한 의문〉이라는 논문을 통해 집합론과 관련한 역설을 비전문적으로 설명했다. 사실 1895년에 이미 칸토어는 이 역설을 발견하고 힐베르트에게 서신으로 알린 바 있다. 그러나 공식 수학회에서 먼저 발표한 관계로 이는 나중에 부르알리-포르티 역설로 알려지게 되었다.

그리고 오늘날 칸토어 역설로 알려져 있는 내용은 칸토어가 데데킨트에게 보낸 1899년의 편지에서 나타난다. 그는 이 편지를 통해 집합에서 부분이 도리어 전체보다 커진다는 역설을 말하고 있다. 칸토어가 무한 기수에서 역설을 발견했다면, 부르알리-포르티는 무한 순서수에서 이를 발견했다는 점에 차이가 있다. 무한 전체(기수)와 무한 계열(서수)은 항상 자기 자신은 무한이 아니라는 데서 역설이 발생한다. 모든 부분을 전체에 담으려 하는 데서 역설이 발생한다. 그런 점에서 수학의 역설은 제3의 인간 역설과 그 성격이 같은 것이다.

그 다음으로 발견된 것이 이른바 '러셀 역설'이다. 1902년 6월 16일에 러셀은 역설의 내용을 담은 편지를 프레게에게 보냈다. 그러나 이를 발견한 것은 그보다 한 해 전이었다고 한다. 러셀은 화이트헤드와 함께 저술한 《수학 원론》에서 이 역설의 해결 방안으로 '유형 이론(type theory)'을 제시했다. 그는 역설에서 공통적으로 드러나는 것이 부류와 요원의 순환이라고 보았다. 때문에 부류와 요원, 즉 전체와 부분을 위계 유형별로 나누어 그것을 일관성 있게 만들면 역설이 쉽게 제거될 것이라고 여겼다. 유형 이론에서는 집합, 집합의 집합, 집합의 집합의 집합…… 등과 같이 계층별로 유형을 나누고 있다. 러셀의 이 유형 이론은 거의 압도적으로 다음 사상가들에게 지대한 영향을 미쳤다. 러셀 역설은 수학의 집합론 분야에서 시작되었지만, 앞에서 말한 것처럼 그 뒤 아인슈타인의 상대성 원리, 하이젠베르크의 불확정성 원리, 카오스와 퍼지 이론, 그리고 베이트슨의 이중 구속론 등, 20세기의 과학혁명 치고 그 영향을 받지 않은 것이 없을 정도이다. 실로 거짓말쟁이는 기틀의 전환자(*The Liar as Paradigm Shifter*)라고 할 수 있겠다.

20세기 서양철학계는 이 역설과 씨름하는 데 최대의 노력을 경주했다. 그 방향은 크게 두 가지 경우로 나누어 생각할 수 있는데, 첫째는 러셀과 타르스키 등 초기의 철학자들이 제시한 위계적-일관성론적 입장(*hierarchical-consistency view*)이고, 둘째는 1970년대 이후 후기의 철학자들이 견지하고 있는 순환적-비일관성론적 입장(*circular-inconsistency view*)이다. 철학은 실로 거짓말쟁이 역설과 벌이는 씨름이라고 할 수 있다. 이들 20세기 철학자들의 해법은 그대로 서양철학의 역사를 축약해놓은 것이다. 화이트헤드는 서양철학이 플라톤 철학의 주석에 불과하다고 했다. 이런 말이 나온 것은 아마도 플라톤이 러셀처럼 위계적 논리 유형의 방법으로 철학을 풀어나갔기 때문일 것이다. 서양철학의 플라톤적 전통과는 반대로 동양철학은 순환적-비일관성론적 방법을 따른다. 역의 해법 과정에서 탄생한 것이 다름아닌 역(易)이다.

거짓말쟁이 역설을 놓고 거의 한 세기에 걸쳐 서양철학계는 이렇듯 상반된 두 가지 해법을 제시했고, 이 차이는 곧 서양철학과 동양철학의 차이가 되었다. 지금은 서양의 자연과학, 특히 현대 물리학 이론이 동양의 역설 해법과 그 궤를 같이하고 있다. 화이트헤드의 과정철학이 유일하게 동양철학에 접근하는 것도 바로 이런 점에서 의견이 같기 때문이다. 동양철학과 과정철학에서 역설의 해법에 사용된 논리가 바로 E형 논리인 것이다.

(2) 러셀의 논리 유형적 해법

파르메니데스가 제기한 제3의 인간 역설은 2,500여 년 동안 물 밑에 가라앉아 있다가, 20세기에 접어들자 그 고개를 들고 수면 위로 나타나기 시작했다. 필자는 앞선 논의를 통해 이 역설에서 고대 그리스 철학과 논리가 탄생한다고 했다. 이는 더욱 강한 위력을 가지고 러셀 역설이라는 이름으로 나타났으며, 수학자와 철학자들은 이 역설을 극복하기 위한 해법을 제시했다. 파르메니데스는 일자를 다자로부터 분리시킴으로써, 다시 말해서 일자와 다자의 유형을 분리시킴으로써 역설을 해소하려고 했다. 이는 A형 논리의 전형적인 역설 해법으로, 러셀-타르스키 역시 이 틀에서 벗어나지 못하고 있다. 이를 일관성-직선적 해법이라고 한다.

화이트헤드는 《수학 원론》의 서문에서 "최근 들어 하나의 역설을 풀기 위해 기호논리학과 집합론을 연구하는 학생들은 곤혹을 느끼는 경우가 많다"(Whithead, 1927, vol. 1)고 밝히고 있다. 러셀은 유형 이론을 역설 해결의 실마리로 제시하고 있다. 러셀은 언어의 위계적 유형

을 무시하는 데서 역설이 발생하기 때문에, 유형을 단계적으로 구별
하면 이를 해소할 수 있다고 생각했다.[13]

러셀과 화이트헤드는 《수학 원론》에서 논리 유형 이론의 본질에
대해 자신들의 견해를 함께 피력했다. 그들은 말하기를, "한 모임의
전체 다(온, *all*)를 담는 그 어떤 것도 그 모임의 한 요소(낱, *one*)가 될
수 없다"는 원칙이 있다고 했다. 부류격은 항상 부류격이어야 할 뿐
요원격이 될 수 없으며, 만일 부류격과 요원격이 혼동될 경우 역설의
악순환이 발생한다는 것이다. 러셀은 이를 '악순환의 원리(vicious-circle
principle)'라고 했다(Chihara, 1973, 3~10). 이러한 유형론적 사고방식은
조지 불의 집합론, 더 나아가 유클리드의 기하학에 그 이론적 근거를
두고 있다. 부분의 합이 전체라는 유클리드의 공리가 이에 해당한다.
서양철학자들은 부류와 요원 사이의 순환이 병적(pathological)이며, 이
병은 치료되어야 한다고 생각해왔다. 역설에 대한 이러한 고정관념은
파르메니데스와 플라톤 이후 줄곧 지속되었다. 그런 점에서 러셀과
화이트헤드는 플라톤의 한계를 넘지 못했다고 볼 수 있다.[14]

러셀이 논리 유형 이론을 역설의 해법 방안으로 내놓은 시기는
1903년이다. 물론 이 역설을 가지고 프레게와 토론한 것은 그보다 전

---

13 러셀의 유형 이론을 더 자세히 설명하면 다음과 같다. 개체들의 '요원들
    (individuals)'을 '유형 1(type 1)'이라고 해보자. 그러면 그 '요원들의 집합
    (set of individuals)'은 '유형 2'가 될 것이고, 또 그 '집합의 집합(set of
    sets)'은 '유형 3'이 될 것이다. 이렇게 '집합의 집합의 집합……(set of sets
    of sets……)'과 같이 유형은 한없이 계속될 것이다. 여기서 유형에 따라
    붙는 아라비아숫자는 곧 유형이 타고 올라가는 계단을 가리킨다고 하겠
    다. 간단히 표시하면, 'x∈y'는 y가 x보다 높은 단계의 유형임을 표시한다.
    이 표시는 x와 y가 같은 유형에 속하지 않고 위계적으로 나누어짐을 나
    타낸다. 즉, y가 위계적으로 높은 위치에 있어서 x를 포함하고 있음을 뜻
    하는 것이다(Chihara, 1973, 19).
14 화이트헤드는 1926년 이후 유기체 철학을 통해 이를 극복하고 있다.

이다. 러셀은 그때 '모순(contradiction)'이라는 말을 사용하면서 임시로 이 방법을 해결책으로 제시했다고 한다. 1908년에도 그는 다른 해결책을 모색해보았으나 결국 같은 이론으로 되돌아오고 말았다. 그러나 35년 뒤에 러셀은《수학 원론》의 제2판 서문에서 이 유형 이론에 대해 '세련되지 못한 정리(only a rough sketch)'라고 했다(Whitehead, 1927, vol.3). 그는 독일계 미국 철학자 카르납과 함께 만들어낸 후기의 수정된 이론을 논리 유형적 분지(分支) 이론(the ramified theory of logical type)이라고 칭했다. 이 이론 속에서 부류와 요원의 관계는 마치 가지를 치듯 만들어지기 때문이다. 가령, x와 y라는 대상이 있다고 하자. 'x는 검다'라고 하고 'y는 늙었다'라고 할 때, x와 y의 속성(properties)은 '유형 1'이 된다. 그러면 '속성의 속성(property of properties)'은 '유형 2'가 될 것이다. 여기서 속성의 속성이란 '검은 것은 색이라는 것의 속성이다'나 '늙음이란 시간이라는 것의 속성이다'와 같은 것이다. 그런데 러셀은 '검은 것이 늙었다'라고 말하는 것은 무의미하다고 말한다. '검은 것'과 '늙은 것'은 같은 단계의 유형에 속한다. 그러나 '속성의 속성'에서는 이 두 가지 속성이 일치한다. 러셀은 어느 유형 n의 참과 거짓은 그것보다 하나 높은 유형인 n+1에서만 결정이 난다고 보았다. 여기에 이르면 러셀의 역설에 대한 태도가 어느 정도 분명하게 드러난다.

러셀에 따르면, 역설의 악순환은 무의미하고 병적이며, 따라서 그것은 피해야 하는 것이다. 그는 거짓말쟁이 역설에서 나타나는 악순환을 자신의 유형 이론을 통해 해소하려 했던 것이다. 자기동일성과 자기비동일성을 같이 본다는 것은 아리스토텔레스의 모순율을 어기는 것이기 때문이다. 그는 이 역설의 악순환, 다시 말해서 TF 사슬 고리 같은 문장의 악순환은 논리 유형의 사다리를 만들어 위의 유형과 아래 유형을 혼동하지 않음으로써만 극복될 수 있다고 보았다. 만약 러셀이 이런 해결책을 찾지 않았더라면 프레타스 같은 비극을 겪었을지

도 모른다. 프레타스는 역설의 악순환 속에 들어갔다가 비극적으로
생애를 마감한 인물로 알려져 있다.[15] 서양철학자들에게 유형론은 유
일한 자구책이다. 그러나 그 자구책은 임시방편에 불과하다. 그리고
서양철학은 오랫동안 이런 임시방편에 의지하며 그 생명을 유지해왔
다. 나중에 러셀 스스로 유형 이론의 잘못을 발견했듯이, 이는 그의
천재성에 걸맞지 않는 이론이었다.

유형론적인 방법으로 거짓말쟁이 역설에 접근한 또 다른 철학자는
폴란드계 미국인인 타르스키(Alfred Tarski)이다. 타르스키의 접근 방법
론은 러셀의 것과 비교해 매우 발전된 것이기는 하다. 타르스키는 언
어를 '대상 언어(object language)'와 '메타 언어(meta language)'로 나누었
다. 그는 1969년에 발표한 〈진리와 증명(Truth and Proof)〉에서 이렇게
말했다. "언어는 두 가지로 날카롭게 구별된다. 하나는 우리가 말하는
대상에 관한 언어로서, 그 언어로 우리는 진리의 개념에 대해 정의를
내린다. 다른 하나는 대상 언어에 '관한' 언어로서, 그 언어로 정의가
만들어지기도 하고 또 그것의 의미가 연구되기도 한다. 이때 후자를
'메타 언어' 그리고 전자를 '대상 언어'라고 부른다"(하크, 1986, 167).

러셀은 집합론에서 발생한 논리적 역설로부터 접근했지만, 타르스
키는 언어의 의미론적 접근, 즉 문장의 의미론적 역설을 그 출발점으
로 삼고 있다. 두 사람은 서로 다른 방법론적 접근을 시도하고 있지
만, 양자 모두 위계론적 해결 방안을 제시하고 있다는 점에서는 같다.
다시 말해서, 두 사람은 모두 유형의 사다리를 혼동하는 데서 역설이
생긴다고 보았던 것이다. 타르스키는 대상 언어가 실제로 있는 현상

---

15   고대 그리스 철학자 프레타스는 이 역설을 해결하지 못하자 절망한 끝
     에 자살하고 말았다. 그의 묘비명에는 "친구여, 나 프레타스는 거짓말쟁
     이의 역설 때문에 죽음에 이르렀다. 이제 밤마다 찾아들던 번뇌도 끝이
     다"라고 적혀 있다(야마오카, 2004, 27).

상태를 지적할 경우에는 참이고, 그렇지 못할 경우에는 거짓이라고
보았다. 이것은 아리스토텔레스가 《형이상학》에서 지적한 것과 너무
나 유사하다.

타르스키는 러셀과 마찬가지로 이런 역설을 피하기 위해서는 언어
의 등급(grade), 즉 그것이 대상 언어인지 메타 언어인지 그 등급을 반
드시 표시해주어야 한다고 생각했다. 러셀과 타르스키는 논리적 역설
과 의미론적 역설에서 각각 출발했지만, 이렇듯 유형론적 위계를 똑
같이 사용하고 있는 것이다. 아무튼 유형 이론은 당대의 수학자들과
논리학자들의 함정이었다(Song, 1994, 108~110). 러셀과 화이트헤드가
수학론에서 유형 이론의 함정에 빠진 것은 참으로 의아스럽다고 표현
할 수밖에 없다. 후대의 학자들은 러셀의 유형론과 화이트헤드의 수
학을 모두 실패작으로 본다. 그렇다고 해서 화이트헤드의 철학마저
실패작으로 보아서는 안 된다. 1920년대 말 하버드 대학에서 전개된
그의 철학은 그의 수학 이론과는 전혀 다른 모습으로 발전했기 때문
이다(Granville, 1993, Part VII).

이러한 유형론이 의학에 미친 영향은 지대하다. 그 영역마다 고유
한 유형이 있다는 사고방식은 실체론적 사고와 위계론적 사고를 가능
하게 하지만, 한의학에서 보는 것과 같은 음양오행설이나 경맥의 발
견은 불가능하게 만든다. 다음에 살펴볼 순환론적 역설 해법은 자기
언급이라는 것을 통해 유기체적 사고와 비실체론적 사고를 가능하게
함으로써 의학의 기틀 자체를 다르게 한다. 요원격과 부류격에서 유
형을 혼동하지 말아야 한다는 것은 몸의 장기를 이해함에 그 유형에
해당하는 장기가 자기 고유성을 가지고 있어야 한다는 것과 같다. 이
러한 유형론은 서양에서 파르메니데스-플라톤-아리스토텔레스로 이
어진 고질적인 A형 논리의 사고 형태인 것이다. 이와 같은 유형 이론
은 결국 환원론과 귀속주의의 모체가 된다. 양의학은 이런 모체에서

태어난 사생아와 같다. 다음에 설명하겠지만, 한의학은 비일관성-순
환론에 가깝다. 순환론은 곧 동양의 역에서 역설을 해결하는 방법이
되기도 한다.

제2장 현대 과학의 논리와 한의학의 논리

1. 홀로그래피의 논리적 구조

한의학과 홀로그래피의 관계에 대해서 필자는 이미 《현대물리학과 한국철학》(서울 : 고려원, 1993) 제2편에서 말한 바 있다. 그리고 홀로 그래피와 포토그래피의 관계에 대해서는 《러셀 역설과 과학혁명구 조》(서울 : 솔, 1996)에서 다루었다. 이 양자의 관계를 처음 말한 지도 10여 년이 지난 터라, 그 사이 새롭게 얻어진 지식과 이론에 기초해 여기서 다시 다루어보려고 한다.

홀로그래피는 20세기 과학의 꽃이라고 할 수 있다. 혁명적이라고 할 만큼의 기틀 전환은 다른 어느 것에 비교할 수 없을 정도이다. 그 만큼 영향력이 큰 것이 바로 홀로그래피의 발견이다. 한의학의 현대 적 이론 구성에는 다른 어떤 것보다도 홀로그래피 이론이 도움이 된 다. 한의학의 기본 논리는 부분과 전체가 같다는 논리, 곧 '부분 즉 전체(partwhole)'의 논리이다. 어떻게 이러한 논리가 가능한지 그 이유를 파악하는 것은 무엇보다 중요하다. 이를 파악함으로써 홀로그래피가 현대 과학의 총아로 모든 분야에 적용될 수 있음을 알 수 있기 때문이다.

홀로그래피의 구조는 그것이 만들어지는 과정에서 선명하게 드러난다. 홀로그래피는 일종의 사진 기술이다. 종래에 포토그래피는 우리가 이미 100년 이상을 사용해온 것이다. 그런데 홀로그래피는 포토그래피와 비교함으로써 그 구성 원리를 더 분명히 알 수 있다. 포토그래피는 그 구성에서 부분 즉 전체가 아니다. 우리말 '한'은 부분 즉 전체를 가장 정확하게 나타내지만, 여기서는 부분(part)와 전체(whole)의 합성어인 파트홀을 함께 사용하려고 한다. 부분과 전체의 관계는 19세기 말에 수학자 칸토어로 말미암아 그 개념이 획기적으로 변하게 되었다. 유클리드는 '부분의 합이 전체'라는 하나의 공준을 만들었다. 그러나 칸토어는 자연수 전체에서 그것의 절반인 홀수나 짝수를 일대일로 대응시키는 기법을 통해 부분과 전체 그리고 유한과 무한이 같다는 것을 증명했다. 이는 유한의 합이 무한이고 유한의 연장이 무한이라는 종래의 생각을 근본적으로 바꾸어놓았다. 유한 속에 包含된 무한을 칸토어는 실무한(transfinite)이라고 했다. 그리고 무한 속에 包涵되는 유한은 가무한(potential infinite)이라고 한다. 가무한은 유한과 무한이 일대일로 대응하지 않는다. 포토그래피는 바로 이러한 가무한에 기초한 것이며, 홀로그래피는 실무한에 기초한 것이다. 실무한의 발견은 20세기의 거의 모든 분야에서 기틀 전환을 가능하게 만들었다. 이런 점에서 홀로그래피의 발견은 이미 19세기 수학에서 예견되었던 셈이다. 잘 알려진 것처럼, 아인슈타인의 상대성 이론 역시 19세기 초 리만의 비유클리드 기하학에 기초를 둔 것이었다.

칸토어가 실무한을 발견한 배경은 '일대일 대응'이었다. 그러면 홀로그래피에서 이 기법이 어떻게 적용되는지 살펴보도록 하겠다. 그런 다음 이를 한의학에 적용하는 것은 무엇보다 중요하다고 하겠다. 실무한의 정립은 일대일 대응의 발견으로 가능해졌으며, 이는 20세기 과학의 기틀을 바꾸는 계기가 되었다. 한의학은 이러한 일대일 대응 개념 없이는 파악이 불가능하다. 경맥과 장부의 일대일 대응은 그 좋은 실례이다. 어느 부분도 전체와 같아지는 홀로그래피는 바로 일대일 대응이라는 기법을 통해 수학에서 발견된 것이다. 실로 한의학은 일대일 대응 논리가 그 근간을 이루고 있다고 해도 과언이 아니다.

（1）'quantum'과 '한'의학

주지하듯이, 양자물리학(量子物理學)은 영어로 'quantum physics'라고 한다. 'quantum'이라는 말은 순수한 라틴어로, (1) 얼마나 많이(how much), (2) 어느 정도로(to what extent degree), (3) 어떤 무엇(to what)의 뜻이 있다. 'quantum'의 어원은 'qua'이다. 'qua'는 (1) 어떤 길로(which way), (2) 어떤 방법으로(by what means), (3) 어느 쪽으로(in which direc-tion), (4) 어느 부분에(in which part), (5) 어느 길에 의해(by any road or route), (6) 어떤 방법으로(by any chance, in any way)의 뜻이 있다. 정리하면, 'quantum'이라는 말은 어떤 정확하고 확실하며 분명한 것을 지칭하는 말이 아니라, '어느 정도'처럼 불확정적이며 비결정적인 것을 가리키는 말이다. 이 말은 현대 물리학의 특징을 그대로 드러내는 말이기도 하다. 전통 뉴턴 물리학에서는 입자 같은 분명하고 확실한 실체가 절대공간과 절대시간 속에 위치하고 있다고 믿었다. 화이트헤드는 이러한 실체를 단순정위(單純定位, *Simple location*)라고 했다. 그는 이런 실체가 서양철학을 미망에 빠뜨렸다고 하면서, 있지도 않은 이런 실체가 있다고 고집하는 오류를 잘못 놓은 구체화의 오류(*fallacy of misplaced Concreteness*)라고 했다(Whitehead, 1979, 137). 철학이나 과학 등 서양의 모든 분야가 이런 오류를 범해왔다는 것이 화이트헤드의 견해이다.

동양철학은 단순정위 같은 실체의 존재를 부정한다. 모든 존재, 즉 있는 것은 '잇달아 일어남'으로써 변화 과정의 유기체적 관계 속에 있다는 것이 과정사상의 핵심 내용이다. 서양의 단순정위적 실체는 현대 양자물리학으로 말미암아 부정되고 만다. 마지막 실체와 관련해서는 소립자(particle)처럼 보이기도 하고 파동(wave)처럼 보이기도 한다고 해서 웨비클(*wavicle*)이라고 한다. 아인슈타인은 물질(matter)과 에너지(energy)가 같다는 $E = mc^2$이라는 공식을 만들었다. 이 때문에 메터지(*mattergy*)라는 말도 생겼다. 이처럼 현대 물리학은 분명하고 정확한, 따로 독립된 실체 같은 것을 인정하지 않는다. 이런 실체 같은 객체가 있다고 하더라도 관찰 주체가 누구인가에 따라 각양각색으로 관찰될 뿐이다. 왜냐하면 묻는 자체, 즉 알려고 하는 관찰 수단 자체가 변수를 새롭게 만들어내고 있기 때문이다. 한의학은 동양철학의 이러한 비실체론적이고 유기체론적인 세계관 위에 그 논리적인 혹은 철학적인 토대를 두고 있다. 기(氣)란 메터지와 같은 것이다. 인간의 장기는 고유한 실체성이 없는 것으로, 장기에 해당하는 경맥이란 다름아닌 메터지와 같은 것이다. 그리고 장기는 웨비클이라는 개념으로만 정의될 수 있다. 장기는 실체도 아니고 파동도 아니며, 오히려 그것의 합성인 웨비클인 것이다.

1929년, 코펜하겐에 모인 하이젠베르크와 보어 같은 현대 물리학자들은 코펜하겐 선언, 즉 불확정성 이론을 선포하기에 이르렀다. 궁극적인 실재는 확률적으로 '어느 정도'라거나 '얼마'와 같은 불확정적 수치로만 표현될 수 있을 뿐이다. 전자가 어느 위치에 얼마나 있을지는 확률적으로 표현할 수 있을 뿐이지, 그 정확한 위치를 정할 수는 없다는 것이다. 거시세계에서는 아직도 정확한 표현으로 실재의 위치를 말할 수 있을지 모른다. 그러나 미시세계에서는 도저히 그런 식의 확실성을 기할 수 없다.

불확실성과 비결정성이 발생하는 근본적인 원인은 부분과 전체가 분리되지 않고 서로 되먹힘하는 데 있다. 방이 집 안에 있어야 하는데, 반대로 집이 방안에 있다면 그것은 집의 해체이다. 양자역학이 발견한 최대의 실험적 결과는 다름아닌 수학의 실무한 개념이다. 페어홀스트 방정식 혹은 로지스틱 사상에서는 이를 방정식으로 표현하고 있다. 한마디로 이는 혼돈의 방정식이라고 할 수 있다. "…… 전체가 다음 차원의 부분으로 형식적으로 되먹히고 있을 뿐, 되먹힘 과정 속에서 일어나는 질적 변화를 파악할 수 없다. 그것이 없기 때문에 이제 질적 규정을 변화시킨 요소가 전체에 다시 되먹히는 새로운 차원의 질서를 파악학 수 없다"(조용현, 1996, 159). 여기서 우리는 우리말 '한'의 사전적 의미에 담긴 내용 속에서 현대 과학을 재조명해보게 된다. '한'은 한의학의 논리적 구조와 구성에 밀접한 관련을 가지고 있다. '한'의 비결정적 성격은 'quantum'과 일치한다.

우리 한민족은 반만년의 긴 역사 속에서 '한'이라는 말을 사용하며 한의학을 발전시켜왔다. 이 어휘로 자기 민족적 정체성(identity)과 자기 존재를 파악하는 것은 물론, 신의 개념도 정의해왔던 것이다. 이 말은 긴 역사의 과정 속에 자라오면서 의미도 다양하게 축적되었다. '한' 속에 하나(one)·여럿(many)·닮음(same)·가운데(middle)라는 사전적 의미가 포함되 있음은 여러번 지적했다. 남한에서 출판된 《우리말 큰 사전》이나 북한에서 출판된 《조선말 사전》(평양사회과학원)에서 똑같이 적시하고 있는 부분은, 한은 관형사로서 '대략'이나 '혹(about-ness)'의 뜻을 지니고 있다는 것이다. 남한 사전이 든 예로는 '한 열 권쯤 필요하오'나 '한 10분가량 늦었소' 등이 있으며, 북한 사전이 든 예로는 '한 열흘'이나 '한 열명' 등이 있다. 그리고 '한때'라는 것은 불확정적인 시간을 뜻한다. '한동안'과 '어느 한 사람' 등도 모두 비결정적인 시간

과 인물을 나타내는 것이다. 앞에 인용한 조용현의 말을 통해 이해해
볼 때, '한'이라는 말 속에 비결정적인 '어느'·'어떤'의 내용이 들어 있
는 까닭은 다름아닌 한의 의미 속에 전체와 부분이 동시에 담겨 있기
때문이다. 정확성과 명확성을 추구해온 과학이 한국사상 혹은 '한사
상'을 모멸해온 이유도 바로 이러한 비결정적 성격 때문이다. 그러나
20세기 현대 과학은 그 기틀이 변함에 따라 그야말로 애매성의 과학,
곧 'quantum' 과학이 되었다. 따라서 한의학이 새로운 빛을 받는 이유
도 분명해진다. 그러나 같은 '한'이라도 중국의 '漢'은 전체를 의미하
는 '크다'의 의미만 있을 뿐, 전체와 부분을 동시에 의미하는 내용은
없다. 이런 점에서 '漢醫學'과 '韓醫學'은 다른 것이다. 인체의 체질에
따라 병이 다르고 처방도 다르다는 사상의학은, '한'의 뜻에서 볼 때 부
분 즉 전체라는 비결정의 의학을 일컫는 말이라고 할 수 있을 것이다.
서양에서도 전통 의학에 도전하는 '양자역학적 치료(Quantum Healing)'
가 대두되고 있다(Chopra, 1989 참고).

　정확성과 확실성에 훈련된, 즉 뉴턴 물리학적 세계관에 익숙한 서
양인들의 눈에는 이것이 비과학적이요 비합리적인 것처럼 보일 것이
다. 현대 물리학이 계산하는 확률함수 자체는 매우 정확한 수치로 계
산되는 것이다. 즉, 부정확의 정확이요 불확실의 확실인 것이다. 한의
학의 논리는 바로 이러한 한이 지닌 정의 속에 포함되어 있다고 할
수 있다. 그런 차원에서 한의학은 양자역학적 의학(Quantum Medicine)이라
고도 할 수 있을 것이다.[1] 양의학이 뉴턴-데카르트적 세계관에 기초
를 두고 있는, 즉 물질과 정신 그리고 몸과 마음을 양분화하는 양(兩)
의학이라면, 한의학은 양자역학적 세계관에 그 기초를 두고 있는, 즉

1　　디팩 초프라의 《양자역학 치료(Quantum Healing)》는 양자역학과 의학을 연
　　관시킨 주요 저서 가운데 하나인데, 그는 여기서 질병에 대한 한의학적
　　접근을 하고 있다(Chopra, 1989 참고).

몸과 마음을 하나로 보는 양자역학적 의학인 것이다. 다음에 살펴볼 현대 과학이 이러한 기초적 이론들을 입증해주고 있다.

(2) 홀로그래피와 포토그래피

《파르메니데스》의 제3의 인간 역설에서는 일과 다의 관계를 다루는 '미리올로지(mereology)'가 제기된다. 이 때문에 서양철학은 일자와 다자를 분리시키는 고질적인 이원론에 빠졌고, 몸과 마음의 분리는 현대 의학 정신의 골격이 되어버렸다. 플라톤은 일과 다의 관계를 햇빛의 비유를 통해 설명한 것으로 잘 알려져 있다. 하나의 햇빛이 여러 개물 위에 비춘다는 것이 곧 참여설(參與說)인데, 만일 개물 위에 천막을 친다고 한다면 참여설은 부정될 수밖에 없고, 오히려 분유설(分有說)이 설득력을 갖게 된다. 해는 천막이 놓여 있는 부분에만 분유되어 비출 것이기 때문이다. 즉, 하나의 해와 그것에 참여하는 다자의 관계를 상정하고 전개되는 설명은 매우 미흡할 수밖에 없다.

불교 화엄에서도 '월인천강(月印千江)'이라고 해서 하나의 달이 여러 강물 위에 비춘다는 말을 하고 있다. 일과 다의 관계를 일중다 다중일이라고 한다. 그러나 서양은 일과 다의 관계를 '가운데[中]'라는 개념으로 설명하지는 못했다. 여기서 '가운데'란 일과 다 사이의 중간 지점이라는 뜻이 아니라, 일 속 그리고 다 속이라는 뜻이다. 즉, 서로 包含된다는 말이다. 그러나 서양은 일과 다를 항상 包涵으로만 이해하려고 했다. 전자를 내인적이라고 한다면, 후자는 외인적이라고 한다. 레이저광을 이용한 홀로그래피는 일과 다의 관계를 包含의 관계로 만드는데, 이는 서양철학의 고질적인 일과 다의 관계를 전혀 새롭게 이해하도록 했다는 점에서 퀘슬러는 혁명적이라고 했다. 이제 홀로그래피는 한의학에서 경맥에 대한 설명과 음양오행의 관계를 설명하는 데 결정적인 도움을 줄 것이다.[2]

홀로그래피란 빛의 파장 이론을 응용한 20세기 과학의 새로운 한 분야이다. 데니스 게이버가 홀로그래피 이론으로 노벨상을 수상한 때는 1971년이다. 그러나 그가 홀로그래피 이론을 처음으로 발견한 때는 그보다 20여 년이나 앞선 1947년이었다. 당시에 그는 브리티시 톰슨-휴스턴 회사에서 연구원으로 일하고 있었다. 게이버가 홀로그래피를 처음 발견한 때로부터 노벨상을 수상하기까지 무려 20여 년이 걸린 이유는 발견 당시에 그가 사용했던 광선의 종류에 문제가 있었기 때문이다. 홀로그래피를 만드는 데 결정적으로 중요한 구실을 한 것은 레이저(*laser*)이다. 레이저가 1960년도에 처음으로 등장했다. 레이저는 홀로그래피를 만드는 데 필수적이며, 동시에 홀로그래피의 성격을 파악하는 데도 결정적인 구실을 한다. 레이저는 햇빛이나 전구의 빛과는 다른 특이한 성질을 지니고 있다. 그 특징 가운데 하나가 바로 **동조성**(*coherent*)이다. 동조성이란 빛의 파장과 진폭이 고르게 진행되는 성질을 말한다. 이는 다른 빛과는 구분되는 성질이다. 보통 광선은 진행 과정에서 산란이 심하게 일어나 그 시작과 끝에서 빛의 파장이 심하게 달라진다.[3] 그러나 레이저광은 아무리 멀리 진행되어도 빛의 밝기와 크기에서 동조성, 즉 가지런함을 유지한다. 홀로그래피는 바로

---

2   'holography'라는 말은 그리스어의 'holos'(=complete)와 'graphy'(=writing)의 합성어로, '완전 문체(complete writing)'라는 뜻을 지니고 있다. 그러나 이러한 해석이 그대로 홀로그래피에 적합한 것은 아니다. 홀로그래피는 '전체(holos)'라는 의미와 '부분(on)'이라는 말이 결합되어 '홀론(holon)'이라고도 일컬어진다. 우리말에는 부분(낱)과 전체(온)를 동시에 표현할 수 있는 '한'이라는 말이 있어 별 문제가 없다. 때문에 홀론은 우리말 '한'으로 표현할 수 있을 것이다. 그러나 그리스어든 영어든 한문이든, 한 단어로 '홀론'을 표현하는 데는 어려움이 있다. 일본에서는 이를 '공상(空像)'이라고 번역하고 있다.

3   오늘날 상업용으로 쓰이는 레이저는 모두 빛의 산란 없이 먼 거리를 비추는 성질을 이용한 것이다. 하늘을 향해 레이저를 비출 경우 그 빛으로 빛을 투사한 장소를 확인할 수 있다.

이러한 동조성을 특징으로 하는 레이저광으로 만들어진다. 만일 일반 광선도 레이저광처럼 동조성만 유지될 수 있다면 홀로그래피를 만드는 데 아무 무리가 없을 것이다.

빛의 동조성을 살펴보려면 파장과 진폭(혹은 진동수)을 함께 말해야 한다. 파장이란 파의 높이와 높이 사이의 거리이고, 진폭이란 파 하나의 골에서 정점까지의 높이를 말한다. 물에는 수면파가 있고, 소리에는 음파가 있으며, 빛에는 광파가 있다. 파장과 진폭을 지니고 있다는 점에서 이들은 모두 같다. 어느 종류의 파이든 동조성만 유지되면 홀로그래피는 만들어진다. 그러나 수면파와 음파는 그 동조성이 너무 파손되어 있기 때문에 홀로그래피를 만들기에는 적합하지 않다. 홀로그래피라는 빛은 지금까지 우리가 보지 못했던 신비한 성격을 지니고 있다. 평면으로 되어 있는 홀로그래피를 보고 있노라면 마치 창을 통해 바깥 물체를 보고 있는 듯한 입체감을 느끼게 된다. 한마디로, 2차원을 통해 3차원을 보는 듯한 느낌이다. 그러나 막상 홀로그래피가 그려진 감광판 자체를 통해서는 그림을 볼 수 없다. 거기에는 정보만 기록되어 있을 뿐이다. 이렇게 정보로 표현되는 경우를 특히 홀로그램(*hologram*)이라고 한다. 감광판에는 햇무리나 손금 같은 무늬만 보일 뿐이다. 즉, 일반 화폭처럼 장면(scene)이 있는 것이 아니라 장면에 대한 '정보(information)'만 있는 것이다. 대상이 있는 것이 아니라 메타 대상이 있는 것이라 하겠다. 이 정보가 바로 홀로그래피에 기록된 간섭 패턴(*interference pattern*)이다. 만일 꽃을 대상으로 홀로그래피를 만들었다면, 그 판 위에 입력되어 있는 것은 꽃 자체의 실상이 아니라 꽃에 대한 정보일 따름이다.

이런 점에서 보자면, 추상화조차도 홀로그래피에서는 구상화라고 할 수 있다. 꽃이 대상이라면 정보는 이 대상에 대한 메타 대상이라는 뜻이다. 홀로그래피에서 대상은 메타 대상으로, 그리고 메타 대상은 대상으로 서로 호환된다. 포토그래피와는 달리 홀로그래피는 이렇게 정보가 실재 대상과 일대일로 대응한다. 포토그래피에서는 그림의 점 하나하나가 일대일 대응을 하지만, 홀로그래피에서는 그림과 감광판의 정보가 서로 일대일 대응을 한다. 왜냐하면 대상을 이미 한 단계 다른 논리 계형으로 바꾸어놓았기 때문이다. 우리는 제작 과정에서 그 까닭을 살펴 알 수 있다. 이런 점에서 볼 때 인체의 경맥은 장기의 모든 정보를 담고는 있으나 자기의 모양과는 상관없는 홀로그램이라 할 수 있으며, 경맥은 그런 의미에서 메타 장부라고 할 수 있을 것이다. 경맥은 대상 장부의 기와 그렇지 않은 순수 기가 간섭해 만든 간섭 패턴, 즉 홀로그램인 셈이다.

(3) 포토그래피와 홀로그래피의 제작 과정

요즘은 누구나 사진기를 사용하며, 사진기가 만들어내는 '포토그래피'의 원리를 모르는 사람은 드물다. 포토그래피의 경우, 먼저 사진을 찍으려고 하는 대상에는 그것을 비추는 빛이 있는데, 대상에 닿아 다시 반사되어 나온 빛은 사진기의 렌즈를 통과한다. 그러면 초점과 조리개 및 시간을 조절하여 셔터를 작동시키면 렌즈를 통과한 빛은 사진기의 뒤에 있는 감광판에 상을 맺는다. 대상이 처음 찍히는 상태는 네거티브(negative)이다. 빛의 근원에서 나온 빛이 물체에 부딪혀 다시 감광판에 상을 맺는 매우 단순한 일대일 대응의 방법으로 사진이 만들어진다. 광원에서 나온 빛이 대상에 닿은 뒤 반사해 다시 사진기에 찍히는 방식, 즉 대상의 모든 부분이 건판에 일대일로 대응(one-to-one)하는 방식으로 사진이 만들어진다는 뜻이다. 여기서 생각해볼 문제는 사진기의 렌즈가 갖는 역할이다.

이 그림에서 보는 것처럼, 렌즈는 대상 물체와 사진 필름 사이에 있으며, 빛을 조절해 전달하는 역할, 즉 일대일로 대응시키는 일차원적

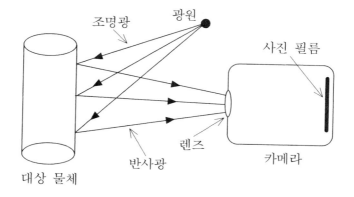

〈그림 1〉 포토그래피를 만드는 방법

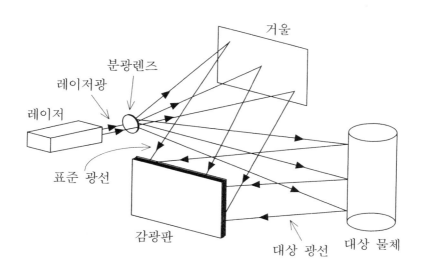

〈그림 2〉 홀로그래피를 만드는 방법

전달 역할만 한다. 여기서 우리는 렌즈가 갖는 철학적 혹은 논리적 성격에 관해 한번쯤 생각해볼 필요가 있다. 대상 피사체를 객체(object)라고 하고 사진의 필름을 주체(subject)라고 할 때, 렌즈는 객체인가 아니면 주체인가? 이 경우 렌즈는 양면성을 지니고 있다. 객체에서 볼 때는 주체이고, 주체에서 볼 때는 객체이다. 가늠구멍과 목표물 사이에 있는 소총의 가늠쇠와 같다. 렌즈의 이러한 역설적 성격을 포토그래피는 무시한다. 반면, 홀로그래피는 렌즈의 이러한 역설적 이중성을 응용해 만들어진다. 포토그래피에서 렌즈는 광원에서 나온 빛을 그냥 받아 필름에 전달하는 역할만 하지만, 홀로그래피에서는 빛을 둘로 나누는 역할을 한다. 하나는 광원에서 나온 그대로 감광판에 가도록 하고, 다른 하나는 객체인 대상 물체에 가 닿았다가 감광판에 가도록 한다. 그러면 감광판에서는 렌즈에서 갈라졌던 두 빛이 모두 다시 만나 서로 간섭(干涉, interference)을 한다. 그래서 홀로그래피는 일대일 대응 방식으로는 만들어지지 않는다. 그 대신 두 빛이 서로 간섭하는 방식으로 만들어지는 것이다. 이 점이 포토그래피와 홀로그래피를 구별하는 데 주요한 단서를 마련해준다. 다시 말해서, 같은 근원에서 나온 빛을 홀로그래피는 둘로 나누지만 포토그래피는 그렇지 않다.

　포토그래피와 홀로그래피는 서로 다른 논리적 배경을 가지고 있다. 양자는 모두 같은 광원에서 출발한다. 그러나 홀로그래피는 포토그래피와는 달리 한번 헤어졌다가 다시 만난다. 홀로그래피의 경우에는 분광렌즈에 따라 광원에서 나온 빛이 한번 갈라져야 한다. 분광렌즈에서 그대로 감광판으로 직진하는 빛을 **표준 광선**(*reference beam*)이라고 하고, 대상에 부딪혔다가 가는 광선을 **작용 광선** 혹은 **대상 광선**(*object beam*)이라고 한다. 포토그래피에서 빛의 진행은 일대일이지만, 홀로그래피의 경우에는 '하나에서 둘을 거쳐 그리고 다시 하나(one thru two to One)'로, 즉 빛이 한 곳에서 나와 갈라졌다가 다시 만나게 된다. 처음의 일을 'one'이라고 하고 다시 만나 하나가 된 나중의 일을 'One'이라고 표기함으로써, 소문자와 대문자로 구별하기로 하겠다. 전자를 1차 만남 그리고 후자를 2차 만남이라고 할 때, 홀로그래피는 1차 만남에서 헤어져 다시 2차 만남을 이룬다고 할 수 있다. 자기가 자기를 다시 만나는 자기언급이라고 할 수 있겠다. 이처럼 홀로그래피는 철저한 논리적인 과정을 거쳐서 만들어진다.

  렌즈가 광원의 빛을 받아 필름에 전달하는 역할을 하는 포토그래피와는 달리, 홀로그래피에서 렌즈는 광원에서 온 빛을 둘로 나누는 역할밖에 하지 않는다. 그래서 홀로그래피는 '렌즈 없는(lensless)' 사진 기술로 흔히 알려져 있다. 홀로그래피의 경우에는 렌즈의 초점을 맞추기 위해 수고할 필요가 전혀 없다. 그리고 홀로그래피는 매우 특수한 필름을 사용해야 만들어진다. 그래야만 두 광선의 간섭효과를 제대로 드러낼 수 있다. 그런데 홀로그래피의 경우 어째서 한 광선이 갈라졌다가 다시 하나로 되어야 하는지, 이것이 관심의 표적이 되지 않을 수 없다. 표준 광선과 대상 광선이 하는 역할과 차이점은 무엇인가? 대상 광선은 실물 대상에 접촉한 것이고 표준 광선은 그렇지 않은 것이라고 했다. 그러나 처음에는 두 광선 모두 같은 광원에서 나왔다. 포토그래피의 경우에는 대상 광선만을 사용하기 때문에 표준 광선이 없다. 표준 광선을 '순수 광선' 그리고 대상 광선을 '불순 광선'이라고 불러도 좋을 것이다. 여기서 '불순'이라는 말은 이미 대상과 접촉을 했다는 뜻이다. 표준 광선을 일자(一者) 그리고 대상 광선을 다자(多者)라고 할 수도 있고, 전자를 전체 메타 그리고 후자를 부분 대상이라고 할 수 있겠다.

  이를 플라톤의 이데아와 개물의 관계라고 해도 좋다. 표준광과 순수광은 이데아 그리고 불순광은 개물이라고 해도 좋다. 플라톤은 이 둘의 관계를 설명하려고 같은 빛을 동원해 참여설과 분유설을 주장했

던 것이다. 그런데 홀로그래피의 경우에서 보는 것처럼, 일자와 다자
가 같은 근원에서 나와 갈라졌다고 한번 생각해보자. 다음으로 갈라
졌다가 다시 만난다는 점을 생각해보자. 여기서는 이를 3단계 과정이
라고 하겠다. 플라톤이 자신의 사유에서 놓쳐버린 것은 바로 이 3단
계 과정이라고 할 수 있다. 빛이 같은 근원에서 나와 갈라졌다가 다시
만나는 것을 두고 간섭이라고 했다. 파장과 진폭이 서로 간섭을 하기
때문이다. 플라톤은 형상과 사물이 서로 어느 정도 간섭을 한다고 믿
었다. 그러나 그의 주장에는 일관성이 없으며, 그의 제자들은 그만 둘
을 갈라놓고 말았다. 이것이 바로 서양철학에서 사물이 양분화되는
까닭인 것이다. 서양철학은 2,500년 동안 포토그래피만 만들어온 것이
다. 동양철학은 반대로 홀로그래피를 만들어왔다. 그러면 노자의 《도
덕경》을 통해 이를 확인해보자.

(4) 홀로그래피와 도

진폭의 골을 음이라 하고 산봉우리를 양이라고 하자. 여기서도 역에
서 보는 것과 같은 음양 가치의 대칭이 있다. TF 사슬 고리에서 T를
봉우리라고 보고 F를 골이라고 보는 셈이다. 이렇게 배정을 해놓으면
러셀 역설의 해법과 역의 구조를 이해하는 데 절묘한 대안을 발견할
수 있다. 파장이란 역에서 말하는 위치대칭에 해당한다. 역설에서는
이를 대상과 메타의 관계로 생각해도 좋다. 역의 괘에서는 위치대칭
(위대칭)과 가치대칭(치대칭)이 선회와 착종을 한다. 이는 마치 홀로그
래피에서 빛이 서로 간섭하는 것과 같다고 할 수 있다. 봉우리와 봉우
리 사이는 T와 T 사이와 같고, 골과 골 사이는 F와 F 사이와 같다. 그
래서 TF는 파장 혹은 진동수를 결정한다. 이런 조망 아래 역과 러셀
역설, 그리고 홀로그래피를 완벽하게 일치시킬 수 있다. 앞에서 본 굽
타의 TF 그림에서 실선과 점선은 봉우리와 골로 왕복하며 TF 사슬 고

리를 만들었는데, 여기서 그것을 상기하면 될 것이다.

플라톤은 자연의 빛으로 일과 다의 관계를 설명하려다가 실패하고 말았으며, 서양철학사에 불치의 이원론을 남기고 말았다. 그러나 노자의 《도덕경》은 레이저광을 사용해 일과 다의 관계를 설명하는 홀로그래피의 세계를 우리 앞에 열어주고 있다. 순수한 도(道) 혹은 표준도(reference Tao)를 '상도(常道)'라고 하고, 불순한 도 혹은 일상화한 대상도(object Tao)를 '가도(可道)'라고 한다. 그러면 《도덕경》 제1장의 "도가도비상도(道可道非常道)"는 "표준도와 대상도는 서로 간섭을 한다. 변하지 않는 도가 아니다"라고 해석해야 할 것이다. 그런데 지금까지는 표준 도와 대상 도를 분리해 변하지 않는 상도를 추구하는 것처럼 해석해왔다. 이는 완전히 잘못된 것으로, 이어지는 구절들과 연관이 안 된다. 가령, "이 둘이 같은 데서 나와 이름이 다를 뿐[同出而 異名]"이라는 구절을 보자. 같은 근원에서 나와 갈라지면 도와 가도로 나뉜다. 그러나 '도가도'는 '도는 도이다'라고 해석함으로써 서로 자기언급적이다. 자기언급이란 서로 간섭을 한다는 뜻이다. 도에는 음(무)과 양(유)이라는 대칭이 있으며, 도와 도 사이에 파장을 만든다. 이렇게 서로 간섭함으로써 홀로그래피의 세계를 만드는데, 이를 현묘(玄妙)라고 한다. 일자 속에 다자 그리고 다자 속에 일자가 있는 홀론의 세계를 두고 하는 말이다. 이처럼 《도덕경》은 홀로그래피 이론으로 완전히 재해석되어야 할 것이다.

여기서 서양철학과 동양철학의 주요 차이점이 생긴다. 서양철학은 '포토그래피적'이고 동양철학은 '홀로그래피적'이라고 해도 좋다. 이처럼 포토그래피와 홀로그래피는 철학에서 주요 기틀(paradigm)의 차이점을 결정한다. 대상 광선과 표준 광선의 차이는 여러 가지를 시사해주고 있다. 거짓말쟁이 역설이 발생하는 가장 근본적인 까닭은 대상 언어와 메타 언어의 구별에 있다. 대상 언어와 메타 언어가 서로 간섭

함으로써 역설이 생기는 것이다. 여기서 메타는 표준적 성격을 지니
며, 이러한 되먹힘은 빛의 간섭효과로 볼 수 있다. 정리하면, 역설은
언어가 이처럼 대상과 메타로 나뉘지 않고 서로 간섭할 때 발생하는
것이다. 노자는 이런 역설의 세계를 자연(自然)이라고 했으며, 사람이
이 자연을 배워야 한다고 했다. 메타 언어가 대상 언어를 언급하는 것
이 곧 자기언급이라고 했는데, 홀로그래피에 이를 적용해보자면, 감광
판에 표준 광선과 대상 광선이 간섭하는 것을 일종의 자기언급이라고
할 수 있을 것이다. 왜냐하면 표준 광선과 대상 광선은 본래 하나의
근원에서 나온 것이기 때문이다. 이와 같은 맥락에서 거짓말쟁이 역
설과 홀로그래피는 동일하게 이해될 수 있다.

거짓말쟁이 역설을 충족시키기 위한 메타와 대상의 구별 그리고 두
언어 사이의 자기언급이 홀로그래피에서 이루어졌다. 그 결과 '부분
즉 전체'라는 파트홀 현상이 나타났다. 다시 강조하거니와, 홀로그래
피가 포토그래피와 다른 점은 모든 부분이 전체를 包含하고 있다는
것이다. 부분이 전체라는 이런 현상은 일종의 도깨비 현상이라고 할
수 있으며, 아서 쾨슬러가 홀로그래피 현상을 두고 기계 속의 요정(*the
ghost in the machine*)이라고 한 것은 바로 이 때문이다. 모든 부분이 전체
를 반영하는 이와 같은 현상을 일컬어 비국소적(*nonlocality*)이라고 한다.
그런 면에서 포토그래피는 '국소적(localistic)'이라고 할 수 있고, 홀로
그래피는 '비국소적(nonlocalistic)'이라고 할 수 있다. 이렇게 비국소적으
로 되는 까닭은 홀로그래피를 만드는 과정에서 드러났다. 즉, 같은 광
선이 표준과 대상 광선으로 나뉘었다가 다시 결합하는 'one-two-One'
의 과정을 거쳤기 때문이다.

러셀 역설을 순환적 해법으로 찾을 때 바로 이러한 비국소적 현상
이 나타난다. 이러한 홀로그래피의 비국소적인 현상은 다른 부문에도
적용할 수 있다. 칼 프리브람(Karl Pribram)은 뇌를 연구하는 과정에서,

뇌의 일부가 손상을 입어도 뇌의 다른 부분이 다시 전체 기능을 발휘함을 발견했는데, 이는 곧 뇌생리학에도 홀로그래피 이론이 그대로 적용될 수 있음을 증명하는 것이라 하겠다. 데이비드 봄은 이러한 비국소적 성격을 숨겨진 질서(*implicate order*)라고 했다(Bohm, 1980, preface). 한의학의 세계는 이러한 숨겨진 질서에 속한다. 그러나 양의학은 나타난 질서(*explicate order*)에 속한다. 숨겨진 질서를 지배하는 논리는 E형이고, 나타난 질서를 지배하는 논리는 A형이다.

숨겨진 질서가 가능하기 위해서는 동조성 빛을 통해야 한다. 동조성 빛과 비동조성 빛의 차이는 마치 훈련된 병사가 질서 정연하게 행진하는 것과 그렇지 않은 것의 차이와 같다. 태양이나 촛불은 동조성이 약하기 때문에 홀로그래피를 만들기에 적합하지 않다. 홀로그래피를 만들기 위해서는 레이저가 필요한데, 그 까닭이 동조성에 있음을 앞에서 살펴보았다. 이렇게 포토그래피와 홀로그래피는 만들어지는 과정에서 서로 철저하게 다른 논리적 배경을 가지고 있다. 다시 정리하면, 포토그래피의 경우에 렌즈는 피사체인 대상물과 감광판을 일대일로 대응시키는 구실을 하며, 이 때문에 피사체와 감광판의 네거티브 상 또한 일대일로 서로 대응한다. 피사체의 한 부분은 필름의 특정 부위에 국한되어 촬영된다. 하나가 다른 곳에 또다시 각인되는 일은 절대 불가능하다. 이로써 포토그래피를 '국소적'이라고 하는 이유가 충분히 설명되었을 것이다.

국소주의 논리는 A형 논리의 세 가지 사고 법칙인 동일률·모순율·배중률에 그 근거를 두고 있다. 즉, "A는 A이다"라는 동일률, "A이면서 동시에 A가 아닐 수는 없다"는 모순율, 그리고 "A는 A이거나 A가 아닌 것이다"라는 배중률에 철저하다는 말이다. 이 세 가지 사고 법칙은 모두 가시적으로 드러난 질서에 속하는 것이다. 다시 말해서, 포토그래피는 나타난 질서로 만들어진 것이다. 포토그래피는 네거티브와 대상 사이에 일대일 대응을 하지만, 홀로그래피는 건판에 나타난 정보와 대상이 일대일 대응을 한다. 그래서 홀로그래피의 건판은 대상에 대한 메타의 메타이다. 대상광에 대해 표준광이 메타라면, 건판은 대상과 메타가 간섭을 한 메타의 메타이다.

포토그래피의 경우에는 한 장면이 일대일 대응의 방법으로 국소적으로 촬영되지만, 홀로그래피의 경우에는 하나의 부분이 전체를 동시에 반영한다. 여기서 뉴턴의 절대 공간과 절대 시간은 찾아볼 수 없다. 우리의 눈이 보는 것은 실상(real image)이 아니라 허상(virtual image)이다. 정확히 말하면, 허상을 실상이라고 여기며 보고 있는 것이다. 광원과 실상 사이에 홀로그래피가 놓여 있을 때, 광원에서 나온 빛은 홀로그래피까지 확산되었다가 다시 수렴된다. 그래서 실상을 허상으로 대체해 보게 된다. 이러한 현상을 포토그래피에서는 찾아볼 수 없다. 확산과 수렴, 곧 헤어졌다가 다시 만나는 상반된 일로 말미암아 홀로그래피의 반대 일치 현상이 나타난다. 포토그래피의 경우에는 한 부위가 절대적 공간을 차지하고 있기 때문에, 만일 그 부분이 훼손된다면 다시 재생하기란 불가능하다. 그러나 홀로그래피의 경우에는 특정 부위뿐만 아니라 어느 부분에 빛을 비추더라도 피사체의 전체가 재생될 수 있다.

장부를 대상이라고 한다면 경맥은 메타에 해당한다. 장부와 경맥은 모두 기라고 하는 근원에서 나온다. 장부에 닿은 기와 그렇지 않은 기가 경맥에서 만나 서로 간섭을 함으로써 홀론을 만든다. 만일 고대 그리스 사람들이 이렇게 형상(표준)과 개별자들 사이에 일어나는 간섭 현상을 알았더라면, 그들의 의학도 지금과는 판이하게 달라졌을 것이다. 경맥의 발견에 앞서 논리적 발견이 선행하는 것은 물론이다. 《도덕경》에서 볼 수 있는 것처럼, 상도와 가도는 서로 간섭을 함으로써 현묘라고 하는 홀론의 결과에 도달한다. 한의학은 이와 같이 '한'의 사전적 의미에 나타나는 파트홀적인 세계관 위에서 성립된 것이다. 양의학이 포토그래피의 논리를 따른다고 할 때, 한의학은 이처럼 홀로그래피의 논리를 취하고 있는 것이다.

(5) 러셀 역설과 스테판-바나흐 정리

러셀 역설에 대해서는 기하학적으로도 증명이 시도되었다. 스테판-바나흐는 TF가 점진·반복을 계속할 때 다음과 같은 도형이 그려진다는 것을 발견했으며, 이를 스테판-바나흐 정리라고 한다. 3단계에 걸쳐 점진·반복하는 과정은 카오스 이론의 3단계와 같다. 이는 마지막 장에서 다시 거론할 것이다. 여기 분리되지 않은 구가 하나 있다고 하자. 다음은 이 하나의 구가 둘로 분리된다. 다음 세번째 단계에서는 여러 개의 구가 생기면서 개별적인 그 구들은 전체를 안에 모두 包含하고 있다. 즉, 홀론의 세계가 그려진 것이다. 우리는 여기서 카오스의 3단계 그리고 홀로그래피의 3단계를 발견하게 된다. 역이 모두 홀론의 세계를 지향하고 있음을 발견하게 되는 것이다. 이 세계가 곧 숨겨진 질서의 세계이다. 역과 한의학에도 이러한 3단계가 있으며, 그 구조마저 같다.

이 정리는 기하학과 물리학의 절묘한 만남을 시사하고 있다. 왜냐하면 스테판-바나흐 정리는 수학자들이 도상 연습을 하는 과정에서 증명한 것이지만, 물리학자들이 물리적 실험을 통해 도달한 결론과도 같기 때문이다. 아울러 이는 지금껏 논리학자들이 그 해결을 위해 부심했던 러셀 역설의 해법이기도 하다. 전체가 부분으로 나뉘고 이렇게 나뉜 그 어느 부분이든 다시 전체를 반영한다는 말은, 거짓말과 참말이 서로 간섭 작용을 해 홀로그래피의 세계에 도달하는 것이 궁극의 해법이라는 말과 통한다. 한의학의 경맥 이론도 홀론의 세계에 그 초점이 맞추어져 있다.

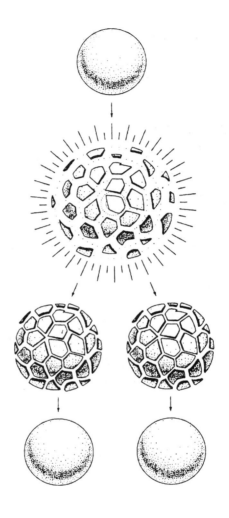

〈그림 3〉 바나흐-타르스키 역설의 도해

　　제1단계에서는 고정된 반지름을 갖는 하나의 구가 유한한 수의 부분으로 분해된다. 다음 제2단계에서는 원래의 구와 반지름이 똑같은 두 개의 구로 다시 조립된다. 그리고 두 개의 구 속에는 분해된 각 부분이 모두 들어 있다. 1차원이나 2차원 공간에서는 이러한 현상이 절대 일어나지 않는다. 이는 하나가 둘과 같다는 논리를 따르고 있기 때문이다. 제3단계에서는 원래의 구와 같은 구가 다시 나타난다. 이는 곧 'one-many-One'의 3단계인 것이다.

이는 멱집합에서 전체집합이 제 자신의 한 요소로 包含됨을 단적으로 증명하는 것이다. 멱집합을 위상기하학적으로 보여주는 것이라고 할 수 있기 때문이다. 수학자들은 스테판-바나흐의 증명에 놀랐다. 그러나 1950년대에 이르러 데니스 가버로 말미암아 홀로그래피가 발견되면서, 이 증명은 물리학에도 그대로 적용될 수 있음이 밝혀진 것이다. 'one'에서 'many'로 그리고 'one in many'와 'many in one'으로 발전하는 것이 다름아닌 위 3단계의 전개 과정이며, 이는 홀로그래피가 만들어지는 과정과 일치하는 것이다. 이러한 과정을 화이트헤드는 '창조성(Creativity)'이라고 했다. 하나의 빛에서 나와 두 개의 빛으로 갈라지고, 다시 감광판에서 만나 간섭효과를 만들어낸다. 이렇게 새롭게 만들어진 것은 홀론의 세계를 그대로 반영하는 것이라고 할 수 있다. 홀로그래피 이론은 한의학 자체라고 할 만큼 중요하다. 경맥의 구조 그리고 오수혈의 구조를 설명하는 데 홀로그래피 이론만큼 적중하는 것도 없다.

2. 카오스 이론과 한의학의 논리

(1) 거짓말쟁이 역설과 반복·점진법

현대의 카오스 이론을 말할 때는 보통 19세기 말의 수학자들인 페아노(G. Peano)와 포앙카레(Henri Poincare)까지 거슬러올라간다. 페아노는 당시에 이미 페아노 곡선을 통해 수학자들을 당황하게 만들었다. 정사각형 안쪽을 연속적으로 메우는 과정에서, 페아노 곡선은 점들이 평면인 사각형 안을 무한히 채울 수 있다는 것을 보여준다. 이는 유한 공간 속에 무한을 채우는 실무한 개념의 연장이라고 할 수 있다. 그러나 페아노 곡선은 당시 수학자들에게 불쾌감을 주었다. 가무한에서는 무한이 유한에서 분리되어야 하는데, 그렇지 않고 무한과 유한이 일대일로 대응함을 보여주고 있기 때문이다. 이는 칸토어 집합에서도 이미 나타났다.

무한과 유한에 대한 양분법적 인식에 빠져 있던 당시의 수학자들에게 페아노 곡선은 충격적일 수밖에 없었다. 페아노는 유한과 무한의 반대 일치 논리를 수학적으로 증명했다. 연속으로 메우는 과정을 'c_1, c_2, c_3……'라고 하고, 이때 연속의 극한을 'c'라고 해보자. c_1은 사각형을 4등분한 것이고, c_2는 16등분한 것이며, 이렇게 계속되면서 c는 사각형의 모든 부분을 통과하게 된다. 이는 유한한 사각형 속을 무한한 점으로 채울 수 있다는 것을 보여준다.

당시 수학자들은 페아노 곡선을 무시했지만, 70년이 흐른 뒤 카오스 이론의 창시자 가운데 한 사람인 만델브로트(Benoit Mandelbrot)로 말미암아 재조명받게 되었다. 수는 무한이지만 길이는 0이 되는 이 현상은 만델브로트가 IBM에 근무할 당시 컴퓨터가 정보를 전송할 때 불규칙적인 오차가 사이사이 발생하는 이유를 규명하는 데 큰 공헌을 했다. 정보를 전송하는 과정에서 오차가 전혀 없는 전송 기간과 오차가 연속적으로 발생하는 기간이 섞여 나타나는 이유를 두고 고심하던 만델브로트는 칸토어의 집합론을 연상함으로써 의문의 실마리를 풀 수 있었다. 정보를 전송하는 과정에서 오차가 연속적으로 발생하는 기간 속에서도 오차가 전혀 없는 기간이 있었고, 또 그 부분의 부분 속에서도 계속해서 오차가 전혀 없는 기간이 있었다.

이는 마치 거짓말쟁이 역설에서 거짓말쟁이가 거짓말을 하는 동안
에는 그의 말이 참말인 것과 같으며, 그 '거짓말의 참말의 거짓말'이
하나의 사슬, 곧 TF 사슬을 만드는 과정과도 같다. 거짓말 가운데 나
타나는 참말의 가능성 그리고 참말 가운데 나타나는 거짓말의 가능성
이 바로 유한 안에서 무한의 가능성을, 혹은 그 반대를 말하는 것이기
때문에, 오차가 없는 기간 안에서 오차가 발생한다는 것은 결국 같은
것이다. 이 발견은 카오스 이론에서 말하는 질서—무질서라는 반대 일
치 현상을 예견하게 한다. 이를 카오스모스(chaosmos)라고 한다. 질서란
무질서에서 분리된 별개의 차원에서 발생하는 줄 알았는데, 드디어
두 상반되는 차원이 상호 불가분리적임을 드러내게 된 것이다.

한 선분의 무한 등분 가능성에 대해서는 이미 칸토어가 시사한 바
있다. 칸토어는 자연수 전체와 홀수(짝수) 전체가 서로 일대일로 대응
할 수 있음을 보임으로써 전체와 부분이 같음을 증명했다. 이것의 기
하학적 증명이 바로 페아노 곡선인 것이다. 선분을 3등분해 가운데
부분을 제거하면 2개의 선분이 생긴다. 남은 부분을 또 3등분하고 가
운데 부분을 다시 제거하는 식으로, 이러한 작업은 무한히 해나갈 수
있다. 이렇게 해서 남은 부분의 집합을 칸토어 집합(Cantor Set)라고 했
다. 이때 차원의 문제를 생각해보면, 조각의 수는 2배로 늘지만 그 조
각의 길이는 반으로 줄어든다. 이러한 칸토어 집합은 역설적 성질을
지니는데, 3등분한 뒤 가운데 부분을 차례로 제거해가면 결국 남은
부분은 조각들의 집합이 되기 때문이다. 그 조각들의 수는 무한이지
만, 전체의 길이는 0이 된다. 그러나 이와 같은 역설적 국면 때문에
칸토어는 당대의 수학자들로부터 이단시되었으며, 결국 1918년에 정
신병동에서 쓸쓸한 죽음을 맞기에 이른다. 서양은 유클리드 이후 무
려 2,500여 년 만에 큰 사고의 변화를 겪게 된다. 세기의 반역자들인
다윈·프로이트·마르크스가 등장하는 바로 그 시기에 수학의 세계에

206 제2부 러셀 역설의 해법과 한의학의 논리

서도 대변혁이 예고되고 있었던 것이다. 20세기로 들어오자 물리학자들은 수학에서 예고된 것들을 실험을 통해 증명했고, 여기서 상대성 이론, 양자역학 이론, 카오스 이론 등이 등장하게 되었다.

칸토어 집합은 다양하게 변형할 수 있다. 그 가운데 코흐 곡선과 시어핀스키 카펫이 유명하다. 이것은 모두 페아노 곡선이나 칸토어 집합과 관련되어 있다. 코흐 곡선이란 무한히 긴 선이 유한한 면적을 둘러싼다는 프랙털(fractal, 혹은 '쪽거리') 현상을 두고 하는 말이다. 가령 우리나라의 지형이 토끼 모양이라고 할 때, 그 꼬리에 해당하는 영일만은 들이대는 잣대에 따라 그 길이가 무한할 수도 있고 유한할 수도 있다. 해안선 굴곡의 길이는 사람의 발걸음으로 잴 때 다르고 달팽이의 길이로 잴 때 또 다르다. 이를 **코흐 곡선**이라고 한다. 코흐 곡선을 통해 만델브로트는 측정 단위가 작아짐에 따라 해안선의 길이가 한없이 길어질 수 있다는 사실을 발견했다. 만과 반도는 그보다 더 작은 만과 반도를 포함하기 때문에, 최소한 원자 규모로 내려가야 그 과정이 모두 끝날 것이다.

코흐 곡선과 유사한 쪽거리 현상으로 시어핀스키 카펫을 들 수 있다. 이는 정사각형을 9등분해 중앙의 정사각형을 베어버리는 과정을 반복함으로써 만들어진다. 멩거의 스폰지 역시 격자의 가운데 부분을 제거함으로써 만들어진다. 우리는 여기서 페아노 곡선, 칸토어 집합, 코흐 곡선, 시어핀스키 카펫, 멩거 스폰지 등이 모두 동일한 쪽거리 현상이라는 것을 발견할 수 있다. 유한한 길이나 공간을 무한하게 나누는 방법을 통해 무한과 유한이 불가분리적임을 보여주는 것이 바로 '프랙털'이다. 이는 칸토어의 실무한 개념과 일치하는 것으로, 부분 즉 전체라는 한의 세계를 여실히 보여주는 것이라고 하겠다. 한의학의 세계는 이러한 논리 없이는 그 설명이 불가능하다.

한의학에서 오수혈(五腧穴)을 설명하기 위해서는 이러한 프랙털 현상을 도입할 필요가 있다. 오행에서 각각의 행들은 다시금 오행을 가지고 있으며, 그 작은 행 속에 또 오행이 있다. 오행의 이러한 프랙털적 구조는 현대 과학이 발견한 카오스의 구조와 같으며, 한의학의 과학적 설명은 신과학이라는 새로운 기틀 과학으로써 가능해진다. 그러나 여기서 필자가 강조하고 싶은 것은 한의학과 신과학이 모두 동일한 논리, 즉 E형 논리를 사용하고 있다는 점이다. 만일 이러한 점을 간과한다면 카프라 같은 신과학운동가들이 빠졌던 오류에 여지없이 걸리고 말 것이다. 신과학은 인문학과 자연과학이 만날 수 있도록 하는 논리를 개발하지 못했던 것이다. 카프라의 책에서 거짓말쟁이 역설을 발견하지 못한 것은 유감이 아닐 수 없다.

(2) 페어홀스트 방정식과 혼돈 이론

우리는 앞에서 음양 대칭을 거짓말쟁이 역설의 TF 대칭과 일치시켰다. 이를 치대칭이라고 했다. 지금껏 거짓말쟁이 역설을 다루면서 치대칭과 위대칭을 고려하지 않은 것은 큰 오류이다. 치대칭이란 참과 거짓의 대칭을 의미하고, 위대칭은 대상과 메타의 대칭을 의미한다. 역에서는 이 두 가지 대칭 관계를 철저하게 구별한다. 그리고 치대칭과 위대칭은 서로 관계를 맺고 있다. 홀로그래피에서 보았듯이, 골과 봉우리 그리고 진폭과 파장의 관계처럼 서로 분리될 수 없는 것이다. 역의 긴 역사란 음과 양의 조화로 나아가는 여정이며, 그 조화된 모습을 정역도에서 볼 것이다.

그러면 골과 봉우리, 즉 음과 양 그리고 참과 거짓이라는 대칭을 수학의 방정식으로 한번 표현해보자. 이를 기하학적으로 표현하는 방법은 이미 위에서 살펴보았다. 이를 대수 방적식으로도 표현할 수 있는데, 그것이 바로 페어홀스트 방정식이다. 양과 음 혹은 T와 F 사슬 고리를 방정식으로 표현하고자 할 때, 그것은 단순 더하기로는 설명되지 않음을 알 수 있다. 음과 양은 확산을 하다가 다시 축소되고 축소를 하다가 다시 확산된다. 그리고 음군과 양군은 순역으로 그 순환 방향이 반대이다. 이러한 운동 방식을 하나의 간단한 방정식으로 표현한 것이 있으니, 그것이 바로 페어홀스트 방정식이다. 이는 1865년에 독일의 수학자 페어홀스트가 발견했다고 하여 붙여진 이름이다.

수준으로 보자면 이는 중학교 정도에 해당하는 방정식이지만, 현대 카오스 이론을 설명하는 데 더 이상 좋은 공식은 없다. 쉽고 또 너무 간편한, 그러나 매우 중요한 이 방정식을 소개하면 다음과 같다. 여기서는 T(양 혹은 봉우리)를 Xn이라고 할 경우 F(음 혹은 골)는 1-Xn으로 나타낸다. 지금까지는 양과 음의 관계를 X에 대한 -X로 생각함으로써 커다란 잘못을 범해왔다. 그러나 둘의 관계는 X와 (1-X)의 관계인 것이다. 그리고 양과 음의 운동 관계는 더하기나 빼기의 관계가 아니라, 곱하기 혹은 제곱의 관계이다. 제곱이란 '자기 곱하기'라는 말로서, 자기언급을 의미한다. 자기 철학을 모두 '제곱'으로 풀이한 들뢰즈의 말을 여기서 굳이 떠올릴 필요는 없다. X와 (1-X)의 관계는 X가 -X 가운데 그리고 -X가 X 가운데 들어 있음을 의미한다. 즉, 서로 包含 관계인 것이다. 그래서 이들은 모순율에 따른 배타적 관계가 아니다. 그러나 X와 -X는 서로 包涵 관계이다. 서로 모순적 관계이다. 여기서 만일 X의 값으로 0과 1의 가운데 있는 값(가령, 0.25, 0.35, 0.5, 0.75 등)을 준다고 한다면, X와 (1-X)는 서로 순환적인 고리를 만들어낸다. 다시 말해서, 음과 양이 만들어내는 확산과 수렴을 이 방정식을 통해 볼 수 있다는 것이다. 이제 TF를 다음과 같은 식으로 만들어보자.

〈식 1〉 $T \times F = X \times (1-X)$

이렇게 표현할 경우, 거짓말쟁이 역설의 구조가 선명하게 드러난다. 지금까지는 거짓말쟁이 역설을 수식으로 표현할 때 'X+(-X)' 정도로 이해했기 때문에 이 역설을 중요하지 않게 여기고 말았다. 그러나 대상과 메타의 관계를 더하기 관계가 아니라 곱하기 관계라고 생각한다면 그 이해가 훨씬 쉬워진다. 역설 해법의 관건도 바로 여기에 있다. 대상과 대상의 관계는 더하기 관계이다. 그러나 2^2에서 앞의 2는 피정의역인 치역이고 뒤의 2는 정의역(exponent)이다. 그래서 두 숫자는 논리적으로 서로 다른 성격의 것이다. 그러나 2+2에서는 이러한 구별이 없다. '제곱'이란 '자기 곱하기'라는 뜻이다. 제 더하기와는 달리 제곱은 양을 질로 바꾸는 중요한 작용을 한다. 예를 들면, 몸을 제곱하면 마음이 되고 마음을 제곱하면 몸이 된다. 양자물리학의 방정식에서도 제곱이 빠지는 경우는 거의 없다. 또 속도를 제곱하면 에너지가 된다($E=MC^2$). 제곱의 위력은 이렇게 크다. 그리고 제곱은 다름아닌 자기언급이다.

그러면 TF 사슬 고리에서 문장 피라미드가 점진·반복을 계속할 경우 어떤 현상이 나타나는가? 프린스턴의 물리학자 메이(Robert May)는 이러한 질문에 답이 될 다음과 같은 실험을 했다. 그 결과는 홀론적이라고 할 수 있는데, 그의 혼돈에 이르는 주기-배중(period–doubling)은 음양오행의 순환과 관련된 실험이라고 해도 좋을 것이다. 오행론에서 주기(period)란 어떤 계(系)에서 하나의 행이 원상의 상태로 되돌아올 때까지 걸리는 시간을 일컫는다. 즉, 목에서 시작한 기가 다시 목으로 되돌아오는 시간을 의미한다. 그래서 메이의 실험은 오행에서 기가 순환하는 경과를 한눈에 보여준다. 페어홀스트 방정식을 이용해 메이는 주기가 증가할 때 다음에 말할 로지스틱 사상과 같은 현상이 나타남을 발견했다. 이는 TF 사슬 고리가 점진·반복을 할 때 나타나는 현상과 같으며, 오행의 순환 구조 속에서 인체 안에 발생하는 현상과도 같다고 할 수 있다. 또 역에서 음양이 순환하는 과정과도 같다고 할 수 있겠다. 이것이 이른바 카오스 현상의 3단계 이론이다. 제곱 작용을 점진·반복할 때 3단계에 걸쳐 다른 변화가 생긴다는 것이다. 이는 오행의 순환 구조 속에서 일어나는 현상과 비교된다는 점에서 중요하다. 아울러 이는 인체 안에서 기의 순환 구조이기도 하다.

물리학자 제임스 요크는 미국의 학술지인 《미국 수학 월간지(*American Mathematical Monthly*)》에 〈주기 3은 카오스를 내포한다(period three implies Chaos)〉라는 한 편의 논문을 기고했는데, 이 논문은 곧 카오스 이론의 탄생 배경이 되었다. 제임스 글리크는 "마침내 결정론적 무질서를 다루는, 확산 일로에 있는 분야를 대표하는 말 '카오스'가 탄생하게 되었다"(글리크, 1996, 88)라고 이를 평가했다. 요크의 발견은 실로 카오스 이론의 정수리를 들추어낸 것이라고 할 수 있다. 가지치기를 점진·반복해나갈 때 주기적인 변화에 따라 가지치기의 모양이 달라지며, 세 번째 주기에서 카오스 현상이 나타난다는 것이 요크의 주장이다. 열역학적인 표현을 빌리자면, 가지치기가 나타나지 않는 단계는 곧 '안정된 상태(equilliblium)'이다. 이때가 '주기 1'에 해당한다. '주기 2'는 바로 가지치기가 나타나는 단계이다. 그런데 주기 2에서 가지치기가 심하고 빠르게 일어나면 〈그림 4〉의 b에서 보는 것처럼 완전히 까맣게 변해버린다. 가지치기에서 나뭇가지 모양은 전혀 보이지 않고, 가지치기들이 뭉개지며 그래프의 모든 부분들을 까맣게 만들어버린다. 마치 교통 체증 때문에 병목 상태가 되어버리는 것과 같다. 폭포수에 비유하자면, 이는 폭포수가 한꺼번에 쏟아지는 탓에 물줄기 하나하나를 분간할 수 없게 된 상태와 같다(Briggs 1990, 61). 이 3단계 이론에 대해서는 위상기하학 및 한의학과의 연관 아래 이 책의 마지막 장에서 살펴볼 것이다.

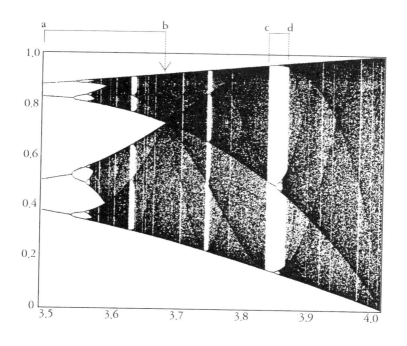

〈그림 4〉 카오스 3단계

카오스 현상은 주기 3에서 생기는 현상이다. 가지치기가 처음에는 '2, 4, 8, 16, ……'처럼 n의 제곱 혹은 거듭제곱과 같은 짝수 주기로 나타난다. 여기서도 제곱 작용의 중요성이 다시 한번 강조된다. 이는 마치 역에서 음과 양이 2분법으로 나뉘는 것과 같다. 그러나 가지치기가 계속될수록 3과 같은 홀수 주기가 나타난다. 〈그림 4〉를 보면, 주기 3 부분이 흰 띠 모양으로 나타나 있다. 이 부분만을 확대하면 그림의 c와 같다. 그러다가 주기 배가가 다시 시작되어 짝수 주기 '6, 12, 24, ……'와 같은 가지치기 현상이 나타난다. 여기서 우리의 관심을 끄는 부분은 바로 주기 3이다. 다른 짝수 주기에서는 발견할 수 없었던 현상이 보이기 때문이다. 주기 3의 확대된 부분을 들여다보면, 그 안에는 전체의 그림과 같은 구조가 부분 속에 포함되어 있음을 알 수 있다. 거울 속의 거울과 같다고 할 수 있겠다. 요크의 "주기 3은 카오스를 포함한다"는 말의 의미가 여기에 있는 것이다. 우리는 하나의 홀로그래피 현상, 즉 부분과 전체가 같아지는 현상을 발견하게 된다 (Walter, 1994, 96).

홀로그래피로 되돌아가 생각해보자. 홀로그래피가 포토그래피와 다른 점은 광원에서 나온 빛이 렌즈에서 둘로 갈라지는 것이라고 했다. 카오스 이론의 시각에서 보았을 때, 가지치기 현상은 홀로그래피를 만드는 과정에서 발생한 것임을 알 수 있다. 렌즈까지 오는 과정은 주기 1에, 그리고 렌즈에서 빛이 갈라지는 것은 주기 2에, 그리고 갈라졌던 두 갈래의 빛이 감광판에서 다시 만나는 것은 주기 3에 해당한다. 제1단계에서 제일 처음 나타나는 현상은 a~b 구간이다. 이곳은 분별이 안 되는 까만 점으로만 채워져 있다. 무한대의 순수 가능태 자체의 모임이다. 기가 아직 분산되기 이전에 모여 있는 상태라고 생각하면 될 것이다. a~b 구간은 그림에서 보는 것처럼 네 개의 영역으로 나뉘어 있다. 그러다가 점 b까지 네 개의 영역이 밀어닥치면서 거기서 만나게 된다. 이는 오행 순환에서 기가 극에 달할 때까지 증가 혹은 감소하는 것을 의미한다. 다시 말해서, 점 b에서는 어떤 값이든 거의 0에 가깝거나 아주 큰 수 1에 가깝다. 여기서 바로 상생과 상극이 교차된다. 목은 화에서는 상생하지만 토에서는 상극한다. 기가 너무 과대하게 많아진 경우 이를 극해야 하기 때문이다. 이것이 바로 점 b인 것이다. 여기서 제대로 상극이 된다면 자연히 다음 단계로 넘어간다. 음양오행의 상생상극을 연상해도 좋다.

이것이 두번째 단계이다. 〈그림 4〉에서 보듯이, 부채처럼 퍼지는 혼돈 속에 짙은 선들은 포물선을 그린다. 목에서 출발한 기가 토에서 극을 당해 다시 제 모습을 찾는 상태이다. 이는 그동안 겪던 혼돈이 정돈되어 질서를 찾는 단계, 곧 카오스가 코스모스로 변해 카오스모스가 되는 단계이다. 다음 세번째 단계에서 나타나는 것은 그림에 보이는 수직의 흰 띠들이다. 어둠 속에서 나타난 이 흰 띠들을 물리학자들은 '창문들(windows)'이라고 한다. 이는 안정을 되찾았음을 뜻한다. 증가하던 생태계의 벌레들이 다시 수가 줄어들면서 안정을 되찾는 기간이다. 이는 마치 토에 와서 기가 목으로부터 상극을 당해 꺾이는 것을 의미한다. 화까지는 더 세어지다가(두번째 단계까지) 토에서 기가 꺾인다는 말이다. 여기서 창문들이라고 하는 까닭은 토에서 마치 새 창문이 열리듯 목에서와 같은 현상이 생기기 때문이다. 그래서 토에서 수로 넘어가는 단계의 안정된 상태를 간헐성(intermittency)이라고 한다. 오행에서는 이런 간헐성 기간이 매우 중요한데, 왜냐하면 주객전도 현상이 바로 여기서 발생하기 때문이다. 아생(我生)이 생아(生我)로 된다. 다시 말해서, 목은 주체적인 아의 위치를 상실하며, 토 다음의 금이 주체가 되어 목을 역으로 객체 대상으로 삼는 것이다.

이 간헐성은 바다 속에 잠겨 있던 고래가 물을 뒤집는 것과 같으며, 이는 기가 어떤 임계값에 도달했을 때 주객이 전도되어 잠자던 물속의 괴수가 날카로운 혀를 내 미는 것과 같다(브리그스, 1991, 62). 오행에서 볼 때, 이 임계값이 나타나는 순간이란 바로 토에서 금으로 넘어가며 주객이 전도되는 현상인 것이다. 혼돈은 곧 주객전도에서 생긴다. 주와 객이 각각 자기 유형을 유지해야 질서가 성립하는데, 만일 주객이 전도된다면 곧바로 혼돈이 야기된다. 집에서 라디오를 듣고 있다가 갑자기 시끄러운 소음 때문에 방해를 받는 경우가 있다. 이웃집에서 청소기를 사용한다거나 천둥이 친다거나 하는 경우가 그렇다. 그런데 전기의 흐름에 저항이 없는 초고성능 회로에서도 같은 현상이 생긴다는 것이다. 이는 다름아닌 비선형적 되먹힘 고리(*feedback loop*) 때문이다. 전류의 흐름에서 주객이 전도될 때 이런 소음이 발생한다는 것이다. 페어홀스트 방정식(〈식 1〉)에서 X의 값이 1이 되면 전체 값은 0이 되고, 여기서부터 주객이 전도된다. 회로가 역전되는 것이다. 사람의 몸이라면 어지럼증 같은 증상이 생기기도 한다. 다음에 설명할 로지스틱 사상(〈그림 5〉)에서 이를 쉽게 볼 수 있을 것이다.

비선형적 되먹힘 고리 혹은 제곱 작용에서는 이처럼 주객이 전도되는 현상이 나타난다. 그러나 더하기 작용에는 이런 주객전도가 없다. 바로 주객전도 때문에 물질이 정신이 되고 몸이 마음이 되는 것이며, 또 그 반대가 되기도 한다. TF 사슬 고리에도 이런 주객전도 현상이 있으며, 전기의 흐름에서도 주객이 전도될 때 소음이 발생하는 것이다. 낮과 밤은 지구가 회전함으로써 생긴다. 태양은 24시간마다 자오선을 통과한다. 그러나 이 주기에도 5일 간격의 작은 **섭동**(攝動)이 있으며, 이 섭동에 따른 간헐성이 존재한다.

오행이 주행하는 과정을 여기에 비유할 수 있을 것이다. 토에서 금으로 넘어가는 과정에서 간헐성이 생긴다. 그러면 주객이 전도되면서 아생(我生)은 생아(生我)가 되고 아극(我克)은 극아(克我)가 된다. 이러한 주객전도를 역상(*reverse*)이라고 한다. 한의학의 오행에서 주객전도는 기가 자기 자리로 되돌아가기 위한 자연스럽고 필연적인 과정일 뿐이다. 주객전도가 없다면 기는 기하급수적으로 증가해 인체를 산산이 분쇄하고 말 것이다. 원자핵 주위를 도는 전자각의 회전력이 기하급수적으로 커진다면 거기서 발생하는 에너지는 실로 엄청날 것이다. 그러나 원자가 붕괴되지 않는 것은 전자각을 안정시켜주는 프랑크상수가 있기 때문이다. 마찬가지로 인체 안에서도 기의 상생상극과 주객전도를 조절하는 상수 같은 것이 있을 것이다.

극하면 반하게 하는 상수 말이다. 이는 천운의 상수라고 할 수 있을 것이다.

(3) 맴돌이와 로지스틱 사상

과학에서 나타나는 점진·반복 현상을 맴돌이(*iteration*)라고 부른다. 이는 되먹힘의 다른 말이라고 할 수 있다. 현대 과학의 피드백 이론에 따르면, '입력'은 '출력'에 따라 영향을 받는다. 이는 오행 구조의 상생상극 및 주객전도와 관련되는 말이라고 할 수 있다. 주체가 객체가 된다는 것은 입력과 출력이 같게 된다는 말과 같다. 이런 오행의 구조는 자연의 생태계에도 그대로 적용된다. 먹이 대상인 객체와 먹이 주체의 관계에서 볼 때, 먹잇감인 대상이 많아질수록 자연히 먹이 주체도 늘어난다. 그런데 먹이 주체의 수가 증가해 과부하 현상이 나타나면 먹잇감의 수는 줄어들 수밖에 없다. 그러면 또 먹잇감의 수가 증가해야 한다. 먹잇감인 객체가 과부하하면 다시 먹이 주체가 늘어나게 된다. 이처럼 생태계는 주체와 객체가 서로 전도되며 상생상극을 함으로써 균형을 유지해나간다. 생태계의 파괴란 바로 이런 중요한 기능이 마비되는 상태이다. 이를 두고 한의학에서는 오사(五邪)라고 한다. 맴돌이가 제대로 안 되는 현상을 두고 하는 말이다. 상생상극과 주객전도가 제대로 되지 않을 때 몸에는 다섯 가지 이상 현상이 생기는데, 그것이 바로 오사이다. 자연계에도 이런 오사 현상이 있다.

순환적 피드백 체계가 선형적 체계와 다른 점은 바로 순환계의 아무리 작은 변화라도 극적인 변화를 일으킬 수 있다는 것이다. 이른바 카오스 이론에서 말하는 나비 효과(*butterfly effect*)이다. 제곱의 위력으로 나비의 날개바람이 태풍의 진로를 바꿀 수 있다는 것이다. 선형 체계에서는 작은 것과 큰 것의 구별이 뚜렷해서, 큰 것은 작은 것에 영향을 줄 수는 있지만 그 반대는 이루어지지 않는다. 그러나 순환 체계에서는 작은 것과 큰 것 사이의 차이나 구별이 없으며, 서로 유기적인 영향 관계에 놓인다. 이를 내인적 관계라고 한다. 부분의 합이 전체라는 규칙이 어느 선까지 유지되다가 부분이 전체를 능가해버리면 역으로 전체가 부분에 말려든다. 이러한 점들을 우리는 페어홀스트 방정식을 통해 살펴보았다. 순환 피드백 과정에서는 하나의 함수가 스스로 반복 작동을 한다고 본다. 그래서 카오스 이론에서는 피드백의 논리적 구조를 다음과 같은 수식으로 나타내는데, 이는 오행의 구조에서 피드백을 설명하는 데 도움이 된다. 이는 페어홀스트 방정식과 같은 방정식이다.

앞의 〈식 1〉에서 변수 X는 0과 1 사이의 값으로 제한한다고 했다. 이 수식은 로지스틱 사상(*logistic mapping*)으로 알려져 있다. "이 사상(寫像)은 여러 가지 중요한 내용을 함축하고 있다. 이 사상은 생태학자들이 상반되는 경향 아래에서 개체군 성장을 기술하는 데 사용되며, 그 때문에 '성장 방정식(growth equation)'이라고 불리기도 한다"(Capra, 1997, 125). 여기서 상수 k의 값을 다음과 같이 3으로 해보자.

$$X \rightarrow 3X(1-X)$$

그리고 X를 0에서 1까지의 값으로 하면, 다음과 같은 몇 개의 사상을 얻을 수 있다.

X		$3X(1-X)$	=
0	$\rightarrow$	$0(1-0)$	0
0.2	$\rightarrow$	$0.6(1-0.2)$	0.48

0.4	→	1.21(1−0.4)	0.72
0.6	→	1.81(1−0.6)	0.72
0.8	→	2.4(1−0.8)	0.48
1	→	3(1−1)	0

여기서 우리가 주목해야 할 것은 X의 값이 0일 때와 1일 때 그 값이 같아지는 부분이다. 처음도 끝도 0으로 되고 만다. X의 값을 증가시켰음에도 방정식 전체의 값은 증가하지 않고 제자리로 되돌아온다. 여기서 말하는 '사상'이란 각각의 변화 과정을 이르는 말이다. 즉, 오행의 '행'과 같은 의미이다. 목·화·토·금·수라는 다섯 단계의 변화 과정에서 처음과 끝은 결국 같은 값을 갖게 된다. 이는 상생상극을 하며 주객전도를 하다가 처음과 끝이 마주치는 것과 같다고 할 수 있다. 생태계에서 먹이사슬 고리가 갖는 원리이다. 로지스틱 사상을 그림으로 나타내면 다음과 같다.

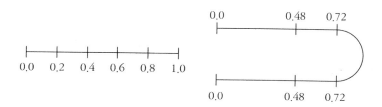

〈그림 5〉 로지스틱 사상

이 그림에서 보는 것처럼, X의 값이 0.4와 0.7일 경우 똑같이 0.72가 된다. 이는 하나의 상수 값에 대해 두 개의 평형 값이 존재한다는 것을 보여준다. 이 두개의 평형 값이 생기는 지점이 바로 주기 2에서 가지치기가 일어나는 곳이다. 역의 태극에서 음양이 생겨나는 단계이다. 이러한 가지치기가 2^2에 해당하는 순서, 즉 4, 8, 16, 32, ……의 순서 때마다 일어나는 것이다. 그러면 역은 왜 64에서 멈추고 마는가? 그 까닭 역시 카오스의 가지치기 이론으로 설명할 수 있다. 계속되던 제곱 작용도 상수가 어떤 일정한 값에 도달하는 순간 규칙성이나 주기가 완전히 사라진 상태가 된다. 생태계에서 동물과 동물의 먹잇감 사이에도 이런 로지스틱 사상이 지배한다. 때문에 예측이란 불가능해진다. 결국 무엇이 이 세상을 지배하는지 모르게 된다(에르스코비치, 2000, 99). 여기서부터 역은 점(占)으로 변하고 만다. 인간의 힘으로 예측하거나 계산할 수 없는 상황에서 역은 점을 택한 것이다. 역이 점술로 변한 궁극적인 이유가 여기에 있다고 본다.

이 로지스틱 사상을 가지고 오행의 구조를 구체적으로 다시 설명하면 다음과 같다. X의 값이 0.4일 때 반전 현상이 일어난다. 이는 목이 토에 와서 주객전도가 일어나는 것과 같다고 할 수 있다. '아생'과 '아극'의 주체적 과정이 끝나고, '극아'와 '생아'라는 객체화 과정이 시작되었음을 의미한다. 이렇게 주객전도를 일으키는 근본 원인이 바로 상생상극이다. 그리고 상생상극이 생기는 더 근본적인 까닭은 인플레이션 때문이다. 맥스웰의 설명을 참고해보자. 도깨비가 정교하게 위조지폐를 만들어 사용하는데, 그 위조지폐가 범람해 인플레이션이 발생한다면, 결국 100원짜리 위조지폐를 만드는 데 필요한 종이를 100원을 주고도 살 수 없는 지경에까지 이르게 된다. 지폐와 지폐를 만드는 종이 사이에는 이미 주객전도가 벌어지고 만 것이다. 기의 세계에도 이러한 과부화 현상이 생기기 때문에 상생상극은 불가피하다. 목이 토를 극하는 것은 과부하된 기를 누르기 위한 것이다.

카프라는 이렇게 사상(또는 행)이 반복되는 것을 두고 빵 굽는 사람이 밀가루 반죽을 하는 것과 같다고 했다. 이런 반죽을 제빵사 변환(*baker transformation*)이라고 한다. "늘이고 접는 동작이 계속되면서, 선분 위에 이웃하는 점들은 서로 점점 더 멀어지게 될 것이다. 그리고 특정한 하나의 점이 몇 차례 반복을 거친 뒤 어디로 가게 될지 예측하는 일은 점점 더 힘들어진다. 가장 강력한 컴퓨터로 특정 소수점 자리에서 반올림하며 이 계산을 계속한다고 하더라도, 충분한 횟수의 반복이 계속된 다음에는 반올림으로 버려진 작은 숫자들이 합쳐져 예측이 불가능할 정도의 불확실성을 이루게 된다. 이 빵 굽는 사람의 변형이, 비선형이고 고도로 복잡하며 예측 불가능한 과정, 곧 전문적으로 카오스라고 불리는 과정의 원형(原型)에 해당한다"(앞의 책, 172).

(4) 천체 운동과 심장 운동

한의학에는 양의학에 없는 오운육기(五運六氣)라는 것이 있다. 오운육기는 우주와 인체가 하나라는 이론에 근거하고 있다. 인체와 우주를 지배하는 한 가지 원리가 있는데, 그것은 자기언급이다. 여기서는 자기언급이라는 관점에서 인체와 우주를 지배하는 논리가 어떻게 하나일 수 있는지를 고찰해보려고 한다.

카오스 이론에서 3체 운동은 혼돈의 원인이다. 3체 운동이란 가위·바위·보의 삼자가 아무리 되풀이되어도 승부가 계속되는 것과 같다. 지구와 다른 혹성 사이에 제3의 혹성이 끼어들면 3체가 형성되고 삼자 사이에 가위바위보 현상이 나타나기 때문에 동력학적 관계를 아무리 계산하더라도 끝을 볼 수가 없다. 천체의 궤도를 산출하기 위해 아무리 성능 좋은 컴퓨터를 사용한다고 하더라도 정확한 계산을 할 수 없는 것은 바로 이러한 3체 운동 때문이다. 1960년도에 프랑스의 천문학자 에농은 이 문제를 해결하려고 고심한 끝에 은하계 안 별들의 운행 궤도를 그리는 어려운 작업을 해내었다. 당시 천문학자들이 생각했던 천체 운동이란 주기성을 띠든가 아니면 준주기성을 띠는 것이었다. 이를 '섭동 운동(perturbation theory)'이라고 한다. 그러나 에농은 우선 컴퓨터를 사용해 섭동 운동을 하는 정규 궤도에 무슨 변화가 생기는지 관찰했다. 그 결과 3단계로 변화가 일어난다는 사실을 발견했다. 3단계란 (1) 낮은 에너지의 경우, (2) 에너지가 차츰 증가할 경우, (3) 더 높은 에너지가 증가할 경우를 말한다. 각각의 경우마다 일어나는 변화는 다음과 같은데, 이들 단계는 카오스의 세 단계와 같다.

1. 낮은 에너지의 경우 : 이 경우에 궤적은 정기적인 주기성을 보이나, 궤도는 계란 모양의 곡선을 보이기 시작한다. 그러다가 차츰 '8' 자 같은 모양이 된다. 여기서 주기성을 보인다는 것은 혼돈 현상이 없다는 말과 같다. 이것은 전통적인 섭동 이론에 잘 들어맞는 궤도이다.

2. 에너지가 차츰 증가할 경우 : 주기성이 깨어지기 시작한다. '8' 자의 루프는 떨어져나가기 시작한다. 그리고 주기성을 잃기 시작한다.

3. 더 높은 에너지가 증가할 경우 : 어떤 부분에는 곡선이 남아 있지만, 몇몇 궤도는 너무나 불안정해 점들이 종이 위에 아무렇게나 흩어져 있다. 뒤죽박죽이 된 완전한 무질서 속의 질서, 그리고 질서 속의 무질서처럼 보인다.

에농은 밀가루 반죽을 굴렸다 접었다 하는 제빵사 변환을 통해 마침내는 얇은 층이 겹겹이 쌓인 구조의 위상공간과 같은 것을 보게 되었다. 에농은 우주의 구조가 마치 이러한 위상공간과 같을 것이라고 생각했다. 고전적인 방법을 사용해 컴퓨터로 계산한 궤적은 항상 규칙적이다. 에너지는 위에서 아래로 내려오는 속성을 가지고 있다. 에너지 증가에 따른 혼돈의 바다에서 출발해 규칙성은 다시 불규칙적

혼돈 상태에 빠진다. 그러다가 다시 혼돈 속에서 규칙성이 나타난다. 에농과 하일레가 고전적인 방법으로 계산해 궤적을 그렸을 때는 항상 같은 형태의 규칙성이 나타났다.

그러나 고전적이지 않은 방법으로 계산을 하자 궤적은 혼돈의 바다를 거쳐 혼돈 속에 규칙이 있는 섬 모양으로 그 모습을 드러내었다. 이것은 바로 다음에 말할 '이상한 끌개 현상'에서 나타난 결과와 같은 모습이다. 혼돈과 질서가 되먹힘하는 이러한 과정 속에서 우주에는 부분이 전체가 되고 전체가 부분이 되는 홀론적 현상이 나타난다. 그 결과 아무리 작은 부분도 전체가 되어버린다. 이는 마치 그렇게도 오랜 세월 동안 이야기되어온 화엄 법계의 세계, 즉 부분이 전체이고 전체가 부분이라는 '일즉다 다즉일(·卽多 多卽 ·)'의 세계가 실험을 통해 증명되는 순간을 보는 듯하다. 카오스 이론에서 혹시 신은 제빵사가 아닐까 하고 생각하는 까닭이 여기에 있다. 제빵사 변환은 이와 같이 우주와 인체의 비밀을 모두 그려내고 있다. 우주와 인체는 하나의 원리로 되어 있기 때문에 이런 원리에 근거해 오운육기가 성립하는 것이다. 인체 안의 경맥 역시 이러한 밀가루 반죽과 같이 자기언급과 점진·반복으로 구성되어 있다.

이러한 결과는 점진·반복의 되먹힘에 따른 것이다. 나비 날개가 일으키는 바람이 태풍의 진로를 바꾼다는 '초기 값의 민감성(sensitivity to initial condition)', 즉 '나비 효과 이론(butterfly effect theory)'도 바로 우주 안의 홀론적 성격으로 설명될 수 있다. 초기 값의 민감성 역시 이상한 끌개 안에서 일어나는 현상에 불과하다. 부분이 전체가 되고 전체가 부분이 되는 되먹힘 현상이 전제되는 한에서 이러한 현상이 가능해진다. 그래서 모든 부분이 전체를 반영함으로써 시간적으로 처음에 생긴 사소한 일도 나중의 큰 것에 그대로 영향을 미치게 된다. 여기서도 우리는 거짓말쟁이 역설의 위력이 우주 속에서 발휘되고 있음을 발견하게 된다. 모든 비결정성은 궁극적으로 부분과 전체가 되먹힘하는 데서 생긴다. 우리말 '한'이 전체와 부분을 동시에 뜻하면서 동시에 비결정적 의미를 지닌 이유가 여기에 있다.

심장마비와 같은 현상이 보여주는 것은 국소적인 질서, 규칙적인 반복, 그리고 규칙적인 진동을 하는 체계 내부의 이상한 끌개이다. 우리의 생명과 건강이란 질서와 무질서 사이에서 영위되는 것이다. 의학자인 폴 랩(Paul Rapp)은 혼돈 이론이 매개변수들의 재구성에 따라 간질 같은 발작적인 무질서 현상을 치료할 수 있는 가능성을 제공해 준다고 보고, 뇌의 진동이 정상적인 혼돈계 안으로 되돌아오면 발작이 그치게 된다고 지적했다. 남캘리포니아 대학의 경제학 교수인 리처드 데이(Richard Day)는 경제학의 많은 중요한 방정식들이 혼돈에 다다른다는 사실과, 거기서 예측성이 무너지는 반복·점진 과정에 영향을 받는다는 사실을 알아내었다. 보통 경제학자들이 외부 충격이나 기대하지 못한 사건이 경제 순환을 혼란스럽게 한다고 가정하는 데 반해, 데이는 오히려 경제 순환 자체가 유전적으로 혼돈성을 가지고 있다고 보았던 것이다.

3. 생명의 논리와 오운육기론

(1) 열역학 제2법칙과 러셀의 역설

열역학 제2법칙과 다윈의 진화론은 마치 서로 상반되는 것처럼 보인다. 엔트로피로 알려진 열역학 제2법칙은 자연계에서 발생하는 현상들의 변화가 오직 전체 질서가 감소하는 방향으로 진행된다는 물리학의 법칙이고, 진화론은 반대로 자연선택과 돌연변이에 따라 무질서에서 높은 질서로 변한다는 생물학의 법칙이다. 그런데 생물의 진화와 엔트로피는 서로 모순되는 것이 아니다. 왜냐하면 엔트로피에서 말하는 질서란 고립계(isolated system) 혹은 닫힌계(closed system) 안에 내포된 전체 질서를 의미하는 것이기 때문이다. 여기서 고립계란 단단한 벽으로 둘러싸인 상자처럼 물질이나 에너지가 어느 방향으로 흐르지 못하도록 주위 환경과 완전히 절단된 상태를 말한다. 닫힌계란 병과 같이 뚜껑으로 막혀 있는, 그러나 주위 환경과 에너지를 교환할 수 있는 상태를 두고 하는 말이다. 여기서 '열린계(opened system)'란 에너지와 물질을 주위 환경과 교환할 수 있는 상태라고 생각하면 될 것이다.

열역학 제2법칙을 처음 발견한 클라우지우스는 "우주의 밖에 무엇이 또 있겠는가" 하고 물으면서, 우주 자체가 완전한 하나의 고립계라는 인식에서 출발했다. 독일의 물리학자 헤르만 폰 헬름홀츠는 제2법칙을 듣고는 무서운 예언을 했다. 즉, 전체 우주의 진화는 우주가 점진적으로 마모되어 결국 모든 변화가 끝나는 열역학적 평형 상태에서 정지하게 된다고 추정한 것이다. 여기서 말하는 '평형 상태'란 매우 부정적인 개념으로, 무질서가 최대치에 도달해 모든 생명이 죽어버린 상태이다. 이를 '우주의 열사(heat death)'라고 한다. 이는 분명히 다윈의 진화론과는 상반되는 주장이라고 아니할 수 없다.

아메바에서 출발해 점진적으로 복잡한 형태의 생명체로 진화할 수 있는지 보여주고자 한 것이 다윈의 진화론이기 때문에, 양자는 서로 일치할 수 없는 이론처럼 보인다. 독일의 물리학자 루돌프 클라우지우스가 열역학 제2법칙을 처음으로 발표한 것이 1850년이고, 영국의 다윈이 진화론을 발표한 것이 1865년인 점을 떠올리면, 이렇게 상반된 이론이 비슷한 시기에 등장한 것도 신기하기만 하다. 아서 에딩턴은 자연의 모든 법칙 가운데 최고의 위치에 있는 법칙이 열역학 제2법

칙이라고 격찬했다. 볼츠만은 다음 세기는 다윈의 세기일 것이라며 다
윈을 추켜세우면서도, 분자들이 움직이고 있는 기체 안에서는 고도로
조직화된 배열들이 시간에 따라 통계적으로 무질서하게 소멸된다고
함으로써 열역학 제2법칙에 일견 동조하기도 했다. 그만큼 클라우지
우스의 열역학 제2법칙은 거의 확고한 지지를 받고 있었다.

거짓말쟁이 역설의 TF 사슬과 엔트로피를 관련시켜 생각해보는 것
은 흥미롭다. 거짓말-참말은 그 사슬을 많이 만들면 만들수록 결국
마지막에 가서는 엔트로피 현상을 만들고 말 것이다. 고대의 철학자
들이 이 역설을 기피해온 것도 바로 엔트로피에 대한 두려움 때문이
아니었을까 생각해보게 된다. 과학자들이든 종교학자들이든 철학자들
이든 간에, 지금도 여전히 그 같은 두려움을 가지고 있는 것이 사실이
다. 그 때문에 사람들에게 역설이란 병적인 것이면서 나아가 극복의
대상일 수 밖에 없었다.

T를 더운물이라고 하고 F를 찬물이라고 할 때, TF란 찬물과 더운물
이 섞인 미지근한 물이라고 할 수 있다. 그런데 이 미지근한 물을 찬
물과 더운물로 나누는 것은 영원히 불가능하다. 이것이 열역학 제2법
칙의 핵심이 되는 내용이다. 이렇게 보면 TF 사슬은 무서운 우주 열
사로 가는 논리인 것처럼 보인다. 이 사슬은 인간의 심리를 곤혹스럽
게 만들며 우주를 혼돈에 빠뜨릴 것이다. 우주 열사란 하늘이 무너져
그 속에서 모든 생명이 죽어버리는 상태와 같다.

'하늘이 무너져도 솟아날 구멍이 있다'는 속담을 통해 우리 민족이
엔트로피에 따른 우주 열사를 심각하게 느끼고 있었다고 생각한다면
하나의 과장된 표현일까? 필자는 그렇지 않다고 본다. 하늘을 처다보
며 누구나 한번쯤 저 우주가 언제 생겼고 언제 사라질 것인지 스스로
질문해보게 될 것이다. 그리고 누구든지 다윈이나 클라우지우스의 두
가지 생각 가운데 하나를 선택하게 될 것이다. 만일 비극적인 후자의

생각에 미치게 된다면 어떻게 해야 살아남을 수 있는지 또한 심각하게 고민하게 될 것이다. '하늘이 무너져도 솟아날 구멍이 있다'는 이 말은 고립계를 열린계로 바꾼다는 사고와 통한다. 에너지와 물질이 서로 교환되는 주위 환경을 만들고 또 서로 개방되어 있는 열린계를 만들면 살아남을 비결이 생기는 것이다.

클라우지우스가 생각한 것처럼 만일 우주가 고립계라면 분명히 우주 열사가 생긴다. 그러나 생물은 이런 닫힌계 속에 있는 것이 아니라 태양-생물-지구계라는 열린계 속에서 숨쉬며 살아가고 있다. 우리가 살고 있는 지구는 태양으로부터 막대한 양의 에너지를 빛과 열의 형태로 받아들이고 또 복사열의 형태로 주위 공간에 에너지를 방출하고 있다. 이제 태양과 지구 및 이를 둘러싼 외계까지 포함시키면 하나의 준고립계가 형성된다. 이 고립계 속에는 태양으로부터 나와 지구 및 외계로 지나가는 지속적인 에너지 흐름이 있다. 그 때문에 하나의 강한 비평형 상태가 유지된다. 그리고 지구 위에 살고 있는 모든 생물들은 바로 이 비평형 상태를 효과적으로 활용하는 열린계를 이루고 있다(장회익, 1993, 175).

지구와 환경의 이러한 에너지 교환은 인체의 신진대사에 비교될 수 있는 체계대사(metabolism)라고 할 수 있을 것이다. 그런데 이런 체계대사는 평형적이지 않고 비평형적이다. 일상생활에서는 형평 혹은 평형을 유지하는 것이 좋은 일이지만, 우주의 신진대사에서 그것은 곧 죽음이나 마찬가지이다. 쉽게 말해서, 평형은 죽음이고 비평형은 생명이다. 이는 곧 '도는 팽이는 죽지 않는다'는 속담의 원리와 같은 것이다. 광대가 밧줄 위에서 떨어지지 않으려면 비평형 상태, 곧 계속 뒤뚱거리는 흔들리는 자세를 유지해야 한다. 평형을 유지하려고 가만히 밧줄 위에 서는 순간 광대의 생명은 끝나고 만다. 프리고진의 '산일 구조(dissipative structure)'란 바로 이러한 비평형적 뒤뚱거림 구조를 일컫는 말이다. 산일 구조론이 등장한 것은 1967년인데, 이로써 고립계로부터 살아날 구멍이 생기게 된 것이다. 즉, 하늘이 무너져도 솟아날 구멍이 생기게 된 것이며, 클라우지우스와 다윈이 서로 악수하고 만날 수 있는 계기도 만들어진 것이다. 무엇보다도 이로 말미암아 생명의 기원에 관한 획기적인 이론이 마련되기도 했다. 고립계에서 탈출한 에너지와 물질이 체계대사 작용으로 생명을 만들어내고 그것을 유지시키는 과정은 대단히 복잡하다. 거짓말쟁이 역설은 바로 이 과정에서 결정적인 구실을 한다. 이것이 기나긴 과정과 복잡다단한 내용의 전부이다. 한의학에서 오운육기론을 수용하는 이유와 그 논리적 배경은 바로 이러한 닫힌 모형과 열린 모형의 관계를 참고함으로써 이해할 수 있을 것이다. 우주-생물-지구를 하나의 계로 파악하려는 노력이 바로 오운육기론이다.

(2) 닫힌 모형과 열린 모형

거대한 체계대사 과정에서 에너지를 보낸 자로 태양을 '공급자'(A)라고 부르고, 지구는 그것을 받는 '흡수체'(B)라고 부르자. 그리고 그 가운데 살고 있는 모든 생물을 에너지를 사용하고 있는 '작용체'(C)라고 부르며, 사용자가 일한 작용을 W라고 하자. 그러면 여기서 태양·지구·생물의 3자는 비평형 고립계를 만든다. 3자의 관계를 비평형 고립계로 만들기 위해 사각형 안을 검은 점으로 둘러 메워놓았다.

공급체인 태양에서 에너지가 흐르는 방향은 화살표로 표시했다. 여기서 에너지는 물질인 동시에 열이라고 해도 좋다. 즉, 지구상의 생물들은 에너지라는 밥을 먹고 일을 한다. 일을 하는 동안에 에너지는 작업량으로 소모되고 일부는 지구에 그대로 흡수될 것이다. 물론 여기서 생명체만이 작업을 하는 것은 아니다. 지구 위에 저절로 있는 물과 공기도 체계대사 작용을 한다. 비·구름·바람 같은 것이 바로 이에 해

당한다고 할 수 있다. 살아 있는 생명체가 작용하는 것과 저절로 있는
이 모든 것들이 신진대사를 하는 것이다(장회익, 1993, 176).

온도＝화학포텐
셜
에너지＝물질

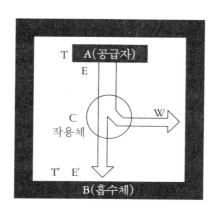

〈그림 6〉 고립계

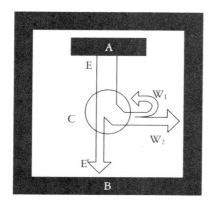

〈그림 7〉 자체 조성계

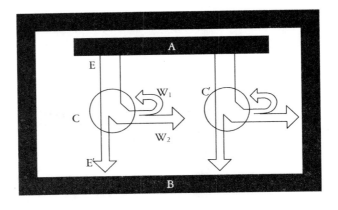

〈그림 8〉 자체 증시계

그러면 여기서 다음과 같은 가정을 한번 해보자. 즉, 에너지가 물질까지 포함하며 태양의 온도가 화학 퍼텐셜까지 포함하는 것으로, 그리고 생명체의 작업 결과가 일량뿐만 아니라 그것이 만들어내는 모든 생성물까지 포함한다고 가정해보자는 것이다. 이때 생명의 기원과 관계되는 매우 중요한 하나의 사건이 생기는데, 즉 "작용체인 C는 그것이 작용한 성과인 W의 일부로서 자체의 구조 및 성분을 개조해나갈 수 있는 가능성을 지니게 된다"(장회익, 1993, 179)는 것이다. 이는 매우 중요한 말이다. 이 말을 달리 풀어보자면, 전체가 부분의 일부가 된다는 말이면서, 동시에 결과물이 다시 원인자가 된다는 말인 셈이다. 여기서 C는 전체이고 W는 부분이다. 전자는 원인 제공자이고 후자는 그것의 결과물이다. 이러한 관계는 〈그림 7〉에 잘 나타나 있다. 〈그림 6〉과는 달리 작용의 화살표가 오던 방향 쪽으로 다시 돌아가고 있다. 그래서 이를 '되먹힘'이라고 한다. 나무에서 떨어진 나뭇잎이 나무의 자양분이 되어 다시 나무로 되돌아가는 것과 같다. 〈그림 6〉을 고립계라고 한다면, 〈그림 7〉은 자기조직체계(self-organizing system)라고 할 수 있다. 이것이 바로 에리히 얀치가 말하는 새로운 진화의 패러다임으로서 자기조직계이다(얀치, 1989 참고). 여기서 우리는 '메타-볼리즘(meta-bolism)'이라는 말의 논리적 표현에 주목할 필요가 있다. 생명체가 대상과 메타의 순환 작용이라는 것이 이렇게 다시금 확인된다. 메타-볼리즘이란 생명체가 자기언급적임을 뜻하는 것이다.

여기서 우리는 전체가 부분의 일부가 된다는 말을 '부류가 요원이 되고 요원이 부류가 된다'는 러셀 역설의 용어로 바꾸어 생각할 수 있다. 그리고 자기조직이라는 말은 '자기언급'이라는 말로 바꿀 수 있다. 자기언급이 생명 그 자체의 논리라는 것에 대해서는 다음에 더 자세히 설명하기로 하겠다. 요약하면, 고립계 안에서 생명의 창조가 일어나자면 자기언급이 먼저 이루어져야 한다. 태양으로부터 에너지와 온도 및 물질 그리고 화학 퍼텐셜을 받아 생명체가 작용을 한 다음, 그 작용 결과로 생긴 생산물의 일부를 생산자가 자기에게 되먹힘시킬 때 새로운 생명체가 만들어진다. 만들어진 것의 일부가 만든 자가 될 때 이를 자기언급이라고 하며, 또한 자기조직이라고 한다. 유신론자들은 신의 간섭과 기획에 따라 이러한 작동이 일어날 것이라고 믿는다. 그러나 우주는 스스로 자기조직을 해나간다. 자기언급의 여건만 주어지면 생명은 어디서나 생겨난다는 말이다.

그런데 생명의 창조와 유지는 여기서 완성되는 것이 아니다. 자기조직 다음으로 〈그림 8〉에 해당하는 작용체는 반드시 자기와 완전히 같은 작용체를 복사해내지 않으면 안 된다. 마치 복사기처럼 복사해내야 한다. 여기서 우리는 제3의 인간 역설에서 길게 설명했던 담음과 다름 그리고 닮음으로 되돌아갈 필요가 있다. 만일 '자기 복제'라는 과정이 없었다면 지구 위에는 수많은 다른 종들이 생겨났을 것이다. '콩 심은 데 콩 나고 팥 심은 데 팥 나는' 일이 불가능했을 것이다. 이렇게 자기와 같은 것을 만들어내는 계를 '자기증식계(self-reproducing system)'라고 한다. 결국 생명의 기원은 자기조직과 자기증식이라는 두 가지 큰 과정 속에서 형성된 것이다. 자기증식은 자기와 닮은 것이어야 한다. 생명의 기원에도 논리가 있다. 그것은 거짓말쟁이 역설이라는 논리이며, 거기에 수반되는 자기언급과 자기증식은 어김없는 생명의 논리이다. 만약 이 논리가 무시되거나 파괴되면 평형 상태가 이루어진다. 그것은 죽음이다. TF 사슬은 비평형 상태이며, 팽이는 스스로 비평형 상태에서 도는 한 살아남을 수 있다. 자전거를 탈 때도 마찬가지 원리가 적용된다. 채로 팽이를 치는 것은 마치 태양이 새로운 에너지를 공급해주는 것과 같다. TF의 제곱 작용을 우리는 페어홀스트 방정식에서 보았다. 이는 자기조직하는 방정식인 것이다.

(3) 자기언급과 생명의 논리

지구 위에 존재하는 생명체들은 모두 자기가 생산한 것들이 있다. 그 생산된 물질이 다시 자기에게 되돌아와 자기의 한 부분이 되는 되먹힘 혹은 자기언급은 '자기조직'이라고 불리는데, 이는 생명 형성의 본질이 되고 있다. 필자의 이러한 생각을 뒷받침할 만한 주장이 시미즈 히로시의 책 《생명과 장소》(서울 : 전파과학사, 1994)에 담겨 있다. 그는 "생명 시스템의 본질적 특징은 무엇인가?"라는 질문에 대해 "나는 생명 시스템의 특징이 '자기언급적' 창출성에 있다고 생각한다"(히로시, 1994, 25)라고 대답하고 있다. 물론 그는 필자와 마찬가지로 자기언급을 거짓말쟁이 역설과 연관시켜 생각하고 있다. 그런데 러셀 역설의 중요한 내용이 되고 있는 자기언급의 문제를 생명의 본질로 보는 그의 견해는 다시 한번 이 역설의 중요성을 상기시켜준다. 베이트슨이 역설의 해법 가운데 하나인 러셀의 논리 계형론을 중요시한 데 대해, 시미즈 히로시는 자기언급의 문제를 중요시하고 있다.

그러면 시미즈 히로시가 왜 자기언급의 문제를 두고 생명 시스템과 연관된다고 했는지 자세히 알아보도록 하자. 첫째, 생명은 자기언급적이 되어야 능동적일 수 있다. 앞의 〈그림 7〉에서 본 것처럼, 생명체는 자기가 생산한 것을 스스로 되먹힘해야 하는데, 이것은 곧 생명체가 스스로 능동적인 작용을 한다는 의미이다. "정보를 밖으로부터 받아서 단순히 그것에 반사적으로 반응하는 것이 아니라, 시스템이 자기를 자기 자신으로 편집하고 디자인해서 이야기하는 데 그 본질이 있다"(히로시, 1994, 143). 태양으로부터 받은 에너지와 물질을 스스로 편집하고 디자인함으로써 생명의 기원은 시작되는 것이다. 생명과는 달리 무생물은 이러한 자기 편집 기능이 없다. 생명이 의미 있는 정보를 "내부 지식과 내적 법칙에 의거해 자기 자신이 만들어가는, 즉 창조적으로 자기 자신을 만들면서 그것을 표출시켜가는 데 본질이 있는 것이다. 이것은 극히 능동적인 성질이다"(히로시, 1994, 25).

둘째, 자기언급은 생명체의 구성요소이다. 보통 구성요소라고 하면 물질 같은 것을 연상하기 쉬우나, 여기서는 그렇지 않다. 시미즈 히로시는 말하기를, "내가 요소라고 부르는 것은 그 요소로부터 출발해서 생명 시스템의 본질을 논리적으로 재구성하는 것이 가능하다"(히로시, 1994, 25)라고 했다. 즉, 자기언급적 현상을 논리적으로 만들어내는 것이 생명 시스템의 구성요소라는 것이다. 그래서 여기서 말하는 구성요소는 원자나 분자 같은 물질적 요소가 아니라, 자기언급이라는 논리적 정보를 일컫는 것이다. 논리 계형이 곧 다른 차원의 구성요소라고 할 수 있다. 아무리 대상의 구성요소가 주어진다고 하더라도 메타 의 구성요소인 자기언급이 이루어지지 않으면 생명은 창조되지 않는다.

셋째, 만일 자기언급과 같은 논리가 구성요소라면, 이와 같은 요소는 어떠한 성질을 지니는가가 문제시될 수 있다. 여기서 요소라는 말은 물질적 실체를 지적하고 있는 것이 아니므로, 다만 관계에 따라 그 성질을 자율적으로 바꾸어나가는 성질을 지녀야 한다. 마치 바둑알이 바둑판 위의 위치에 따라 그 요소적 성격을 자유자재로 바꾸는 것과 같다. 요소가 부류가 되고 다시 부류가 요소가 될 수 있는, 그런 자율이 없는 곳에서는 자기언급이 일어날 수 없다. 자기가 생산한 물건이 곧 자기 자신의 일부가 될 때, 거기에는 자기 일관성이 있게 되고 내부 모순이 제거될 수 있다. 적어도 이러한 여건 속에서 새 생명은 탄생한다. 앞의 그림에서 본 W_1과 W_2는 서로 조화·통일된다. 이와 같이 생명체에는 자기와 만나며 조화되는 일이 선행되어야 한다. "요소의 집합이 하나의 살아 있는 시스템으로 존재하기 위해서는 부분적인 작은 모순은 여하간에, 전체로서 심각한 모순이 없는 시스템을 구성할 수 있는 것이 필요하다. 이 때문에 자기언급성은 중요한 성질이다"(히로시, 1994, 27). 자기언급성은 생명 보존에 필수적인 자기 복제에서도 여전히 중요시된다.

자기언급은 관계적 상황이다. 거짓말쟁이 역설에서 보는 것처럼, 자기언급은 T와 F의 사슬을 만들어버리기 때문에 서로 어느 것이 다른 것으로 말미암아 제재당하거나 규제받지 않는다. 지금까지 공학 시스템이 그랬던 것 같이 먼저 어느 요소를 고정시킨 채 그 고정된 성질로 각양각색의 성질을 유도할 수는 없다. 한국 건축에서 못을 사용하지 않고 나무와 나무에 요철을 만들어 결합시키는 공포(栱包) 건축 기법처럼, 요소는 서로 관계적이기 때문에 요소 사이의 관계가 바뀌면 요소 자신의 기본적인 성질조차도 바뀌게 된다. 자기언급은 이처럼 공포와 같은 성격을 지니고 있기 때문에 생명 시스템에도 그대로 적용되는 것이다. 이전의 공학 시스템에서 볼 때, 한 세포가 어느 위치에 있더라도 그 세포 자체의 성질은 변하지 않아야 한다. 그 어느 세포도 마찬가지이다. 그러나 자기언급적 생명 시스템에서는 한 개의 세포가 신체의 어느 위치에 놓여 있느냐에 따라 세포 사이의 관계성이 바뀌고 세포의 성질도 근본적으로 바뀐다. 바둑판에 따라 바둑알의 성격이 근본적으로 달라지는 경우와 같다. 한 바둑알이 결정적인 승부를 가려주었다고 해서 그 바둑알을 애지중지해보아야 아무 소용이 없다. 다음 시합에서 그 바둑알이 어떤 관계 속에 놓이느냐에 따라 똑같은 바둑알일지언정 무용지물이 될 수 있기 때문이다.

넷째, 자기언급이란 자기의 자기에 대한 이야기(story)이다. 이야기란 녹음기가 음성을 그대로 베껴내는 것과는 다르다. 이야기는 정보를 말하는 것이다. 생명체는 환경과 만나면서 정보 교환을 한다. 아무리 꽃나무라도 꽃이 피기 전에는 꽃의 색을 눈으로 볼 수 없다. 그러나 꽃나무는 유전자의 정보 처리로 온갖 색을 만들어낸다. 시미즈 히로시는 말하기를, "자기 자신의 내부에 축적된 지식을 바탕으로 해서 그 내재적인 다이나믹스에 의해 밖으로 나타낸다"(히로시, 1994, 27)고 했다. 공포는 관계의 연계망 이론이다. 집 전체는 모두 공포로 연계되어 있는 하나의 망을 형성한다. 집의 구성요소 하나하나는 이 관계의 연계망 속에서 거기에 의존해 자기의 성질을 만들어낼 수 있다. 이를 시미즈 히로시는 관계자(關係者)라고 했다. 관계 연계망의 구조를 끊임없이 바꾸며 관계자가 자기의 표현 상태를 자율적으로 만들어나감으로써 연계망 전체의 표현 상태가 바뀌는 것, 바로 여기에 생명체의 자기언급적 성격이 있는 것이다. 생명체의 이러한 관계적 성격은 생명체로 하여금 무한 변화의 가능성을 만들어나가게 한다.

4. 거짓말쟁이 역설과 생명의 논리

(1) 자기언급은 지혜의 원천

페어홀스트 방정식은 유머(humor)의 구조이다. 다음에 예를 들어 설명하겠지만, 아울러 이 방정식은 버저를 만드는 데 이용되는 등 생활의 편리함을 제공한다. TF 사슬은 원인과 결과를 서로 순환적이게끔 만들어버린다. 목적론적 사고에서는 원인이 앞에 오고 결과는 뒤에 온다는 직선적 공식이 필수적이지만, 순환적 사고에서는 그 반대도 옳다. 현대 물리학의 세계에서는 원인이 뒤에 오고 결과가 앞에 올 수도 있다. 예를 들면, 방의 온도 변화는 자동 온도 조절 장치의 스위치를 바꾸는 원인이 되고, 자동 온도 조절 장치의 활동이 방의 온도를 통제하기도 한다. TF 사슬은 두 쌍의 이러한 상호 반응적 관계를 말해주고 있다. 우리는 좌우 두 개의 눈으로 사물을 본다. 이 '봄'의 작용 또한 엄격한 논리적 절차를 밟는다는 것을 알 수 있다.

TF 사슬에서 T와 F를 좌우 눈에 비유해볼 수 있다. 두 개의 눈을 A와 B라고 해보자. A는 오른쪽눈이 얻은 정보 집합이며, B는 왼쪽눈이 얻은 정보 집합이다. 그러면 'AB'는 양쪽 눈이 얻은 정보 집합의 합이 된다. AB는 A와 B에서 볼 때 이미 메타화한 것이며, 부류의 부류라고 할 수 있다. 이 메타 패턴의 형성 과정을 보면, 오른쪽눈 바깥쪽에 있는 시신경 섬유에 따라 전달되는 정보는 왼쪽눈 안쪽의 시신경 섬유에 따라 전달된 정보와 뇌의 우반구에서 만나게 된다. 마찬가지로 왼쪽눈의 바깥쪽으로부터 온 정보는 오른쪽눈 안쪽으로부터 온 정보와 좌반구에서 만나게 된다.

이와 같이 뇌의 좌우반구에서 간섭을 이루어 합성된 정보가 부류의 부류를 (재합성해) 만든다(베이트슨, 1997, 88). 그러면 눈은 무엇을 '봄'이라는 활동에서 좌우 눈으로 그냥 보는 제1차 과정으로 끝나는 것이 아니라 메타화 과정을 거치는 제2차 합성 과정을 반드시 수행해야 하는가? 거기에 따른 이점은 무엇인가? 이렇게 부류의 부류라는 논리 계형을 만들 때는 두 가지 이점이 있다. 먼저, 사물 가장자리의 명암 차이에 따른 선명도가 더욱 뚜렷해진다. 그래서 작은 글자도 읽을 수 있으며, 어두운 빛 아래에서도 사물을 파악하게 된다. 다음으로, 그보다 더 중요한 것은 사물의 원근에 관한 정보를 얻을 수 있다는 점이다. 눈이 두 개가 아니라면 명암 차이를 파악하거나 원근을 느끼는 것과 같은 작용을 할 수 없다. TF 사슬의 논리 계형이 갖는 장점과 메타화가 가져다주는 이익을 이처럼 눈의 작용을 통해 알 수 있다. 이는 눈이라는 생리 현상에 나타난 TF 사슬의 이점을 살펴본 것이다. 한쪽 망막에서 얻은 정보와 또 다른 망막에서 얻은 정보의 차이(달음)가 다른 논리 계형에서는 정보 자체가 된다. 계형이 다른 이 새로운 정보로부터 시각에 새로운 정보가 부가된다. 새로 생겨난 이 논리 계형의 정보가 획기적인 새로움(*novelty*)을 만들어내는 것이다.

TF 사슬의 의미와 구조가 무엇인지 파악하는 데는 다음 두 가지 예가 도움이 될 것이다. 하나는 악어에게 자기 아들을 빼앗긴 어머니의 역설적 토막 이야기이다. 또 하나는 우리가 일상생활에서 흔히 쓰고 있는 버저(buzzer)의 예로, 다음 절에서 살펴보도록 하겠다.

　　어머니로부터 아들을 빼앗은 식인악어가 어머니에게 다음과 같이 내기를 걸었다.
　　"만약 당신이 나의 마음을 바로 알아맞히면 아이를 잡아먹지 않을 것이고, 그 대신 알아맞히지 못한다면 당장 삼켜버리겠다."
　　악어가 아들을 잡아먹을 것이라고 확신한 어머니는 지혜를 짜낸 끝에 이렇게 대답했다.
　　"당신은 내 아들을 잡아먹을 것이다."
　　악어는 어머니의 말이 입에서 떨어지자마자 예상대로 아이를 집어삼키려고 했다. 그러나 그 순간 악어는 어머니와 한 약속이 생각났다. 즉, 자기의 생각을 바로 알아맞히면 잡아먹지 않겠다고 한 약속이 생각난 것이다. 그런데 어머니는 자기의 마음을 바로 알아맞히지 않았는가? 아무리 양식 없는 악어라도 자기가 한 약속은 지켜야 한다. 약속을 지킨다는 것은 아들을 잡아먹지 말아야 한다는 것이다.

(1) 그렇다면, 어머니가 악어의 속마음을 바로 알아맞혔으니 아들을 잡아먹지 말아야 한다(F). (여기서 잡아먹는다를 T로, 잡아먹지 않는다를 F로 표시하자.) 그래서 악어는 아들을 어머니에게 돌려주려고 했다. 그러나 아들을 돌려주려다보니 악어의 머릿속에는 또 다른 생각이 스쳐지나간다. 즉, '아들을 돌려주게 되면 어머니는 자신의 생각을 바로 알아맞히지 못한 것이 아닌가?' 하는 생각이 든 것이다.

(2) 이 때문에 악어는 어머니가 자기 생각을 알아맞히지 못했으니 아들을 잡아먹어도 된다(T)는 결론에 이르게 된다. 그래서 아들을 집어삼키려고 하자 순간 다시 (1)의 생각이 떠오른다.

(3) 악어는 어머니가 자신의 속마음을 또다시 알아맞혔으니 아들을 잡아먹을 수 없다(F)는 생각에 도달하게 된다. 그러므로 잡아먹을 수 없는데, 그러면 어머니는 악어의 마음을 또 알아맞히지 못한 것이 되어 (2)의 생각으로 되돌아간다.

(4) 그래서 악어는 어머니가 자신의 생각을 알아맞히지 못했으니 아들을 잡아먹어도 된다(T)는 결론을 다시금 얻게 된다.

그러나 그 다음 차례는 또 (5) 잡아먹으려면 알아맞춘 것이므로 잡아먹을 수 없고(F), (6) 잡아먹을 수 없으니 못 맞춘 것이므로 잡아먹어도 되고(T)……, 이러한 생각의 순환이 끝없이 반복된다.

그래서 악어는 아들을 잡아먹자(T), 말자(F), 잡아먹자(T), 말자(F), 잡아먹자(T), 말자(F)……라는 사슬에 죽는 순간까지 얽매일 수밖에 없다. 이 예에서 보듯이, 홀수 번호는 '잡아먹지 말자'(F)로, 그리고 짝수 번호는 '잡아먹자'(T)로 계속될 것이다. 이것은 결국 그 구조에서 TF 사슬과 완전히 같은 것이다.

악어는 머릿속에서 수많은 논리 계형을 만들게 되고, 아이를 잡아먹느냐 마느냐에서 출발해 이제는 현명한 어머니가 만들어놓은 논리 구조 속에, 즉 거짓말쟁이 역설의 구조 속에 휘말려 빠져나올 수 없게 된 것이다. 어머니는 논리 계형을 만들어 자기 아들이 먹이가 되는 것을 메타화해버린다. 악어는 실제 먹이 대상(아들)을 잡아먹느냐 마느냐 하는 데서 이제 자기의 말 자체를 다루게 되며, 이 때문에 말 속의 대상으로서 아들을 만들게 된다. 이로 말미암아 악어는 실제 대상으로서 아들을 잡아먹느냐(T) 마느냐(F) 하는 역설에 휘말리는 것이다.

《지도는 땅이 아니다(*Map is not Territory*)》(Smith, 1993)에서처럼, 말 속의 '아들'은 실제 아들이 아니다. 악어가 말 속의 이름으로서 '아들'을 삼키든 말든 어머니는 상관할 바가 아니었다. 어머니는 대상-아들과 메타-아들을 구별해 자식을 구할 수 있었다. 그런데 문제는 '잡아먹느냐'와 '잡아먹지 않느냐'의 '사이' 혹은 그 사이의 '시간'인데, 즉 그 사이에 시간적 '틈'이 있어야 한다는 것인데, 과연 그것이 가능한가? 만약 그 시간적 틈이 없다면 아들의 생명은 보장될 수 없다.

(2) "따르릉" 소리가 없다면

악어는 어머니가 만들어놓은 논리 계형에 빠져버렸다. 논리 계형을 안 현명한 어머니는 자기 아들을 구할 기회를 만들었고, 악어는 그 때문에 악순환에 빠졌다. 악어가 악순환에 빠져 있는 동안 어머니는 시간을 벌고 다른 사람의 도움을 받아 악어를 죽인 뒤 아들을 구해낼 수도 있을 것이다. 거짓말쟁이 역설의 TF 사슬은 어머니에게는 매우 유용한 지혜의 원천이었고 악어에게는 덫이었다. 어머니가 악어보다 한 단계 높은 논리 계형을 가지고 있었던 것이다.

여기에 TF 사슬의 지혜를 이용한 것으로 우리 생활에 매우 유용한 전기 제품이 하나 있다. 학교에서 강의 시간의 시작과 끝을 알리는 버저가 다름아닌 TF 사슬을 이용해 만들어진 것이다. 다음 그림에서 보는 것처럼, 진동부가 A점의 전극에 연결될 때는 전류가 흐르지만(T, 악어가 입을 연다), 전류가 흐르면(T) 전자석이 작용해 진동부를 떨어지게 한다(F, 악어가 입을 다문다). 그래서 A점의 접촉이 끊어진다. 그러면 전류가 회로에 흐르지 않게 되어 전자석의 작용이 멈추고, 진동부는 A점으로 되돌아가 전극에 접촉됨으로써 다시 전류가 흐른다(T). 이 순환은 처음부터 다시 반복된다.

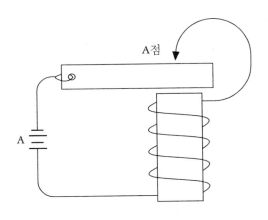

〈그림 9〉 버저의 구조

이 그림을 다시 말로 표현하면, (1) A점에서 접촉이 이루어지면 전자석은 자성을 띤다(T). (2) 전자석이 자성을 띠면 A점의 접촉은 끊어진다(F). A점의 접촉이 끊어지면 전자석은 자성을 잃는다. (3) 전자석이 자성을 잃으면 A점의 접촉이 이루어진다(T).

이는 마치 악어의 예에서 본 것처럼, '이면'→'아니고(아니면)'→'이고(이면)'→'아니고(아니면)'→'이고(이면)'→'아니고'……의 사슬을 만든다.

여기서 '악어가 아이를 잡아 먹는다'를 X로, 엄마의 예언을 Y로 표시하고, 그 결과의 긍정을 1로, 부정을 0으로 표시하면, 악어의 약속은 다음과 같이 된다.

Y=1이면 X=0(예언이 맞으면 안 잡아먹고)
Y=0이면 X=1(예언이 안 맞으면 잡아먹고)

이 식은 다음과 같이 요약할 수 있다.

〈식 1〉 X=(1-Y)

X의 반대가 1-Y라는 데 주목하라. X의 반대가 Y가 아니라 1-Y라는 데 주목해야 한다는 말이다. 이는 곧 페어홀스트 방정식이다. 그런데 어머니는 예언 Y로 X를 선택했다.

〈식 2〉 (Y=X)

따라서, 이 식은 다음과 같이 풀이된다.

Y=X(어머니의 예언은 악어의 심중을 적중했다)

이제 〈식 1〉과 〈식 2〉를 묶어 연립방정식을 만들면 다음과 같다.

〈식 1〉 X=(1-Y)(악어의 약속)
〈식 2〉 Y=X(엄마의 예언)

이 〈식 2〉를 〈식 1〉에 대입해보자. 그러면 다음과 같이 된다.

〈식 3〉 $X = (1-X)$

이것은 모순이다. X가 X이면서 동시에 X 아닌 것이 된다는 뜻이기 때문이다. 어머니의 말이 맞으면 안 잡아먹어야 하고, 안 잡아먹으면 예언이 틀린 것이니 잡아먹어야 한다. 이를 버저의 경우와 비교해서 말하면 다음과 같다.

接촉이 이루어지면 接촉이 끊어지고, 接촉이 끊어지면 다시 接촉이 이루어진다(아키히로, 1993, 256).

그래서 결국 이면 → 아니다 → 이면 → 아니다 → 이면 → 아니다……와 같은 TF 사슬을 만들게 된다. 接촉 → 不接촉 → 接촉 → 不接촉이 결국 버저의 경우에 "따르릉, 따르릉" 하는 소리를 내게 하는 것이다. 버저는 매우 유용한 생활 도구이다. 거짓말쟁이 역설은 이와 같이 생활에 이로움을 줄 수도 있다.

베이트슨이 지적한 바와 같이 TF 사슬에는 '時間'이라는 요소가 배제되어 있지만, 버저의 경우에 '時間'이라는 요소는 본질적이다. 회로에 전류가 흐르고나서 철판이 떨어지는 시간을 a라고 하고, 전류가 끊긴 뒤 다시 붙는 시간을 b라고 해보자. 그러면 버저는 ba라는 간격(수십분의 1초 혹은 수백분의 1초)으로 "따르릉" 울리게 된다. 이것이 역설에 휘말리는 경우는 a=b=0일 때이다. 이는 T와 F 사이에 時間 간격이 전혀 없는 동시적인 경우이다. 아이가 악어의 밥이 되지 않는 것은 a≠b일 경우이다. 즉, 時間 간격이 있을 경우이다. 생명이 살아 있다는 것은 a≠b인 '틈' 속에서 가능하다. 만일 이 정도의 틈이 없다면 결국 죽음에 이르고 말 것이다. '이면 아니고, 아니면 이다'라는 역설 속에 삶이 휘말려 있는 셈이다. 100분의 1초라도 허용되는 틈을 엿보는 데 사는 묘미가 있는 것이다. T와 F 사이에 이 정도의 시간 틈을 줄 때 버저 같은 생활의 이기가 만들어진다. 이를 '한틈'이라고 하자. 이로써 알 수 있듯이, 역설 해법의 한 가지 방법은 시간이라는 변수를 도입하는 것이다.

(3) 수정생식과 한 생명론

지금까지 살펴본 것처럼, 전류가 흐른다(T)와 흐르지 않는다(F) 사이의 차이, 즉 0.01초 정도의 차이(a≠b) 때문에 버저는 '따르릉' 울리게 된다. T와 F의 대칭을 남성과 여성이라는 대칭으로 바꾸어놓고 생각해보자. 양성의 결합에 따른 생식도 버저의 경우와 마찬가지인데, 바로 양성 사이의 차이 때문에 새로운 생명이 탄생하기 때문이다. 그런데 버저의 경우에는 그 차이가 정해진 시간(가령, 0.01초)보다 길거나 짧으면 적절한 효과가 나타나지 않는다.

생물 가운데 세균류·원생동물·버섯·해조류 등은 단위생식을 한다. 그러나 대부분의 식물들은 모두 성이 구별되어 있다. 이를 양성생식이라고 한다. 단위생식과 양성생식의 장단점은 무엇인가? 양성생식의 경우 서로 만난 남성과 여성 사이에 '차이'가 너무 크면 수정이 이루어지지 않는다. 그렇다고 너무 가까워도 수정이 이루어지지 않는다. 양성의 구별이 없는 것은 단위생식의 경우라고 할 수 있다. 양성이 구분되지 않는 단위생식의 '0 상태'와 극단 사이에서 알맞은 차이가 형성되지 않으면 수정이 이루어질 수 없다. 그렇다면 수정에서 중요한 것은 남성이냐 여성이냐 하는 것이 아니라, 양성 사이의 차이라고 할 수 있다. 이 '차이'가 알맞지 않으면 남성과 여성 자체로서는 아무런 의미가 없기 때문이다. 우리는 보통 '수정'이라고 할 때 성 자체를 생각하기 쉬운데, 사실은 양성 사이의 '차이'라는 것이 더 중요한 것이다. 각종 생물의 구분은 차이의 비교에서 생기는 것이라고 할 수 있다. 성 자체에서 생명이 나오는 것이 아니다.

여기서 말하는 '차이의 비교'란 비생물학적 언어 혹은 논리적인 표현일 수도 있다. 배우자의 결합이 이루어져 개체 상호간의 편차를 억제하고 동시에 유전자의 결합이 자유롭게 변하는 것은 이 차이의 비교로써 보증된다. 단위생식의 미분리보다는 양성생식의 분리가 낫고, 분리보다는 다시 결합하는 것이 좋다. 두 성(性)의 결합은 유전자의 다양화를 억제시킨다. 이러한 현상은 진화 과정 전체에서 나타난다. 설령 돌연변이가 일어난다고 하더라도 양성이 결합될 때는 표준적 상태가 만나게 되며, 거기서 양극화되어 극단으로 벗어나는 현상은 일어나지 않게 된다. 양성의 결합이 변이체의 발생을 억제하고 종의 정체성을 지켜주어 유전자의 다양화를 막아주는 구실을 하는 동시에, 그와 정반대되는 현상, 즉 표현형(phenotype)의 다양화를 촉진시키는 구실도 한다. 야누스와 같은 두 가지 구실, 즉 여럿이라는 다양화(多)와 하나라는 통일성(一)을 동시에 보장해주는 구실을 양성 결합이 해내는 것이다. 다시 말해서, 다양성과 통일성을 동시에 의미하는 '한'의 성격이 이루어지는 것이다. 한 생명이 이렇게 탄생한다.[4] 이와 같이 양성의 결합은 개체의 다양성을 억제해 통일성을 지향하게 하는 동시에 유전자가 다양하게 변해가는 것을 보장한다(이쉬, 1991, 57). 일과 다의 이러한 순환적 관계를 히로시는 '홀로닉 루프(holonic loop)'라고 했다. 한 생명의 고리라고 할 수 있을 것이다.

이러한 다양성과 통일성이 이루어지는 곳이 유전자 저장소(gene pool)이다. 그래서 유전자 저장소는 한의 바다와 같다. 체세포가 변하는 바

---

4   그런 의미에서 전체를 뜻하는 '온생명'은 적합하지 않으며, 하나와 여럿의 역동적 관계를 나타내는 '한생명'이 옳다고 하겠다.

같 환경으로부터 변화무쌍한 경험을 하는 이곳은 다름아닌 라마르크가 말하는 획득 형질이 일어나는 곳이다. 그러나 획득 형질은 개체 유전자에게 바로 전달되지 않고 유전자 저장소로 먼저 간다. 만약 라마르크가 생각한 것처럼 개체 유전자에게 바로 전달된다면, 이 우주 안에서 같은 종의 동일성이 유지되기란 매우 어려울 것이다. 쉽게 말해서, 콩 심은 데 팥이 날 것이다. 즉, 다양성뿐일 것이다. 유전자 저장소는 다양성을 받아 생존 가능한 유전자의 결합을 만들어내며, 다른 유전자들과 가능한 한 많은 결합을 통해 검열을 수행한다(베이트슨, 1990, 143). 다윈의 진화론이나 라마르크의 용불용설이 범하는 실수는 체세포가 겪는 다양성과 유전인자의 통일성을 조화시키지 못하는 것이라고 할 수 있다. 당시만 하더라도 유전자 저장소의 구실을 몰랐기 때문에 그런 실수를 했을 것이다. 아니, 근본적으로 논리학이 잘못된 탓일 것이다. A형 논리학의 동일률은 체세포에 주는 영향이 곧바로 유전자에 영향을 준다는 논리를 가능하게 했다. 이는 대상 물체가 감광판에 바로 각인되는 포토그래피의 논리인 것이다. 시대를 같이하는 카메라의 등장과 라마르크의 등장은 이런 논리적 동일성을 보여주고 있다.

그러나 체세포의 영향은 유전자가 아닌 유전자 저장소에 먼저 미친다. 체세포가 대상이라면 이 저장소는 마치 메타와 같다고 하겠다. 유전자 저장소는 이미 그 논리 계형이 다른 메타 역할을 하고 있다. 즉, 체세포와 유전인자가 다양성이냐 통일성이냐를 선택하고 있을 때, 유전자 저장소는 그것을 검열해 양자를 어떻게 균형잡히게 할까 하는 데 관심을 기울이고 있는 것이다. 이처럼 생물의 수정도 정확한 논리 계형에 따라 순서를 밟으며 이루어진다. 유전자 저장소는 이미 그 논리 계형에서 체세포나 다른 유전인자와는 다르며, 대상이 아닌 메타에 속해 있다. 그러나 라마르크나 다윈은 모두 이러한 메타 과정을 몰랐다. 논리적인 제한이 그들의 생물학마저 그렇게 만들어버리고 만 것이다. 그들은 E형 논리를 몰랐던 것이다.

제3장 러셀 역설의 순환적 해법 : 오행론과 12경맥론

 페어홀스트 방정식은 직선운동을 하지 않고 원환운동을 한다. 그리고 X는 0과 1 사이의 값을 갖는다. 닫힌계 안에서 일어나는 현상이다. 동양에서는 이러한 순환계를 역으로 이해하기 시작했다. 음과 양의 증가와 감소를 로지스틱 사상으로 표현해 그것을 하나의 도형으로 그리기 시작했는데, 그것이 바로 원도 혹은 태극 도형이다. 동양에서는 자연계가 제곱의 제곱을 거듭하는 것으로 파악했으며, 그 복잡화의 구조를 오랜 시간을 두고 표현하려고 했다. 의식의 메타화가 진행될수록 복잡화의 구조는 변해왔던 것이다. 역이라는 말 속에는 '쉽다' 혹은 '간편하다'의 뜻도 들어 있다. 그래서 역을 쉽고 간편하게 표현한 것이 바로 간역이라는 것이다. 그러나 여기서는 이러한 역을 더욱 간소화해 위상기하학의 도형을 통해 이해해보려고 한다. 그 이유는 역의 구조를 현대적으로 재조명하는 것과 더불어 그것을 러셀 역설과 연관시켜보려고 하기 때문이다. 이는 더 나아가 한의학의 오행의 구조와 경맥의 구조를 이해하는 데도 도움이 될 것이다.

앞 장에서 오행의 구조를 파악하는 과정을 통해 페어홀스트 방정식을 만나게 되었다. 이 장에서는 이를 위상공간과 연관시킬 것이다. 위상공간과 연관시키는 이유는 이 책 제2부 5장의 경맥을 설명하기 위해서이다. 오행론과 경맥론을 연관시키고자 할 때 역은 그 구조적 동일성을 찾는 데 도움이 된다. 경맥론은 오행론의 연장이라고 할 수 있다. 오행론이 청사진의 지도와 같다면 경맥론은 그 지도에 해당하는 땅과 같다고 할 수 있을 것이다. 경맥은 인체에 퍼져있는 기의 경로와 같으며, 그 경로는 기하학적이다. 그래서 위상기하학은 경맥을 이해하는 데 도움을 줄 수 있다. 러셀 역설은 현대 서양철학의 화두이다. 위상기하학을 러셀 역설의 해법 가운데 하나인 순환-비일관성 이론과도 연관시킴으로써 한의학이 역설 해법에 공헌할 수 있는 점에 대해서도 논할 것이다. 이는 이 책 전체의 목적이기도 하다.

1. 제곱 작용과 역 읽기

(1) 태극과 제3의 인간 역설

제3의 인간 역설은 '큼'의 문제로 시작한다. 《계사전》에서는 "역에 태극이 있다[易有太極]"라고 했다. 즉, '가장 큼'을 '태극'이라고 한 것이다. 대(大)보다 더 큰 것이 태(太)라는 말이다. 가장 큰 것의 끝이 곧 태극이다. 공자 이전까지는 잡다한 여러 사물들이 제각각 큼을 유지할 수 있었다. 그러나 공자는 이 모든 것들을 다 담을 수 있는 큼 자체의 필요성을 감지했고, 이를 '태극'이라고 한 것이다. '큼'의 문제는 이미 《파르메니데스》에서 역설의 문제와 더불어 제기된 바 있다. '태극'이란 큼이 다해 그 극에 닿은 것을 의미한다. 가장 큼은 그 속에 작음을 담고 있으며, 그 가장 큼은 큼 자체이다. 그렇다면 큼 자체인 태극은 다른 사물들과 그 속성을 같이 하는가, 같이 하지 않는가? 이 물음에 태극 논쟁의 불씨가 담겨 있다. 태극은 그 속에 음양·사상·팔괘 같은 것을 담고 있다. 그렇다면 이들과 태극은 어떤 관계인가? 다시 말해서, 전체와 부분은 어떤 관계인가? 어느 것이 전체이고 어느 것이 부분인가?

공자 시대는 이미 봉건제도가 굳어지면서 지고의 군주의 출현이 요청되던 때였다. 군주야말로 제왕이며 천자이다. 여기에는 모든 제후들을 다스리고 자기 속에 포괄해야 할 능력이 주어져야 한다. 이때 철학적으로 등장한 개념이 태극인 것이다. 그러나 여러 개를 모두 담는 일자로서 '큼'이 등장하자마자 《파르메니데스》에서 본 것처럼 제3의 인간 역설이 불가피하게 발생한다. 다시 말해서, 큼 자체와 큼들 사이에 자기서술과 자기비동일성의 문제가 제기되는 것이다.

《계사전》은 이 문제의 심각성을 충분히 알고 있었으며, 큼의 역설을 해결하는 방법으로 "태극은 음양을 낳고, 음양은 사상을 낳고, 사상은 팔괘를 낳는다"라고 한 것이다. 헤겔이 정과 반의 지양이 합이라고 함으로써, 즉 정과 반을 나뭇가지 모양으로 상정해 시차를 두고 발전한다고 말함으로써 나무의 **가지형**(strand)과 같은 해법을 제시했다면, 《계사전》은 태극이 음양을 동시에 낳는다고 함으로써 **매듭형**(knot)의 해법을 제시한 것이다. 마치 나무의 매듭이 같은 위치에서 마주 붙어 있듯이 말이다. 그러나 양자 모두 발생론적 해법을 제시했다는 점에서는 같다. 이러한 가지형과 매듭형은 서양과 중국의 사고방식에서 같으면서도 다른 차이를 보여준다고 하겠다.

공자 이후 1,500여 년이 지나 주렴계에 이르자 태극에서 발생한 제
3의 인간 역설 해법에 큰 변화가 생긴다. 즉, 태극과 개별자를 묶는
제3의 형상이 있어야 할 필요성이 생긴 것이다. 주렴계는 그것을 '무
극(無極)'이라고 했다. 신유학은 여기서 출발한다. 양명학에서는 태극
이상의 무극의 필요성을 부정했지만, 주자를 비롯한 중국의 신유학자
들은 한결같이 '무극이 곧 태극'임을 주장한다. 이 무극과 태극 논쟁은
조선의 유학까지 이어진다.[1] 주자는 태극에서 음양이 나온다는 공자
의 발상을 결코 포기하지 않는다. 중국의 언어 구조가 주어-동사-목
적어 순서인 것은 영어와 같다. 이는 전형적으로 주어와 술어를 분리
하는 사고방식에서 기인한 것으로, 곧 음양이 태극에 包涵되어 있다
는 사고방식이다. 이러한 주자의 태극과 음양 이해에 반해 한국의 율
곡은 음양이 태극에서 나온 것이 아니라 태극의 운동 자체가 음양이
라고 생각했으며, 그렇기 때문에 음양은 태극에 包含되어 있다고 보
았다. 만일 음양이 태극에서 나왔다고 한다면 음양은 태극에 包涵되
어 있어야 한다. 이러한 사고는 곧 다발형(bundle)이라고 할 수 있을 것
이다.

한의학의 음양오행에서 토는 다른 행들을 자기 속에 包涵하면서 동
시에 그 행들 속에 包含된다. 그렇다면 이는 가지형도 아니고 매듭형
도 아닌 다발형의 논리로만 해석될 수 있을 것이다. 심포/삼초 경맥의
경우도 마찬가지이다. 다른 경맥을 다 담으면서 동시에 담기는 것이
이 경맥이다. 이런 경우를 두고 다발형이라고 하는 것이다.

《계사전》에서 태극과 음양의 발생 관계를 말한 이후, 이제 역은 태
극이 지닌 이러한 부분-전체의 역설을 해결하려고 지속적인 노력을
경주한다. 매듭형과 다발형의 차이는 역의 도상을 작도하는 과정에서

---

1   조한보와 이언적 사이에 벌어진 것이 바로 무극과 태극 논쟁이었다.

선명하게 나타난다. 중국의 하도와 한국 일부(夫)의 정역도는 바로 한눈에 매듭형과 다발형의 차이를 보여준다.

(2) 음양의 거듭제곱과 참거짓의 제곱 작용

문장의 피라미드를 만들 때 TF는 $aFT^3/TF^2/TF^1\cdots\cdots=A$와 같이 지수로 첨자를 달아놓아야 한다. 왜냐하면 TF는 각각 속한 논리 계형 혹은 유형이 다르기 때문이다. "거짓말을 참말이라고 하는 것은 거짓말(FT＝F)"이라고 하듯이, 이제 역은 TF를 양과 음으로 바꾸어놓았을 때 음양^{1}을 다시 음양^{2}로 하고 음양^{2}를 다시 음양^{3}으로 하는 식의 프랙털 기법을 사용한다. 이때 음양^{1}을 음양선, 음양^{2}를 사상선, 음양^{3}을 팔괘선이라고 한다. 이는 곧 메타화를 의미하며, 제곱 작용인 것이다. 그런 점에서 거짓말쟁이 역설과 역의 구조는 일치하고 있다. 위상기하학과 연관시키면, 이는 곧 차원의 문제가 된다. 점은 0차원, 선은 1차원, 면은 2차원, 입방체는 3차원이다. 그리고 3차원에 시간이 더해지면 4차원이 된다. 0차원은 점이다. 그러나 2차원이 되면 거기에는 점과 변과 면이 생긴다. 오일러는 이들 관계를 표현하는 다음과 같은 계산식을 산출했다. 즉, '꼭지점수(v)−변수(e)＋면수(f)＝x'가 그것인데, 이를 오일러 지수라고 한다.

우리 인체 속을 흐르고 있는 경맥은 입체로 된 3차원 공간 속에 퍼져 있다. 그것은 꼭지점과 변과 면으로 된 공간이다.[2] 그렇다면 우리는 여기서 이들 점·변·면들의 관계와 그것들의 대칭 관계에 대해 관심을 가지지 않을 수 없다. 때문에 여기서는 편의상 오일러 지수 개념을 불러오는 것이다. 궁극적으로는 위상공간인 뫼비우스 띠, 클라인

---

2   삼각형은 꼭지점이 세 개, 변이 세 개, 면이 한 개이다. 정사면체는 꼭지점이 네 개, 변이 여섯 개, 면이 네 개이며, 정육면체는 꼭지점이 여덟개, 변이 열두 개, 면이 여섯 개이다.

병, 그리고 사영 평변의 오일러 지수가 관심 대상이 된다. 왜냐하면 이들의 구조가 경맥의 구조와 같다고 보이기 때문이다. 이러한 세 가지 대칭들이 모두 사라지고 오일러 지수가 0이 되는 세계를 바로 홀론의 세계라고 볼 수 있을 것이다. 이것이 곧 초공간의 세계이고 건강한 세계인 것이다. 위상기하학적으로 의학의 건강을 정의하는 방법이 바로 이렇다. 그러면 이러한 전제를 염두에 두고 역과 위상기하학이 어떻게 이런 홀론의 세계를 향하고 있는지, 그리고 한의학이 이런 세계를 어떻게 구현하고 있는지 살펴보도록 하겠다.

역(易)의 최대 관심사는 대칭들의 관계에서 완전한 조화인 홀론을 이루는 데 있다. 대칭들을 조합하고 그것을 배열하는 데서 직선(횡도)·사각형(방도)·원(원도)의 방법을 사용한 것은 바로 이 때문이다. 이러한 일환으로 나온 것이 하도와 낙서이다. 그리고 우리 한국에서는 정역도(正易圖)가 나왔다. 횡도 → 방도 → 하도 → 낙서 → 정역도로 이어지는 순서는 곧 위상범례의 전개 단계와 같다. 다시 말해서, 직선-사각형-원-토러스-뫼비우스 띠-클라인 병-사영 평면과 같은 것이다. 이러한 위상범례의 전개 순서는 인간의 의식 발달 순서와 밀접하게 연관되어 있으며, 그래서 문명사란 이런 범례의 발전을 따르는 것에 불과한 것이다. '쉽다'는 말 그대로, 역은 인체와 우주뿐만 아니라 삼라만상을 가장 간략하고 쉽게 만들어 모양새를 갖추어놓은 것에 지나지 않는다. 그러면 지금부터 동양에서 역의 도형이 발달한 순서를 위상범례에 따라 고찰해보기로 하자.

역만큼 대칭 관계를 심각하게 다루는 철학도 없을 것이다. 우리는 앞에서 사각형이 변형되어 그 대칭 구조가 몇 가지로 바뀌는 예를 살펴보았다. 즉, 점·변·면의 대칭 구조가 어떻게 변화하는지 위상범례를 통해 살펴본 것이다. 역에서는 우주와 세계의 근본적인 대칭을 음(陰)과 양(陽)이라고 하고, 이를 '--'과 '—'로 기호화했다. 음과 양은 밤과

낮, 여자와 남자, 땅과 하늘 같은 모든 대칭의 대표격이라고 할 수 있다. 역은 모든 대칭들을 '--'와 '—'로 기호화한 뒤 여기에 또 2분진법(二分進法, Binary System)의 제곱 작용을 가한다. 들뢰즈에 따르면, 존재론은 존재의 제곱 작용을 의미한다. 즉, 매번 변신과 변형을 이어가는 급수 계열적 형태의 거듭제곱의 역량인 것이다. "모든 것은 이런 거듭제곱의 잠재력에서 처음 발생하며, 이런 발생 과정의 마지막 효과가 재현적으로 파악될 수 있는 현실적 세계이다"(들뢰즈, 2004, 669). 이를 두고 역의 《계사전》은 말하기를, "역 안에 태극이 있다. 태극이 음양을 낳고 음양이 사상을 낳고 사상이 팔괘를 낳는다[易有太極 太極生陰陽 陰陽生八卦]"고 했다. 마치 이 《계사전》의 말을 들뢰즈가 그대로 반복한 것은 아닐까 하는 느낌이 들 정도이다. 《계사전》의 이 말을 도형으로 나타내면 다음 〈그림 1〉과 같다.

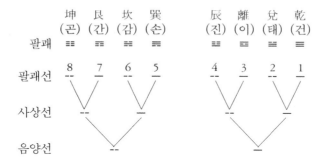

〈그림 1〉 음양 가지치기(횡도)

역은 모두 예순네 개의 조합으로 이루어져 있는데, 이는 음양을 여섯 번(2^6) 분화시켰기 때문이다. 물론 그 이상도 얼마든지 더 전개시킬 수 있다. 위에서는 $2^3 = 8$의 경우이다. 세 번을 거듭제곱하도록 조합을 시킨 것인데, 이때 하나하나의 조합을 '괘(卦)'라고 한다. 그리고 괘를 형성시키는 요소인 '--'과 '—'을 '효(爻)'라고 한다. 그런즉, 세 개의 효가 한 개의 괘를 만들고 있다. 이 여덟 개의 괘를 특히 역에서는 '팔괘(八卦)'라고 한다. 64괘는 음양의 양효를 여섯 번 분화시켜 만들 수도 있고, 8괘를 기본으로 해 이를 제곱함으로써($8^2=64$) 만들 수도 있다.

중요한 것은 괘 안에 두 가지 종류의 대칭이 있다는 점이다. 그 하나는 음(--) 과 양(—)의 대칭이다. 이를 **치대칭**(値對稱, *polarity of value*)이라고 하자. 두번째의 대칭은 음양 → 사상 → 팔괘선이 만드는, 효의 위치가 갖는 아래위의 대칭이라고 할 수 있다. 이를 **위대칭**(位對稱, *polarity of position*)이라고 부르자. 들뢰즈에 따르면, 이 두 대칭에서 전자는 상호 규정적 질화 가능성에 해당하고 후자는 연속적 양화 가능성에 해당한다(들뢰즈, 2004, 670). 지금까지 역의 연구에서 이런 구별을 하지 않은 것은 문제이다. 괘에서 치대칭과 위대칭의 구별은 앞으로 역의 도형들을 비교하는 데, 특히 하도와 정역도를 비교하는 데 매우 중요하다. 이를 다시 거짓말쟁이 역설의 문장 피라미드와 관련시켜보자. 참과 거짓은 서로 거듭제곱 작용을 한다. 이처럼 음 속에 음양이 포함되고 양 속에 음양이 포함된다는 것은 바로 참-거짓(TF)과 거짓-참(FT)이 성립됨을 의미한다. 이와 같이 역은 그 시초에서부터 거짓말쟁이 역설의 논리를 사용하고 있다. 이는 결국 제3의 인간 역설에서 전체 형상과 개별자를 포함하는 제3의 형상이 생기는 논리와 같은 것임을 알 수 있다.

(3) 칸토어와 역의 대칭 구조

칸토어(G. Cantor)는 수학사에 획을 그은 인물이다. 그는 집합론에서 제3의 인간의 역설을 재발견했다. 그의 발견으로 말미암아 20세기 들어 러셀 역설이 나올 수 있었다. 역에서는 말하기를, 최초의 태극(太極)이 음양(陰陽)을 낳고, 음양이 사상(四象)을 낳고, 사상이 팔괘(八卦)를 낳는다고 했다. 이제 태극을 하나의 점이라고 해보자. 이때를 특히 '무극'이라고 한다. 아무런 대칭도 양극화도 없는 상태이다. 이를 직선으로 늘이고 이 직선을 3등분해 가운데 부분을 제거하면 두 개의 선분이 남는다(음양). 또 이 두 개의 선분을 3등분해 가운데 부분을 제거하면 네 개의 선분이 생긴다(사상). 이 네 개의 선분들 각각에서 가운데 부분을 제거하면 여덟 개의 선분들이 생긴다(팔괘). 이를 두고 프랙털이라고 하는 것이다. 20세기의 카오스 이론은 이렇게 태동한 것이다.

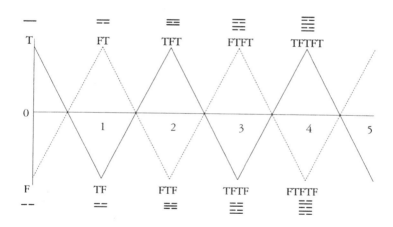

〈그림 2〉 굽타의 순환론

이와 같은 방법을 계속해서 무한히 진행시킨다고 할 때, 이렇게 해서 남은 부분을 칸토어 집합(Cantor set)이라고 부른다. 칸토어 집합은 20

세기 수학의 혁명을 가져왔고, 만델브로트는 이것을 이용해 프랙털 이론을 정립했다. 이 칸토어 집합의 한 단계에서 다음 단계로 넘어가는 경우를 생각해보자(태극 → 음양 → 사상 → 팔괘). 그러면 조각의 수는 두 배로 늘어나지만 그 조각의 길이는 3분의 1로 줄어든다. 이와 같이 칸토어 집합은 이상한 성질을 가지고 있다. 3등분하고나서 그 가운데 부분을 차례로 제거하면 결국 남는 부분은 작은 조각들의 집합이다. 다시 말해서, 수는 무한히 커지는데 조각은 무한히 작아진다. 이는 큼의 역설과 작음의 역설을 동시에 지니고 있다. 《파르메니데스》는 집적해 쌓이는 큼의 역설과 무한히 분할되는 작음의 역설을 동시에 말하고 있다. 그런데 이러한 두 가지 성격의 역설을 모두 지닌 것이 바로 칸토어 집합이다. 조각의 수는 무한하지만 전체 길이는 0이 된다. 이와 같은 역설적인 사실은 19세기의 수학자들을 경악하게 만들었다. 길이는 0으로 변하는데 조각의 수는 무한이 되는, 그래서 무한이 0와 같아진다는 역설이 생기는 것이다.

만델브로트는 컴퓨터의 정보 전송 과정 사이사이에 발생하는 불규칙적인 오차 발생 모델을 만들다가 칸토어 집합을 연관시켜 생각하게 되었다. 전자 전문가들은 오차가 전혀 없는 전송 기간과 오차의 연발 기간이 섞여 나타나는 것을 발견하고는 이를 자세히 살펴보았는데, 그 결과 연발하는 기간 속에도 오차가 전혀 없는 기간이 있음을 알았다. 또 그 부분에도, 그 부분의 부분에도, 그 부분의 부분의 부분(……)에도 오차가 전혀 없는 기간이 있음을 발견했다. 이는 마치 칸토어 집합에서 무한 속에 유한이, 유한 속에 무한이 包숨되는 것과 같다고 할 수 있다. 이러한 칸토어 집합은 한의학의 설명에서 아마도 약방의 감초처럼 중요하고 요긴한 도구가 되리라 생각된다. 앞으로 경맥과 음양오행의 구조를 설명하는 과정에서 많이 언급하게 될 것이다.

(4) 굽타와 키하라의 순환론과 역

러셀-타르스키로 이어지는 일련의 해결 방안은 대상과 메타 사이에서 일관성을 찾으려는 데 그 공통점이 있음을 앞의 제2부 제1장에서 살펴보았다. 그런데 1970년대 이후부터 제시된 키하라-헤르츠버그-굽타의 해법은 비일관성적 순환론을 그 특징으로 하고 있다. 지금까지 해법이 실패한 큰 이유는 바로 일관성을 찾으려는 데 있었다고 키하라(C. Chihara)는 보고 있다. 러셀의 유형론이 전형적인 위계론적 일관성 해법이라고 할 수 있다. '인위적'이라는 말의 진정한 의미는, 노자의 견해에 비추어볼 때 역설에 대해 일관성 있게 위계를 만드는 것이라고 할 수 있다. 그러므로 노자의 생각으로는 이러한 인위적 처사는 비자연적이고 도의 원리에 어긋나기 때문에 실패할 수밖에 없는 것이었다. 장자는 역설을 혼돈(混沌)으로 보았으며, 혼돈의 파괴는 곧 생명 그 자체의 파괴라고 여겼다. 생명을 다루는 의학이 주의를 기울여야 할 대목이다. 양의학은 역설, 즉 혼돈을 병적인 것으로 보았다. 그래서 이것을 제거하는 것이 지상의 목표였다. 하지만 한의학은 혼돈을 지극히 자연스러운 것으로 여기며 또한 지키려고 한다. 여기서 두 의학은 그 철학적 배경에서 큰 차이를 보인다.

키하라는 대상 언어와 메타 언어 사이의 일관성 추구야말로 실패의 원인이라고 보았다(Chihara, 1973, xiii~xv). 일관성 이론은 위계론적 질서 이론을 수반하게 되었다. 그러나 두 언어는 위계적으로 높낮이가 나누어지는 것이 아니라 상호 순환한다는 새로운 해법이 나오게 되는데, 이를 일명 순환적-비일관성적 이론(circular-inconsistency theory)이라고 한다. 여기에 대표적인 학자들이 키하라-헤르츠버그-굽타라고 할 수 있다. 헤르츠버그와 굽타는 키하라의 비일관성적 혹은 비위계론적 순환 이론을 수정했다.[3)]

헤르츠버그는 참과 거짓(TF)의 사슬 고리가 불안정하게 주기적으로 반복되는 것이 아니라, 어느 단계에 이르면 전 과정이 하나의 고정된 지점에서 안정이 되고 그 다음부터는 영구적인 주기 패턴이 정착된다고 보았다. 앞에서 본 것처럼, 거짓말쟁이 역설은 참과 거짓이 순환적으로 점진·반복을 하며 3단계에 걸쳐 변화했다. 순환론자들은 이러한 역설을 병적인 것으로 보지 않고 자연스러운 현상으로 받아들인다. 헤르츠버그 역시 역설이 불안정하다는 사실을 인정하지만, 역설을 바람직하게 처리하는 길은 역설의 변화하는 패턴과 불안정한 정도를 드러내 보이면서 그 성격을 규명하는 것이라고 했다. 이는 러셀-타르스키가 제시했던 종래의 위계론적 견해와는 다른 것으로, 지금까지 알지 못하던 숨겨진 자연의 질서로서 역설을 수용할 수 있다는 것을 의미한다.

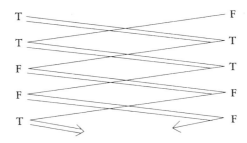

〈그림 3〉 헤르츠버그의 참-거짓에 대한 도표

인도인인 굽타 역시 진리는 원형적(circle)이지, 직선적(linear)인 것이 아니라고 했다. 그러므로 원형적인 성격으로서 진리를 이해하게 되면 역설이 갖는 순환적 성격을 파악할 수 있다고 했다. 즉, 굽타는 참(T)

---

3   키하라와 굽타는 각각 일본인과 인도인으로, 동양의 역과 불교에서 이러한 순환적 사고를 발견했을 것으로 보인다(Chihara, 1973 참고).

과 거짓(F)의 관계를 〈그림 3〉에서 보는 것처럼 것처럼 역동적인 순
환 관계로 파악했다. 다시 말해서, 굽타는 TF 시리즈가 주기적인 반복
을 하며 서로 역동적인 작용을 한다고 본 것이다.

헤르츠버그와 같이 역설의 패턴을 긍정적으로 보는 굽타는 원시인
들이 어째서 일식이 생기는지 정확히 알게 되는 과정을 예로 든다. 처
음에 그들은 일식이 신의 진노로 말미암은 재앙이라고 생각했다가,
오랜 학습을 하게 되면서 달이 해를 가리는 것이라고 결론을 내리게
된다는 것이다. 다시 말해서, 참과 거짓의 순환 반복은 바른 지식으로
우리를 이끈다는 것이다. 일식 같은 특이한 경우를 이해하기 위해서
는 지구의 일상적인 운동을 관찰함으로써 가능하다. 마찬가지로 거짓
말쟁이 문장과 같은 특이한 경우는 일상적인 진리 술어의 사용을 관
찰해봄으로써 그 진위를 판가름할 수 있다(Gupta, 1993, 17). 이는 반복
적 학습 과정과 같다. 학습이란 대상적 경험을 메타화함으로써 가능
해진다. 정보의 양을 더하기하는 것이 아니라 정보에 대한 정보를 메
타화하는 자기언급적 과정, 곧 제곱 작용을 해가는 과정이 학습인 것
이다. 이러한 반복적 학습을 들뢰즈는 강도(*intensity*)라고 했다. 학습의
점진적 반복의 강도를 높이라는 뜻에서 공자는 '학이시습(學而時習)'
이라며 《논어》 첫머리에서 강조하고 있는 것이다.

2. 역의 도상에 나타난 위상공간

(1) 위상범례와 역의 구조

이제 역을 위상기하학의 도형에 따라 정리할 필요가 있다. 위상기
하학은 비유클리드 기하학에 속하는 것으로, 유클리드가 다루지 않았

던 곡선과 4차원의 공간을 다루는 것이 특징이다. 점은 0차원, 선은 1차원, 면은 2차원, 원기둥은 3차원이다. 원기둥은 사각형의 마주보는 어느 한 변만을 서로 붙인 경우이고, 원환(torus)은 마주보는 두 변을 모두 붙인 경우이다. 여기에는 아직 비틀의 요소가 없다. 그러나 뫼비우스 띠부터는 비유클리드적인 비틀의 요소가 적용된다. 사각형의 마주보는 두 변 가운데 어느 하나만을 비틀어 붙이면 뫼비우스 띠가 되고, 한 변은 원기둥과 같이 그냥 마주 붙이고 다른 한 변만을 비틀어 붙이면 클라인 병이 되며, 그리고 마주보는 양변을 모두 비틀어 붙이면 사영 평면이 된다. 그러면 위상범례는 점, 선, 면, 원기둥, 원환, 뫼비우스 띠, 클라인 병, 사영 평면의 여덟 가지 경우로 나누어 생각해볼 수 있다. 이 여덟 가지 경우를 다음 〈그림 4〉와 같이 도식화하고, 이를 위상범례(topological paradigm)라고 부르기로 하자. 순서에 따라 점은 '위상범례 1', 선은 '위상범례 2', 면은 '위상범례 3', 원기둥은 '위상범례 4', 원환은 '위상범례 5', 뫼비우스 띠는 '위상범례 6', 클라인 병은 '위상범례 7', 사영 평면은 '위상범례 8'이라고 부르기로 하겠다. 화살표는 방향을 나타내는 동시에 서로 마주 붙는다는 것을 의미하기도 한다. 다시 말해서, 화살표가 없는 사각형의 경우는 마주 붙지 않는다는 것을 뜻하고, 원기둥의 경우는 비틀지는 않아도 마주 붙기는 한다는 뜻이다.

위상범례 6~8은 3차원 공간에서 만들 수 없는 공간이다. 그러므로 여기서 우리는 위상범례의 화살표 방향을 통해 그 구조를 파악하는 것으로 만족해도 좋다.

원기둥과 뫼비우스 띠의 경우는 비교적 단순하다. 그러나 클라인 병과 사영 평면의 경우에는 위의 위상범례에서 보는 바와 같이 3차원 공간에서는 구현해낼 수 없는 것이다. 그러나 사각형의 변에 그려진 화살표를 통해 얼마든지 가능한 구조라고 생각해볼 수 있다. 다시 말

점	위상범례 1	
선	위상범례 2	
사각형	위상범례 3	
원기둥	위상범례 4	
원환	위상범례 5	
뫼비우스 띠	위상범례 6	
클라인 병	위상범례 7	
사영 평면	위상범례 8	

〈그림 4〉 위상범례의 여덟 가지 도상

해서, 사각형의 네 변에 화살표의 방향을 정할 때 클라인 병과 사영 평면도 표현 가능성이 있는 경우라는 것이다. 우리는 이 가능성에 관심을 가져야 한다. 그리고 이를 실제로 구현해낼 수 있다는 것보다는 상상의 초공간이 더 중요하다는 사실을 알아야 한다. 역은 대칭에 따른 우주 속의 모든 양극화를 극복하기 위해 간편한 구조를 창안해내었다. 여기서는 역을 위상공간 속에 가져다놓고 이해함으로써 그 구조를 더 구체적으로 파악하려고 한다. 이때 위의 여덟 가지 위상범례는 그대로 역의 역사를 요약하고 있다고 하겠다. 즉, 직선은 횡도를, 사각형은 방도를, 뫼비우스 띠는 원도를, 클라인 병은 낙서를, 사영 평면은 정역도를 반영한다고 보는 것이다. 그리고 경맥의 구조는 사영·평면과 같다는 것을 입증하는 것이 바로 여기서 시도하는 것이기도 하다. 그러면 지금부터 위상범례들과 역의 도상들 사이의 구체적이 관계를 알아보기로 하겠다.

(2) 횡도와 방도

1970년대부터 서양의 논리학자들은 역설의 발생 원인이 직선적 사고방식에 있다는 사실을 발견하기 시작했다. 19세기의 칸토어 역설도 수를 직선적으로 파악하는 데서 발생했던 것이다. 이른바 칸토어의 역설이란 수를 일직선 위에 배열할 때 반드시 무한의 문제에 직면하면서 생기는 것이었다. 아리스토텔레스는 수가 끝없이 앞으로 나아갈 때 하나의 무한에 도달한다고 생각했으며, 이를 가무한(*potential infinite*)이라고 했다. 그러나 칸토어는 무한의 종류가 이렇게 하나가 아니라 많다는 사실을 발견했다. 이러한 무한을 실무한(*actual infinite*)이라고 한다. 칸토어는 실무한의 수를 셀 수 있다고 생각했다. 예를 들어, 자연수 '$1+2+3+\cdots\cdots\omega$'와 같은 무한은 다시 '$\omega+1+2+3+\cdots\cdots\omega=2\omega$'처럼 된다는 것이다. 이때 칸토어가 생각한 것은 무한집합이다. 모든 집합 a가 있다고 할 때 그것의 멱집합은 2^a이며, 자연히 $2^a>a$가 된다. 그러나 2^a 역시 '모든' 집합 속에 포함되기 때문에 $2^a<a$가 된다. 이는 쉽게 발견되는 역설이며, 이를 두고 칸토어의 역설(Cantor's Paradox)이라고 한다. 이는 '모두'라는 하나의 집합 속에 있는 집합의 개수에 관계된 역설, 다시 말해서 기수에 관한 역설이다. 그러나 부르알리-포르티는 순서수에서도 같은 역설이 나타나는 것을 발견했다. 다시 말해서, 위의 자연수의 계열에서 'ω'는 한 계열의 마지막이지만, 다음 계열에서는 처음이 되는 것이다. 이를 두고 순서수의 역설 혹은 부르알리-포르티의 역설이라고 한다.

수에서 나타나는 이러한 역설이 결국 20세기에 들어와 논리적 역설 그리고 의미론적 역설로 발전하게 되었으며, 그 성격에서 같은 《파르메니데스》의 제3의 인간 역설이나 크레타 섬의 거짓말쟁이 역설로 기원을 거슬러 올라갈 수 있다. 수의 역설을 두고 동양이 얼마나 철저하게 생각했는지는 역의 세계를 들여다보면 실감하게 되는데, 동양사상사는 실로 이 역설을 다루어온 역사라고 해도 과언이 아니다. 다음에 설명할 역의 도상, 즉 동양에서 역설에 대한 해법을 찾기 위해 그린 그 도상을 보면 쉽게 이해할 수 있을 것이다. 괘를 1차원의 직선 위에 배열하는 것을 횡도라고 하고, 2차원의 사각형 위에 배열하는 것을 방도라고 한다. 그러나 역설은 여전히 극복되지 않는다. 그래서 다음으로 하도와 낙서가 나온다. 이는 원 둘레 위에 배열하는 방법이다.[4] 이런 식으로 구한말의 정역도까지 작도가 계속되었으며, 앞으로도 끊임없이 변화된 도상들이 나올 것이다. 이제 위상공간과 역의 도상들을 통해 이들 수의 역설들이 어떻게 처리되는지 살펴보도록 하겠다.

지금까지 역과 현대 논리학자들이 도달한 결론은 같다. 앞에서 우리는 참과 거짓을 위계론적으로 분리시키자는 주장과 그와는 반대로 분리될 수 없는 것으로 순화시키자는 두 주장이 있음을 살펴보았다. 이러한 두 주장은 이미 고대 그리스 사회에도 있었다. 그것이 바로 A형 논리와 E형 논리인 것이다. 그러나 서양의 주류 철학계는 A형인 위계론적 방법만을 정론으로 택하고 말았다. 파르메니데스가 다자와 일자의 순환을 무시하고 일자 중심론자로 회향하면서 서양철학사에서 위계론은 대세를 이루게 되었다. 파르메니데스에 저항한 헤라클레이토스 같은 인물은 낮이 있으니 밤이 있다며 순환을 절규 했으나, 그의 외침은 형장의 이슬처럼 사라질 수밖에 없었다. 순환론자들은 일자와 다자가 되먹힘하는 순환론을 고집한다.

---

4   이는 어디까지나 논리적 발전 단계이지 연대기적인 것은 아니다.

앞의 〈그림 3〉을 다시 한번 살펴보자. 중앙선을 중심으로 아래에는 F인 --를, 위에는 T인 ―를 배치하고, 1, 2, 3, 4, 5, ……의 순서대로 진행하면서 음양을 첨가해나간다. 〈그림 3〉에서 실선은 양을, 점선은 음을 나타낸다. 실선과 점선이 아래위로 진행할 때마다 TF 사슬이 만들어진다. 음과 양이 교차·배합하는 것은 마치 괘를 만들어나가는 것과 같다. 역의 8괘와 64괘가 바로 이런 과정을 통해 만들어진다. TF 사슬의 매듭 만들기는 결국 음양이 가지를 쳐 조합되는 과정과 같다. 현대 논리학자들이 러셀 역설을 해결하려고 시도하던 끝에 1970년대부터 등장한 순환론은 러셀의 위계론에 대한 획기적인 발상 전환으로서, 이는 곧 역의 사고방식에 접근하는 것이다. 그래서 여기서는 순환론자들의 이론을 역을 통해 더 연장시켜 생각해봄으로써, 러셀 역설을 해결하는 방법과 그것이 경맥의 구조와 어떻게 연관되는지를 고찰해보려고 한다. 그러나 순환론자들이 도달한 결론은 다음에 말할 역의 도상으로 볼 때 아직 그 제한을 벗어나지 못하고 있다. 위상공간은 역의 제한도 알려줄 것이다.

하나의 사각형 속에서 위상공간을 범례적으로 고찰한 다음, 역의 구조를 이 사각형을 통해 파악해보도록 하자. 이렇게 위상공간을 통해 역을 이해하는 것을 '위상역(Topological I-ching)'이라고 부르기로 하겠다. 사각형 안에는 전후·좌우·상하라는 세 가지 대칭이 있다. 전좌상을 T라고 하고 후우하를 F라고 한다면, 이 사각형을 거짓말쟁이의 TF 사슬 고리로 표현할 수 있다. 그러면 우리는 쉽게 역의 8괘를 얻을 수 있게 된다.

8괘를 일직선 위에 횡으로 배열하는 것을 횡도(橫圖)라고 한다. 각 괘에는 고유한 이름과 수를 붙여, 건(乾)1(☰)·태(兌)2(☱)·이(離)3(☲)·진(辰)4(☳)·손(巽)5(☴)·감(坎)6(☵)·간(艮)7(☶)·곤(坤)8(☷)이라고 한다. 〈그림 1〉에서 왼쪽 방향은 양 방향이고 오른쪽 방향은 음 방향

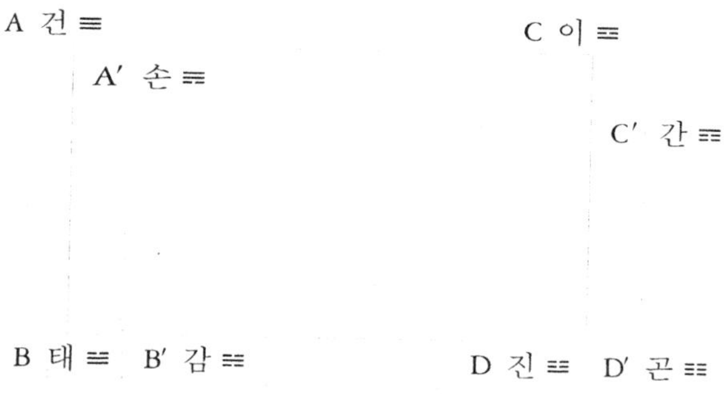

A 건 ☰   C 이 ☲

   A′ 손 ☴

                                            C′ 간 ☶

B 태 ☱ B′ 감 ☵   D 진 ☳ D′ 곤 ☷

〈그림 5〉 사각형과 8괘

전/후	좌/우	상/하	괘	번호	기호	배열
전	좌	상	건	1	A	전 좌 상
전	좌	하	태	2	B	전 좌 하
전	우	상	이	3	C	전 우 상
전	우	하	진	4	D	전 우 하
후	좌	상	손	5	A′	후 좌 상
후	좌	하	감	6	B′	후 좌 하
후	우	상	간	7	C′	후 우 상
후	우	하	곤	8	D′	후 우 하

〈그림 6〉 8괘 전후·좌우·상하 배열도

이다. 그런데 역은 여기서 멈추지 않고 이렇게 만들어진 직선 횡도의 차원을 높여나간다. 위상범례에서 차원을 높여간다는 뜻이다. 일직선 위에 괘를 배열하면 음양의 양극화 현상이 생긴다. 다시 말해서, 좌에는 음이, 우에는 양이 밀집하는 결과가 생긴다. 음 방향에서는 음이, 양 방향에는 양이 밀집되는 것이다. 효 하나하나에 색을 칠해보면, 오른쪽에는 청색(음)이, 왼쪽에는 적색(양)이 몰리게 된다. 이렇게 1차원의 직선 위에 괘를 배열할 때 음과 양의 대칭을 조화시키기란 어렵다. 1차원이 지니고 있는 갈등과 모순을 극복할 수 없다는 말이다. 만일 벌레가 이 횡도 위로 기어간다면, 그 벌레는 앞과 뒤밖에 분간할 수 없다. 양극화가 심각한 것이 직선이다. 그런데 아리스토텔레스의 모순율이란 이러한 양극화를 조장하는 논리이다.

여기서 1차원은 2차원의 평면 세계로 이동한다. 평면 세계로 나오면 상하와 좌우를 분간할 수 있게 된다. 이들 괘를 사각형 위에 배열한 것이 곧 방도(方圖)이다. 역에서 괘의 합계는 64이다. 음양을 여섯 번 나누어 제곱시켰음을 의미한다. 그래서 하나의 괘는 여섯 개의 효들을 갖게 된다. 육면체의 여덟 개 꼭지점에서 8괘를 모을 수 있었다. 만일 이 육면체 속에 더 작은 육면체를 만들면 우리는 열여섯 개의 괘를 얻을 수 있을 것이다. 이런 식으로 한번 더 작은 육면체를 만들면 32괘, 한번 더 하면 64괘를 얻을 수 있을 것이다. 흔히 '중국식 상자(Chinese Box)'로 알려진 이런 상자 속의 상자는 생일 선물 상자로 쓰이기도 한다. 이러한 중국식 상자는 중국인들의 마음을 대변한다. 이러한 마음 바탕에서 역의 체계가 나온 것은 당연하다. 이를 다른 말로 역의 모델(*Iching Model*)이라고 할 수 있을 것이다.

〈그림 7〉의 육면체 속에는 꼭지점이 여덟 개, 변이 열두 개, 면이 여섯 개가 들어 있다. 이를 오일러 공식에 넣어 오일러 지수를 만들어 보면 8-12+6=2가 된다. 그런데 역의 목표는 홀론적 세계라고 했다.

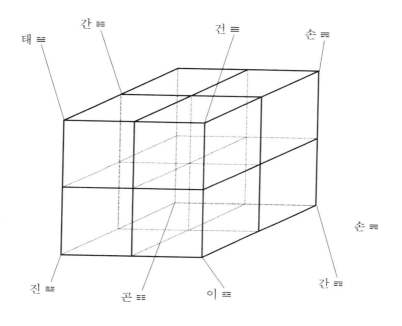

〈그림 7〉 중국식 상자

역이 홀론의 세계로 가는 과정에는 세 개의 단계가 있다고 보는데, 그
것이 바로 무극에서 태극으로 그리고 태극에서 황극으로 가는 단계이
다. 아무 대칭이 없는 무극에서, 대칭과 양극화가 난립하는 태극을 거
쳐, 다시 모든 양극화가 사라지는 황극으로 가는 3단계 과정을 역은
추구하고 있는 것이다. 황극은 오일러 지수가 0이 되는 세계이다. 지
금 역은 6,000여 년의 시간에 걸쳐 이 황극의 세계를 향해 가고 있는
것이다. 그런데 여기서 주의할 것은 무극에서도 오일러 지수가 0이라
는 사실이다. 이것을 구별하도록 해주는 것이 바로 태극이다. 무극의
0과 황극의 0을 구별하기 위해 "역에 태극이 있다"는 공자의 선언이
나오게 되는 것이다. 그러나 그것은 비극의 시작이다. 태극은 음양으
로 분화되고, 음양은 다시 거듭제곱으로 분화된다. 그 결과 이미 육면

체 위에서 오일러 지수 두 개가 나오게 된 것이다.

《계사전》에서 태극을 만들고 태극이 양의(음양)를 낳는다고 한 탓에, 역은 이 분화 과정에서 생기는 양극화의 극복 과제를 떠안게 된 것이다. 이러한 극복의 한 방안으로 여러 가지 방식의 8괘 작도법이 나오게 되었다. 횡도에서 음양이 양극화하는 것은 홀론의 황극적 이상에 어긋나는 것이다. 1차원 직선 위의 이러한 양극화를 극복하는 길은 차원을 높이는 것, 즉 2차원 위의 사각형 평면에 괘를 배열하는 것이다. 1차원의 직선 위에 살고 있는 생물을 가두기 위해서는 앞과 뒤의 점만 막으면 된다. 2차원 세계의 생물을 가두기 위해서는 사방으로 울타리를 치면 된다. 만일 2차원 공간에 살고 있는 사람을 감금하려면 교도소 주위를 담으로 치면 된다. 3차원의 새를 가두려면 위아래와 좌우를 모두 막아야 한다. 그러나 사람은 무한히 자유롭고 싶어한다.

역은 다름아닌 이러한 자유의 희구에서 고안된 것 이상도 이하도 아니다. 인간은 역을 통해 인간의 사고가 어떻게 자유로울 수 있는지 여행을 해나간다. 그러나 사회나 제도는 이러한 자유로운 여행을 가로막는다. 그러나 우리는 사각형 위의 위상공간을 통해 얼마든지 초공간의 세계로 떠날 수 있다. 지금부터 역의 도상들을 통해 이런 여행을 떠나보기로 하겠다. 진정한 자유는 차원의 상승에서만 만끽할 수 있다. 인체에는 기가 흘러 통하고 있는데, 기가 막힘이 없는 세계로 가자면 차원 상승을 통해 초공간의 세계로 들어가지 않으면 안 된다. 그러면 길을 떠나기 전에 필요한 몇 가지 여행 안내서를 보도록 하자.

① 역에서 수를 다루고 만드는 방법을 파악한다. 서양에는 없는 생수과
　성수 등 수의 종류와 그 만드는 방법을 파악한다.
② 하나의 사각형을 그리고 역의 수들을 배열한다.

③ 이렇게 사각형에 배열한 수를 역의 도상들, 즉 하도와 낙서 그리고
정역도와 비교한다. 구체적으로 비교할 것은 사각형의 세 대칭에서
대칭하는 수들과 방향이다.

④ 위상공간으로 돌아와 위상범례 속에 있는 대칭 수를 파악하고 이를
역의 도상에서 파악한 대칭 수와 비교한다. 이러한 비교를 통해 지금
까지 나타난 세 가지 도상들의 제한성과 미래에 나타날 역의 도상을
예측한다.

⑤ 한의학의 음양오행 및 12경맥의 구조와 역의 도상을 비교한다.

(3) 하도·낙서·정역도의 위상공간

역의 도상들을 위상공간 속에서 파악해보자. 위상공간이란 공간에
서 연결 관계만 고려하는 것을 일컫는 말이다. 그런 의미에서 공간의
모양과는 상관없이 연결 관계만 같으면 이를 동상(同相)이라고 한다
고 했다. 이제 역의 세 가지 도상인 하도·낙서·정역도를 사각형에 옮
겨놓고 그 위상 관계만을 고찰하기로 하겠다. 역은 수를 통해 모든 관
계를 고찰한다. 수에는 대칭 관계가 있는데, 대표적으로 생수와 성수
그리고 양수와 음수의 대칭을 들 수 있겠다. 그리고 사각형 안에는 전
후·좌우·상하의 대칭이 있다. 그리고 사각형이 원기둥이 되면 내외
대칭이 생긴다. 내외 대칭은 곧 사각형의 전후 대칭과 같다. 그리고
역의 도상에는 크게 이 수들의 대칭에 따라 원에서 음반구와 양반구
의 대칭이 있다.

역에서 이해하는 수 개념은 서양과는 다르다. 기수나 순서수의 역
설이 나타나는 근본적인 원인은 수를 직선적으로 파악했기 때문이다.
칸토어는 가무한을 극복하고 실무한을 말했다. 그럼에도 결국 무한의
수를 계산하다가 역설을 만나게 되었다. 그는 실무한이라는 가무한을
만나게 된 것이다. 역은 이러한 오류를 일찌감치 알았기 때문에, 수를

다음과 같이 파악한다. 1에서 10까지의 수를 생수와 성수로 나눈다. 1에서 5까지를 생수(生數)라고 하고, 6에서 10까지를 성수(成數)라고 한다. 그리고 5를 마치 칸토어의 ω와 같이 전체 수인 동시에 마지막 순서수로 본다.[5] 생수에 5를 각각 더해 성수 6·7·8·9를 만든다. 《유경도의》에서는 이를 두고 "하늘의 숫자 1이 수를 낳고, 땅의 숫자 6이 그것을 이룬다. 땅의 숫자 2가 화를 낳고, 하늘의 숫자 7이 그것을 이루고……"라고 했다(양력, 2000, 175).

이제 생수 네 개와 성수 네 개 그리고 중앙의 5를 사각형 위에 배열한다. 생수 1·2·3·4의 네 가지는 기본이다. 이 네 수를 사각형 전면에 배치한다. 양수 1·3은 상에 음수 2·4는 하에 배치한다. 이렇게 상하 대칭을 만든다. 그리고 1·2는 좌에 3·4는 우에 배열한다. 이렇게 기본 배열이 결정된다. 다음에 성수 6·7·8·9는 사각형의 전후에 배열해 1과 6, 2와 7, 3과 8, 4와 9가 서로 짝하도록 한다. 성수는 생수를 바탕으로 배열되어 만들어지는 이차적인 수이다. 사각형의 전후·좌우·상하를 각각 하나의 군(群)이라고 할 때, 하나의 군에는 네 개의 수가 들어가게 된다. 가령, 상군에는 1·6·3·8이 있고 좌군에는 1·6·2·7이 들어 있다. 군을 다시 계(系)로 나누면, 1·7과 2·6은 각각 하나의 계가 된다. 이를 각각 세로계·전후계·가로계·대각선계라고 한다. 각 계에는 각각 두 개의 짝이 있다. 예를 들어, 좌군 세로계에는 1-2와 6-7의 짝이 있다. 우군에도 세로계와 전후계와 대각선계가 있다. 상군에도 하군에도 같은 구조의 계들이 있다. 군·계·짝의 대칭으로 수를 분류하는 것은 다음 역의 도상들을 이해하는 데 매우 중요하다. 역의 도

5   《상서(尙書)》의 홍범(洪範)에서는 "토5에 힘입어 만물이 생긴다", "토는 생수의 시조가 되니, 그렇기 때문에 생수와 성수는 모두 5가 된다. 하도와 낙서에는 토가 모두 중앙에 있는데, 5는 만물의 모체가 되므로 그 외의 성수는 모두 5를 더하여 이루어지게 된다"고 했다.

상은 원둘레 위에서 크게 좌반구과 우반구로 나뉜다. 이 양반구에 사각형의 대칭들이 배열되는 방법에 따라 도상의 모양이 결정되기 때문이다. 그 가운데 생수와 성수의 짝(사각형에서는 전후 대칭)이 어떻게 배치되느냐 하는 것이 도상의 근본 구조를 결정한다.

〈그림 8〉 사각형 위의 생수와 성수

지금부터는 이렇게 작성된 사각형의 대칭 구조를 하도·낙서·정역도의 수 배열과 비교하며 그 대칭 구조를 파악해보도록 하겠다. 이후에 보게 될 그림들(〈그림 9〉~〈그림 14〉)이 바로 하도·낙서·정역도와 관련된 여러 도상들이다.

하도 : 하도는 생수군(1·2·3·4)과 성수군(6·7·8·9)을 구별해 음수와 양수를 상하·좌우에서 대칭하도록 배열한다. 사각형 위에서 보면 생수(1·2·3·4)는 전면에, 성수(6·7·8·9)는 후면에 배치되어 있다. 이렇게 입체적으로 배열되어 있는 수들을 평면 위의 원둘레에 다시 배열한다. 이러한 배열 변경은 매우 중요하다. 여기서 대칭하는 수들의 개수와 방향을 알 수 있기 때문이다. 낙서의 경우도 마찬가지이다.

하도 위에서는 내측에 생수가 그리고 외측에 성수가 배열되어 있으며, 사각형 위에서는 전면과 후면에 배열되어 있다. 원둘레 위에서는 생성수 짝들이 16-38-27-49-16의 순서로 배열된다. 하도에서는 생수와 성수의 짝들이 분리되지 않는다. 그러나 낙서와 정역도에서는 분리된다. 이 사실은 매우 중요하다. 생수와 성수는 음수와 양수가 서로 반대이다. 2는 음수이고 7은 양수이며, 1은 양수이고 6은 음수이다. 짝이 서로 분리되지 않는다는 것은 다름아닌 음양이 분리되지 않는다는 것을 의미한다. 이는 낙서에 와서야 비로소 같은 군 안에서 바로 곁으로 분리되어나간다. 사각형에서 전후가 분리된다는 것은 차원이 상하·좌우·전후가 되어 3차원이 됨을 의미한다. 그래서 사각형이 육면체가 된다. 이는 들뢰즈가 말하는 **차이**(*difference*)를 만드는 것이며, 차이 만듦을 반복(repetition)함으로써 결국 차원의 상승을 가져온다. 하도 다음의 낙서 그리고 그 다음의 정역도는 이러한 차원의 상승을 가능하게 만든다.

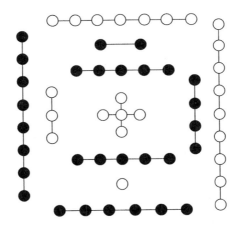

〈그림 9〉 하도(河圖)

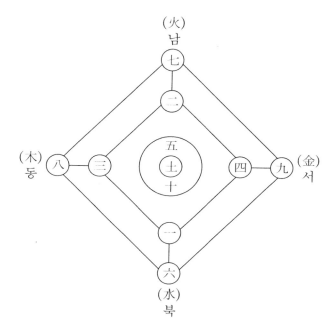

〈그림 10〉하도 배수도(河圖 配數圖)

사각형에서 대칭의 종류로 볼 때 하도는 생수와 성수를 전과 후로
만 짝짓는다. 사각형에서 1·6과 3·8 그리고 2·7과 4·9는 가로 위의
대칭이다. 세로 위에서 대칭을 이루는 낙서와 비교된다. 하도는 가로
대칭을 마주 붙인 것이다. 그리고 생수와 성수는 분리되지 않기 때문
에 가로 대칭으로 사각형을 같은 방향으로 말아 원기둥을 만든다. 역
의 도상을 작도하는 규칙은 수들을 모두 원둘레 위에 나열하는 것이
다. 나열할 때 반드시 사각형에서 만나는 수들끼리 이어 연접을 시켜
야 한다. 그러면 사각형에서 가로 대칭으로 마주 붙여 하도를 만들어
보도록 하자. 그리고 서로 만나는 수들끼리의 대칭 수를 계산해보자.
하도에서 전후 대칭의 짝들(가령, 1·6, 2·7, 3·8, 4·9)은 서로 분리되지 않기 때문에 대칭 수를 0으로 계산해야 한다. 그러면 하도의 순서는 16-38-27-49-16과 같다. 대칭 수는 모두 4가 된다.

낙서 : 다음으로 사각형으로 돌아와 낙서의 대칭 구조를 파악해보자. 먼저 하도의 생수와 성수의 짝을 분리시켜 1-6, 2-7, 3-8, 4-9로 한다. 다음 2-7-6-1을 하나의 군으로 낙서의 우반구에, 9-4-3-8을 하나의 군으로 낙서의 좌반구에 배열한다.

그러면 낙서의 우반구는 2·7·6·1의 순서로 시계바늘 방향으로, 그리고 좌반구는 9·4·3·8의 순서로 시계바늘 반대 방향으로 배열된다. 이 순서를 사각형으로 돌아와 살펴보면, 사각형의 좌군에는 2·7·6·1이 있고 우군에는 9·4·3·8이 있다. 하도와는 달리 낙서에서는 전후 대칭의 수들이 모두 분리된다. 이 점이 매우 중요하다. 그러면 몇 개의 대칭 관계가 그 속에 들어 있는가? 좌군 2·7·6·1은 전후 대칭 관계(1과 6, 2와 7)와 상하 대칭 관계(1과 2, 6과 7)로 되어 있는 것을 쉽게 발견할 수 있다. 9·4·3·8도 마찬가지 방법으로 전후와 상하의 두 가지 대칭으로 되어 있다. 즉, 전후 대칭은 3과 8 그리고 4와 9이고, 상하 대칭은 3과 4 그리고 8과 9이다. 낙서의 좌반구와 우반구는 사각형의 세로 대칭으로 나뉘어 있다. 이는 하도의 가로 대칭과 비교가 된다. 이렇게 해서 하도와 낙서는 서로 경위(經緯)가 된다. 하나는 가로 대칭이고 다른 하나는 세로 대칭이기 때문이다.

낙서의 이러한 모양을 두고 장경선은 "9를 이고 1을 밟고, 왼쪽에는 3 오른쪽에는 7, 2와 4는 어깨가 되고, 6과 8은 발이 된다"(장경선, 2000, 128)고 했다. 다른 한편으로 이를 집의 모양과 비유하자면, 음수 2-4-6-8은 네 기둥이고, 그 위의 1-9는 대들보이며, 3-7을 서까래로 삼아 올려놓은 것과도 같다고 한다(〈그림 12〉). 이 집 속에 있는 수들을 가지고 사각형의 평면도 위에 청사진을 만들면, 가로 수의 합도 세로 수의 합도 그리고 대각선 수의 합도 모두 15가 되는 이른바 **마방**

진이 된다. 하도와는 달리 낙서는 궁위·궁수·시령·오행·유기·팔풍 등을 두루 나타낸다. 생-성 수의 짝을 분리시킨 효과는 실로 엄청나다고 할 수 있을 정도이다. 이를 통해 우주·자연 및 인간과 사회·역사의 총체적 설명이 가능해진다.

　이제 우반구 2·7·6·1과 좌반구 9·4·3·8을 낙서의 원둘레에 회전하는 방향에 따라 붙이면 2-7-6-1-8-3-4-9-1가 된다(〈그림 11〉). 하도와 낙서에서는 아직 하나의 군 안에 좌우 대칭계가 발견되지 않는다. 낙서에서는 하도의 짝짓기가 모조리 풀어지고, 모든 수들이 제각각이 되어 원둘레 위에서 선후로 나뉜다. 이 점을 다시금 강조해둘 필요가 있다. 왜냐하면 전후 대칭의 수가 늘어났기 때문이다. 이는 개체들이 모두 개별자가 되는 것을 의미한다. 대칭 수는 모두 열 개이다. 2와 7 사이에 한 개, 7과 6 사이에 한 개, 6과 1 사이에 한 개, 1과 8 사이에 두 개, 8과 3사이에 한 개, 3과 4 사이에 한 개, 4와 9 사이에 한 개, 9와 2 사이에 두 개, 이렇게 합이 열 개가 된다.

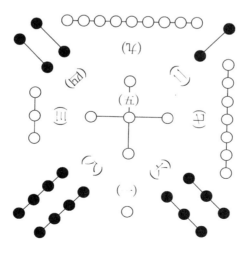

〈그림 11〉 낙서 원도(洛書 原圖)

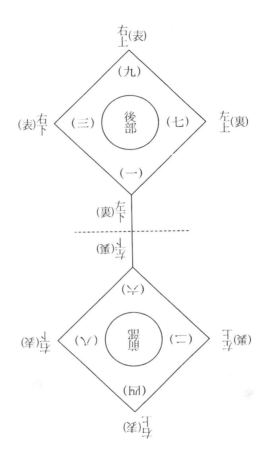

〈그림 12〉 낙서 대칭도

생수와 성수는 모두 분리된다. 이는 마치 사각형의 전후를 칼로 갈
라놓는 것과 같다. 그러면 두 개의 선분으로 나뉘는데, 이 두개의 선
분을 마주 붙여 원을 만든다. 그러면 두 개의 원이 생긴다. 그 하나의
원둘레가 2-7-6-1이고 다른 것은 9-4-3-8이다. 이 원둘레 두 개를

마주 붙인 것이 낙서이며, '원둘레×원둘레'는 다름아닌 토러스(원환)이다(한규성, 2004, 120).

토러스 위에서 수들을 마주 붙여 그 합이 10이 되도록 해보자. 하도의 경우에는 생수와 성수의 짝이 분리될 수 없기 때문에 사각형 2차원에 머물러 결국 원기둥이 되고 만다. 사각형은 '선분×선분'이고, 원기둥은 '선분×원둘레'이며, 토러스는 '원둘레×원둘레'이다. 생수와 성수를 분리시켰기 때문에 위상범례의 차원이 한 차원 높아진 것이다. 이렇게 역에서 한 차원이 높아지는 데 무려 수천 년이 걸렸다. 낙서 이후 2,500여 년 만에 한국에서 정역도가 나타남으로써 이제 다시금 한 단계 차원이 높아진다. 하도와 낙서에서는 하나의 군에 좌우 대칭이 없었다는 점을 명심하면서 정역도로 넘어가야 한다. 정역도에서는 전후·상하·좌우 대칭이 모두 등장한다.

정역도 : 낙서에서는 생-성수의 짝을 같은 군 안에 두었다. 그래서 낙서의 좌우 반구 안에 짝들이 나란히 함께 배열되었다. 예를 들면, 사각형 좌군(낙서의 우반구) 안에서 1-6과 2-7처럼 짝이 나뉜다. 그러나 정역도에서는 생-성의 짝이 같은 군에서 이탈해 다른 군으로 가고, 또 다른 반구로 가버린다. 좌군의 6이 맞은편 우군으로 간다. 도상에서는 우반구에서 좌반구로 가버린다. 그러나 180도 맞은편에 가서 마주보고 있다. 마치 견우와 직녀처럼 말이다.

이에 대한 자세한 고찰을 해보면 다음과 같다. 하도는 가로로 나뉘어 상하 대칭 선상에 있고, 낙서는 세로로 나뉘어 좌우 대칭 선상에 있다. 그러면 다음 순서에서 필요한 것은 상하와 좌우 대칭을 아우르는 역의 등장인데, 그것이 바로 정역이다. 정역도로 눈을 돌려보자. 정역도의 좌반구는 군1-7-9-3이고 우반구는 군6-2-4-8이다. 사각형의 대칭 구조에서 군1-7-9-3의 경우를 보면, 1과 7은 전후와 상하 대칭계이고 9와 3도 전후와 상하의 대칭계이다. 6·2·4·8도 마찬가지

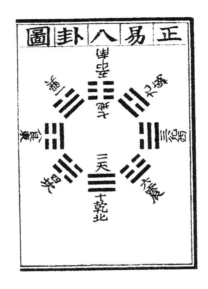

〈그림 13〉 일부(一夫)의 정역팔괘도

이다.[6] 그런데 하도와 낙서에서는 발견되지 않던 상하좌우 대칭이 모두 들어가 하나의 군을 만든다. 즉, 1·7과 9·3, 그리고 6·2와 4·8은 바로 전후상하좌우 대칭을 모두 아우르는 것이다.

다음은 정역도에서 대칭 개수를 파악할 차례이다. 낙서와 마찬가지로 여기서도 각각의 수들을 모두 분리시킨다. 그런 다음 정역도 원둘레 위의 수 배열에 따라 일렬로 나열하면 1-7-9-3-6-2-4-8-1과 같고, 수와 수 사이의 대칭 수를 셈하면 모두 12가 된다. 이러한 대칭 수의 계산은 매우 중요하다. 이를 가지고 위상범례의 대칭 수와 비교할 수도 있으며, 앞으로 나타날 역의 모습을 예측할 수도 있다. 다시 말해서, 위상범례를 통해 미래에 나타날 역의 도상들을 예측할 수 있

---

6   2와 6 그리고 4와 8은 전후 및 상하의 대칭이다.

는 것이다. 가령, 지금까지 살펴본 세 가지 도상 가운데 대각선끼리 마주 붙어서 하나의 군을 만드는 것은 없었다.

이제 위상범례로 돌아와 대칭 수를 파악해보자. 점과 선과 사각형은 서로 만남의 대칭이 없다. 만남의 대칭이 만들어지는 것은 원기둥부터이다. 원기둥은 사각형의 네 대칭이 원둘레를 만들어 마주 붙는 '원둘레×원둘레'이기 때문에, 여기에는 네 개의 대칭 수가 있다. 토러스는 '원기둥×원기둥'이기 때문에 여덟 개의 대칭 수가 있다. 다음으로 뫼비우스 띠를 살펴보도록 하겠다. 뫼비우스 띠 속에서 두 개의 수가 대각선으로 만나는 순서에 따라 일렬로 배열한 뒤, 이를 다시 원으로 만들어 대칭 수를 계산해보면 다음과 같다. 일직선을 원둘레로 만드는 방법은 간단해서, 그냥 끝 수와 처음 수를 일치시키면 된다. 그러면 1-9-7-32-8-6-41이 된다. 대칭 수를 계산하면 모두 열두 개가된다. 2와 3 그리고 1과 4 사이는 대칭 수를 계산하지 않는다. 왜냐하면 실제 뫼비우스 띠에서 2와 3 그리고 1과 4 사이에는 아무런 관련이 없기 때문이다. 대칭 수는 이처럼 수와 수 사이의 대칭 관계를 사각형 위로 옮겨와 파악함으로써 쉽게 산출할 수 있다.

클라인 병은 '원기둥+뫼비우스 띠'이기 때문에 클라인 병의 대칭 개수는 8+12=20이다. 그리고 사영 평면은 가로와 세로를 모두 비튼 것이므로, 뫼비우스 띠의 개수에 2를 곱하면 된다. 그래서 14×2=28이다. 이를 정리하면 다음과 같다.

하도 4개	원기둥	4개
낙서 10개	토러스	8개
정역도 12개	뫼비우스 띠	12개
클라인 병	20개	
사영 평면	28개	

뫼비우스 띠와 정역도의 대칭 수는 같다. 그렇다면 위상범례에서
정역도를 볼 때, 또 다른 역의 도상이 나와야 함을 예견하게 된다. 위
상범례에서 뫼비우스 띠 이상의 더 높은 차원으로 넘어가야 하는 것
이다. 남아 있는 높은 차원을 향해 역은 그 방향으로 나가야 한다. 그
리고 무엇보다 인체의 경맥은 어디에도 막힘이 없어야 하기 때문에,
지금까지 나온 역의 도상을 가지고는 경맥의 구조를 설명할 수 없는
한계가 있다.

이렇게 정리하고 보면 앞으로 등장할 역의 도상이 눈앞에 다가온
다. 위의 표를 볼 때 다음에 나타날 역의 도상이 선명하게 드러나는
것이다. 아마도 그것은 클라인 병과 사영 평면의 구조를 갖는 도상일
것이다. 일례로, 하도와 낙서 그리고 정역도의 결합에 따라 새로운 역
이 나타날 것으로 예상된다.

이렇게 되면 더 차원 높은 초공간으로 넘어가게 된다. 앞에서 본 것
처럼, 지금까지 세 개의 도상으로는 기의 막힘을 극복할 수 없다. 즉,
한의학의 음양오행 구조를 설명할 수 없다는 결론에 도달하는 것이
다. 그래서 새로운 역이 기다려진다. 이제 역의 도상과 상생상극을 연
관시켜보면 하도와 낙서의 한계는 더욱 극명하게 나타난다.

(4) 상생과 상극의 조화의 역

세 가지 역이 모두 전통적인 생수와 성수의 개념에 의존하고 있다
는 점에서는 같다고 할 수 있다. 즉, 생수를 기본으로 해서 성수가 결
정되는 것이다. 그러나 이 생수마저도 기본이 될 수 있는지 의문이 제
기될 수 있다. 무엇을 생한다는 개념이 과연 가능한가? 태극은 음양
을 생한다고 했다. 그러나 태극마저 불안정함에 따라 무극이 등장한
다. 칸토어로 되돌아가 이 문제를 짚어보자.

칸토어는 실무한을 다음과 같이 셈했다.

〈식 1〉 $1+2+3+\cdots\cdots\omega$

〈식 2〉 $\omega+1,\ \omega+2,\ \omega+3,\ \cdots\cdots,\ \omega+\omega=2\times\omega$

〈식 3〉 $2\times\omega,\ 3\times\omega,\ 4\times\omega,\ \cdots\cdots,\ \omega\times\omega=2^{\omega}$

$\cdots\cdots$

그렇다면 실무한의 수마저 무한이 되어버린다. 그런데 앞에서 보았듯이 하도와 낙서 그리고 정역도는 다음과 같은 방법으로 생수와 성수를 만들었다.

1, 2, 3, 4, 5 $\cdots\cdots$ 생수

$5+1,\ 5+2,\ 5+3,\ 5+4,\ 5+5=10$ $\cdots\cdots$ 성수

이는 5를 전체 부류격의 수로 보았기 때문이다. 그러나 위의 식에서 알 수 있는 것처럼, 실무한은 얼마든지 증식될 수 있다. 그래서 구한말 백포는 전체 수를 5와 1로 보았으며, 이에 따라 생수에 모두 1과 5를 더해 7·8·9·10을 만들어 마방진을 구성했다. 새로운 체계를 가지고 마방진을 만든 것이다.

$1+1=2,\ 2+1=3,\ 3+1=4,\ 4+1=5,\ 5+1=6$

이들 생수 위의 수에 전체 수인 5를 더해 $2+5=7,\ 3+5=8,\ 4+5=9,$ $5+5=10$라는 성수를 얻는다. 이로써 칸토어와는 달리 수의 무한퇴행을 막고 기수와 서수의 역설을 해결하는 데 새로운 방법이 고안된 것이다.

이제 역은 새로운 차원으로 접어들게 된다. 다시 말해서, 종래의 수 개념이 메타화한 것이라고 할 수 있다. 1과 5를 전체 수로 보고, 생수

에 1을 더한 뒤 이 새로 생긴 생수에 5를 더해 새로운 성수를 만들었다. 이렇게 2·3·4·5·7·8·9·10이라는 수로 역의 판도를 새롭게 짜는 것이다. '1+5=6'이 중앙 수가 된다. 이렇게 뒤바뀐 수의 판도는 새로운 마방진을 가능하게 하며, 역의 괘를 배열하는 방법에서도 한 차원 달라진 메타 역을 구성한다. 이러한 시도가 구한말 백포로 말미암아 이루어진 것이다.

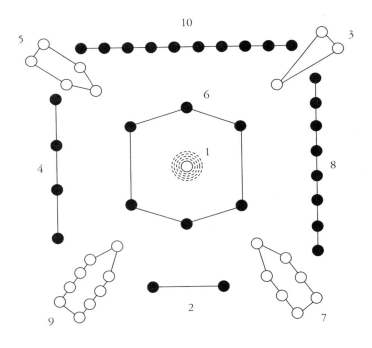

〈그림 14〉 수운의 경주용담영부도

칸토어 역설을 극복하는 수단으로 직선적 방식을 택한 것이 바로 러셀의 유형론이다. 이는 요소와 부류를 직선적으로 나열하고 그 위계를 혼동하지 않으면 역설이 발생하지 않을 것이라고 본 것이다.
1970년대의 키하라와 굽타 등은 이런 직선적 일관성 해법에 반해 이
른바 순환론을 제시했다. 이는 역설에 대한 동양적인 해법, 특히 역에
많이 접근하는 해법이라고 할 수 있다. 궁극적으로《파르메니데스》의
제3의 인간을 통해 서양철학에서 역설이 등장하듯이, 동양에서도 이
역설과 씨름하는 동안 역이 등장한 것이다. 이렇게 등장한 역설을 두
고 그 해법이 모색되지 않을 수 없었다. 그러한 배경에서 그려진 것이
바로 하도와 낙서 같은 도상들인 것이다.

역의 도상에는 수많은 코드가 숨겨져 있다. 지금까지는 수의 대칭
관계만을 위상공간과 관련해 살펴보았다. 그러나 수는 방향을 의미하
기도 하는데, 1과 6은 남, 2와 7은 북, 3과 8은 동, 4와 9는 서이다. 그
리고 무엇보다 한의학의 오행과 연관해, 1과 6은 수, 2와 7은 화, 3과
8은 목, 4와 9는 금, 그리고 중앙의 5는 토이다. 5는 양수의 최종 수인
동시에 메타 수로서, 성수를 만드는 구실도 한다. 이러한 5를 특히 체
수(體數)라고 한다. 이는 부류격의 수라는 뜻이다. 그리고 5와 5의 합
인 10은 부류의 부류격으로서, 이것 역시 체수의 체수라고 한다.[7] 우
리는 이미 요원과 부류가 서로 되먹힘하는 데서 역설이 발생함을 보
았다. 그러한 고찰을 배경으로, 역에서 어떻게 역설을 다루고 있는지
한눈에 파악할 수 있게 된다. 체수를 특히 **중궁**(中宮)이라고 한다. 생
수 1·2·3·4·5는 가장 기본이 되는 수인데, 여기에 5를 더해 성수가
만들어지기 때문이다.

위상공간에서 위상범례에 따라 생수를 중심으로 해서 공간 구조를
파악해보자. 그러면 개별 수 5는 중궁 수 5와 같아지는데, 이는 마치
멱집합에서 부류가 자기 자신의 부분집합의 한 요소가 되는 것과 같

---

7   체수는 다섯 개의 수 가운데 가장 다수이며 또 가장 완성된 수로, 다른
     네 개의 수를 모두 지녀 총합적인 작용을 담당한다(한규성, 2004, 88).

다. 5는 완성을 의미하는 모든 것을 다 담는 다 집합인 동시에 중앙에 위치한 개별 생수 가운데 하나이다. 그런 의미에서 10도 같은 체수로서 성수 가운데 하나인 개별 수이자 동시에 다 집합인 것이다. 이렇게 하도는 집합론에서 말하는 멱집합의 원리를 알고 있었으며, 부분과 전체의 전일성을 도상을 통해 표현하려고 노력했다. 그러나 앞으로 살펴볼 위상공간에서 보자면, 하도 역시 역설 해법에서 한계성을 지니고 있음을 쉽게 발견할 수 있다. 이렇게 중궁 수 5가 다른 수와 갖는 관계, 다시 말해서 부류와 요원의 관계를 체용 관계로 보고, 5를 체(體)라고 하고 다른 네 개의 수를 용(用)이라고 한다. 역에서는 집합론이 체용론으로 바뀐다. 성수에서도 10은 체가 되고 나머지 네 개의 수는 용이 된다.

5를 중궁 혹은 체로 볼 때, 역이 어떻게 역설을 해결하는지 그 방법을 알 수 있다. 5는 열 개 수의 중앙에서 음양의 조화를 주도한다. 2는 음의 으뜸수이고, 3은 양의 으뜸수이다. 이 두 수를 합한 것이 5이다. 1은 태극에 해당한다. 1을 곱하는 경우에는 변화를 주도하지 못하기 때문이다. 그래서 음양 동정은 2에서 시작하고, 그 때문에 음의 으뜸수라고 하는 것이다. 5와 10을 모두 체수 혹은 중궁이라고 하지만, 5는 내측의 체요, 10은 외측의 체이다. 이렇게 5와 10은 하도 내외측의 대칭을 구별하는 체수인 것이다. '부류'와 '부류의 부류'의 차이라고 할 수 있겠다. 5(부류)와 5의 합이 10(부류의 부류)이기 때문이다. 10이 공간이라면 5는 그 공간 속에 있는 중심과 같다. 전체 속에 전체가 들어 있는 일종의 프랙털 구조인 것이다. 그래서 10이라는 수는 역설적으로 최대인 동시에 최소인 수이다. 어디에나 있으면서 동시에 어디에도 없는, 무이며 유인 수이다. 이와 같이 하도는 요원격과 부류격을 용과 체 등 다양한 모양으로 바꾸어 설명하면서 역설 해법의 묘를 찾고 있는 것이다.

먼저 하도에는 한의학과 관계되는 5행이 배치되어 있다. 1과 6은 수, 2와 7은 화, 3과 8은 목, 4와 9는 금이다. 그리고 중앙 5는 토이다. 토에서 나머지 행들이 나오지만, 토는 동시에 5행 가운데 한 행일 따름이다. 이는 멱집합의 원리를 충족시키고 있다. 그런데 유의할 점은, 다음에 설명할 낙서가 상극의 방향으로 배열되어 있다면, 하도는 상생의 방향으로 배열되어 있다는 점이다. 다시 말해서, 목은 화를, 화는 토를, 토는 금을, 금은 수를, 수는 목을 상생하는 순서대로 배열되어 있다는 것이다. 그래서 하도는 일명 상생도라고 부를 수 있는 것이다. 다시 하도로 눈을 돌려보자. 하도의 원 주위에 있는 수를 16(수)에서 시작해 우회전시키면 16(수)-38(목)-27(화)-55(토)-49(금)가 된다. 이는 다름아닌 오행의 상생 순서, 곧 오각형(펜타곤)의 주위를 도는 순서인 것이다. 하도가 상생도임은 이로써 분명해진다.

같은 방법으로 낙서의 주위에 있는 수들을 16(목)에서 좌회전시켜보자. 낙서는 하도와는 달리 사각형의 짝짓는 수들을 모두 풀어 일직선을 만들고, 그것을 원둘레 위에 놓으면서 2761-8349와 같이 원의 우반구와 좌반구에 각각 나누어 배열한다. 이제 원둘레를 따라 16부터 좌회전하면 16(수)-27(화)-49(금)-38(목)-55(토)가 된다. 이는 다름아닌 오행의 상극 순서인 수-화-금-목과 일치한다. 이렇게 하도는 상생을, 낙서는 상극을 나타낸다. 전자를 코스모스라고 하고 후자를 카오스라고 한다면, 이제 우리를 기다리는 것은 양자의 종합인 '카오스모스의 역'이다. 바로 한국 야산의 하락총백도가 이러한 카오스모스의 역, 다시 말해서 하도와 낙서를 종합한 역이다. 이를 통해 우리는 상생과 상극이 조화된 역의 도상을 보게 된다. 그리고 지금까지 나타난 역의 도상으로는 설명할 수 없던 것을 한의학은 이제 설명할 수 있게 된다.

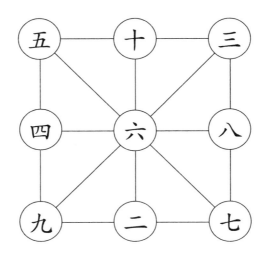

〈그림 15〉 백포의 후천지수도

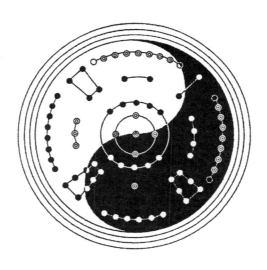

〈그림 16〉 야산의 하락총백도

제4장 음양과 논리의 탄생

1. 자기언급과 음양오행론 : 자기언급의 의학적 문제점

(1) '行'과 타트바

서양철학과는 달리 동양철학은 기의 운행 구조를 구체적인 도형을 통해 설명하기를 좋아한다. 서양철학자들은 자신의 철학서에서 도형으로 표현하는 것을 아마도 금기시할 것이다. 그러나 동양철학자들은 패턴 인식을 중요시하는 우뇌의 이해를 돕기 위해 도형을 많이 사용하는 것이 특징이다. 퇴계의 《성학십도(聖學十圖)》가 그 대표적인 예라고 할 수 있다. 최근에는 서양에서도 그림이나 도형을 인문과학 서적에 많이 이용하는 것이 유행인데, 이는 모두 좌우 뇌의 균형적 활성화를 위해서이다.

동양사상에서는 기의 운행 구조를 음양오행이라는 도형으로 나타낸다. 그런데 서양에서는 오행에 대한 오해가 매우 커서, 바로 이 오행 때문에 한의학을 비과학적이라며 부인하기도 한다. 그래서 먼저 오행[1]에 대한 오해부터 불식시킬 필요가 있다. 고대 전통에서는 물질의 상태를 '5'라고 했으며, 이를 '원소(elements)'라고 했다. 고대인들이 원소라고 할 때, 이는 물질적인 실체가 나타나는 기본적인 '옥타브들(octaves)'을 일컫는 것이었다. 그리스인들도 이를 알고 있었다. 인도의 요기들은 이러한 개념을 타트바(tattwas)라는 말로 표현했다. 이 '타트바'라는 말은 사실 한의학에서 말하는 '행'의 개념과 유사하다. 타트바가 외적으로 나타난 것이 '열'·'빛'·'플라스마'·'공기'(또는 '가스')·'에테르' 같은 상태이다. 이렇게 나타난 상태를 인도의 산스크리트어로는 '아카쉬(Akash)[2]'라고 한다. 그러니까 이렇게 나타난 것을 두고 타트바라고 해서는 안 된다. 주위에서 경험하는 물질적인 현상들을 이 다섯 가지 상태가 만들어낸다. 이 다섯 가지 아카쉬 저편에는 '정묘한 에너지(subtle Energies)'라고 불리는 것이 있다. 이 정묘한 에너지가 흙·물·불·공기 그리고 정묘한 허공 상태, 곧 기이며, 인간의 의식 상태와 연관된다.

타트바는 현대 과학에서 말하는 원소들과는 같은 것이 아니다. 현대 과학의 원소란 고체·액체·기체·플라스마 상태 등 다양하며, 이들은 모두 공허한 아카쉬(spatial fabric of vacuum) 상태에서 생겨난다. 그러나 '타트바'는 아카쉬와는 달리 물질적으로 나타날 뿐만 아니라

---

1   오행은 《상서》의 홍범구주에서 유래했으며, 음양설도 기원전 4세기 초에 형성되었다는 주장이 유력해 보인다(박재주, 1999, 333). 그러나 언어에 나타난 음양의 기원을 두고 볼 때 우랄알타이어계에 속하는 우리말은 음양 계열이 뚜렷해서, 이는 음양의 중국 기원설을 의심스럽게 한다고 이남덕은 주장한다. 예를 들어, 음을 의미하는 '구름'·'그늘'·'검다' 등과 양을 의미하는 '밝음'·'바름' 등은 그 운이 일치하고 있지만, 중국의 경우는 그렇지 않다는 것이다(이남덕, 1987, 139~161).

2   아카쉬란 산스크리트어로 '공간'·'에테르'·'하늘'·'허공'을 뜻한다.

의식적 또는 무의식적으로도 다양하게 경험되는 진정한 '에너지의
원리(real energetic principle)'와 같은 것이다(Davidson, 1989, 73). 이러한
에너지의 원리 같은 것을 두고 동북아시아 문명권에서는 이른바 '기
(氣)'라고 일컬은 것이다. 인도의 타트바는 이러한 기에 매우 접근하
는 개념이다. 서양의 과학은 아직도 물질이 이러한 기의 이합집산이
라는 사실을 무시하고 있다. 그러나 현대 소립자의 세계는 물리학자
들이 감지할 수 없는 독특한 영역이 있다는 사실을 잘 알려준다. 그
래서 기의 세계, 즉 타트바의 세계에서는 만물이 '동질적(homogeneous)'
이다. 공기·물·불 사이에 경계란 없다. 이렇게 현대 물리학이 물질
의 동질성이라는 영역까지 도달한 것은 큰 다행이라고 하겠다. 기의
진정한 의미는 만물의 동질성 위에 그 근거를 두고 있으며, 동질성
의 배경이 되는 기의 움직임이 다름아닌 '행(行)'이다.

　한의학에서 말하는 '오행(五行)'이란 목(木)·화(火)·토(土)·금(金)·
수(水)를 일컫는 것이다. 영어로는 이를 '5원소(Five Elements)'라고 한
다. 그러면 동양의 오행을 고대 그리스 철학자들의 원소설과 한번
비교해보자. 서양과학에서는 이 오행을 물리학의 물리적 원소로 착
각하고 있다. 오행에 대한 오해는 바로 여기서 생긴다고 할 수 있
다. 즉, 그리스 자연철학자들은 오행에 해당하는 원소들을 우주의
기본 원소로 보았다는 것이다. 우주가 '물'로 구성되어 있다고 본 탈
레스의 경우가 그 대표적인 예라고 할 수 있다.[3] 오행설에 대한 오
해는 한의학 전반에 대한 오해를 불러일으킬 수 있다. 가령, '행'이
영어의 '원소'로 번역되는 탓에 자칫 화학의 원소 주기율표를 떠올

3　칼 포퍼는 그리스인들이 물을 기본 원소로 본 것은 우주를 유동적이고
　비토대적으로 본 것으로, 차라리 뉴턴-데카르트적인 세계관보다 더 유기
　체적이라고 주장하고 있다. 칼 포퍼의 주장이 옳다면 탈레스가 제기한
　원소설은 한의학의 오행론과 상통하는 면이 있다(Popper, 1998, 9~11).

리기 쉽다는 것이다. 현재 서양 과학자들이 발견한 원소만 하더라도 92종이 넘는데, 그것을 다섯으로 국한시키는 것 자체부터 한의학이 비과학적이라고 오해받기에 충분한 빌미가 되는 것이다.[4]

음양론까지는 이해할 수 있다고 하더라도, 오행론은 현대인들에게 설득력이 약한 이론인 것만은 부인할 수 없다. 동양철학자들 스스로도 오행론을 설명하는 데서 그 설득력이 매우 궁핍한 형편이다. 오행에 대한 몇 가지 오해는 다음과 같은 철학적 이해의 부족 때문이라고 본다. 첫째, 오행을 본질론(essentialism)으로 이해하는 데서 오해가 생긴다. 즉, 목·화·토·금·수를 다섯 개의 가시적 물질로 이해하는 데서 생기는 오해이다. '오행'에 대해서는 말 그대로 '5'라는 숫자와 '행'이라는 글자에만 주된 관심을 쏟아야 할 것이다. '행(行)'이란 사람이 걸어가는 모습을 본떠 만든 글자이다. 그렇다면 행은 본질이나 본체를 의미하는 것이 아니라 '흐름'과 '과정'을 의미하는 것이다. 헤라클레이토스의 만물 유전(Phanta Rhei) 사상이 오행 사상을 이해하는 데 도리어 더 좋을 수 있다. 행은 하나의 운동 경로(motional processes)인 것이다(과학백과사전, 2002, 36). 그러나 파르메니데스 이후 플라톤과 아리스토텔레스 등의 서양철학은 일자 중심의 본체론과 실체론에 사로잡힌 상태였다. 과학에서도 뉴턴 이후 일자 중심의 실체론에 근거한 채 물질의 고유한 입자설을 찾는 데 몰두했다. 하지만 행이란 일과 다가 되먹힘하는 비결정성에서 유래하는 것이다.

그러나 20세기의 신과학에서는 이러한 입자와 파동이 상보한다는 이른바 '입자-파동의 상보설'이 유력해졌다. 이에 대해 화이트헤드는 '실재(Reality)'를 '과정(Process)'으로 보는 과정철학을 제시하게 되었다. '행'은 과정이지 실체가 아니다. 음양오행의 구조를 파악해보

---

4   그런 의미에서 최근 소광섭 교수가 오행론을 현대 물리학의 여러 이론들로 설명하려고 한 시도는 매우 의미 있다고 할 수 있다.

면 그동안 생겼던 오행론에 대한 오해를 단숨에 해소할 수 있을 것이다. 오행에 대한 오해는 이와 같이 잘못된 서양철학의 가정 아래 빚어진 것이다. 동양에서는 처음부터 본질주의나 실체론적 사고가 발을 붙일 틈이 없었다.

(2) 오행의 문명사적 의의

음양오행도는 둥근 원과 그 안의 오각형으로 구성되어 있다. 시계 바늘 방향으로 움직이는 것을 상생이라고 한다. 이는 자기 입으로 자기 꼬리를 물고 있는 뱀 우로보로스(uroboros)와 같다. 다시 말해서, 원시인들의 의식구조를 반영하는 원이다. 오스트랄로피테쿠스에서 시작된 현생 인류는 수백만 년 동안 이런 우로보로스적 의식구조를 가지고 살아왔다. 이는 자기언급적 의식구조이며, 아울러 그리스 신화에 등장하는 나르시스적 의식구조인 것이다. 그러나 드디어 기원전 2000년경부터 의식에 균열이 생기기 시작하면서 분별적 사고를 하기 시작한다. 그러면서 그리스를 중심으로 한 서양에서는 우로보로스의 몸을 두 동강내고 만다. 알렉산더 대왕은 이집트 원정 길에 우로보로스 상을 보고는 그 자리에서 칼로 쳐 두 토막을 내고는 직선으로 바꾸었다. 이런 용과 뱀 같은 파충류에 대한 거부감은 여성 상징과 결부되면서 서양에서는 파괴의 대상으로 전락했다. 원형을 하고 있던 우로보로스가 두 동강남으로써 드러난 직선에는 좌우가 비타협적으로 나뉘어 있고 선과 악이 대립한다. 상극의 상징이라고 할 수 있다. 실로 인류 문명사란 직선과 원의 싸움이라고 해도 무방할 것이다. 직선형 사고와 원형 사고는 서로 견원지간이다. 이렇게 두 동강나며 원에서 직선으로 바뀐 우로보로스의 운명과 밀접한 관계 속에 있는 것이 바로 철학과 의학이다.

지금도 아스클레피오스의 직선 지팡이와 거기에 감겨 있는 뱀 형상

의 하기아(Hagia) 여신은 원형적 사고의 상징이 되고 있다. 하기아는
원래 독립적인 위생과 의료의 신이었지만,[5] 가부장제가 등장하면서
남성 신 아스클레피오스의 수양딸로 종속되고 만다. 뱀 형상의 하기
아는 바로 우로보로스를 상징하는 것이다. 그리고 음양오행의 상생을
그리는 원은 우로보로스의 흔적이다. 지팡이에 하기아의 몸이 감겨
있는 의료 마크나 원 속에 오각형이 그려져 있는 오행의 구조나 모두
그 상징성에서는 같다. 그러나 서양의 그것은 상생과 상극이 조화되
지 못한 불완전한 모습 그대로이다. 직선 지팡이 주위를 감고 올라가
는 두 마리의 뱀은 그 회전 방향이 반대라야 했다. 하나가 상생이라면
다른 하나는 상극을 상징하는 것일 터이다. 그러나 그리스는 오행도
를 그리는 데 실패했다. 결국 아스클레피오스의 지팡이는 두 뱀을 갈
라놓고 말았다. 지금부터 4,000년 전에 있었던 문명사를 그대로 반영
하는 것이라고 할 수 있다.

　　그러나 비슷한 시기의 〈복희여와도〉를 보자. 여기서 우리는 복희의
몸을 타고 여동생 여와가 맴돌며 올라가는 형상을 볼 수 있다. 이는
아스클레피오스의 지팡이에 두 마리의 뱀이 감돌고 있는 것과 같다.
여와 역시 인간의 생명을 창조한 여신이다. 그 기능 면에서 하기아와
같은 것이다. 여와 여신과 복희는 똑같이 우로보로스를 만들지만, 그
리스에서는 상생상극적이지 못했다. 동양에서는 우로보로스의 연장으
로 복희의 팔괘도, 즉 하도가 나왔는데, 복희도 주위에는 상반된 두
방향이 착종 선회를 하고 있다. 기원전 2000년을 전후해 인류의 태양
화 시기(solar age)가 등장하면서 동양에서는 우로보로스가 이처럼 상
생상극의 상징으로 변하지만, 서양에서는 그렇지 못했다. 오행도란 직
선과 원이 지니고 있는 상극과 상생을 조화시키는 것이다. 직선의 지

5　　위생을 의미하는 'hydrogen'의 어원이 바로 'Hagia'이다.

팡이를 오각형으로 변형시켜 원 속에 집어넣음으로써, 한의학은 상생과 상극의 조화를 시도하고 있는 것이다. 이는 원과 직선의 만남으로, 단지 의학에만 해당하는 상징이 아니라 인류 정신사의 걸작품이라고 할 수 있다. 이 도형의 차이는 역설에 대한 이해도 상반되게 만든다.

역에서 복희 팔괘도는 이미 선의 방향을 반대로 해 마주 붙이는 뫼비우스 띠를 그려낼 수 있었다. 문왕 팔괘도인 낙서는 하도보다 복잡한 초공간의 모습을 하고 있었다. 다시 19세기 말 김일부의 정역도는 낙서 이후 2,500여 년 만에 사각형 평면의 모양을 바꾸어 한 차원 높은 도상을 그린 것이었다. 차원의 조화가 곧 건강한 몸과 우주임을 보여주고자 한 것이 오행론의 근본 취지인 것이다. 차원이 높아질수록 갈등이 해소되면서 건강도 회복된다.

2. 음양의 논리적 구조와 그 속성

(1) 음양의 속성과 페어홀스트 방정식

A형 논리학은 모순율을 말하지만 E형 논리학은 역설을 말한다. 모순과 역설의 차이를 간단하게 말하면 이렇다. X의 모순은 -X이지만, 이에 대한 역설은 (1-X)이다. 아리스토텔레스가 말하는 모순율은 "X는 X이면서 동시에 -X일 수 없다"는 것이다($X=-[X \text{ and } -X]$). 그러나 역설은 $X=X(1-X)$라는 것이다. 이렇게 모순과 역설을 제대로 구별하지 못한 것이 지금까지 논리의 큰 병폐였다. T와 F의 관계를 보더라도, 모순율에서는 T와 F가 같을 수 없다고 말한다. 그러나 앞에서 본 것처럼 거짓말쟁이 역설에서는 T와 F가 순환적인 것, 즉 'TFTFTF……'이다. 역의 음양 논리의 속성은 이런 의미에서 모순

적인 것이 아니라 역설적인 것이다. 역설적 관계를 방정식으로 표시한 것이 바로 페어홀스트 방정식이라고 했다. 그렇다면 페어홀스트 방정식은 음양의 과학적 속성을 파악하는 데 중요한 단서를 제공한다고 할 수 있다. 페어홀스트 방정식은 로지스틱 사상의 방정식인 동시에 카오스 이론과 프랙털 이론을 설명하는 데 핵심적인 역할을 하고 있다(Russell, 1995, 67).

북한의 지만석과 지성광 두 학자는 "최근에 제창된 프라탈 리론도 본질에 있어서 음양의 파생성의 속성에 귀착된다"(지만석, 2002, 33)고 했다. 그러면서 음양의 속성을 여덟 가지로 나열하고 있다. 이는 다름아닌 페어홀스트 방정식이 가지고 있는 속성과 같은 것으로, 그 내용을 소개하면 다음과 같다.

첫째, 모순에는 대립 관계만 있으나, 역설에는 대립하기도 하고 상호 의존하기도 하는 관계도 있다. 이를 두고 음양의 대대성(待對性)이라고 한다. 동화 작용과 이화 작용, 합성과 분해, 교감신경과 부교감신경의 관계는 모두 중력에서 인력과 척력의 관계와 같다. 이를 음양의 대대성이라고 하는 것이다. 이 두 작용이 있기 때문에 페어홀스트 방정식에서는 멀어지다가 다시 가까워지는 일이 가능한 것이다.

둘째, 음양의 파생성(派生性)이다. 모순 관계에서는 참 가운데 거짓, 거짓 가운데 참이 들어 있을 수 없다. 그러나 음양에서는 음 가운데 양(음중양) 그리고 양 가운데 음(양중음)이 있을 수 있다. 이를 두고 파생성이라고 하며, 이는 다름아닌 프랙털 현상인 것이다. 마치 음의 전자 속에 양전자와 음전자가 함께 있는 것과 같다. 적혈구는 양이고 백혈구는 음이다. 그런데 무과립백혈구는 양 가운데 음이다. 가을은 양 가운데 음이고, 봄은 음 가운데 양이다. 이러한 음양의 파생적 속성은 가장 중요한 속성 가운데 하나이며, 현대 과학의 첨단 이론과도 일치한다. X와 (1-X)는 바로 이러한 파생성을 잘 나타낸다.

셋째, 음양은 **상대성**(相對性)을 그 속성으로 한다. 모든 대립물은 그 종류와 시공간 그리고 조건에 따라 달라지는데, 이를 음양의 상대성이라고 한다. 심장의 순환 관계를 두고 볼 때, "대순환을 기준으로 하면 좌심실이 양이 되지만, 소순환을 기준으로 하면 우심실이 양이 된다"(지만석, 2002, 33). 지리적으로도 북반구에서는 7·8월이 여름이지만, 남반구에서는 이때가 겨울이다. 낮에 활동하는 동물은 교감신경이 낮에 양이지만, 밤에 활동하는 동물의 경우는 밤에 양이된다. 이런 예들을 통해 음양의 상대성을 파악할 수 있을 것이다. TF 사슬에서 보는 것처럼, TF가 있는 위치에 따라 참과 거짓은 상대적일 뿐이다. 이런 상대성을 두고 노자는 《도덕경》에서 "참과 거짓은 서로 뒤따른다"(《도덕경》, 제2장)고 했다.

넷째, 음양의 **대응성**(對應性)이다. 대응성이란 대립물의 한쪽 측면의 변화가 상대측을 함수에서 변화시키는 것을 두고 하는 말이다. 로지스틱 공식에서 보는 것처럼, 이는 정비례와 반비례 그리고 물리학의 작용과 반작용의 관계가 바로 대응적 관계임을 보여준다. 모순에서는 이런 대응적 관계가 성립하지 않는다.

다섯째, 음양은 **율동성**(律動性)을 갖는다. 홀로그래피에서 산의 골과 봉우리가 파장을 만들 듯이, 음양은 태극도의 음양선처럼 율동을 만든다. 버저의 '따르릉' 하는 소리처럼 음과 양은 접합과 분리를 하면서 율동을 만들어 작용한다.

여섯째, 음양은 **역전성**(逆轉性)이라는 속성을 갖는다. 대립물의 한쪽이 극에 달할 경우 거꾸로 되는 것을 역전성이라고 한다. 이는 하지가 지나면 해가 양에서 음으로 기우는 것과도 같다. 로지스틱 사상에서 볼 때, 선이 직진을 하다가 다시 반대로 돌아서는 것과 같은 것이다.

일곱째, 음양은 항상성(恒常性)을 갖는다. 대립물은 닫힌계와 열린계를 유지하려는 속성을 가지고 음양이 승강출입을 한다. 이를 두고 항상성 혹은 부반결합조절형이라고 한다. 물, 대기, 온도의 순환, 동물과 먹이 사이의 관계 등 생태계의 모든 변화는 이 항상성의 지배를 받고 있다. 우리는 이미 페어홀스트 방정식을 통해 이를 고찰했다. 자연계뿐만 아니라 사람의 질병 발생 등이 모두 음양의 항상성에 영향을 받는다고 보고 있기 때문에, 이 속성은 매우 중요하다. 북한의 지만석과 지성광 두 학자는 이러한 부반결합조절을 소화기 계통, 호흡기 계통, 물질대사, 신경 내분비 계통 등 여섯 분야에 걸쳐 연관지어 소개하고 있다. 이는 그만큼 부반결합조절이 중요함을 보여준다. 다음에 소개할 오행론이란 부반결합조절에 관한 부연 설명에 불과하다고 할 수 있다. 그리고 부반결합조절이란 페어홀스트 방정식을 그대로 두고 하는 말에 다름아니며, 동시에 5행의 운행 구조를 두고 하는 말일 수도 있다.

(2) 음양의 8대 속성과 오행론

서양에도 오행론과 유사한 원소설이 있음을 앞에서 말했다. 그러나 원소설은 오행 같은 것으로 발전하지는 않았다. 왜냐하면 원소를 과정의 관계 개념으로 파악하지 않고 실체 개념으로 파악했기 때문이다. 다시 말해서, 원소가 자기의 고유한 자성(自性)을 지닌다고 보았기 때문이다. 이는 A형 논리의 전형적인 결과라고 할 수 있다. 아르케(Arche)라는 것은 변하지 않는 실체에 대한 개념이다. 아르케의 의미를 더불어 살펴보면 A형 논리의 특징이 더욱 분명해질 것이다. 그러나 E형 논리에서는 이러한 실체가 없다고 보며, 여기에 그 논리적 근거가 있다. 서양철학은 중요한 순간을 놓쳐버렸고, 결국 이러한 철학의 논리적 차이 때문에 양의학의 운명도 결정되고 말았다. 이러한 실체론은 근대 의학에 이르러 바이러스라는 이름으로 변신해 현대 의학을 태동시킨다. 다시 말해서, 병을 일으키는 원인은 외부에서 몸 안으로 들어온 바이러스 같은 병인적 실체 때문이라는 것이다. 병리적으로 볼 때는 현대 양의학이 18세기경부터 시작되었지만, 논리적으로 볼 때는 이미 고대 그리스 철학에서부터 태동되었던 것이다.

역에는 음양 대칭이라는 치대칭과 효의 상하 위치에 따른 위대칭이 있음을 앞에서 살펴보았다. 그리고 이는 홀로그래피의 진폭과 파장에 해당한다고 했다. 오행의 목·화·토·금·수에도 역시 치대칭과 위대칭 혹은 진폭과 파장을 적용해 생각해볼 수 있다. 이러한 고려는 한의학을 홀로그래피 및 역과 연관시키기 위한 필수 조건이다. 각 행에는 음양 대칭이 있다. 이를 한의학에서는 부부 대칭 혹은 대대성이라고 한다. 목의 음양은 간과 담, 화의 음양은 심장과 소장, 토의 음양은 비와 위, 금의 음양은 폐와 대장, 수의 음양은 신장과 방광이다. 이를 두고 치대칭이라고 할 수 있다. 산의 봉우리에 비유하자면, 양은 봉우리이고 음은 골이다. 그리고 이렇게 하나의 진폭을 만든 각 행은 다음 행으로 이어진다. 목은 화로, 화는 토로, 토는 금으로, 금은 수로, 수는 목으로 이어진다. 이를 상생이라고 한다. 이는 마치 파장을 만드는 것과 같다. 이렇게 해서 오행 안에 치대칭과 위대칭이 성립하게 된다. 이와 같이 나누는 것은 역과 한의학을 구조적으로 연관시키기 위한 것이다.

북한의 지만석과 지성광은 이러한 역의 진폭과 파장을 물리학과 연관시켜 다음과 같이 설명하고 있다. 앞에서 필자는 역을 원으로 설명한 바 있다. 원을 음양이 발생하는 근원인 태극(太極)이라고 할 때 원 주위의 모든 대칭점, 즉 음과 양은 그 크기의 양에서는 같으

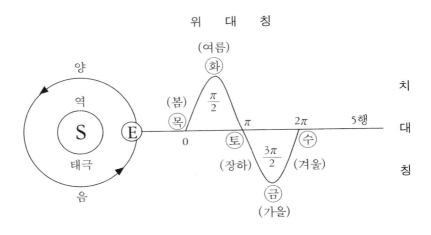

<그림 1> 역 → 태극 → 음양 → 오행의 분화에 대한 물리적(또는 천문적) 모형

나 그 벡터(vector)에서는 반대 방향이다. 이를 '$y=sin \ x$'로 표시한다. 이는 페어홀스트 방정식의 다른 표현에 지나지 않는다. 이 새로운 방정식에 값을 대입하면 위와 같은 그림이 만들어진다(지만석, 2002, 42). 우리는 홀로그래피를 만들 때 진폭과 파장을 함께 생각했다. 진폭은 치대칭이고 파장은 위대칭이라고 했다. 이를 5행에 적용했을 때도 위의 <그림 1>에서 보는 바와 같이 하나의 파동으로 표현된다. 거기에는 상하의 진폭이 있고 좌우의 파장이 있다. 그리고 5행의 각자는 모두 그 자체 안에 음양을 또한 가지고 있다. 5행은 인간의 장부에도 해당하며, 아울러 거기에 해당하는 경맥도 있다. 홀로그래피에서 본 것처럼, 태극이라는 같은 근원에서 나온 빛(기)이 장부에 가 닫는다. 이를 불순기 혹은 탁기(濁氣)라고 하자. 다른 한편 장부에 가 닫지 않고 바로 직진한 기를 순수기 혹은 청기(淸氣)라고 하자. 이 두 기의 만남이 홀로그래피를 만들어 인체의 건강 유무를 결정한다. 이는 마치 홀로그래피를 만드는 과정에서 불순광과 순수광

이 서로 만나 간섭을 하는 것과 같다고 할 수 있다. 이에 대해서는 다음 장에서 자세히 살펴보기로 하겠다. 〈그림 1〉 속에는 다음과 같은 주요한 음양의 속성들이 들어 있다. 만일 5행이 이렇게 사인 (sin) 파동 형식을 만들지 않는다면, 한의학에서 그 가치를 상실하고 말 것이다. 이 사인 파동 곡선에서 한의학의 속성과 성격이 결정된다고 할 수 있을 것이다.

음양의 8대 속성은 5행의 구조와 논리에서 나온 것이며, 동시에 5행의 구조는 8대 속성을 설명하고 있다. 각 행마다 있는 음양 대칭은 대대성의 속성에 해당한다고 할 수 있다. 목의 경우, 간과 담은 서로 의존하기도 하고 상반되기도 한다. 그리고 각각의 행은 자기 속에 오행을 또 가지고 있다. 봉우리와 골 가운데 봉우리와 골이 또 들어 있다. 각 행은 모두 그 속에 5행을 가지고 있다. 이는 음양의 파생성이라는 속성에 해당한다. 목에 음양이 있는 것과 마찬가지로 화에도, 또 그 밖의 모든 행에도 음양이 들어 있다. 이는 음양의 상대성에 해당한다.

그리고 음양의 대응성이라는 특징은 상생과 상극을 가능하게 하는 단서가 된다. 대립물의 한쪽 측면의 증가는 다른 측면의 감소를 가져온다. 음양의 이러한 대응성은 치료에서 보사법을 가능하게 한다. 어느 한쪽의 과도한 증가는 사(瀉)를 해야 하고, 과도한 감소는 보(補)를 해야 한다. 율동성 역시 음양이 증가하고 감소하는 데서 비롯되는 것이다. 때문에 음양은 실체가 아닌 하나의 흐름으로만 파악된다. 인체의 기는 음양의 물줄기를 만들어 서로 보완하는 동시에 서로 견제하며 율동적 흐름을 형성한다. 이러한 과정에서 음양의 기는 무한히 순환과 반복을 한다. 이를 음양의 무한성이라고 한다. 그러나 무한성은 직선적 개념이 아니다. 즉, 가무한(potential infinite)이 아니라는 말이다. 이는 주어진 제한 속의 무한인 초한무한(transfinite)

인 것이다.

오행 안에는 주객전도(主客顚倒, Subject-Object Reversion) 현상이 있다. 이는 주체가 객체로, 객체가 주체로 변하는 현상을 두고 하는 말이다. 목에서 시작된 기는 금에 이르러 역전을 일으킨다. 아생이 생아로 변하다. 이를 주객전도라고 하며, 다른 말로 음양의 역전성이라고도 한다. 로지스틱 사상의 공식이나 페어홀스트 방정식에서 보는 것처럼, 직선적 진행이 휘어지는 것과 같은 것을 일컫는 말이다. 마지막으로 가장 중요한 항상성 혹은 부반결합조절은 위의 일곱 가지 속성을 모두 종합하는 것이나 마찬가지이다. 가해진 외인에 대해 그 반대로 작용하려는 것은 우주와 인체의 가장 중요한 원리 가운데 하나이다. 이를 볼 때 항상성의 다른 말이 곧 부반결합조절이라고 할 수 있는 것이다. 페어홀스트 방정식과 오행도는 궁극적으로 항상성을 유지하려는 우주 속의 방정식이다. 그리고 E형 논리와 거짓말쟁이 역설을 표현하는 방정식이기도 하다. 신이 천지창조를 하던 첫 아침에 이 방정식을 염두에 두고 있었던 것은 아닐까?

우리는 음양의 여덟 가지 속성을 통해 오행의 구조를 파악할 수 있게 되었으며, 더불어 러셀 역설이 지닌 속성도 알 수 있게 되었다. 오행의 구조로 역설을 바라볼 때, 이는 더 이상 병적이거나 극복의 대상이 되지 않는다. 음양의 속성은 곧바로 역설의 속성이며 자연의 속성 그 자체인 것이다. 이 속성에 순응하면 길(吉)하고 순응하지 않으면 흉(凶)하다. 선과 악은 상대적이며, 음양의 8대 속성에 종속될 수밖에 없다. 그러나 중요한 것은 음양의 속성에 따라 길해지느냐 아니면 흉해지느냐가 갈린다는 점이다. 서양에서는 선악으로 판단하지만, 동양에서는 길흉으로 판단하는 까닭이 여기에 있다 (박재주, 1999, 365ff). 이 점에서 가치 판단이 판이하게 다르다.

(3) 홀론과 황극

히포크라테스의 4액체설, 엠페도클레스의 4원소설을 이어받아 그것을 하나의 유행(流行)으로 파악한 것은 큰 변화이다. 불은 뜨거움과 건조함으로, 공기는 뜨거움과 습함으로, 물은 습함과 차가움으로, 땅은 차가움과 건조함으로 파악되었다. 각 원소가 다른 원소로 바뀌어 전화할 수 있다고 본점에서 아리스토텔레스는 흐름과 과정으로서 4원소를 이해한 최초의 사람이라고 할 수 있다. 즉, 불은 공기로, 공기는 물로, 물은 땅으로, 땅은 불로 전화된다. 이것은 오행설에서 말하는 상생(相生) 원리와 가히 멀지 않다고 하겠다. 4원소가 불 → 공기 → 물 → 땅의 순서로 바뀌고 다시 땅이 불로 돌아간다고 함으로써 상생 원리의 단서를 제공하고 있는 것이다. 그러나 사각형 위에서는 서로 상극하는 관계를 설명할 대각선을 그을 수 없는 문제가 있다. 아니, 고대 그리스인들은 아예 이런 상극 관계를 자신들의 사고에서 배제하고 있는 것이다. 이는 A형 논리의 또 다른 특징이다. 아리스토텔레스는 4원소가 이렇게 전환될 수 있는 이유를 들면서, 4원소 속에는 그 배율을 조절하는 제일물질(The First Matter)이 들어 있기 때문이라고 했다. 전형적인 본체론자로서 면목을 드러내고 있는 것이다. 그러나 동양에서는 그런 제일물질이 있어서가 아니라, 자기조직(Self-organizing)하는 힘 때문이라고 말할 것이다.

아리스토텔레스의 이러한 본체론을 신비화한 인물이 중세의 파라켈수스(Paracelsus)이다. 그는 비교의 원리를 빌어 제일물질을 눈에 보이지는 않지만 잘 훈련된 마술사라고 했다. 이 마술사는 땅에 사는 땅의 정(gnome), 물에 사는 물의 정(undine), 공기에 사는 공기의 정(sylph), 불에 사는 불의 정(salamander)을 지배하고 다스린다. 마술사는 이러한 네 정령들을 지배하고 다스리면서 조화를 부려 만물을 만들어낸다. 하야시 하지메는 이런 점을 들어 중세기 비교(秘敎)에서 도리어 현대 물리학적 우주관에 걸맞는 이론을 도출해낼 수 있다고 본다. 만일 행을 온 우주에 작용하는 힘으로 파악한다면, 비록 현대 물리학이 92개의 원소를 말하지만 그것을 작용하게 하는 힘은 결국 네 개라는 관점과 어떤 유비 관계를 생각해볼 수 있다는 것이다. 중력·전자기력·약한핵력·강한핵력이 바로 그것이다. 이 가운데 몇 가지 힘끼리는 서로 통일이 되어 있지만, 아직 네 가지 힘을 모두 통일시키지는 못하고 있다. 대통일이론(*The Great Unified Theory*, GUT)이란 바로 이 네 가지 힘을 통일시키는 이론이다. 동양사상이 현대 물리학의 이론과 궤를 같이하는 이유는 그들의 논리가 마찬가지로 E형이기 때문이다. 이 점을 무시하고 직접적으로 동양의 비교와 현대 물리학이 같다고 하는 것은 신과학운동의 오류인 것이다.

비교에 비해 현교(現敎)는 4원소에 대해 영을 제5의 원소로 본다. 네 가지 원소에 침투해 이를 통일시키는 것은 영이라는 것이 현교의 주장이다. 물리학자들 가운데는 네 가지 힘 이외에 제5의 초강력의 존재를 믿는 사람도 있는데, 이를 4원소(비교) 혹은 9원소(현소)와 비교하면 다음과 같다.

중력	——	땅
전자력	——	물
약한핵력	——	홍기
강한핵력	——	불
초강력	——	정신

그러나 이렇게 5행을 어떤 개념과 대응시킬 필요가 있는지에 대해서는 회의적이라고 할 수 있다. 우주 속에 상생상극이 작용하는 한 '5'라는 숫자는 어디서나 나타날 수 있다고 보아야 할 것이다. 그것이 사회

속이든 인체 속이든 우주 속이든 간에, 다른 여러 가지 변수를 가지고 등장할 수 있다고 보아야 한다는 것이다. 서양의학에서는 아직 상상도 못할 일인데, 그것이 인체 내부의 장부에 나타날 때는 장부 사이의 상생상극 관계가 성립된다는 것이 한의학의 주장이다.

5행의 다른 특징은 바로 하나의 행이 모두 음양대대성 혹은 대칭성을 지니고 있다는 점이다. 이를 한의학에서는 부부 관계라고 본다. 그리고 상생관계에서 선행자는 어머니라고 하며, 후행자는 아들이라고 한다. 그래서 오행 속에서는 부부와 모자 관계가 성립한다. 경맥 하나하나 속에는 혈(穴)이라는 것이 있는데, 다시 오행론이 경맥론과 관계되면 혈들도 목·화·토·금·수라는 5행을 지니게 된다. 또한 오운육기론으로 옮겨갈 경우에는 천간지지도 아울러 5행으로 분류된다. 그렇다면 우주 속에도 5행이 있고, 우주 안에 있는 인체의 장부 속에도 5행이 있으며, 다시 장부에 해당하는 경맥 속에도 5행이 있게 된다. 그렇다면 이는 마치 소용돌이 속에 소용돌이가 생성되는 카오스 이론의 단서가 되기에 충분하다. 바로 이것을 홀론(Holon) 현상이라고 한다. 또는 음양의 파생적 속성이라고도 할 수 있을 것이다. 곧 자기언급을 하면서 자기 속에 자신과 닮은 자기를 만들어나감을 일컫는 말이다. 아울러 이를 두고 프랙털이라고도 한다. 들뢰즈의 '차이와 반복'이란 이런 경우를 두고 하는 말이다.

결국 오행론의 묘미는 역시 프랙털 현상에 있다고 할 수 있겠다. 오행에 대한 양의학의 오해는 이 점을 바로 이해하지 못한 데서 비롯된 것이다. 이는 한의학에 대한 바른 이해를 그르치고 있다. 한의학의 오행론 속에는 지금까지 고찰한 것 이상의 비밀이 담겨 있다. 그 가운데 하나가 삼오분기론(三五分紀論)이다. 이 말은 오행 하나하나에 그 힘의 강약이 있다는 것이다. 각 행이 가지고 있는 기의 강약은 **평기**(平氣)·**불급지기**(不及之氣)·**태과지기**(太過之氣)로 나뉘는데, 이를 '삼분'이라고 한다. 평기는 중도적인 것이며, 평기를 중심으로 불급과 태과로 나눈다. 5행의 각 행이 모두 삼분을 갖게 됨으로써 모두 열다섯 가지(3×5)의 변화가 가능하게 된다. 각 행에 붙은 삼분의 이름은 다음 〈표 1〉과 같다(한동석, 2001, 92).

	평기(平氣)	불급지기(不及之氣)	태과지기(太過之氣)
목기(木氣)	부화(敷和)	위화(委和)	발생(發生)
화기(火氣)	승명(升明)	복명(伏明)	혁희(赫曦)
토기(土氣)	비화(備化)	비감(卑監)	돈부(敦阜)
금기(金氣)	심평(審平)	종혁(從革)	견성(堅成)
수기(水氣)	정순(靜順)	학류(涸流)	유연(流衍)

〈표 1〉 오행의 삼오분기와 그 개념

이는 기가 얼마나 파생적 효과를 내면서 차이와 반복을 되풀이하는지 잘 보여준다. 그리고 이처럼 하나하나의 파생성에는 구체적인 이름이 주어져 있다.

3. 상생상극과 주객전도

(1) 오행의 아생과 생아

최근 남북학자들은 여러 측면에서 한의학을 논리학과 관련해 연구하려는 참신한 시도들을 하고 있다. 북쪽의 지만석과 지성광을 비롯해 남쪽의 지규용 등의 학자들은 현대 과학의 논리적 측면을 빌려 한의학, 특히 오행론을 설명하려고 하는데, 이는 바람직한 일이라고 하겠다(지규용, 1999, 136~138). 특히 지규용은 오행론을 유비논리 및 생물학의 일반 시스템 이론과도 연관시키고 있다. 그러나 자세한 언급이 부족한 것은 아직 한계로 남는다.

오행론에서는 '행'을 '명사'로 보지 않고 하나의 '관계' 개념으로 파악한다. 하나의 행을 '아(我)'로 볼 때, 오행론에서는 우선 '주체(subject)'와 '객체(object)'를 나눈다. 목을 중심으로 예를 들어보자. 목을 주체의 아로 삼을 경우, 목이 화를 낳는 것을 아생(我生)이라고 하며 이를 모자(母子) 관계라고 한다. 목은 모, 화는 자이다. 화가 모이면 토가 자가 된다. 다음 〈표 2〉에서 보는 화살표의 진행 방향에 따라 아생하는 관계가 결정되는데, 이 화살표의 방향을 이른바 상생(相生)이라고 한다. 그러나 상생의 화살표(실선)는 2대밖에 이르지 못한다. 3대에 이르러서는 상극(相剋)을 한다. 다시 말해서, 〈표 2〉의 5행도에서 보는 것처럼 점선표는 상극을 하는 화살표이다. 목극토·토극수·수극화·화극금·금극목이다. 이를 직선 위에 도형으로 만들어놓으면 이해하기가 쉬울 것이다(지만석, 2002, 표지 참조).

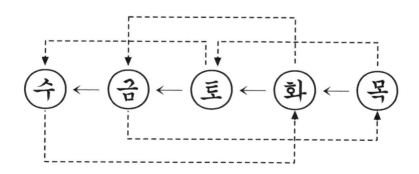

〈그림 2〉 오행의 상생상극 관계

오행을 일단 직선 위에 횡으로 나열할 경우, 〈그림 2〉에서 보는 것처럼 실선(상생)과 점선(상극)은 서로 같은 차원에서 동시적일 수 없음을 발견하게 된다. 점선 사각형에 화살표를 만들어보면, 위상범례에서 볼 때 화살표는 바로 사영 평면에 해당함을 쉽게 알 수 있다. 그렇다면 오행도는 역의 세 가지 도상 가운데 정역도에 해당한다는 사실을 더불어 알 수 있다. 원도나 낙서는 오행도의 구조와 일치하지 않음을 여기서 발견하게 된다. 이러한 사실은 12경맥의 구조에서도 그대로 나타난다. 다시 말해서, 12경맥의 구조는 지금까지 역의 도상으로는 설명할 수 없었던 것이다.

다시 오행도로 돌아와 상생상극의 구조를 살펴보기로 하자. 4대에 이르면 주격이 전도되며 아생은 생아(生我)가 된다. 다시 말해서, 점선화살표를 통해 보는 것처럼 목이 3대 손자인 금으로부터 상극을 당한다. 즉, 금극목이다. 목생화와 목극토는 목이 주체가 되어 화와 토를 생하고 극하는(아생아극) 형국이었지만, 3대의 금에서는 도리어 목이 금으로부터 상극을 당한다(극아). 그리고 4대 수로부터는 수생목과 같이 상생을 당한다(생아). 이를 두고 **주객전도**라고 한다. 이러한 현상은 이미 페어홀스트 방정식이나 사인 곡선에서 예고된 것이다. 로지시틱 사상의 공식에서도 바로 X가 1이 될 때 $1-X=0$이 되어버리는 현상이 나타나며, 이 지점에서 회전 현상이 나타난다. 금에서 바로 그런 현상이 생긴다는 것이다. 목·화·토·금·수 5행에서 모두 아생과 아극의 상생상극과 주객전도 현상이 나타난다.

실로 오행도에는 이와 같이 **음양 대칭성, 상생상극 작용성, 주객전도성**이라는 작용의 3대 현상이 들어 있다. 음양·생극·주객이라는 3대 대립물이 그 역할을 담당한다. 앞에서 말한 음양의 8대 속성이란 다름아닌 이 3대 대립물의 작용인 것이다. 주객을 양분해 목이 주체일 때의 상생과 상극, 그리고 목이 객체일 때의 상생과 상극이라는 네 개의 관계가 성립하며, 이 네 개의 관계에서 다섯 개의 행이 생겨난다. 오행론을 설명할 때 생기는 오해는 바로 다섯 개라는 요소에서 시작하는 데서 비롯된다. 만약 하나의 행을 중심으로 그것을 주객으로 나누고 다시 주객을 상생과 상극의 둘로 나누면, 5행은 자연히 대두될 수밖에 없다.

여기서 가장 중요한 것은 상생상극이 아니라 주객전도이다. 주객전도라는 말을 집합론적으로 바꾸면 부류격과 요원격이 서로 뒤바뀐다는 것을 의미한다. 이는 러셀의 유형론을 뒤엎는 것이며, 유클리드의 공리를 전면 부정하는 것이다. 집합론의 역설이 모두 여기서 발생한다고 본다면, 그 중요성은 이루 말할 수 없는 것이다. 아울러 역설 해법의 주요 단서를 이 주객전도 현상이 제공한다. 그러나 이 주객전도는 상생과 상극 그리고 음양 대칭성 없이는 불가능하다. 이러한 이유로 음양·생극·주객의 3대 대립물은 한의학의 골격이 되는 동시에 인간 지성의 최고 발견이라고 할 수 있다. 상생과 상극이 역설적 상황이라면, 주객전도는 역설이 발생하는 원인을 제공하는 동시에 그 역설의 해법도 제공한다.

5행이 되는 이유는 네 개의 상생과 상극에 목이 자기가 자기 자신과 관계되는 상생상극이 있어야 하기 때문이다. 이는 목이 자기 자신에 대해 주객이 되는 자기언급을 두고 하는 말이다. 목이 자기 자신에 대해 상생과 상극을 하며 주객을 바꾼다는 뜻이다. 그러면 모두 다섯 개의 작용, 즉 행이 있게 된다. 다섯 그루의 나무를 심으면 네 개의 간격이 있는 것과 같다고 할 수 있다. 그러면 왜 한 행이 이처럼 주객이 바뀌는 주객전도를 해야 하며 다시 상생상극을 해야 하는지 의문이 남게 된다.

일상 언어에서 '주객전도'라는 말은 매우 불쾌하고 문란한 느낌마저 주는 것이 사실이다. 그러나 우주와 사회, 나아가 인체 내부에서는 주객전도 현상이 필수적이며, 관계 작용에서 상생과 상극 역시 필수적이다. 또한 모든 행은 '음양 대칭' 구조를 가지고 있어서 이러한 3대 기능이 없이는 만물과 만사가 병적일 수밖에 없다. 건강을 위해서는 그 속에 규칙이 있어야 한다. 그리고 그 이유를 설명하기 위해서는 E형 논리인 '거짓말쟁이 역설' 또는 '러셀 역설'을 이해해야 한다. A형 논리학에서는 주객전도를 절대 받아들이지 못한다. 아리스토텔레스가 논리학을 쓴 근본적인 이유도 바로 이러한 주객전도 현상을 막기 위해서였다. 《파르메니데스》가 지루한 일(·)과 다(多)의 훈련 끝에 결국 일자 중심으로 경도되고 마는 이유도 바로 일과 다의 주객전도를 막으려는 데서 비롯된 것이다. 이런 철학은 결국 서양철학의 주류가 되고 말았다. 그러나 한의학에서는 주객전도가 일어나지 않는 것이 오히려 탈이다. 수학에서도 19세기 중반까지는, 즉 조지 불의 집합론까지는 주객전도라는 멱집합을 받아들이지 않았다고 했다. 이렇게 본다면 수학 역시 하나의 문화적 소산이라고 여기지 않을 수 없다.

앞 장에서는 오행 위에 나타나는 상생상극과 주객전도를 역의 여러 가지 도상들이 어떻게 설명하려 했는지 살펴보았다. 횡도·방도·원도·낙서·정역도가 모두 오행 위에 나타난 세 가지 대칭을 처리하려 했다는 점에서는 궁극적으로 같다고 할 수 있다. 동서고금의 일관된 철학의 주제는 바로 역설과 씨름하는 데서 나온 것이다.

(2) 기의 자체권과 소유권

다시 정리를 해보자. 오행에서 각 행은 주체가 될 경우의 아생과 아극, 객체가 될 경우의 극아와 생아, 이렇게 네 가지 경우가 가능하다. 여기서는 목을 '아'로 보았을 경우의 예를 들었지만, 어느 행을 '아'로 삼더라도 모든 행이 네 가지 '하는' 기능을 갖게 된다. 다시 한번 네 가지 상황을 순차적으로 표시하면, ① 아생 → ② 아극 → ③ 극아 → ④ 생아가 된다. 순환 관계로 볼 때, 주체와 객체는 상대적이며 생아와 아생의 관계도 마찬가지라고 할 수 있다. 여기서 우리의 최대 관심사는 도대체 왜 이런 현상이 일어나야 하는가 하는 점이다. 네 가지 이외의 다른 경우, 그리고 이러한 순차 이외의 다른 순차는 없는가? 이에 대한 설명을 하기 위해서는 거짓말쟁이 역설에 쓰이는 '대상'과 '메타'라는 말을 여러 가지로 바꾸어놓고 생각할 필요가 있다. 객체를 대상 그리고 메타를 주체로 바꾸어도 좋다. 대상과 메타가 서로 교환되는 현상을 역설이라고 할 때, 주체와 객체가 서로 되먹힘하며 맴돌이를 하는 오행의 구조 또한 역설적이라고 할 수 있다. 그렇다면 오행 구조 안의 어떤 작용으로 말미암아 이런 맴돌이가 일어나는 것일까?

한 개체의 정체성(identity)에는 생과 극의 상반된 작용을 동시에 '하는' 두 얼굴이 있다는 것이다. 그렇다면 어떻게 한 개체가 상반된 두 얼굴을 동시에 지닐 수 있는 것일까? 이는 바로 거짓말쟁이 역설에서 거짓말쟁이가 '거짓말'을 하면 그 말은 '참말'이 되는 경우와 같다. 순수 논리적 언어로만 이에 대한 설명이 가능하다. 여기서 '거짓말'은 대상 언어이고 '참말'은 메타 언어이다. '참말'은 거짓말쟁이가 한 말에 대한 참과 거짓을 말하는 것이고, '거짓말'은 말의 사건에 해당하는 참과 거짓이다. 사실상 역설은 대상과 대상에 대한 말인 메타 언어를 혼동하는 데서 생긴다. 이는 이미 문장 피라미드인 'TF 시리즈'에서 살펴보았다.

거짓말쟁이 역설에서 볼 때 '아'는 이미 '비아(非我)'를 그 '가운데' 仙合하고 있다. '아'는 자기 속에 자기와 자기의 '비아'를 함의하고 있는 것이다. '조용히 해'라는 말 자체가 이미 '시끄러움'을 仙合하고 있듯이 말이다. 그런데 '조용히 해'가 메타화하면 '시끄러움'으로 변한다. 이는 모든 '아'가 그 속에 비아를 포함하고 있는 것이나 마찬 가지이다. 아는 비아를 包含하고 있는 것이다. 양을 X라고 할 때 그것의 대칭을 −X로 표현하면 그것은 包涵이고, (1−X)로 표현하면 包含이다. −X로 대칭성을 표현할 경우에는 서로 배타적인 외인적 관계(external relation)가 된다. 그러나 (1−X)와 같이 표현할 경우에는 내인적 관계(internal relation)가 된다. 전자는 모순 관계이고 후자는 역 설 관계이다. 그런데 음양 관계는 내인적 관계이다. 이러한 내인적 관계 속에 있는 '아'가 이제 작용을 하기 시작한다면 어떤 현상이 생길 것인가? 결론부터 말하자면, 상생상극과 주객전도를 할 수밖 에 없다. 가령, 목은 화를 낳았지만(아생) 그 손자뻘인 토는 극한다 는 것이다. 그 이유는 다분히 논리적이다. '아'의 '조용히 해'라는 말 이 커지면 소음이 되듯이, '아' 속의 비아가 비대해진다는 것이다. 그래서 목은 손자뻘인 비아 토를 극할 수밖에 없는 것이다. 논리적 인 이유가 바로 여기에 있다. 그러나 논리는 물리적인 동시에 생물 학적이기도 하다.

그러면 도대체 왜 이런 현상이 생기는지 근본적인 질문을 던지지 않을 수 없다. 지금까지 한의학을 통해서는 이와 관련해 진지한 논 리적 대답을 들을 수 없었다. 이 문제는 논리적 문제인 동시에 기의 성격과 관계되는 문제이기도 하다. 기에는 청탁후박(淸濁厚薄)이 있 다고 한다. 이는 그 자체로 순수한 기와 이러한 기가 사물에 접촉했 을 때의 탁한 기를 나누기 위해 만들어진 말이다. 이미 사물에 접촉 한 기를 탁기라고 한다. 이는 일종의 플라톤적 발상이기는 하다. 다 시 말해서, 플라톤이 《파르메니데스》에서 제기한 논리적인 질문인 것이다. 그런데 이러한 발상 없이는 우주와 인체에 대한 근본적인 질문에 답할 수 없다.

목을 간담(肝膽)이라고 할 때 우주의 순수한 기가 간담이라는 몸과 접촉할 경우 이는 이미 탁기가 되며, 그것이 음양으로 나뉜다. 음은 간이 되고 양은 담이 된다. 그럴 때 순수 기인 청기는 간담에 의해 소유된 것이다. 접촉이라는 말을 소유라는 말로 바꾸었다. 이럴 때 순수한 기를 자체권(ownship)이라고 하고, 이렇게 사물에 접촉된 것을 소유권(ownership)이라고 한다(김상일, 2001 참고). 여기서 '권(權)'이라고 하는 것은, 자체와 소유 사이에는 치열한 상생상극, 그리고 다음에 살펴보겠지만 상승과 상모라는 뒤집기 싸움이 있기 때문이다. 그것이 바로 주객전도의 다툼이다. 인체 안에는 이러한 기의 힘겨루기가 있다. 5행에는 그 힘의 강도에 따라 삼오분기라는 갈래가 있다. 이는 기의 자체권과 소유권의 다툼에서 생긴 힘겨루기 이상도 이하도 아니다. 그래서 서로를 이기려고 하고 모독을 주려고도 한다. 우주와 인체는 모두 기 겨루기의 경연장이라고 해도 좋을 정도이다. 이는 다음 오사론에서 더 자세하게 언급하도록 하겠다.

가정에서 사용하는 전기의 전류 그 자체를 자체권이라고 해보자. 이때 전류를 전달하는 전선(電線)은 전류를 소유하고 있다. 그런데 전류는 이 전선을 통해서만 흐른다. 마찬가지로 인체의 기도 간담·위비·폐·대장과 같은 몸의 일부분을 통해서만 흐른다. 이때 자체권과 소유권은 서로 치열한 상생상극 작용을 한다. 자체권과 소유권의 균형이 곧 생명이다. 이 균형을 잡기 위해 두 개의 권은 권력 다툼을 한다. 만일 이러한 자체권과 소유권이 없다면 상생상극은 일어나지 않을 것이다. 전선은 전기를 흐르게 하는 상생 작용을 하지만, 동시에 그것을 흐르지 못하게 하는 상극 작용도 한다. 이러한 저항 세력을 옴(Aum)이라고 한다. 만일 전선에 녹이 슨다면 전류가 방해를 받을 것이다. 또 동이 아닌 고무 같은 것은 소유권이 자체권보다 너무 크기 때문에 전기를 전혀 흐르지 못하게도 한다. 인체의 간에 암에 생겼다는 것은 바로 이런 현상을 두고 하는 말이다. 따라서,

우리 몸의 장기는 생명의 기를 도와주는 역할도 하지만, 바로 이 장기 자체가 생명을 저해하는 역할도 한다는 것을 알아야 한다. 자체권이 메타라면 소유권이 대상이다. 여기서 필연적으로 논리적인 문제가 제기되지 않을 수 없다. '조용히 해'라는 말 그 자체를 '소리' 없이 할 수만 있다면 역설이 발생하지 않을 것이다. 그러나 그 말 자체도 소리이다. '낙서 금지' 자체도 글이 없이는 쓸 수 없다.

이 책 제2부 제2장에서 들었던 예를 다시 한번 살펴보자. 맥스웰의 도깨비가 아무도 분간할 수 없을 정도로 정교한 위조지폐를 만들어낸다고 할 때, 과도한 위조지폐 발행으로 말미암아 100원짜리 위조지폐를 만들 종이 값이 오히려 100원보다 커지는 경우가 생길 것이다. 이를 인플레이션 혹은 과부하 현상이라고 한다. 종이 없는 지폐가 가능하다면 도깨비는 무한한 돈을 만들어낼 수 있을 것이다. 몸 자체는 생명의 기를 담지하고 있지만, 동시에 이 생명의 기를 죽이는 역할도 함을 이와 같은 논리로 이해할 수 있다. 만일 우리의 몸이 없다면 죽지도 않을 터인데 말이다. 우리의 생명이라는 것, 그리고 살아 있다는 것은 바로 이런 역설적인 상황에 엄연히 처해 있다. 의학의 의술(醫術)은 여기서부터 시작해야 할 것이다. 의학이란 이러한 역설을 연구하는 것이며, 의술은 이러한 역설에서 발생한 병을 치료하는 것이다. 그러나 의학은 간곳없고 의술만 남은 것이 오늘의 현실이다. 의학은 엄격한 의미에서 논리학이요 철학이어야 한다(Wolf, 1986, 6). 파리가 목욕탕에 빠지면 헤어나지 못한다. 왜냐하면 파리의 몸무게 자체가 물의 압력에 비해 너무 작기 때문이다. 곧 자체권과 소유권의 균형이 깨어진 상태이다.

상생상극이 일어나는 진정한 이유는 기의 과부하 현상 때문이라는 것이 밝혀졌다. 과부하란 소유권이 자체권을 능가해버리는 경우, 다시 말해서 배보다 배꼽이 더 커지는 경우이다. 주객전도가 일어나

는 이유 역시 '아'의 과부하 현상 때문이다. 아가 과부하하면 비아
(非我)가 되어버린다. 과부하 때문에 자기가 만들어낸 기를 다시 억
제하지 않을 수 없어서 상극을 한다. 그러면 아는 상생도 하고 상극
도 하는 자기모순에 직면한다. 이러한 자기모순에 빠진 아는 주체적
아의 자기 위치를 포기하지 않으면 안 된다. 주체적 자리에서 객체
적 자아가 될 수밖에 없다. 러셀의 유형론이 위협받는 이유가 바로
여기에 있다. 주체와 객체라는 유형은 이렇게 쉽게 뒤바뀔 수 있다.
오행도라는 펜타곤 안에는 이렇게 치열한 주객 사이의 기의 힘겨루
기 경쟁이 벌어지고 있는 것이다.

　다시 요약하면, 전선 없이는 전류가 있을 수 없다. 자체권 없는
소유권 혹은 후자 없는 전자는 불가능하다는 것이다. 여기서 양자의
균형 잡기가 불가피해진다. 그래서 상생 다음에 상극이 일어나야 한
다. 이는 소유권과 자체권이 동시적일 수밖에 없는 것과 같은 이유
이다. 목이 화를 낳지만 토에 이르면 벌써 과부하 현상, 즉 인플레
이션 현상이 생겨 소유권이 자체권을 능가해버린다. 쉽게 말해서,
전선에 녹이 스는 과부하 현상이 생겼다는 뜻이다(Wolf, 1986, 3). 그
래서 목은 토를 극하지 않으면 안 된다. 극하는 까닭은 소유권과 자
체권의 균형을 유지하기 위해서이다. 목이 화를 생하는 것도 자체권
과 소유권의 균형 없이는 불가능하다. 부모가 자식에게 몸을 주는
순간 우주의 순수 기와 부모 자신의 몸의 기를 동시에 줄 수밖에
없고, 여기서 오행의 구조는 결정된다. 우리는 앞에서 순수기와 불
순기가 간섭을 하여 홀로그래피를 만드는 것을 보았다. 인체의 생명
을 유지하는 것은 자체권과 소유권의 상호 간섭으로써 가능해진다.
오행은 바로 이런 간섭의 장(field)인 것이다. 두 개의 권 가운데 어
느 하나에 과부하 현상이 생길 때 상생상극이 균형을 잡지 않을 수
없게 된다.

4. 오사론 : 자체권과 소유권이 투쟁하는 펜타곤

(1) 병든 몸과 병든 사회의 원인

이제 중국의 기철학자인 장재의 철학과 한의학의 관계, 그리고 현대 중국 유물론자들이 보는 기의 작용, 즉 운기론(運氣論)에 대해 살펴보자. 한의학에서는 병이 생기는 이유가, 기가 인체 안에서 상생상극과 주객전도를 제대로 해야 하는데, 그렇지 못하고 도리어 그 반대 현상이 나타나기 때문이라고 본다. 그래서 《내경》에서는 운동의 원천이 외부에 있는 것이 아니라 내부에 있다고 한다. 즉, 기는 자기조직을 한다는 뜻이다. 그리고 내부에서 자기조직하는 까닭을 말하면서 《소문》은 "기에는 주동적으로 '승(勝)'하는 억제 작용과 그 반작용으로서 '복(復)'이 있다.…… 이 승과 복의 두 작용이 모든 사물의 운동 변화를 추동하는 근본 원인이다"라고 했다. 《소문》에서 말하는 승복 작용이란 다름아닌 상생상극 작용이다. 모든 병은 이러한 승복 작용이 제대로 되지 않을 때 생긴다고 본다. 어느 작용이든 너무 심한 것을 '태과(太過)'라고 하며, 모자라는 것을 '불급(不及)'이라고 한다. 태과란 다름아닌 기의 과부하 현상 또는 인플레이션 현상인 것이다(林殷, 1999, 204).

한의학에서는 주객의 관계를 '주(主)'와 '종(從)'이라고 한다. 이러한 승복과 주종 관계를 말하면서 장재는 "순환하여 번갈아 다르고, 취산하여 서로 되치이며, 승강하여 서로 찾고, 인온하여 서로 비틀며, 서로 아우르고 서로 제약한다"(《정몽》)라고 했다. 중국의 마르크스 학자인 임은은 이를 가리켜 '변증법적'이라고 하면서, "한의학의 운기 학설은 지극히 풍부하고 구체적인 내용으로 천지인 사이에 음양의 기가 어떻게 서로 되치이고 찾고 비틀고 아우르며 견제하는가

하는 모순운동을 탐구하는 것이다"(林殷, 1999, 207)라고 했다. 물론 장재의 설명이 논리적인 것은 아니지만, 현대 유물론자들이 변증법적으로 설명하는 것도 잘못이다. 변증법 역시 A형 논리의 산물에 불과하기 때문이다. 변증법이 A형 논리라고 하는 이유는 헤겔을 통해 알 수 있다. 서양의 변증법은 궁극적으로 절대정신 같은 것을 상정해 역설을 초월하려는 데 그 방향이 설정되어 있기 때문이다. 헤겔의 변증법 안에서는 상생상극과 주객전도를 설명할 수 없다. 정(正)이 X라면 반(反)은 −X라는 것이 변증법의 주장이다. 그러나 오행에서 X의 반은 (1−X)이다.

상생상극과 주객전도의 관계에 따라 다섯 가지 병적인 현상이 나타난다고 보는데, 이를 오사(五邪)라고 한다. 이러한 병적인 현상은 인체에만 국한되어 나타나는 것이 아니다. 음양오행의 구조는 우주의 구조인 동시에 사회와 역사의 구조라고도 볼 수 있다. 신과 인간 사이의 관계에서도 상생상극과 주객전도가 필수적이다. 만일 그렇지 못할 경우 인체에는 오사 현상이 나타난다(맹웅재, 2000, 76~90).

서양에서는 제3의 인간 역설 자체를 병적인 것으로 보았으며, 논리학은 그 병을 치유하기 위해 탄생한 것이라고 했다. A형 논리학이 바로 그 사생아라고 할 수 있다. 상생과 상극이 서로 상반되는 작용인 탓에 A형 논리학에서는 이를 함께 받아들일 수 없다. 음과 양 역시 상반된 실체로서 받아들일 수 없다. 그러나 한의학은 음양과 상생상극을 대대(待對)하는 것으로 받아들인다. 대대가 자연스러움이기 때문이다. A형 논리에서 보자면 모순율을 어기고 있는 것이다. 그러면 한의학은 무엇을 병적이라고 하는가? 한의학에서도 병이라고 보는 것이 있다. 그것이 바로 오사라는 것이다. 음양대대·상생상극·주객전도는 오행의 3대 기능이다. 그런데 이 세 가지가 제대로 기능하지 못하고 탈이 생기는 경우가 있는데, 이를 다섯 가지

병, 곧 오사라고 하는 것이다.

오사론은 실로 한의학이 현대 논리학의 고질적 난제인 역설을 푸는 데 열쇠가 된다고 본다. 우리는 앞에서 서양에는 역설에 대한 두 가지 견해, 즉 러셀-타르스키의 유형론적-일관성의 입장과 굽타-키하라의 순환적-비일관성의 입장이 있음을 살펴보았다. 그리고 전자는 A형 논리의 견해이고, 후자는 E형 논리의 견해라고 했다. 한의학은 후자인 E형 논리의 견해를 택하고 있다. 그러나 굽타-키하라 등의 순환론에는 여전히 보완해야 할 점들이 남아 있다. 그 보완 사항들을 바로 한의학의 오행론이 제공할 수 있는데, 그것이 다름아닌 3대 기능과 오사론이다. 순환론의 구조에 음양상대·상생상극·주객전도라는 3대 기능이 있다는 점, 그리고 한의학에서 보는 병적인 현상과 그것을 치료하는 방법, 이것들이 역설 해법에 단서를 제공할 수 있다는 것이다.

그러자면 먼저 오행론을 논리적인 언어로 설명하는 작업이 선행되어야 한다. 오행에는 부부 관계와 모자 관계라는 말이 적용된다. 부부 관계는 수평적 관계이지만, 모자 관계는 수직적 관계이다. 여기서 목은 화에 대해 모이다. 따라서 화는 목의 자이다. 이를 논리적인 관계로 표현하면 모는 부류격, 그리고 자는 요원격이라고 할 수 있다. 부류는 요원을 낳을 수 있지만, 그 반대로는 안 되기 때문이다. 요원은 부류에 포섭당해 있다. 요원은 자신을 증가해나간다. 요원은 부류에서 나왔지만 부류보다 더 커진다. 배보다 배꼽이 더 커진다는 것이다. 그러면 요원은 더 이상 부류에 종속되지 않는다. 여기서 포섭과 종속의 문제가 생긴다. 논리학자들은 요원과 부류가 생명력을 지닌 채 증식하고 감소하는 데는 관심이 없다. 그러나 자연의 생물학적 고찰에서는 그렇지 않다.

요원은 부류에서 나왔지만, 포섭은 당해도 종속당하지는 않는다.

그 때문에 생물의 돌연변이 같은 유전자 변화가 생길 수 있다. 만일 그렇지 않다면 종의 변화 같은 것은 전혀 생길 수 없을 것이다. 부하는 상관에 종속된다. 그러나 부하는 혁명을 일으킬 수도 있는데, 이 역시 종속은 되지만 포섭은 되지 않기 때문이다. 그런데 이 포섭과 종속 관계에서 부자연스러움이 생길 수도 있다. 이를 오사라고 한다. 서양 논리학은 음양상대·상생상극·주객전도 자체를 부자연스러움으로 보지만, 한의학에서는 그와 같은 자연스러움 자체를 자연스럽지 못하게 하는 것, 바로 그것을 부자연스럽다고 본다. 이것이 바로 병에 대한 정의이다. 우리는 앞에서 오행의 자연스러움에 대해 알아보았다. 이제 자연스러움의 부자연스러움을 생각해볼 차례이다.

앞에서 본 삼오분기에 따르면, 기는 평기·태과·태소를 5행에 적용해 모두 열다섯 가지로 나뉜다. 이를 메타 언어로 삼아 오행의 3대 기능에 적용해보자. 3대 기능에서 태소와 태과 두 가지 경우가 모두 병적인 현상을 만든다. 그러면 음양의 8대 속성을 파괴하고 불균형을 초래하는데, 이것이 곧 병이다. 상생상극과 주객전도에 태과와 태소라는 상반된 작용이 가해질 때 병이 생긴다는 것이다. 3대 기능을 조절하는 것을 태과와 태소라고 할 때, 그렇다면 태과와 태소를 조절하는 기능은 무엇일까? 그것을 바로 제화(制化)라고 한다. '제'는 '억제한다' 혹은 '제약한다'는 뜻이며, '화'는 생화(生化), 즉 발생을 뜻한다. 그래서 두 말은 생과 극처럼 서로 모순되는 말이다. 상생 가운데 상극이 있듯이, 오행도 안에는 제약하는 가운데 생화하고 생화하는 가운데 제약하는 것이 있다.

그러면 상생/상극과 제약/생화가 과연 어떤 관계인지 그것이 문제이다. 한의학에서는 지금까지 이 용어들을 대체로 평면적으로만 이해했기 때문에 그 논리적 구조를 파악하는 데는 실패했다. 그러나 생극과 제화는 각각 분명히 다른 논리적 계형에 속해 있다. 먼저 이를 구별해두는 것이 급선무이다. 한의학 서적들을 보면 대부분 생극이란 단순한 사물에 관한 설명이고 제화란 복잡한 것에 대한 설명이라고만 쓰고 있다. 그러나 어째서 제화가 생극보다 더 복잡한지 설명이 있어야 할 것이다. 제화가 생극보다 복잡한 까닭은 그 논리적 계형이 한 단계 높기 때문이다. 생극은 그것이 아생 아극이든 생아 생극이든 모두 일차 질서의 관계에 속한 것이다. 그러나 제화는 그것의 관계의 관계에 대한 것으로, 다음 〈표 2〉에서 보듯이 다섯 가지가 있다. 이는 이미 일차적 질서에 속해 있지 않고, 그것이 메타화한 2차적 질서에 속해 있다. 그런 의미에서 주객전도는 상생상극을 1차 질서로 한 제2차 질서인 것이다. 2차는 항상 1차를 부분으로 하는 전체적 성격을 지닌다.

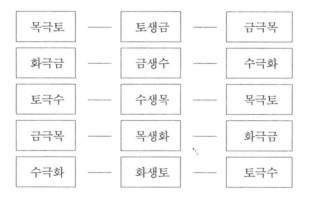

〈표 2〉 오행의 상생상극

이 〈표 2〉에서 보는 것처럼, 극과 생 그리고 다시 극이 번갈아가며 나타난다. 제화는 치료에서 매우 중요하다. 만일 금 폐장이 너무 실하다고 하자. 그러면 화극금에 따라 화 심장을 보해주어야 한다.

제약하는 힘이 강해야 피제약자인 금의 실이 약해지기 때문이다. 그러면 화를 어떻게 보아야 하는가? 〈표 2〉를 볼 때, 화를 보하자면 수극화이기 때문에 수를 사해주어야 한다. 실로 펜타곤 안에는 적의 적은 친구라는 논리가 그대로 적용되고 있다. 이와 같이 상생과 상극을 다시 제어하는 것이 제약과 생화라고 할 수 있다. 제화는 메타적 성격을 가지고 있다.

펜타곤 안에서 이런 치열한 기 싸움이 벌어지는 까닭은 인간의 몸이 자체권과 소유권을 숙명적으로 지니고 있기 때문이다. 전선이 없으면 전류도 없듯이, 몸이 없으면 기도 없다. 몸은 기를 잘 흐르게 하기도 하고 동시에 제어하기도 한다. 마치 데리다의 **차연**(差然, *differance*)과 같은 개념이다. 여기서 상생상극과 제화의 개념이 생기지 않을 수 없다. 다시 말해서, 두 개의 권(權)과 세(勢)가 서로 균형을 유지해야 하는데, 어느 하나가 다른 하나를 과도하게 능가하거나 모자랄 경우, 능가하면 사해주고 모자라면 보해주어야 한다. 그래서 상생과 상극 그리고 제약과 생화와 같은 작용이 생긴다. 이는 인체와 만물의 자연 질서에 속한다. 이 것을 두고 병이라고 할 수는 없다. 이는 다르면서 같은 차연 관계이다. 차연 관계는 X와 (1-X)의 관계를 두고 하는 말이다. 상생상극은 이렇게 페어홀스트 방정식으로 표현될 수 있는 성격의 것이다.

그러나 이렇게 건강한 관계가 아닌 병적인 관계가 또한 있으니, 그것이 바로 **상승**(相乘)과 **상모**(相侮)이다. '승(乘)'이란 습격한다는 뜻으로, '승습(乘襲)'이라고도 한다. '모(侮)'란 '모멸한다' 혹은 '멸시한다'는 뜻이다. 그리고 상승과 상모는 상생에서는 생기지 않으며 상극에서만 생기는 현상이다. 그런데 왜 상생에서는 상승과 상모가 생기지 않으면서 상극에서만 그것들이 생기는 것일까? 이는 거짓말쟁이 역설이 '참말'에서는 생기지 않고 '거짓말'에서만 생기는 이유

와 같다. 상승과 상모를 거짓말쟁이 역설과 연관시켜 생각해보아야
하는 이유가 바로 여기에 있다.

상승과 상모에 대한 설명을 위해서는 '편승'과 '편쇄' 혹은 '태과'
와 '태소'라는 언어의 도입이 필요하다. 상승은 오행의 상극 관계에
서 제약자(목)가 피제약자(금)를 정상적인 힘 이상으로 제약하는 것
이고, 상모는 피제약자가 제약자를 역으로 제약하는 것이다. 여기서
제약자를 부류(메타)라고 한다면 피제약자는 요원(대상)이다. 전체와
부분의 위계가 무너지는 것을 예고하고 있다. 아극의 아는 목이고
아극의 대상은 토이다. 그런데 주객이 전도되어 목의 극아자는 금이
다. 그래서 상승과 상모는 아극과 극아 사이에 생기는 현상이 아니
고, 아극이 반대로 역류하는 데서 생기는 것이다. 다시 말해서, 아극
이 극심해지든지 아니면 그 반대 현상이 나타나든지 하는 것이다.
이를 두고 상승과 상모라고 한다. 때문에 아극의 반대인 극아가 상
모라고 생각하면 안 된다. 이는 마치 X의 반대가 −X가 아니라,
(1−X)인 것과 같다.

제1차 질서인 상생상극에서 제2차 질서인 제약과 생화로 변하는
것은 앞에서 살펴본 것처럼, 생물의 진화 과정에서 '변하는 능력' 자
체의 변화와 같은 것이라고 할 수 있다. 베이트슨은 말하기를, 자연
에 만일 이런 변화가 없다면 지금까지 진화는 불가능했을 것이라고
한다. 변화의 변화는 메타 변화이다. 자연계에 끊임없는 상생상극과
제화 작용이 있었기 때문에 진화가 가능했다. 그런데 이런 작용을
페어홀스트 방정식으로 나타낼 수 있다. 만일 이 방정식을 도형으로
그린다면 그것은 오행도인 펜타곤 형태가 될 것이다. 펜타곤은 원과
오각형의 별로 그려진다(〈그림 4〉~〈그림 7〉 참조). 원과 별이 동
시에 포함될 때 건강하다고 할 수 있다. 그런데 〈그림 7〉에서 보듯
이 별이 원으로 변해버리고 그 가운데 별이 사라지면 상승과 상모

가 된다. 만일 별만 있거나 원만 있다고 해도 같은 현상이 생긴다.

　정리하자면, 페어홀스트 방정식이 만일 X×X이든지 아니면 X×
(−X)가 되면 상승이나 상모 현상이 생긴다는 것이다. X×X의 경우
에는 기가 증가나 감소만이 있을 것이다. 그러나 X×(1−X)의 경우
에는 X가 1이 될 때 X는 자기 자신의 부분인 요원의 한 요소가 되
기 때문에, 다시 말해서 자기연급이 되기 때문에 주객전도가 불가피
해진다. 로지스틱 사상에서 보는 것처럼, X가 1이 되면 반대 방향으
로 유턴(U turn)을 한다. 멱집합의 경우에서 보자면, 전체가 부분과
같아짐으로써 제 자신이 부분이면서 동시에 전체가 되는 것과 같다
고 할 수 있다. 이는 아극이 극아로 변할 수 있음을 보여준다. 그런
데 아극이 극아로 변하는 과정도 역시 건강한 관계이다. 마치 수학
에서 멱집합을 정상 집합으로 수용하듯이 말이다. 하지만 아극과 극
아가 편승을 한다거나 편쇄를 할 경우, 그것은 한의학의 관점에서
병이다. 자연에서 먹잇감과 동물 사이에 이런 순환이 없다면 모두
멸종하고 말 것이다.

(2) 모병급자와 자병범모

　양의학의 관점에서는, 상생이 건강이라면 상극은 병이라고 볼 것
이다. 상생과 상극은 서로 모순되기 때문에, 모순율에 따라 서로 양
립할 수 없다. 그러나 한의학에서는 상생상극과 주객전도가 제대로
안 되는 것을 병이라고 본다. 여기서 '제대로'라는 말은 아생·아극/
극아·생아의 관계, 즉 주객전도 관계가 태과이거나 태소로서 정상일
때를 일컫는 것이다. 한의학은 이처럼 양의학보다 한 단계 메타화한
의학이다. 몸의 질병을 보는 견해가 서로 이렇게 다르다. 한의학에
서는 질병이 경맥에서 발생한다고 본다. 태과와 태소로 보아 오행
사이에 상생상극의 균형을 잃음으로써 질병이 생기는 것이다. 그러

면 상생의 태과와 태소 그리고 상극의 태과와 태소라는 네 가지 경
우와, 어느 장부의 자체에서 태과/태소가 생기는 경우, 이렇게 다섯
가지를 생각해볼 수 있을 텐데, 이를 오사(五邪)라고 한다. 화를 예
로 든다면, 다음 〈그림 3〉처럼 오사의 관계를 알기 쉽게 표현할 수
있다

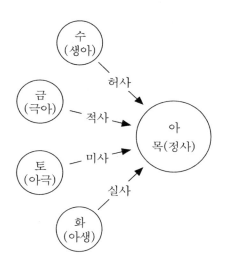

〈그림 3〉 오사의 관계

인체 안의 기는 끊임없이 순환한다. 오장육부의 경맥은 유기적이다.
그렇기 때문에 병은 그 자체로도 다른 장부에서 전이되어 올 수도
있고 전이되어 갈 수도 있다. 그러면 이제 아생·생아/아극·극아의
네 가지 경우와 '아' 자신에서 발생하는 오사에 대해 하나하나 살펴
보도록 하자.
　음양은 부부 관계이고 행과 행은 모자 관계라고 했다. 모자 관계

는 위계적 관계로서, 모가 부류격이라면 자는 요원격이다. 그래서 모가 자를 包涵할 수는 있어도 그 반대는 불가능하다. 그런데 모의 포함하는 힘이 너무 강해 자에게 병을 야기시킬 수 있는데, 이를 모병급자(母病及子)라고 한다. 목의 모격인 수가 목을 과도하게 생아할 때 생기는 병을 모병급자 혹은 허사(虛邪)라고 한다. 생아가 과도한 경우이다. 자를 과보호할 때, 곧 과도하게 포섭할 때 생기는 병이다.[6] 수의 소유권이 과도해져 자기가 낳은 아들을 과도하게 소유하려고 할 때 나타나는 병이다. 이러한 병적 현상은 모가 자를 과도하게 생아할 경우 자기의 고유한 기능을 상실하고 자의 기능을 대신 갖게 되면서 나타나는 것이다.

상모의 경우는 자가 모의 기능을 갖고 둔갑하는 것이다. 이때 전자를 모(자)로 표시하고 후자를 자(모)로 표시하자. 자가 모로 둔갑하든 모가 자로 둔갑하든 모두가 병적이다. 이는 부류가 요소로, 요소가 부류로 되는 경우이다. 그래서 노자는 《도덕경》 제2장에서 생이불유(生而不有)라고 했다. 즉, 낳고는 소유하지 말라는 말이다. 그런 뜻에서 허사를 낳고 소유하려고 하는 생아병(生我病)이라고 해두자. 노자는 바로 이러한 생아병을 두려워한 것이다. 상생 관계에서 볼 때 뒤로부터, 즉 모로부터 파급된 병이다. 부류격이 요원격이 됨으로써 부류가 그 부류격의 기능을 잃어버리는 병이 곧 생아병이며, 이를 허사라고 한다.

---

6   이런 경우를 두고 《난경》에서는 '목왕생화(木旺生火)'라고 한다. 허사의 경우 인체에는 다음과 같은 이상 증후군이 나타난다. 목 간의 기가 화심에 과도하게 몰려 울체현상이 나타난다. 마치 도로에 한꺼번에 많은 차가 몰리면서 병목현상이 나타나는 것과 같다. 머리가 심하게 아프고 얼굴과 눈이 충혈되며, 어지러운데다가 귓속이 울리며 멍멍해진다. 한편 심의 불이 하강을 하지 못하는 탓에 아래가 습해, 아랫배가 차고 팔다리에 부종이 생기며 팔다리가 무기력해진다. 여자의 경우에는 심한 냉과 각기 그리고 외음부 가려움 등의 증상을 보인다.

허사와는 반대로 실사(實邪)란 종속 관계에 있는 요원인 아들이 모를 범할 경우이다. 《내경》이나 《난경》에서는 이를 자병범모(子病犯母)라고 했다. 목의 아들인 화(심장)가 기승을 부려 울체되어 모격인 목(간)의 기를 약화시키는 것이 실사이다. 그래서 허사와 실사는 모두 생아와 아생의 관계에서 생기는 병이다. 허사는 생아가 너무 태과할 경우이고, 실사는 아생이 태소해질 경우이다. 아생이 태소한 경우란 모격인 목의 기가 너무 적어 자격인 화가 목을 역으로 범하는 것을 두고 하는 말이다. 이를 아생병(我生病)이라고 부르기로 하자. 이는 상생의 앞으로부터, 즉 자로부터 발생한 병이 자기를 낳아준 모에게 파급된 병이다. 이때 모에 기가 충분하다면 이를 막을 수 있지만, 약할 경우, 즉 아생이 제대로 안 될 경우에는 병이 생기고 만다. 아생병이라고 부르는 것은 바로 이 때문이다. 곧 부류와 요원의 세력 균형이 깨어진 병이다.

생아가 너무 과도할 때 그리고 아생이 너무 과소할 때 생기는 병이 각각 허사와 실사이다. 그래서 목 간에 병이 생기지 않도록 하려면 수 신장으로부터 너무 많은 기를 받아서도 안 되고, 기가 너무 모자라 화 심장에게 얕보여도 안 된다. 전자의 경우에는 생아병에, 후자의 경우에는 아생병에 걸리게 된다. 그래서 허사와 실사는 모두 상생 관계의 태과/태소에서 발생하는 병이라고 할 수 있다. 과태·과소할 경우 이렇게 아생과 생아에 모두 병이 생기는 이유는, 논리학에 견주어볼 때 부류와 요원의 관계가 불안정하기 때문이다. 아생과 생아는 한편으로 주객전도이다. 아 목이 제대로 주객전도를 이루지 못할 때 생기는 병이다. 주객전도란 곧 부류와 요원의 관계를 말하는 것인데, 이 두 관계의 잘못에서 병이 생긴다는 것이다. 주객전도가 제대로 되지 않는 이유는 기가 흐르다가 어디에선가 막혀버렸기 때문이다. 이때는 그 막힌 곳을 찾아 침으로 뚫어주어야 한다.

　　정사(正邪)란 상생상극과는 관계없이 어느 한 경맥에 질병이 생기는 경우이다. 간 목을 보자면, 간은 음이고 담은 양이다. 간의 체는 음이지만 용은 양이다. 그런데 이러한 음적인 간에 양이 많아지면 자기 자신의 정체성을 잃게 되어 병이 생긴다. 이는 음양의 파생적 속성(프랙탈)에 기인하는 것으로, 자기 자신 속에 불가피하게 병이 생기지 않을 수 없는 것이다. 다른 것은 모두 자기 외의 다른 행을 대상으로 해서 병이 생기지만, 정사는 자기가 자신에 대해 대상이 됨으로써 생기는 병이다. 왜냐하면 음에 대해 양 그리고 양에 대해 음은 자기 자신 안에서 자기언급적이 되기 때문이다. 부류는 자기 자신의 한 요원이면서(자기언급) 동시에 부류격이어야 하는데(자기비동일성), 어느 하나에 편중되어 자기 자신으로부터 생기는 병을 정사라고 하는 것이다. 다시 말해서, 음 자체의 장기에 양이 태과하면 병이 생길 수 있는 것이다. 이상에서 살펴본 허사·실사·정사 세 가지는 모두 상생 관계에서 발생하는 병이다. 그러나 다음에 말할 적사와 미사는 상극 관계에서 발생하는 병이다.

(3) 상승과 상모

　　실사와 허사는 상생 관계에서 그리고 정사는 자기 자체 안의 태과와 태소에서 생기는 병이다. 그런데 상극 관계에서는 상생과는 비교할 수 없는 병을 초래한다. 상극에서 초래되는 병을 한의학에서는 상승(相乘)·상모(相侮)·반승(反乘)·반모(反侮)라고 한다. 특히 상승에서 생기는 병을 적사라고 하며, 상모에서 생기는 병을 미사라고 한다. 오행에는 한 가지 불문율 같은 것이 있다. 바로 상극의 경우 불소승(不所勝)이라는 불문율이다. 금극목을 보면, 금은 목을 극할 수 있어도(소승[所勝]) 목은 금을 극할 수 없다. 아극과 극아의 관계에서 소승과 불소승의 관계를 고찰해보면 다음과 같다.

아인 목은 자기를 극아하는 금을 극해서는 안 된다. 극아와 아극은 서로 보완될 수 있는 개념이 아니기 때문에, 목의 처지에서 볼 때 아극의 대상은 토이다. 그런데 목을 극아하는 것은 토가 아니고 금이다. 그래서 극아와 아극은 그 대상이 서로 다르다. 여기에 한의학의 묘미가 있다. 서양 논리학에서는 목을 극하는 것이 토이기 때문에 토가 극하는 것이 목이 될 것이라고 할 것이다. 그러나 토가 극하는 것은 수이다. 이는 아극의 반대 개념이 극아가 아니라는 것을 말한다. 목이 토를 극하면 토가 목을 극해야 하는데, 그렇지 않다는 것이다. 거듭 말하지만, X의 반대 개념은 $-X$가 아니라 $(1-X)$이다. 만일 그것을 $-X$라고 한다면 한의학의 논리는 A형이 되고 말았을 것이다. 한의학 논리의 백미는 바로 여기에 있다고 본다. 상승과 상모란 다름아닌 $X \times X$이거나 $X \times (-X)$일 때 생기는 현상이라고 했다. 이때는 페어홀스트 방정식이 성립하지 못한다. 다시 말해서, 부반결합조절이 일어나지 못하고 기는 한 방향으로 증가하거나 아니면 감소하기만 한다. 그 때문에 기는 기하급수적으로 증가하거나 감소하게 된다. 이런 경우를 그림으로 나타내면 다음과 같다. 원에서 별과 오각형이 사라지고 원만 남아 있는 것이 바로 상승과 상모의 경우이다.

목이 토를 아극한다고 해도 그리고 금이 목을 극아한다고 해도, 그것은 제화하는 힘이지 결코 그 존재 자체를 제거(除去)하는 힘이 아니다. 상생상극과 제화는 모두 건강한 기능이다. 그러나 X와 $-X$의 관계는 서로 공존할 수 없는, 오히려 서로 제거하는 관계이다. 그런데 아극을 너무 심하게 해 목이 토의 기능을 제거하는 지경까지 갈 수 있을 텐데, 이를 상승(相乘)이라고 한다. 《난경》에서는 이런 상황을 목의 견지에서 보고 적사(賊邪)라고 한 것이다. 이를 아극병(我剋病)이라고 하자. 상승은 X와 $1-X$가 제곱 작용을 하지 않고

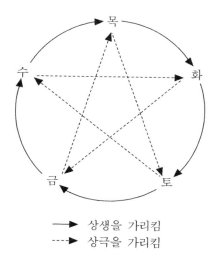

〈그림 4〉 오행 상생 가운데 상극이 있는 경우

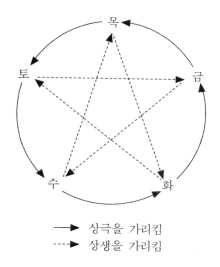

〈그림 5〉 오행 상극 가운데 상생이 있는 경우

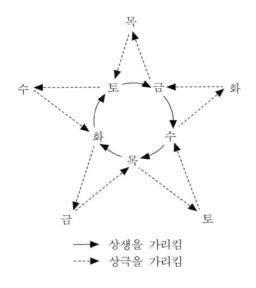

〈그림 6〉 오행의 제화 관계

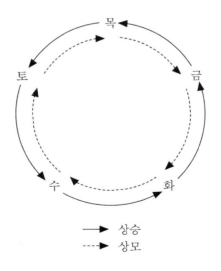

〈그림 7〉 오행의 상승 상모

X×X와 같이 한 방향으로만 기하급수적으로 제곱 작용을 할 때 생기는 병이다. 한마디로, 유턴이 없는 상태이다. 페어홀스트 방정식에서 볼 때, 상승이란 극에서 반환을 못하고 기가 승승장구하는 것이다. 기하급수적 제곱 작용의 위험성을 이로써 실감할 수 있다.

　여기서 우리는 상승을 거짓말쟁이 역설과 연관시켜 생각해볼 필요가 있다. 상생이 더하기 작용이라면 상극은 빼기 작용이다. 그런데 이런 빼기 작용에서 기를 곱한다는 것은 기를 더욱 뺀다는 것과 같다. 이는 거짓말쟁이가 참말을 할 경우 도리어 거짓말이 되는 역설과 같은 것이다. 왜 참말쟁이 역설은 없는가? '참말쟁이'라는 말이 어색하게 들리는 이유는 무엇인가? 그 까닭은 참말의 곱하기는, 즉 '참말의 참말'은 참말이기 때문이다. 그러나 거짓말의 경우를 보면, 거짓말을 거짓말로 곱하면 참말이 된다. 더하기와는 달리 곱하기는 집합론적 성격을 갖기 때문이다. 2^3의 경우, 2를 요원격이라고 한다면 3은 2를 요원으로 하는 세 개의 부류격이 된다. 3을 치역(base)이라고 하고, 2를 정의역(exponent)이라고 한다. 그래서 곱하기는 더하기와는 다른 논리 구조를 갖는다. 들뢰즈가 자신의 철학에서 제곱을 강조하는 이유가 바로 이 때문이다. 부반결합 현상에서는 참과 거짓이 제곱을 하며 순환해 차이와 반복을 되풀이한다.

　상생을 플러스 작용이라고 하고, 상극을 마이너스 작용이라고 해보자. 또 상생을 참말(T)이라고 하고, 상극을 거짓말(F)이라고 해보자. 여기서 F+F=F이지만 F×F=T임에 주의를 해야 한다. 곱하기 작용의 이런 기능은 인체 속에서도 여실히 나타난다. 상승과 상모는 상극 관계가 비정상으로 될 때 생기는 병이다. 목의 아극 대상은 토이고 극아 대상은 금이다. 상승이란 자기가 억제할 수 있는, 즉 극할 수 있는 대상을 비정상적으로 제압하려고 할 때 생기는 병적인 현상이다. 그래서 이를 아극병이라고 할 수 있다. 상생과 상극을 각각 '+'와 '−' 기호로 표시할 때, '−'×'+'='−'가 된다. 이런 현상이 상승이다. 거짓말의 참말은 거짓말이다. 목극토에 이상이 생겨 비정상적인 극을 하는 경우는 곧 마이너스에 기하급수 현상이 나타난 것이다. 목극토는 소승(所乘)이다. 이길 수 있는 것이다. 그런데 소승에 승을 더해버림으로써 병이 된 것이다.

금극목은 소승이다. 그러나 그 반대인 목극금은 불소승이다. 그런데 목이 기하급수적으로 승해 그 기가 목의 아들인 화까지 이르게 되면 목의 기능이 화로 둔갑해 화(목)가 된다. 즉, 화극금인데, 이때 화로 둔갑한 목은 화(목)극금을 이용해 목극금을 하게 된다. 다시 말해서, 화(목) 속의 목을 이용해 목극금이 된다. 이는 절대로 용납되지 않는다. 그럼에도 이런 현상이 나타날 때, 이를 두고 상모(相侮)라고 한다. 금극목이라는 불문율을 파괴하고 하극상을 조장한다. 목이 자기 아들격인 화에게 기를 기하급수적으로 더해줄 경우 화는 목으로 둔갑해버린다. 정상적인 아생에서는 목이 화로 변해야 한다. 이를 화생(化生)이라고 한다. 그런데 목에서 나간 기가 화에 가서 화생하지 않고 목으로 남아 있으면서 아들 화의 힘을 빌릴 경우, 화극금을 이용해 목은 금을 극하는 목극금 현상이 나타난다.

이는 바로 펜타곤 안의 불소승의 불문율을 어기는 것이 된다. 이는 하극상 현상에 비유할 수 있다. 왕비가 왕을 제압하지 못하니까 자기가 낳은 아들 왕세자의 힘을 빌려 제압하려고 하는 것과 같다. 이는 역사를 통해서도 능히 확인할 수 있는 것으로, 조선왕조 500년은 줄곧 상모라는 병적인 현상에 시달린 역사이다. 5·16 혁명과 12·12 쿠데타도 이를 방불케 한다. 미사(微邪)란 상모를 두고 하는 말이다. 이는 분명히 극아 관계에서 생기는 극아병이다. 금극목이란 극아가 잘못된 경우를 일컫는 것이다. 곧 불소승이 소승으로 변한 경우이다. 다시 말해서, 금극목은 극아의 관계이다. 극아 관계가 잘못되어 병이 생긴 것이므로, 미사를 극아병(剋我病)이라고 불러도 이상할 것이 전혀 없다.

지금까지 살펴본 것은 목에 기가 편승해 태과할 경우였다. 그런데 만일 편쇄할 경우, 즉 태소할 경우에는 목이 토로부터 상모를 당하는데, 이를 두고 반모(反侮)라고 한다. 금으로부터 상승을 당하는 것은 반승(反乘)이라고 한다. 앞의 그림에서 본 것처럼, 과태할 때의 상승과 상모가 거꾸로 과소할 경우에는 상모와 상승이 된다. 펜타곤 안에서 자기 힘으로는 도저히 이길 수 없는 상대라고 하더라도 억누를 수 있는 것을 반승이라고 한다. 다시 말해서, 목이 과태해 병이 날 경우 토극목이라는 불소승을 소승으로 뒤집는 경우가 생기는데, 이를 반승이라고 하는 것이다. 한마디로, 상승이 주객전도될 때 반승이 되는 것이다. 목극토가 토극목이 되는 경우를 들 수 있겠다. 목이 태소될 때 이런 현상이 생긴다. 다른 한편으로 힘이 너무 과태해 자기가 억제해야 할 대상을 견제하지 못하는 경우가 생기는데, 이를 특히 반모라고 한다. 이것들을 요약하면 다음과 같다.

    상승 : 아극이 과태할 경우 – 아극병
    상모 : 극아가 과태할 경우 – 극아병
    반승 : 아극보다 극아가 과태할 경우
    반모 : 아극보다 극아가 과소할 경우

각 경우마다 몸에는 다음과 같은 이상 증후가 나타난다. 머리가 심하게 아프고 얼굴과 눈이 충혈 되며, 어지럽고 귓속이 울리며 멍멍해지는 것이 허사의 증상이다. 한편 심의 불[火]은 아래로 하강을 하지 못해 습하기 때문에, 아랫배가 차고 팔다리에 부종이 생기며 팔다리가 무기력해진다. 여자의 경우에는 심한 냉과 각기 그리고 외음부 가려움 등의 증상을 보인다(김정암, 1996, 91). 논리학의 포섭 정도가 심해지면, 인체에는 이러한 임상적 현상이 나타난다. 허사는 아생이 너무 심해 생긴 병이라고 결론을 내릴 수 있다.

실사는 간목인 아들의 기운이 기승을 부려 울체됨으로써 모격인 신수의 기를 약화시킨 것을 말한다. 고환이 붓고 소변이 비정상적이 며 부종이 생기는 등, 실사는 신 기능에서 이상 증상을 보인다(김정 암, 1996, 92). 정사란 간이 스스로 이상을 만드는 경우로서, 늑간 신 경통, 간염, 간경화, 소화기 질환, 편두통, 생리 불순, 생리통, 신경 과민 같은 현상을 일으킨다.

적사나 미사에서 보는 것처럼, 수가 화를 극할 수 있다고 하더라도 그 극하는 정도가 과도하거나 그 방법이 제대로 되지 못할 경우에는 이상이 생긴다. 부모는 자식을 극한다. 그러나 부모가 너무 과도하게 자식을 극하거나 그 방법이 정당하지 못하면 병이 생기는데, 이것이 곧 '상승'이라고 했다. 극아가 과도한 경우로, 적사에 해당한다. 이때 는 수극화에서 수에 해당하는 신장이 너무 강하게 항진해 심장 화의 기능을 과도하게 저하시키기 때문에, 저혈압이던 사람이 갑자기 고혈 압이 된다든지, 부종이 생긴다든지, 숨이 가쁘고 헛구역질이 난다든 지, 난시가 된다든지 하는 증세가 나타난다. 여기서 '승(乘)'이란 허를 틈타 침습해 과도하게 올라탐으로써 억제하는 경우이다. 심장이 약한 틈을 타 수극화를 이용해 신장이 덮쳐버리는 경우이다. 약자라도 너 무 과도하게 밀어붙이면 안 된다는 뜻이다. 쥐도 막다른 골목에 이르 면 고양이에게 달려든다.

수목이 합세해 토를 극하려고 할 때, 헛구역질나 위산과다 혹은 소 화불량 같은 증상이 나타난다(김정암, 1996, 95). 상모란 앞의 그림에서 본 것처럼 상극이 반대로 될 때 나타나는 현상이다. 일명 '반극(反克)' 이라고도 한다. 그리고 상승의 반대는 '반승(反乘)'이라고 한다. 반극이란 수가 화를 극해야 하는데 오히려 화가 너무 강성해져 화가 수를 극하는 경우를 말한다. 반모란 화가 강해져서 수를 극하는 것이 아니라, 수 자체가 약해져 화가 수를 극해버리는 경우이다. 자기를 지키기 위해서는 상대방이 강해지는 것도 경계해야 하지만(그렇지 않을 경우 반승이 생김), 우선 자기 자신이 약해지지 않도록 해야 한다(그렇지 않을 경우 반모가 생김). 이러한 반승과 반극 현상은 모두 상승과 같은 계안에서 일어난다. 지나친 승함과 지나친 극함은 모두 자기에게 부메랑이 되어 돌아온다. 이를 두고 부반결합 현상이라고 하는 것이다. 현대 카오스 이론에서는 이를 로지스틱 사상으로 표현하고 있다. 궁극적으로 이 모든 현상들이 논리적이라고 할 수 있다. 의학이 논리학에서 배울 것인가, 논리학이 의학에서 배울 것인가? 서양철학은 부류격과 요원격 사이의 상생상극과 주객전도라는 것을 몰랐기 때문에 역설해결에 실마리를 찾지 못했다. 그러나 한의학은 역설 자체가 병이 아니라 역설이 제대로 처리되지 못할 때 오사라는 병이 생긴다고 본 것이다. 이렇듯 한의학에는 논리가 없는 것이 아니라, 서양과는 다른 종류의 논리가 담겨 있는 것이다.

5. 페어홀스트 방정식과 부반결합조절

(1) 페어홀스트 방정식과 상생상극

오행의 구조 안에서 일어나는 음양 상대성, 상생상극 작용, 그리고 주객전도 현상을 과학적으로 어떻게 설명할 수 있을까? 노자의 《도덕경》을 보면, 사람은 도를 닮고 도는 자연을 닮는다고 했다. 음양오행은 비단 인체에 국한된 현상이 아니다. 자연에도 그대로 있는 현상이다. 사회적으로 인구가 증가하는 문제나 생태계의 순환 구조 등, 실로 태초에 제곱 작용이 있었다고 해도 과언이 아니다. 신이 하루하루 창조를 마친 다음에 '아침이 되고 저녁이 되니'라고 한 것도 같은 말을 반복함으로써 제곱 작용을 드러낸 것이라 볼 수 있는 것이다. 원시 종교일수록 같은 주문을 반복해 읽는데, 이 역시 의식 속에 제곱 작용을 강화하기 위한 것이라고 생각한다. 그럼으로써 '지성이면 감천'이 되는 것이다. 제곱 작용은 생태계 안에서도 살펴볼 수 있다. 그러면 우리는 생태학·전염병학 등의 자료를 통해 토끼의 증가율이나 벌떼의 증가율 혹은 전염병의 주기 등이 감소하다가 증가하고 다시 감소하는 현상을 볼 수 있다. 이는 마치 오행론에서 기가 상생상극하고 주객전도하는 것과 같다. 오행의 구조 속에서 기가 증가하고 감소하는 규칙은 카오스 이론을 통해 수식으로 만들 수 있다. 그 비밀은 바로 자기 곱하기의 '제곱'에서 찾을 수 있다. 다시 말해서, 기의 상생상극 작용의 비밀을 제곱 작용을 통해 알 수 있다는 것이다.

기의 작용 방식은 물론 자연 생태계의 여러 현상들도 모두 기의 제곱 작용에 따라 가능하게 된다. 만일 오행 가운데 목을 Xn이라고 한다면, 화는 $Xn+1$, 토는 $Xn+2$, 금은 $Xn+3$, 수는 $Xn+4$가 될 것이다. 여기서 기의 증가율을 B라고 하자. 만일 두 배로 증가한다면 B=2가 될 것이다. 그러나 이렇게 증가율을 일률적으로 결정할 수 없는 것은, 앞에서 보았듯이 상승과 상모 현상이 있을 수 있는데다가 몸의 건강 상태가 천편일률적이지도 않기 때문이다. 다시 말해서, '화=목+1'이라고 할 수 없다는 것이다. 지수에 따른 기하급수적 증가가 일률적으로 가능하려면, 동물 세계의 경우 먹을 식량이 풍족하고 번식하기에 충분한 공간이 주어지는 등의 여러 가지 요건이 마련되어야 한다.[7] 그러나 생태계는 무차별적인 제곱을 허용하지 않는다. 만일 위의 공식에 따라 기가 계속 인체 안에서 증가하기만

한다면, 인체는 기의 열사 과잉 현상으로 폭발하고 말 것이다. 자연계에서 토끼가 그렇게 선형적인 증가를 하지 못하게 막듯이, 인체 안에서도 기의 무분별한 증가를 허용하지 않는다. 상생하면서 서로 상극하는 생태계의 현상을 간단한 수식으로 나타내는 데 성공한 것이 바로 페어홀스트 방정식이다. 이는 한의학에서 말하는 기의 상생 상극 작용에도 그대로 적용할 수 있으므로 여기에 소개하고자 한다.

몸에서 기가 작용하며 일어나는 현상은 생태계에서 어느 한 종의 증가 및 감소의 법칙과 같다고 보이기 때문에, 이 법칙을 오행의 작용 법칙과 연관시켜보기로 하겠다. 1845년 페어홀스트(Verhulst, R. F.)는 매우 간단하면서도 20세기의 카오스 현상을 설명할 수 있는 하나의 공식을 발견했다. 동양의 음양오행을 설명하기에 이 간단한 공식보다 더 좋은 것은 아마도 없을 것이다. 중학생 정도라면 이해할 수 있는 이 공식은 카오스와 프랙털 이론을 설명하기에 적합하다. 이 공식은 원래 페어홀스트가 인구의 증가 및 감소를 나타내기 위해 고안한 것이었다. 그러니까 인구 증가에 대한 수학적 표현을 고민하던 끝에 이 공식을 발견한 것이다. 그는 0에서 1까지 변하는 하나의 닫힌계를 상정하고 있다. "효과적인 면에서 볼 때, 수효의 증가를 나타내는 방정식을 비선형적(nonlinear)으로 만든 그의 개념은 인구 증가에서 모든 다른 환경 인자들의 효과를 간단하고도 재치 있게 해석한 것이다"(Briggs and Peat, 1989, 56).

페어홀스트가 적용한 분야는 비록 인구의 증가 및 감소에 관한 것이었지만, 지금은 이 공식 없이는 카오스 이론가들이 자신들의 이론을 시작조차 할 수 없는 상황이 되고 말았다. 무엇보다 동양의 음

---

7   예를 들어, 호주에 방목한 토끼가 두 배씩 증가해 호주 전체를 채우려면 120년이 걸린다. 그런데 한 생명체의 먹이는 다른 생명체에 의존하기 때문에 지수증가는 불가능하다.

양오행론을 설명하기에 더없이 적합한 공식이라고 할 수 있다. 한의학을 수학적이며 과학적으로 표현하기 위해 노력하는 가운데 부반결합조절형이라는 이름으로 이 공식을 도입한 북한 학자들은 이제 인체의 주요 이론들을 모두 이를 통해 설명하려고 하고 있다. 여기서 음양오행론과 연관시켜 페어홀스트의 공식을 한번 응용해보기로 하겠다.

음과 양의 관계를 표현할 때 양을 우선 X라고 하자. 일반적으로 생각하자면, 이때 음은 −X라고 해야 할 것이다. 그러나 페어홀스트의 공식에 따르면, 음은 (1−X)가 된다. 음과 양을 이렇게 나타낸 다음에는 음과 양이 더하기 작용을 하느냐 그렇지 않으면 곱하기 작용을 하느냐 하는 의문을 제기할 수 있는데, 음과 양이 끝없이 점진·반복하며 순환한다고 할 때 음과 양은 더하기가 아닌 곱하기를 해야 한다. 다시 말해서, X+(1−X)가 아니라, X×(1−X)라야 한다는 것이다. 더하기는 직선적으로 단순 점진을 하게 하지만, 곱하기는 점진과 반복 그리고 순환을 하게 만든다. 페어홀스트 공식이 나오기 전에는 인구가 단순한 증가를 보인다고 생각했다. 그러나 그의 공식에 따르면, 인구는 증가와 감소를 되풀이하고 있는 것이다.

오행론의 기본 이론은 음양 상대성, 상생상극 작용, 주객전도라는 3대 원리에 의존하고 있다. 페어홀스트는 간소화를 위해 약간의 규격화 방법을 채택하고 있다. 그것은 X를 0에서 1까지 변하는 수로, 즉 '0.2, 0.35, 0.5……'와 같은 수로 제한하자는 것이다. 이 말은, 오행에서 목·화·토·금·수는 무한히 순환하지만, 이를 0에서 1 사이에 두어 규격화하자는 것과 같다. 이는 계산의 간편화를 위한 것이기도 하다. 그렇다면 $X_n=1$는 기가 최대치에 도달한 경우이고, $X_n=0.5$는 그 절반에 도달한 경우를 나타낸다고 할 수 있다. 기가 최대치에 도달했다는 것은 목이 금에 이르러 주객전도를 한다는 말과 같다.

만일 X의 값이 1에 도달하면 전체 값은 0이 된다. 더하기에는 계속적인 증가만 있을 뿐이다. 때문에 오행도 안에서 기는 더하기 작용을 하지 않고 곱하기 작용을 하고 있었음을 알 수 있다. 만일 생태계에서 수백만 마리의 토끼를 관찰할 때 이 방법을 사용한다면 개체 수는 문제가 되지 않는다. 기는 우주에 가득 차 있는 무한량이기 때문에 이렇게 규격화하지 않으면 이론의 전개에서 불편함을 극복할 수 없을 것이다. 토끼의 경우를 보자면, 작년에 비해 올해 개체 수가 어떻게 변했는지 살펴보는 것으로, 다시 말해서 개체 수의 비율을 조사하는 것만으로 족하다는 것이다. 오행에서는 목에서 기가 생기고 증가해 화·토·금·수를 거쳐 다시 목으로 돌아오는 한 번의 과정을 고찰하기만 하면 된다.

기가 만일 선형적으로 단순 증가를 한다고 본다면, 그에 따른 공식은 다음과 같이 될 것이다.

〈식 1〉 $X_{n-1} = BX_n$

이는 상생 작용을 하는 것을 의미한다. 음과 양은 대대적이고 오행 하나하나는 모두 이러한 상태이기 때문에, 그것이 작용을 할 때도 양은 상생 작용을 그리고 음은 상극 작용을 한다. 그렇다면 상극 작용은 1-X라고 표현될 수밖에 없다. 생태계에서 상생은 증가하는 것을 그리고 상극은 감소하는 것을 의미한다. 그렇다면 음양대대성과 상생상극 작용은 다음과 같이 곱하기 형식으로 표현된다.

〈식 2〉 $X_{n+1} = BX_n(1-X_n)$

다시 말해서, X_n이 증가하는 상생이라면 $(1-X_n)$은 감소하는 상극을 의미한다. 그래서 Xn이 아주 작은 값일 경우 (1-Xn)은 1에 매우 가깝다. 그래서 〈식 2〉는 〈식 1〉과 같아 보인다. 그러나 Xn이 점차로 커져서 1에 가깝게 되면 상상 밖의 일이 벌어진다. Xn이 1에 가까워지면 1-X는 0에 접근한다. 인구 증가율과 비교하자면, 이는 출생률이 감소하는 것을 의미한다. 두 항은 이와 같이 서로 반대의 작용을 한다. 한편은 늘리려고 하고, 다른 한편은 줄이려고 한다. 〈식 1〉에서는 한 해의 개체 수가 그 전해의 수에 비례해 증가할 것이다. 즉, 선형적 증가를 보일 것이다. 그러나 페어홀스트의 방정식은 이러한 선형 운동을 방지하고 순환적이도록 만든다. 〈식 2〉의 오른쪽 항을 다시 표현하면 다음과 같다.

〈식 3〉 Xn-(XnXn)

〈식 3〉은 Xn이 스스로 자기언급을 해서, 즉 스스로 곱해져 제곱이 됨을 보여준다. 여기서 자기언급 혹은 자기제곱[自乘]이란 "되먹힘 또는 점진·반복과 비선형을 낳는다"(Multiplying a factor by itself produces feedback or *iteration* and *nonlinearity*)(Briggs and Beat, 1989, 57). 곱하기 작용의 위력은 0을 곱할 때 나타난다. 이때는 아무리 큰 수라도 0이 되어버리는데, 더하기에서는 볼 수 없는 위력이다. 모든 것을 0으로 돌려버리는 것은 곱하기 작용에서만 가능하다. 그래서 Xn이 커져 1이 될 경우 Xn(1-Xn)은 곧바로 0으로 화해버린다. 선형 운동을 하지 않고 비선형의 점진·반복을 하는 까닭이 여기에 있다.

'도가도(道可道)'라는 《도덕경》의 첫 구절은 결국 도의 제곱 작용으로 이해되어야 할 것이다. '저녁이 되고 아침이 되니'(〈창세기〉 1장 5절~31절)라는 성서의 구절 역시 창조의 제곱 작용으로 보아야 할 것이다. 이러한 점진·반복과 비선형을 도형으로 나타낸 것이 곧 태극 도형일 것이다. 음이 증가하다 양이 되고 양이 증가하다 다시 음이 되는 비선형적 운동의 공식이 바로 〈식 2〉이며, 〈식 2〉의 중심 내용은 제곱 작용인 것이다.

페어홀스트 방정식은 과수원에 번지는 질병의 증가율과 감소율, 유전학에서 어떤 유전인자가 나타나는 빈도, 루머가 퍼지는 속도, 학습의 진척 정도 등을 살펴보는 데도 적용할 수 있다. 바로 〈식 2〉가 이런 것에 적합하다. 오행의 상생상극은 자동차 엔진의 작용 상태와도 비교해볼 수 있겠는데, 흡입(목)·압축(화)·폭발(토)·팽창(금)·배기(수)가 반복된다는 데서 바로 그렇다. 탄도곡선의 경우도 역시 발사·상승·극대·하강·낙점이라는 오행의 전 과정을 겪는다. 자동차 엔진 역시 발동·가속·극대·감속·정지를 한다(지만석, 2002, 43). 그러나 무엇보다 이런저런 비유를 떠나서 음양오행의 작용을 방정식으로 표현하는 데는 페어홀스트 방정식이 적격이다. 이 방정식은 매우 단순해 보이지만, 자연계 그리고 인간이 사는 사회와 인체의 생리작용을 표현하기에 매우 적합하다.

(2) 부반결합조절과 승복 작용

펜타곤 안에는 승복(勝服) 기능이 있는데, 이를 두고 부반결합조절이라고 한다. 다시 말해서, 이는 페어홀스트 방정식 혹은 로지스틱 방정식을 의미하는 것이다. 오행 사이의 승기란 오행이 상생상극하는 순서에 따라 잇달아 일어나고 이우러지며 다시 일어나는 것을 일컫는 말이다. 이렇게 이울고 다시 이어서 일어나는 것이 순서대로 균형을 유지하지 못하면 병적 현상이 나타난다. 병적 현상이란 $X+X$ 아니면 $X-(-X)$의 현상이 나타나는 경우이다. 그러나 펜타곤은 이러한 방정식을 $X \times (1-X)$로 돌려놓으려고 한다. 예를 들어, 목이 과태해질 경우 목은 목극토에 따라 목을 제압할 것이다. 상승이 일어난 것이다.

그러면 토는 약해져 토극수를 할 수 없게 된다. 그러면 수가 과태해져 수극화에 따라 화를 약화시킬 것이다. 화가 약해지면 화극금을 할 수 없게 된다. 그러면 금이 과태해질 것이다. 그러면 금극목에서 금은 목을 제압할 수 있게 된다. 이렇게 해서 목의 과태한 기는 약화되고 말 것이다. 결국 자기의 과태함이 약점이 되어 도리어 제압당하고 마는 것이다. 유신 정권의 세력이 결국 자기 내부에서 상관이 부하의 손에 죽임을 당함으로써 약화되고 만 것과 같다고 할 수 있다. 자기의 장점이 곧 약점이라는 이카로스의 역설이 여기서도 적용된다.

　이때 목의 과태를 승기(勝氣)라고 하고, 금의 과태함을 복기(服氣)라고 한다. '승기'란 '이기는 기운'을 의미하고, 복기는 '보복하는 기운'을 의미한다. 만일 기가 남아돌면 자기가 이기려는 행을 억제하고 이기지 못하는 행을 얕본다. 반대로 기가 모자라면 자기가 이기지 못하는 행에게 얕보이고 자기가 이기려는 행은 자기를 가볍게 본다. 어느 한 행이 너무 지나치게 강해 다른 행을 타게 되면, 그 타고 있는 행을 이기는 행이 보복한다. 그래서 균형을 다시 찾게 된다. 복기의 과태는 승기가 길러준 것이다. 앞에서 본 경우에는 목의 승기가 도리어 자기를 복기시키게 되었다. 자기동일성이 자기부정이 되고 만 것이다. 우리는 《파르메니데스》의 제3의 인간 역설을 통해 자기비동일성(NI)과 자기동일성(SP)에 대한 논의를 해보았다. 서양의 A형 논리는 이를 받아들이지 못했다. 러셀마저도 이를 수용할 수 없다고 했다.《파르메니데스》를 현대적으로 재조명한 논리학자 블라스토스도 결국 이 사실을 받아들이지 못했다. 이를 수용하지 못한 러셀은 역설을 유형론적으로 풀 수밖에 없었다. 그러나 오행론으로 볼 때는 자기동일성과 자기비동일성이 서로 순환적이다. 동일성과 비동일성이 서로 일치하지 않으면 건강할 수 없다는 것이다. 이러한 자기동일성과 비동일성을 더 자세하게 살펴보면 다음과 같다.

오행 사이의 승복 관계가 곧 부반결합조절이라고 했는데, 현대 과학은 이를 프랙털 이론으로 설명하고 있다. 오행 사이의 승복을 한의학은 **자복모수**(子服母讐)라고 한다. 논리적으로 표현하면, '모'는 부류격이고 '자'는 요원격이다. 그런데 부류와 요원 사이에는 서로 승복 관계에서 순환적이라는 것이다. 목이 강해지면 그 해가 목극토로 말미암아(아극) 토에게 돌아간다. 목의 승기가 토를 해친 것이다. 토는 자기 아들이 있다. 그 아들이 바로 금이다. 금은 극아의 논리로 금극목을 이용해 목을 약화시킨다. 이를 금의 '복기'라고 하는 것이다. 이를 두고 어머니의 원수를 아들이 갚는다고 해서 '자복모수'라고 한다. 마치 연산군이 죽은 어머니의 원수를 갚는 와중에 사화가 일어나는 것과 같다.

승복은 페어홀스트 방정식의 자연스러운 결과이기도 하다. 승복은 인간의 사회 관계에서뿐만 아니라 자연현상에서도 나타난다. 승복은 원래 한의학에서 자연현상의 오운육기를 설명할 때 사용되던 것이다. 이는 우주 자연의 기가 "승하면 그에 대한 보복이 있고 승함이 없으면 그 보복함도 없다"(《소문》)고 한 데서 비롯되었다. 그러나 북한의 지만석과 지성광은 부반결합조절 현상이 무려 여섯 개 영역의 스물네 가지 경우에서 동일하게 일어날 수 있음을 보여주고 있다.

동종요법과 승복 작용을 연관시켜서 한번 생각해보자. 1796년에 하네만이 발견한 동종요법(이 책의 제1부 제1장 참조)의 한의학적 이해는 승복 개념을 결부시키면 쉬워진다. 승이란 능동적으로 공격한다는 뜻이고, 복은 수동적으로 보복하는 것이라고 했다. 목을 중심에 놓고 생각할 때, 목이 너무 강해지면 목극토의 상극 작용에 따라 토가 말살된다. 그러나 하네만의 동종요법 제2법칙에 따라 목의 기운을 적당히 희석시키면 오히려 상극 작용에 반작용을 일으켜 토가 힘을 적당히 잃게 된다. 그러면 토극수에서 수가 강해진다. 강해진 수는 수극화에 따라 화를 극하고, 극을 당한 화는 약해진다. 그러면 화는 화극금을 못하게 된다. 이 때문에 금이 강해진다. 강해진 금은 금극목에 따라 목을 약화시킨다. 이와 같이 강했던 목은 자기가 공격했던 토의 아들인 금의 보복을 받아서 약화된다. 목극토에서 목이 토를 억제할 때 적당히 자기를 희석시켜서 해야지, 그렇지 않으면 토가 완전히 자기 기능을 잃어버리게 된다. 너무 강한 목이 스스로 균형을 유지하기 위해서는 토를 적당히 견제해 힘을 잃도록 해야 한다. 그렇게 함으로써 과도한 비대증을 스스로 치료하게 된다. 자기가 자기를 치료한다는 말의 진정한 의미는 오행의 상생상극의 구도로만 이해될 수 있다고 본다. 자가치료를 위해 자신의 힘을 스스로 희석시키는 데 동종요법의 묘미가 있는 것이다(장동순, 1999, 169). 이렇듯 동종요법도 결국 부반결합조절 현상에 불과하다.

지만석과 지성광은 (1) 소화기 계통, (2) 호흡기 계통, (3) 혈액과 순환기 계통, (4) 비뇨기 계통, (5) 물질대사, (6) 신경 내분비 계통에서 볼 수 있는 스물네 가지 부반결합 현상을 그림으로 나타냈는데, 여기서는 소화기 계통과 호흡기 계통 두 가지만 소개하기로 하겠다.

(3) 음양오행의 철학적 성찰

상생상극은 왜 생기며, 음양은 왜 있는가? 그리고 주객전도는 왜 일어나는가? 이런 질문들에 대한 대답을 찾기 위해서는 다시 자체권과 소유권의 문제로 돌아가지 않을 수 없다. 역의 《계사전》은 "역에 태극이 있으니 태극이 음양을 낳고 음양이 사상을 낳는다"고 했다. 음양의 제곱 작용 2^n으로 만물이 발생함을 볼 수 있다. 2^n은 어디까지나 직선적 운동, 곧 기하급수적 증가 운동이다. 그래서 여기서는 부반결합조절이 생기지 못한다.

태극이라는 일자 개념을 제일 먼저 역에 도입한 장본인은 공자라고

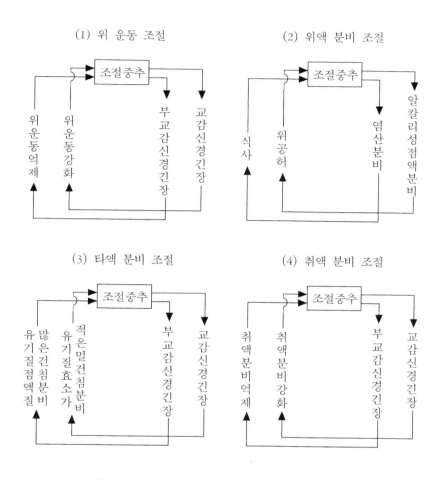

(1) 위 운동 조절

(2) 위액 분비 조절

(3) 타액 분비 조절

(4) 취액 분비 조절

〈그림 8〉 소화기 계통에서 부반결합조절에 따른 오행 체계

알려져 있다. 그렇다면 공자는 다자를 종합해 태극이라는 일자를 발견한 최초의 인물이다. 이는 마치 그리스의 플라톤이 이데아라는 일자를 발견한 것과 같다. 이러한 발견은 동서양을 막론하고 차축시대의 공헌이라고 할 수 있겠다. 그러나 $1^n=1$에서 보는 것처럼, 태극이라는 일자는 발생을 해낼 수 없다. 역에서는 태극이 있다[有]고만 했

(1) 호흡 조절   (2) 폐 환기량 조절

(3) 호흡에 따른 혈중 pH 조절   (4) 폐와 혈액조직에서 대사조절

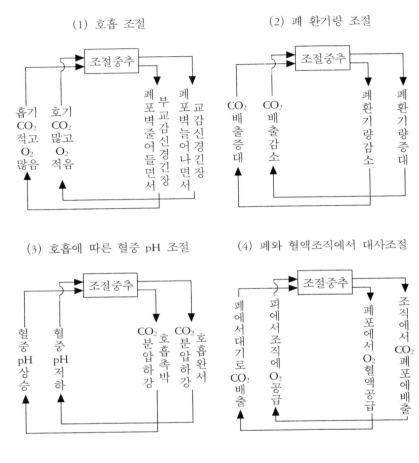

〈그림 9〉 호흡기 계통에서 부반결합조절에 따른 오행 체계

다. 그러나 태극이 음양을 낳는다[生]고도 했다. 그렇다면 태극 일자에서는 제곱 작용을 할 수 없다는 문제가 있다. 송대에 이르러 무극이태극(無極而太極)이라고 하는 이유가 바로 여기에 있는 것이다. 궁극자를 적어도 2로 해야만 제곱 작용, 곧 2^n이 가능하기 때문이다. 그렇다면 '무극이태극'을 묶는 제3의 인간이 있어야 한다는 역설이 발생하

게 되고, 이는 신유학의 존재론에서 핵심 주제가 된다. 제3의 인간이 다시 태극이냐 무극이냐에 따라 양명학과 주자학으로 갈리게 된다.

'무극이태극'은 불가피한 것이다. 무극이란 자기 속성이 없는 절대 무와 같다. 이를 자체권이라고 한다. 그러나 전선 없이는 전류도 없듯이, 무극은 태극 없이는 한순간도 있을 곳이 없다. 이 때문에 소유권 없는 자체권은 불가능하다. 이러한 까닭에 무극과 태극은 자기언급적이다. 이런 자기언급적 동시성을 '이(而)'로 처리해 '무극이태극'이라고 한 것이다. 무극과 태극이 나뉘는 한 그 안에서는 자체권과 소유권의 치열한 권리 싸움이 벌어진다. 서로 공생할 수밖에 없기 때문에 상생을 해야 하고, 서로 상대방에게 억제를 당하지 않기 위해 제어하려는 상극 작용이 벌어진다. 이를 제약과 생화 작용, 즉 제화라고 하는 것이다. 서로 복종당하지 않으면서 이기려는 승복의 기 싸움은 치열하다 못해 생명을 앗아갈 지경이다. 인체의 내부 세계를 이와 같은 기의 승복 싸움이라고 보는 것이 한의학의 생사관이다. 이때 상생시키려는 힘은 양이고, 상극시키려는 힘은 음이 된다. 그래서 무극이태극은 음양을 낳고 음양은 오행을 낳고 오행은 만물을 낳는다고 했다. 이는 주렴계의 《태극도설》에 대한 요약이다. '무극이태극'이라는 양극의 제곱 작용(2^N)이 있고서야 발생이 가능해진다. 태극 단일극에서 이렇게 양극으로 변하는 데만 1,500여 년의 세월이 걸렸다.

그러나 역의 이러한 철학적 배경만으로는 한의학을 모두 설명해낼 수 없다. 왜냐하면 이러한 철학적 배경은 자체권과 소유권의 구별로 2의 제곱 작용을 설명할 수 있을지는 몰라도 역은 분명히 2-4-8-……과 같은 2의 제곱 작용이기 때문이다. 그러면 주렴계 이전의 한의학은 어떻게 오행을 알았을까? 이러한 물음에는 다음과 같이 답할 수 있다. 우선 한의학도 4행이라는 사실을 알아야 한다. 목·화·금·수의 4행이 전부이다. 그런 점에서 역과 같다. 그런데 바로 이러한 4행을 종합하는 종합자가 필요하게 된 것이다. 집합론적으로 볼 때 요원은 있지만 그것을 묶는 부류가 없었던 것이다. 그런 부류 역할을 하는 것이 바로 토이다. 그래서 토의 이런 전체성을 드러내기 위해 한의학은 토를 다른 4행과 구별하고 원의 중앙에 배치했다. 그러면 여기서도 제3의 인간 역설이 발생한다. 토가 다른 4행과 담(답)음인가 달음인가? 이에 한의학은 일찍이 멱집합을 수용해 토 역시 4행과 같은 요원으로 보고, 원의 둘레에 다른 행과 구별 없이 배열한 것이다. 그렇다고 문제가 해결되는 것은 아니다. 이렇게 토를 다른 4행과 같이 부분의 한 요소로 놓는다면, 이 오행을 통합하는 종합자는 무엇인가 하는 문제가 다시금 발생하게 된다. 이는 무한퇴행으로 연결된다.

이 문제는 매우 중요해서, 경맥이 12경이 되는 까닭이기도 한다. 펜타곤을 통해 본 것처럼, 5행이라고는 하지만 사실은 6행이며, 오장육부가 아니라 육장육부이다. 화에 심장/소장 외에도 심포/삼초가 복합적으로 있기 때문이다. 그러면 여기서 심포/삼초의 정체가 무엇인지 물을 수 있다. 이 질문에 대한 대답은 제3의 인간 역설과 관련이 있다. 만일 토가 다른 4행과 '담음'과 '달음'의 역설에 직면하게 되면서 토가 다른 4행과 성질이 같다고 한다면 5행을 종합하는 제3자가 있어야 하며, 그 제3자 역시 5행의 한 부분이 되지 않으면 안 된다. 다르다고 하든 같다고 하든 5행을 거느릴 능력과 자격을 갖는 문제가 생기는 것이다. 이는 완전히 논리적인 문제이다. 이때 제3의 인간과 같은 역할을 하는 것이 바로 심포/삼초이다. 심포/삼초는 다른 경맥과는 달리 해당하는 장기가 없으며, 단지 경맥만 있을 뿐이다. 이는 자체권만 가지고 있음을 뜻한다. 그러나 앞으로는 전선 없이도 전류가 흐르도록 할 수 있다고 한다. 만일 심포/삼초가 비/위와 같이 해당 장기를 가지고 있다면 순수 자체권을 유지할 수가 없다.

이렇게 한의학의 철학적 문제는 자체권과 소유권에 달려 있다. 유학에서는 이미 무극과 태극으로 나누어 생각한 것으로 보아 이 문제의 심각성을 알고 있었던 것으로 보인다. 후대의 불교와 노장 사상은 자체권만을, 그리고 유학 사상은 가족이나 국가 같은 구체적인 소유권만을 극도로 주장하는 특징이 있다. 불교나 도가의 본래 사상은 유가보다 훨씬 오래전에 한의학이 등장하는 시기와 같이해 이 문제를 다루어왔다. 《도덕경》의 제1장에서는 "도가도비상도(道可道非常道)"라고 함으로써 자체권으로서 도인 '상도'와 이미 사물화된 도인 '가도'를 구별하고 있다. 그래서 '도가도'란 상도와 가도가 서로 자기언급을 한다는 뜻이다. 그러나 종래의 모든 해석이 가도를 부정하고 상도를 추구하는 것이 도가의 사상인 것처럼 만들어버림으로써 노장 사상을 곡해했다. 그러나 《도덕경》은 이 양자가 같은 곳에서 나왔지만 그 이름이 다를 뿐이라고 말한다. 그리고 그 같은 곳을 현동(玄同)이라고 했다. 마치 홀로그래피에서 근원이 같은 빛이 갈라져 순수광(자체권)과 불순광(소유권)이 되었다가 다시 만나 간섭을 하는 것과 같다. 간섭의 결과는 홀론의 세계이다.

아무튼 음양오행에 대한 고찰에서는 이처럼 자체권과 소유권으로 기를 나누어보아야 한다. 그래야만 상생상극과 주객전도 그리고 12경맥이 성립하는 이유를 알 수 있기 때문이다. 이러한 사고는 그리스 철학자들이 개발한 제3의 인간 논쟁을 가지고 음양오행론을 설명할 수 있도록 해준다. 나아가 그리스 철학자들의 오류와 현대 러셀 역설에 대한 새로운 해법을 제시할 수 있도록 해준다. 여기서 더 나아가 한의학의 가장 중요한 경맥의 문제로 넘어가면 음양오행의 흐름과 구조가 더 분명해지면서 역설 해법에 한결 구체적으로 접근하게 될 것이다.

제5장 경맥의 구조와 거짓말쟁이 역설

1. 왜 경맥이 있어야 하나

(1) 정수기가 오히려 세균 키운다

시중에서 판매되는 정수기가 정수(淨水)는 고사하고 수돗물보다 오히려 일반 세균을 더 배양한다는 사실이 드러났다. 1991년 3월 6일 보건사회부의 발표에 따르면, 한국 소비자연맹과 국립보건원 합동으로 시중에서 유통되고 있는 정수기 39대를 수거해 1990년 9~10월과 1991년 1월 등 두 차례에 걸쳐 이화학적 검사와 미생물 검사 등 정수 효능 분석을 한 결과 일반 세균 수가 수돗물보다 무려 9배에서 최고 646배까지 검출되었다고 한다.[1] '정수'라는 목적을 달성하기 위해서는

---

[1] 1991년 1월, 구입한 지 4개월이 지난 열두 개의 정수기를 임의로 추출해 실시한 2차 검사가 있었다. 여기서 유입수 1cc에 4마리이던 일반 세균이 2,582마리나 검출되어 무려 646배나 늘어난 결과를 보였다. 보건사회부는 정수기가 무기물질이나 잔류 염소를 완전히 제거하는 효과는 있으나, 이

정수기가 있어야 한다. 정수가 자체권에 해당한다면 정수기는 그 자체권을 소유하고 있는 장치이다. 그런데 정수 자체는 정수기라는 장치 없이는 불가능하다.

정수기는 물을 깨끗하게 만드는 수단이지만, 이런 수단 자체가 물을 깨끗하게 만드는 목적을 오히려 방해하고 있다. 정수기가 물을 오염시키는 주범이라면, 정수기를 깨끗하게 만드는 정수 장치 또한 장착하지 않을 수 없게 될 것이다. 그러면 새로 설치된 정수기도 또 오염될 것이다. 그러면 정수기의 정수기를 또 만들어야 할 것이다. 소유권의 무한퇴행 현상이 나타난다. 온도기의 경우도 마찬가지이다. 이 세상의 어떤 온도기도 정확한 온도를 측정할 수 없다. 왜냐하면 온도기 자체가 소유하고 있는 온도 때문에 어떤 대상의 온도를 측정하는 순간 그 온도가 측정하려는 대상의 온도를 변화시키고 말기 때문이다. 그러면 그 온도기를 측정하는 온도기를 또 만들어야 하고, 그 두 번째 온도기 역시 온도기가 소유한 온도가 있기 때문에 세번째 온도기를 또 만들어야 하는 상황에 빠진다. 이런 무한퇴행이 바로 제3의 인간 역설인 것이다. 이 문제는 존재론과 인식론의 고질적인 난제이다. 현대 양자물리학의 불확정성 이론에 따르면, 관측 수단이 관측 목적을 교란시키기 때문에 정확하고 확실한 관찰을 할 수 없고, 불확정성과 개연성이 실재에 관해 말할 수 있는 것의 전부라고 한다. 결국 정수기의 경우도 물을 깨끗하게 하는 정수기라는 수단 자체에 문제가 있기 때문에 완벽한 정수가 불가능하다는 말이 되는 것이다. 대상과 메타가 이렇게 혼돈스럽게 되는 것을 막을 방법이 없다.[2] 정수기가 정수 작용을 하는 것은 '어느 정도'(quantum)에 그치는 것이지, 완벽한

로 말미암아 미생물의 번식을 더 촉진함으로써 위생상 위해가 우려된다고 지적했다.

2   여기서 물을 대상이라고 한다면, 정수기는 그것을 측정하는 메타이다.

작용이란 기대할 수 없다.

우리는 정치·경제·문화 등 모든 영역에 걸쳐 어떤 수단 없이는 목적을 달성할 수 없다. 수단 없이 목적만 달성시키려고 꿈꾸는 사람이 있다면, 그런 사람은 몽상가이다. 정치의 경우에는 제도 같은 것이 그 수단에 해당한다고 할 수 있다. 그러나 정수기가 도리어 물을 오염시키고 세균을 배양하는 온상이 되듯이, 질서를 지키기 위해 만들어놓은 제도 자체가 도리어 부패의 온상이 된다. 그래서 감독 기관을 만들어놓으면 그 감독 기관에서조차 부정을 저지른다. 그래서 일찍이 노자(老子)는 기계 같은 도구나 정치 제도 같은 것을 일절 만들지 말라고 했던 것이다. 공정한 거래가 이루어지도록 감시하기 위해 만든 공정거래위원회 자체가 부패의 온상인 것이 바로 오늘의 현실이다. 그런데 노자의 이런 사상은 무정부주의(Anarchism)에 빠질 위험이 있다. 노자와는 반대로 공자(孔子)는 제도 같은 것이 있어야 할 필요성을 적극적으로 역설했으며, 아울러 거기에 참여를 해야 한다면 권하기까지 했다. 동양에는 이렇게 노장 사상과 공맹 사상이 쌍벽을 이루며 존재해왔기 때문에 참여와 정화라는 작업을 동시에 수행할 수 있었다.

몇 해 전의 수서비리 사건을 통해 우리는 비리와 부정을 감시하고 감독해야 할 검찰청이나 권력의 핵심부가 도리어 비리의 온상이 되었음을 여실히 확인했다. 결국 정수기가 세균을 키우는 역할을 하는 것과도 같다고 할 수 있다. 정수기를 설치하지 않을 수도 없고 또 설치하자니 정수기 자체가 세균을 배양하는 온상이 되니, 그러면 이런 모순을 어떻게 해결해야 하는가? 보건사회부는 정수기의 이러한 문제를 시정하기 위해 다음과 같이 해야 한다고 말한다. "정수기는 철·망간 등 무기물질이 과다 함유된 특수 지역이나 특수 수질의 물에 사용하는 것이 바람직하다." 그리고 "이때도 필터를 제때 갈아주고 정수조의 철저한 위생 관리가 이루어져야 한다." 여기서 보건사회부가 정수기의 문제성을 지적하며 말한 필터의 교체나 철저한 위생 관리 등은 우리 몸에도 한번 적용시켜 생각해볼 필요가 있다. 필터가 물의 오염 물질을 걸러내는 장치이듯이, 우리 몸은 생명을 유지하는 수단이다. 생명을 자체권이라면 몸은 그 자체권을 소유하고 있는 소유권이다. 온도를 잰다는 온도기도 온도 자체를 소유하고 있다. 정수기를 갈아 주듯이 정치에서는 4년에 한 번씩 선거라는 행사를 치른다. 그렇다면 우리 인체를 갈아준다는 것은 무엇을 의미하는가?

간에 소유권이 너무 많이 생겨 간 이식을 하기도 한다. 마치 필터를 가는 것과 같다. 그러나 여기서 주지해야 할 사실은 필터 교체나 간 이식 등에는 비용이 든다. 이는 경제적인 비용을 말하는 것이 아니다. 메스를 가하는 순간의 과정이 대상을 손상시키고 있기 때문이다. 한 의학에서는 외과 수술이 발달하지 않았다. 왜냐하면 시체는 이미 생명의 기 자체를 가지고 있지 않으므로, 그것이 생명에 대한 연구 자체가 될 수는 없기 때문이다. 몸이 소유하고 있던 기는 이미 사라진 상태이다. 그렇다면 생명은 생명의 기가 있는 상태에서 조사를 해야 한다. 이는 마치 항아리 속의 바나나를 잡으면 손을 빼지 못하고 손을 빼면 바나나를 잡지 못하는 원숭이의 상황과 비슷하다. 이것은 사실상 해결의 실마리를 잡을 수 없는 문제이다.[3]

그리고 소유권은 벌써 전체성을 상실한 국소적인 것이다. 자체권이 항상 메타-전체적인 데 반해 소유권은 대상-부분적 성격을 갖는 이유가 여기에 있다. 간에 있는 기는 간에 국한된 것이다. 그래서 간이

---

3   무한퇴행의 병적인 현상을 한번 짚어보자. 일례로, 관절염 치료제 바이옥 스와 진통제 셀레브렉스를 복용한 뒤 가슴에 통증이 생기고 우울해져 엘 리브를 먹게 되고, 그 때문에 심장에 이상이 생겨 술을 마시게 되는 경우 가 있었다. 이는 약의 약이 치료 과정에서 무한퇴행하는 것을 의미한다. 사상에서도 가장 무서운 적은 바로 무한퇴행(infinite regression)이다. 이를 '항생제 역설(antibiotic paradox)'이라고 한다(Levy, 2002, 71~72).

다른 장기와 갖는 유기적인 관계를 모른다. 그렇다면 간 속에 생명의 기가 있는 곳을 찾아야 한다. 이는 마치 유전자를 연구하던 학자들이 체세포와 유전자의 관계를 찾는 것과도 같은데, 그 결과 생물학자들은 유전자 저장소(genom)를 발견하게 되었다. 체세포와 유전자 사이에 있는 이 저장소는 모든 정보를 가지고 있으며, 체세포와 유전자에 정보를 골라 전달하는 역할을 한다. 우리 장기에도 이와 같은 곳이 있는데, 그것이 바로 경맥(經脈)이다. 경맥에는 인체의 장기와 장기의 기에 관한 모든 정보들이 들어 있다. 한의학에서는 치료 과정에서 인체에 직접 집도를 하게 되면 그것이 도리어 병을 만들기 때문에 장기에 직접 손을 대지 않는다. 이는 장기가 소유권을 많이 지니고 있기 때문이다. 소유권이 과부하되어 자체권과 그 균형이 깨어지는 것이 곧 죽음이다.

그렇다면 경맥은 과연 소유권을 전혀 지니고 있지 않을까? 북한의 김봉한은 유물론적 견지에서 경맥도 장기와 같이 가시적이라고 보았지만, 지금은 그러한 견해에 대해 회의적이다. 2004년 8월에는 동물을 대상으로 경맥의 가시성을 입증하기 위한 연구 발표가 있었다. 하지만 경맥은 마치 소립자들처럼 지나가는 경로만 있을 뿐이다. 그것이 가시적인지 비가시적인지는 아직 연구의 대상이다. 왜냐하면 경맥은 기의 자체권과 소유권이 서로 간섭을 해 만들어지는 것이기 때문이다. 그래서 가시적·비가시적에 대한 속단을 할 수 없다는 것이 논리적인 대답이라고 할 수 있다. 경맥에도 정경(正經)과 기경(奇經)의 두 가지가 있다. 이 가운데 정경은 장부와 연결이 되어 있지만, 기경 같은 경우는 장부와 연관이 없다. 그렇다면 기경은 자체권밖에 없다고 할 수 있을 것이다. 기경은 장부와는 상관없이 경로만 있을 뿐이다. 그래서 일부에서는 기경 치료법을 개발하고 있다(미야와키, 2001, 14). 바로 순수 자체권뿐이라는 것이 그 까닭이다.

여기서 또 하나 남은 과제는 경맥이 어떻게 몸 안에서 만들어지는 가 하는 점이다. 인간은 선천적으로 경맥을 지니고 태어난다. 모태에서 만들어지는 것이다. 경맥이 어떻게 만들어지는지 알기 위해서는 경맥의 논리적 속성을 먼저 파악해보는 것이 좋다. 경맥에는 대대성·상대성·파생성 등 음양의 8대 속성이 모두 들어 있다. 이러한 속성들이 모두 들어 있는 것을 홀론이라고 한다. 그러면 우리는 홀로그래피가 만들어지는 원리에서 경맥이 만들어지는 원리를 찾도록 해야 할 것이다. 여기서는 편의상 빛 대신에 기(氣)라고 하자. 홀로그래피가 만들어지자면 먼저 기가 같은 근원에서 나와야 한다. 그리고 기가 둘로 갈라져야 한다. 하나는 대상인 장부에 가 닿아야 하고, 다른 하나는 닿지 않고 직진을 해야 한다. 그리고 이 두 개의 기는 제3의 장소에서 만나 서로 간섭을 해야 한다. 기의 진폭에서 산의 봉우리와 골이 만나 서로 간섭을 한다. 바로 이렇게 만들어진 것이 경맥이라는 것이다. 그러면 같은 근원에서 나왔다는 기란 무엇인가? 양의학에서는 이러한 점을 전혀 고려하지 않는다. 그러나 과거 유전자학에서는 체세포의 정보가 직접 유전자에 전달된다고 생각했다. 그러나 지금은 장부의 체세포가 직접 유전에 연관이 된다고는 생각하지 않는다. 즉, 유전자 저장소(게놈)는 체세포(대상)에 접촉한 인자와 그렇지 않은 인자가 모여 간섭을 하는 곳이며, 여기서 진화가 결정되는 것이다. 게놈은 결국 홀론적이라고 할 수 있다. 이러한 유전자 저장소와 같은 기능을 경맥이 하고 있다.

(2) 12경맥의 자체권과 소유권의 문제

음양오행이 건물의 청사진이라면 12경맥은 그 청사진에 담긴 건물과 같다. 전자가 지도라면 후자는 땅과 같다. 그래서 오행과 경맥은 동상(同相)을 이루고 있다. 그러면 한의학은 어째서 양의학에서는 언

급초자 하지 않는 오행론을 그 성립의 기조로 삼고 있는가? 그 이유
는 고대 그리스 철학에서 문제시된 '제3의 인간 역설'에서 찾을 수 있
다. 인간의 생명은 반드시 몸이 소유하고 있어야 하는데, 생명 자체와
그 생명을 담고 있는 개별자 몸과의 관계에서 반드시 제3의 인간 역
설이 발생하기 때문이다. '형상'이 생명 그 자체라면 '개별자'는 그 생
명을 소유한 몸이다. 이는 정신과 육체 그리고 마음과 몸의 관계라고
해도 좋다. 동양에서는 우주에 확충되어 있는 순수 기가 개별자 사물
들 속에 포함되어 있다고 믿는다. 한의학은 이러한 철학적 기초를 출
발점으로 삼는다. 형상과 개별자가 간섭해 홀론의 성격을 띠는 것이
바로 건강한 상태이다. 양자 사이에 어느 하나가 과도해지거나 과소
해질 때 탈이 생긴다고 보는 것이다. 탈이란 자체권과 소유권의 일탈
이다.

  여기서 순수 형상과 생명 자체를 자체권(*ownship*)이라고 하고, 그것을
소유한 개별자 혹은 몸을 소유권(*ownership*)이라고 한다. 두 개의 권이
서로 간섭하면 제3의 메타 생명체가 형성되는데, 그것이 바로 경맥이
다. 유전인자의 경우, 두 개의 권이 간섭하는 것이 게놈이라고 했다.
12경맥을 특히 정경이라고 하며, 그 밖에 8기경이 있다. 8기경은 해당
장기가 없다. 12경맥 가운데 심포/삼초는 다른 전체 장부를 모두 담
는 경맥인 동시에 12정경의 한 부분이기도 한다. 경맥의 구조가 결정
되는 가장 큰 이유는 바로 경맥의 자체권과 소유권의 균형·조화 때문
이다. 자체권이 메타 전체적인 성격을 갖는다면, 소유권은 대상 부분
적 성격을 갖는다. 역설은 전체와 부분의 되먹힘 때문에 생긴다는 것
을 앞에서 여러 차례 살펴보았다. 이런 되먹힘을 피할 수 없는 것이
인체라면, 결국 인체 안에서도 역설과 마주치게 된다. 한의학은 이러
한 난제를 과연 어떻게 해결할까? 우리는 오행도에서 토 중앙을 먹집
합의 논리에 따라 변두리로 돌려놓는 것을 보았다. 이 또한 역설적인

모습이다.

이 문제에 대한 추가 설명을 하자면 다음과 같다. 양의학에서는 이런 역설의 문제가 발생하지 않는다. 왜냐하면 생명을 바라볼 때 양의학은 자체권과 소유권을 나누어놓고 각각 역할 분담을 하기 때문이다. 다시 말해서, 의사는 몸의 병만을 치료하기 때문에 그것이 마음과 가지는 관계를 생각할 필요가 없는 것이다. 심리학자는 자체권만을 다루고 의사는 소유권만을 다루며 서로 권리 다툼을 하는 것이 현대의학의 현실이다. 몸과 마음을 이탈시키면 탈이 생긴다고 했다. 그래서 서양의학은 이러한 탈에서부터 출발한다. 그러나 한의학은 이러한 탈 이전의 상태에서 출발한다. 그래서 양의학은 의사가 직접 장부에 개입한다. 그러나 한의학은 기가 메타화한 경맥에 개입함으로써 두 개의 권을 동시에 다룬다. 이 점에서 한의학은 양의학과 그 논리가 근본적으로 다르다.

오행론에서 모든 행을 다 담는 행은 토였다. 12경맥에서는 그런 식으로 다 담는 경맥이 심포와 삼초이다. 토의 양은 족양명위경이고, 음은 족태음비경이다. 여기서 양명은 양으로 가장 큰 것이고, 태음은 음으로 가장 큰 것이다. 다 담을 수 있는 이유를 이로써 알 수 있다. 토는 다른 4행을 그 속에 다 담아 包涵하는 부류격이다. 그러면서 동시에 요원격으로 오행에 包含된다. 그렇다면 토는 음과 양에서 가장 큰 것, 소유권이 가장 큰 것이어야 한다. 다른 한편으로, 심포와 삼초는 수궐음심포과 수소양삼초이다. 궐음은 음으로 가장 작은 것이며, 소양은 양으로 가장 작은 것이다. 이는 소유권이 가장 작고 자체권이 가장 큰 것이다. 제 자신의 소유권이 없어야 다른 경맥들을 거느릴 수 있다. 역설적이게도 토는 소유권이 가장 크기 때문에 다른 것들을 **포함**할 수 있고, 화는 소유권이 가장 작기 때문에 다른 것들을 포함할 수 있다. 없는 것이 동시에 모든 것을 갖는다는 역설이 성립하는 것이다.

'뷔다(bearing)'라는 말은 '가득 차다'의 뜻도 있지만 '비우다'의 뜻도 있다. 마치 '공(空)'이 우주 속의 가득 참을 의미하는 것과 같다. 토는 전자의 의미를 가지며, 화는 후자의 의미를 갖는다. '한'의 어휘에서 볼 수 있는 가득 참(가령 '한배')의 의미는 동시에 비움을 의미하기도 한다. '한'은 가장 큰 것을 의미하는 동시에 가장 작은 것도 의미한다. 그래서 일과 다의 의미를 모두 지니고 있다. 한의 이러한 의미를 파악할 때만 위비와 심포/삼초가 어째서 다른 것들을 자기 속에 포함할 수 있는지 이해할 수 있다. 심포/삼초 역시 제 자신이 12경맥의 한 부분이 됨으로써 멱집합의 역설을 충족시킨다. 심포(心包)의 '포(包)' 자를 보면 꾸러미나 보자기로 무언가를 싸고 있는 형상이다. 즉, 심포는 심장을 싸고 있는 보자기이면서 동시에 12경맥을 싸고 있는 것이다. 제 자신이 부류이면서 동시에 부류의 한 요소이다. 그래서 '포'의 논리적 의미는 크다.

서양에서는 이러한 역설을 수용하지 못하지만, 지금까지 살펴본 경맥의 구조에서 보듯이 한의학에서는 이를 수용할 수 있다. 아니, 한의학에서 이를 수용하지 않는다면 경맥의 구조를 형성할 수조차 없다. 자체권과 소유권의 문제로 전체 부류격이 부분 요원격의 한 요소가 됨으로써 4상이 아니고 6상이 된 것이다. 궐음은 말 그대로 음이 비어 있기 때문에 태음과 소음을 소유하면서 동시에 전체의 한 요소가 되고, 양명은 그 그릇이 크기 때문에 태양과 소양을 소유하면서 한 요소가 된다.[4] 이렇게 역의 4상이 6상이 되는 이유는 순수 논리학이 아니고서는 설명할 수 있다. 부류가 요원을 낳고(태극이 음양을 낳고) 다시 태극 자신이 음양 속의 한 요원이 되니, 바로 3이 되지 않을 수 없다.

---

4   전자는 자체권으로 보았을 경우이고, 후자는 소유권으로 보았을 경우이다. 자체권은 작아야 가득 차고, 소유권은 커야 가득 찬다. 그래서 서로 역설적이다.

그래서 한의학은 6상이 된다. 양명과 소양 그리고 태음과 궐음 사이
에 태양과 소음 같은 '가운데[며]'가 반드시 설정되어야 한다. 인체가
4상으로 된다면 양극화로 말미암아 몸과 마음 등이 갈기갈기 찢어지
고 말 것이다.

　이렇게 생각할 때, 역은 결국 4상에서 8괘로 그리고 16괘·32괘·64
괘로 발전하는 큰 변화를 겪을 수밖에 없다. 때문에 송대의 주렴계에
이르러서는 드디어 태극이 '무극이태극'으로 변하지 않을 수 없게 되
었다. 왜냐하면 태극도 부류격에서 요원격이 되는 바람에 태극과 만
물을 포함할 제3의 인간이 필요하게 되었는데, 그것이 바로 무극이었
기 때문이다. '무극이태극'이 궁극자가 되는 한 음양 2수 분화는 할 수
없으며, 오행이 등장하지 않을 수 없게 된다. 주렴계는 '무극이태극'이
음양을 낳고 음양이 오행을 낳는다고 했다. 음양이 4상을 낳는 것이
아니라 오행을 낳는다고 한 것이다. 음양이 4행을 낳지만 부류격 자
체가 요원의 한 요소가 되기 때문에 5행이 되지 않을 수 없기 때문이
다. 여기서 무극은 자체권, 태극은 소유권이다. 공자는 태극만으로 '역
유태극'이라고 함으로써 자체권과 소유권을 구별하지 않았다. 그러나
자체권을 강조하는 노장과 불교 사상을 외면할 수 없었으며, 그래서
'무극'을 첨가한 것이다. 그러면 4상을 낳는 부류격의 위치에 있던 태
극은 자연히 4상과 같은 한 요소가 될 수밖에 없다. 그래서 주렴계는
오행을 도입하지 않을 수 없었던 것이다. 이전까지는 유학에서 5행을
거론한 적이 없었다. 이는 수학의 집합론에서 멱집합을 도입하지 않
을 수 없던 상황과 유사하다고 할 수 있겠다.

　민족 경전인 천부경에서는 "일시무시 일석삼극(始無始 析三極)"
이라고 했다. 시작이 '유무' 양극이며, 그것이 단번에 3으로 나뉜다고
한 것이다. 이는 곧 음양과 그것을 포함하는 제3의 것이 있음을 뜻한
다. 제3의 것이란 바로 음양을 포함하면서도 제 자신이 부류의 한 요

소가 되어버리는 삼태극(三太極)[5]이다. 삼태극은 "있지 않는 데가 없으며, 무엇이나 감싸지 않는 것이 없는 것[無不在 無不容]"이어야 한다. 이러한 애매성을 처리하기 위해 한의학은 심포/삼초를 심장/소장에 곁붙여 처리한 것이다. 이는 자체권과 소유권을 함께 다루기 위한 방편이다. 자체권만 있으면 펜타곤 안에 들어올 수 없고, 반대로 소유권만 있으면 전체를 포용할 수 없다.

결국 토가 전체의 한 부분으로 包涵됨으로써 심포가 심장에 빌붙어 있는 형국이라야 자체권과 소유권을 모두 살릴 수 있게 된다. 제 자신의 독자성을 가지면 '도가도의 비상도'의 논리에 따라 애당초 전체성을 상실하게 된다. 이를 두고 도의 包含적 성격이라고 하는 것이다. 이러한 심포/삼초의 성격을 두고 영어권에서는 'ministerial fire'라고 번역한다. 곧 '장관적' 혹은 '보조적'이라는 의미가 들어 있는 것이다.[6] 그런데 한의학에서는 12정경 자체도 장부와 연관된 소유권을 가지지 않을 수 없기 때문에 더 순수한 자체권이 필요하게 된다. 그것을 기경8맥이라고 한다. 기경8맥은 장부와 연결되지 않으며 음양표리의 관계나 오행의 법칙과도 상관없는 것을 특징으로 하고 있다. 임/독맥을 제외한 나머지 여섯 개의 경맥은 고유의 혈이 없이 12정경의 혈을 사용한다. 《난경》에서는 기경에 대해 "12정경의 혈과 기가 넘치면 기경에 보관하고, 12정경의 혈과 기가 모자라면 기경에서 가져다 사용한다"라고 말하고 있다. 기경팔맥(奇經八脈)의 '기(奇)' 자를 파자해보면 '大'+'可'

---

5 삼태극에서 황색은 태극, 청색은 음, 적색은 양이다. 태극이 음양의 한 부분과 같이 된 것이다.

6 이는 마치 군부대의 조직과 비슷하다. 군의 편제를 보면 한 개 대대에 네 개 중대가 있는데, 그 가운데 하나는 '본부중대'로서 이는 다른 세 개 중대를 관장하는 역할을 한다. 그러나 이 역시 다른 세 개 중대와 마찬가지로 대대에 소속된 하나의 중대일 뿐이다. 그래서 한 개의 대대에 네 개의 중대, 한 개의 중대에 네 개의 소대가 있게 된다.

가 되는데, 이는 더 큰 것을 가능하게 한다는 의미를 담고 있다. 여기서 볼 수 있듯이, 기경8맥은 12정경보다 한 단계 더 높은 차원에서 12정경의 기능을 조절·감독하는 경맥 시스템임을 보여준다. 그러나 분명한 것은, 기경8맥 역시 인체 안에 있는 경맥 시스템 가운데 하나라는 점이다. 12정경이 장부에 仙涵될 수 있기 때문에 여덟 개의 기경은 仙슴의 역할을 담당하게 되는 것이다. 부연하자면, 기경은 장부에 직접 관계하지는 않지만, 다른 경맥의 혈을 이용하고는 있다. 그러나 기경8맥 역시 인체 안에서 하나의 경맥으로 위치를 점하고 있다.

　자체권과 소유권은 치료에서 매우 중요한 개념이라고 했다. 필자는 앞에서 이들 개념을 정수기나 온도계의 예로 설명한 바 있다. 정수기나 온도기 자체의 소유권 때문에 절대적인 정수나 온도 측정은 불가능하다. 장부 역시 마찬가지이다. 장부는 생명을 담지하고 있는 수단이다. 그런데 이런 수단이 가지고 있는 소유권이 생명 그 자체권보다 커져버리면 생명은 지속 불가능 상태, 곧 죽음을 맞게 된다. '죽게 된다'는 것은 결국 자체권이 소유권보다 '적게 되'거나 그 반대로 소유권이 자체권보다 '적게 되'는 경우이다. 두 개의 권과 세의 기 싸움에서 균형이 유지되는 것이 살아 있는 것이며, 그 어느 하나가 적게 되면 죽게 되는 것이다. 죽는다는 것은 결국 기가 적게 되는 것이다. 자체권과 소유권 사이에서 탈이 나는 것이 바로 병인데, 무엇이 이러한 탈을 방지하고 균형을 잡아주는 통로 역할을 하는지 바로 다음에 살펴볼 경맥의 구조를 통해 알 수 있을 것이다. 두 개의 권이 서로 일탈하지 않도록 균형을 잡는 것이 곧 펜타곤의 역할이다. 펜타곤의 3대 기능이란 바로 그것을 일컫는 것이다.

2. 위상공간과 경맥의 논리적 구조

(1) 평면 공간 속의 경맥 구조

경맥의 구조를 알기 위해서는 역(易)에서 그랬던 것처럼 무엇보다 먼저 대칭 구조를 파악해야 한다. 인체의 전 영역에 퍼져 있는 경맥은 상하로 나누는데, 상은 수에 해당하는 경맥이고, 하는 족에 해당하는 경맥이다. 이를 위치에 따른 대칭이라고 해서 위대칭이라고 한다. 열두 개의 경맥을 반으로 나누어 수(手)와 족(足)으로 대칭이 되게 만드는 것이다. 위대칭은 다시 상(上)에서 수(手)와 두(頭) 대칭으로 나뉜다. 하(下) 역시 족(足)과 흉(胸) 대칭으로 나뉜다. 이를 군(群) 안에 있는 계(系)라고 하자. 하나의 군에는 이렇게 두 개의 계가 들어 있다.

위대칭은 음양의 치대칭과 결합한다. 여기에 음양 과소(過小)의 양에 따른 대칭이 있게 되는데, 이를 크기에 따라 나열하면 양은 양명(陽明)-태양(太陽)-소양(小陽)의 순서이고, 음은 태음(太陰)-소음(少陰)-궐음(厥陰)의 순서이다. 이를 양대칭(量對稱)이라고 부르도록 하자. 음양을 치대칭이라고 할 때, 이를 양립시키면 태음-양명, 소음-태양, 궐음-소양이 된다. 이를 형제자매 관계라고 한다. 이에 대해 태음-양명, 소음-태양, 궐음-소양은 부부 관계가 된다. 이들 대칭 관계에서 이름을 파악하는 것은 매우 중요하다.[7] 이렇게 치대칭은 음과 양이라는 두 개의 군으로 나눌 수 있고, 그 안에는 과소에 따라 구분한 양대칭이라는 세 개의 계가 있게 된다. 이는 음양의 파생적(派生的) 성격을 여실히 드러내는 것이라고 할 수 있다. 음은 태·소·궐로 파생되고 양은 양명·태·소로 파생된다. 물론 역의 사상과 팔괘도 파생적 성격을 말하는 것이다. 이런 점에서 역과 의학은 같은 궤에 속해 '역의학

7　태양의 대칭은 소음이 아님을 유념해야 한다.

(易醫學)'이 성립한다. 그래서 역은 의학과 근원이 같다는 명제가 성립하는 것이다(양력, 2000, 310).

태극 일자에서 사물들이 제곱의 거듭제곱 작용으로 분화하면서 역에서도 결국 역설이 생기게 되었고, 이를 극복하기 위해 오랜 과정을 거치며 도상을 그려왔음을 앞 장에서 살펴보았다. 그러나 한의학은 그 구조가 역보다 훨씬 복잡하다. 그러나 기본적인 구조, 즉 파생적 구조에서는 같다고 할 수 있다. 역은 사각형 안의 전후·좌우·상하라는 세 가지 대칭 개념으로 설명되었다. 12경맥에도 세 가지 대칭 개념이 적용된다. 우리말에는 '손발이 맞아야 한다'는 관용어가 있다. 아마 한의학의 경맥에서만큼 이 말이 중요하게 쓰이는 곳은 없을 것이다. 5행도에서는 등장하지 않던 수족 대칭은 경맥의 위치를 결정하는 데 매우 중요하다. 5행도 안의 오(육)장육부는 손과 발에 반씩 나뉘어 배치된다. 경맥의 위치에서 수족 대칭이 상하 대칭이라면, 위대칭에는 수와 족 안의 좌와 우 그리고 외측과 내측 등의 대칭도 있다. 이는 마치 괘 속의 효가 처해 있는 상·중·하의 위치와도 같다. 이와 같이 수족을 중심으로 한 위대칭의 다양화는 경맥의 구조를 결정하는 데 중요한 역할을 한다. 다음 장에서 살펴볼 동물의 신경계 구조에서도 같은 대칭 개념이 적용된다.

물론 가장 중요한 대칭은 음과 양으로 나누는 치대칭이다. 치대칭은 음양의 양에 따라, 음의 경우 태음·소음·궐음의 삼음(三陰)으로, 그리고 양의 경우 양명·태양·소양의 삼양(三陽)으로 나뉜다. 그러면 수족에는 수삼음·수삼양·족삼음·족삼양의 네 가지 파생이 가능하다고 볼 수 있다. 수를 볼 때, 역에서도 음양의 조합 정도에 따라 생수와 성수의 대칭 그리고 음수와 양수의 대칭이 있다. 들뢰즈가 말하는 강도(intensity)란 곧 음양이 갖는 양의 정도를 일컫는 것이다. 들뢰즈는 이러한 강도의 차이성들이 종합되는 과정을 극화(極化)라고 했다. 음은

궐음에서 태음으로, 양은 소양에서 양명으로 극화된다. 태음과 궐음의
양극화는 위험을 초래한다. 양명과 소양의 극화도 위험을 초래한다.
그래서 들뢰즈는 이러한 양극화를 방지하기 위해 양극의 중간 지대를
만들어놓는다. 태음과 궐음의 중간 지대는 소음이며, 양명과 소양의
중간 지대는 태양이다. 태극 도형에서 음과 양이 극대화하면서 가운
데 공간이 넓어지는 것과 같다고 할 수 있다. 극이란 중의 개념이다.
그래서 양명은 태음으로, 태음은 양명으로 옮겨져 중화된다.

제3의 인간 역설을 해결하는 과정에서 그리스 철학자들이 실패한
까닭은 바로 들뢰즈가 말하고 있는 중간 지대를 배중률로 무시했기
때문이다. 제3의 인간이란 다름아닌 이 중간 지대이다. 그런데 그리스
철학자들은 극점에서 가무한을 생각했기 때문에 무한퇴행의 오류에
빠지게 되었고, 그래서 역설과 씨름하게 되었다. 중국이 음양 양 태극
론을 고집한 데 반해 한국은 삼태극론적이다. 이는 바로 양극화의 중
간 지대 혹은 종합화 지역을 두기 위한 것이었다.[8] 이와 같이 양대칭
은 치대칭의 강도의 차이에 따라 만들어진 대칭이다. 양대칭에 따른
강도의 차이를 다시 정리하면, 태음·소음·궐음의 삼음과 양명·태양·
소양의 삼양으로 대칭을 이룬다. 태음과 양명, 소음과 태양, 궐음과
소양은 각각 부부 대칭이 된다. 역에는 4상(태음·소음·태양·소양)이 있
지만, 경맥에는 6상이 있다. 역과는 달리 한의학은 중간 지대를 만들
어 넣었기 때문이다.

이렇게 제3의 중간 지대를 만들어나가지 않는다면 제3의 인간 역설
에서 보았던 무한퇴행을 피할 수 없을 것이다. 바로 이런 무한퇴행을

---

8   김상환은 이러한 삼태극 사상을 다음과 같이 대한항공의 'KAL' 문양과
      비교하고 있다. 음양이라는 "…… 양의가 마치 대한항공(KAL) 마크처럼
      서로 간격을 벌리고 있는 그림을 떠올려보자. 들뢰즈의 존재론은 이러저
      러한 변신의 끝에서 어떤 변형된 태극도설의 형태를 띨 수 있는 것이 아
      닐까"(들뢰즈, 2004, 664).

막기 위해 경맥의 구조가 만들어진 것이다. 만일 인체 안의 기가 제3의 인간과 같이 무한퇴행을 한다면 기가 한없이 극대화해 결국 몸은 산화되고 말 것이다. 그러나 인체는 현명하게도 중간 지대를 통한 파생으로 이를 막고 있는 것이다. 모든 별은 태양처럼 밝고 뜨거운데, 이 우주가 백색 광열로 작열하지 않는 까닭이 꼭 이와 같다. 우주는 자기가 자기를 자기언급함으로써 되먹힘하기 때문이다. 되먹힘이 우주의 파국을 막는다. 우리의 몸도 마찬가지이다. 역에서도 무한퇴행을 하면 횡도에서 보는 바와 같은 양극화가 생기는데, 인체 안에서도 이런 현상이 생긴다. 양극화가 바로 탈일 것이다. 이는 서로 분리되는 일탈을 의미한다. 탈이란 바로 병이 난 것을 뜻한다. 이는 곧 중간 지대에서 양극이 이탈한 것이다.

그러면 여기서 무엇을 중간 지대로 보아야 할지 한번 생각해보자. 페어홀스트 방정식을 보면, 중간 지대는 0과 1처럼 극점으로 전환이 이루어지는 곳이다. 그래서 '태극' 혹은 '무극'이라고 할 때 그것은 1과 0을 말하는 것이다. 1과 0일 때 전환이 이루어지기 때문이다.

그런 의미에서 양극화의 중간 지대는 양명이고 음극화의 중간 지대는 궐음이다. 다시 말해서, 양이 극대화하면 음화하는 현상이 벌어지는데, 소양 < 태양 < 양명 가운데 소양과 태양은 현상계에 존재하지만, 양화가 극대화한 양명은 이미 빛으로 변해 체가 없고 양의 이탈 현상을 보인다. 작용만 있는 상태인 것이다. 태음 > 소음 > 궐음에서도 음이 극소화하면 마찬가지로 체가 변하므로, 극음은 양을 낳고 음이탈 현상을 보인다. 그래서 중간자를 소양보다는 궐음으로 삼는다. 양 이탈론은 가장 큰 양명에서, 음 이탈론은 가장 작은 궐음에서 성립한다. 이는 음양의 속성론이다. 양이 많은 것을 태양이라고 하고, 적은 것을 소양이라고 한다. 음이 많은 것을 태음이라고 하고, 적은 것을 소음이라고 한다. 양이 극(極)하면 양명이라고 하고, 음이 진(盡)하면 궐음이라고 한다. 여기서 양이 극하다는 것은 양이 성(盛)하다는 뜻으로, 양이 극대화하면 탈양화가 되어 음으로 변한다. 음이 진한다는 것도 음이 쇠(衰)하다는 뜻이며, 음이 다해 쇠잔해지면 탈음화해 양으로 서로 전환된다. 중간 지대는 양과 음이 극대화하고 극소화해 전환이 이루어지는 곳이다.

12경맥의 순환은 수태음폐경 → 수양명대장경 → 족양명위경 → 족태음비경 → 수소음심경 → 수태양소장경 → 족태양방광경 → 족소음신경 → 수궐음심포경 → 수소양삼초경 → 족소양담경 → 족궐음간경의 순으로 이루어진다. 이를 살펴보면, 음경은 태음에서 시작해 소음을 거쳐 궐음으로 끝나고, 반면에 양경은 양명에서 시작해 태양을 거쳐 소양으로 끝난다. 태음-양명, 소음-태양, 궐음-소양으로 하나씩 고리를 이룸을 알 수 있다.

즉, 태음에서 소음을 거친 뒤 음이 다하면 궐음이 되어 탈음화한다. 이는 곧 소양으로 이어져 태양을 거치며 다시 양이 성한 양명이 되고, 탈양화를 통해 태음과 만난다. 이렇게 여섯 개의 경맥이 하나의 고리를 이루어 용(用)으로써 작용한다. 그리고 궐음과 양명이 극화되어 태음·소음·태양·소양만 남음으로써 체(體)를 진단할 수 있는 사상(四象)이 된다. 후한대에 장중경이 쓴 《상한론》이라는 육경병증론 그리고 2,000여 년 뒤 조선 말기의 사상가 이제마가 쓴 《동의수세보원》의 사상체질, 이 둘 사이에 보이는 진단적 차이를 이로써 알 수 있다. 서구에서 물리학과 수학 그리고 철학의 패러다임이 바뀌는 시기와, 한국에서 이제마의 사상의학과 최수운의 동학 그리고 김일부의 정역도가 출현하는 시기가 모두 같은 것은 우연의 일치가 아닐 것이다. 진정한 의미의 포스트모던은 이때부터 시작된 것이다. 민족종교에서는 이를 후천 시대라고 한다.

(2) 경맥 흐름의 구조

그러면 지금부터 12경맥에 대해 자세히 살펴보기로 하겠다. 손과 발에 세 개의 음경과 양경이 배당되어 열두 개의 경맥이 형성된다. 상의 손에 음양이 각각 세 개씩 있다고 해서 이를 수삼양(手三陽)과 수삼음(手三陰)이라고 한다. 아울러 하의 족에 음양이 각각 세 개씩 있다고 해서 이를 족삼양(足三陽)과 족삼음(足三陰)이라고 한다. 여기서 상과 하란 직립한 사람이 두 팔을 머리 위로 펴고 있을 때를 기준으로 한다. 그러면 기는 상하 대칭을 만들어 수-두-흉-족-복-흉-수의 순서로 순환한다.

들뢰즈가 중요시하는 n의 제곱 형식으로 경맥의 구조가 짜여진다는 점에서 이는 역과 같다. 수족의 대칭을 다시 음양으로 제곱하고, 음양을 3으로 곱한다. 즉, 역은 $2^3=8$이지만 경맥은 $2^2 \times 3=12$이다. 중간 지대를 만들어 2수가 3수로 변했기 때문이다. 역과 마찬가지로 경맥을 제곱 형식으로 표시하면 다음과 같다.

여기서 우리의 최대 관심사는 인체 안에서 이루어지는 이들 12경맥의 운동 방향과 유기적 관계이다. 오행도는 마치 전철 노선처럼 방향만 있을 뿐, 땅의 정확한 위치를 알려주지는 않는다. 이를 두고 위상기하학에서는 동상(同相)이라고 한다. 하나의 2차원 평면 위에서 펼쳐지는 세 가지의 대칭 관계, 즉 위대칭·치대칭·양대칭의 관계를 알아보면 다음과 같다(〈그림 2〉).

먼저 수삼음(1)은 가슴[胸]에서(From) 시작해 손[手]의 내측으로(To)로 향한다. 이 손가락의 말단부에서 수삼양(2)과 연관이 된다. 수삼양은 손에서(From) 시작해 머리[頭]로(To) 올라간다. 손을 중심으로 볼 때 수삼음과 수삼양은 방향이 정반대이다. 'From'과 'To'를 거짓말쟁이 역설과 연관시키기 위해 F와 T로 바꾸어보면, 수삼음은 FT이고 수삼양은 TF이다. 수삼음은 음부위인 내측으로, 수삼양은 양부위인 외측으로 순환하며 표리의 형태를 이루어 하나의 고리를 만든다. 이 고리는 안과 겉(표리)을 마주 붙인 일종의 뫼비우스 띠이다. 인체가 평면이 아니고 원기둥이기 때문에, 원기둥×뫼비우스 띠에 따라 위상범례에서 볼 때 클라인 병을 만들었다고 할 수 있다.

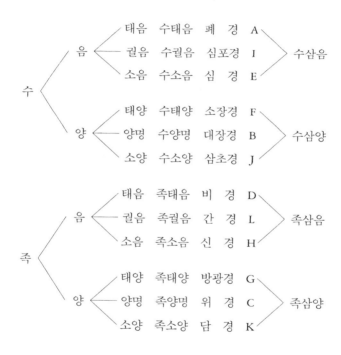

〈그림 1〉 12경맥 제곱 형식

다음으로 수삼양(2)은 머리에서 족삼양(3)을 만난다. 족삼양은 머리〔頭〕에서(From) 시작해 발〔足〕로(To)로 내려와 족삼음을 만난다. 다음 족삼음(4)은 발〔足〕에서(From) 시작해 복부를 거쳐 가슴〔胸〕으로 올라가 처음 시작되었던 수삼음(To)을 만난다. 여기서도 FT가 TF로 된다.

발[足]을 중심으로 볼 때 T와 F가 정반대로 되어 있다. 여기서도 '手' 에서처럼 뫼비우스 띠를 만드는 것을 볼 수 있다. 양자의 관계로 말미 암아 클라인 병이 만들어진다. 그리고 족삼음과 수삼음은 T와 F의 방 향이 정반대이다. 전자는 발끝에서(From) 시작하고, 후자는 손끝을(To) 향하고 있다. 이것 또한 마찬가지로 클라인 병 구조를 만든다(신천호, 1990. 185).

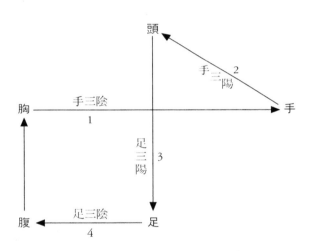

〈그림 2〉 경락주향도(經絡走向圖)

　그 전체 구조를 파악하기 위해서는 사각형으로 되돌아가 네 개의 경맥군(수삼음·수삼양·족삼음·족삼양)을 사각형의 대칭 속에 배열해보 아야 할 것이다. 다시 말해서, 사각형의 상하를 수족 대칭으로 하고 좌우를 음양 대칭으로 하면, 네 개의 경맥군을 모두 거기에 넣을 수 있게 된다.

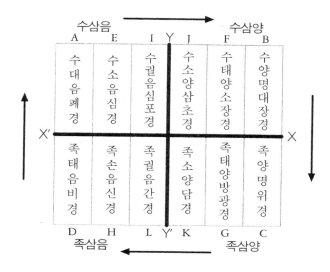

〈그림 3〉 12경락과 사영 평면 구조 그리고 알파벳 순서

　지금부터 수삼음의 수태음폐경(A)에서 시작해 경맥 안의 회전 방향
에 맞추어 알파벳 순에 따라 화살표를 붙여보도록 하겠다. 수삼음은
수삼양으로, 수삼양은 족삼양으로, 수삼양은 족삼음으로 연결된다. 이
들 화살표의 방향을 사각형 안에서 한번 고찰해보자. 위상범례에서
볼 때 이는 다름아닌 사영 평면이다. 마주보는 사각형의 변이 모두 반
대이기 때문이다. 다음에 설명하겠지만, 사영 평면은 사각형의 대각선
끼리 마주 붙여 만든다. 사각형의 마주보는 변들은 비틀려 뫼비우스
띠를 만든다. 그러면 뫼비우스 띠가 다시 뫼비우스 띠끼리 만나 쌍뫼
비우스 띠를 만든다. 이런 형국으로 말미암아 회전 방향을 통해 보았
던 앞의 구조를 만드는 것이다. 2차원 안에서는 나타낼 수 없는 공간,
다시 말해서 다차원의 초공간인 것이다. 이에 대한 자세한 설명은 다
음에 이어서 하도록 하겠다.

(3) 경맥의 대칭 구조

12경맥의 부부 관계(치대칭)군은 수족에서 두개의 계(系)를 만들고, 이 두 개의 계는 하나의 군을 만든다. 예를 들어, 수태음 폐경은 수양명 대장경과 하나의 계를 손에서 만들고, 족양명 위경과 족태음 비경은 발에서 또 하나의 계를 만든다. 이들 수군과 족군은 이처럼 각각 두 개의 계를 둔다. 그러면 모두 여섯 개의 계가 만들어진다. 두 개의 계가 묶여 하나의 군을 만든다. 그러면 세 개의 양대칭으로 말미암아 세 개의 군이 만들어진다.

여기서 만들어진 세 개의 군을 12경맥의 순환 순서를 통해 자세히 알아보도록 하자. 제1군은 수태음폐경(A)→ 수양명대장경(B)→ 족양명위경(C)→ 족태음비경(D)이며, 인체의 전면(anterior)에 분포되어 있다. 제2군은 수소음심경(E)→ 수태양방광경(F)→ 족태양방광경(G)→ 족소음신경(H)이며, 인체의 후면(posterior)에 분포되어 있다. 제3군은 수궐음심포경 → 수소양삼초경 → 족소양담경 → 족궐음간경이며, 인체의 측면(lateral)에 분포되어 있으면서 인체의 정상적 생리 활동을 주관한다. 이 세 개의 군은 네 개의 경맥으로 구성되어 있는데, 이를 두고 '3 cycles of 4 channels circulation system'이라고 부른다.

〈그림 4〉에서 보는 것처럼, 수3음경은 가슴에서 손으로 나가고, 족3음경은 발에서 가슴과 복부로 들어와 5장 6부의 기능을 조절한다. 수3양경은 손에서 머리로 올라가고, 족3양경은 머리에서 발로 내려온다. 따라서 수3음경과 족3양경에 따라 뇌의 기능이 조절된다. 한의학에서 머리는 양이고 몸통은 음이라고 말하는 이유가 여기에 있다(황인태, 1990, 307).

수과 족의 사지에서는 세 개의 음경이 내측(medial)으로 돌고 세 개의 양경이 외측(lateral)으로 돈다. 네 개의 경맥이 모여 하나의 군을 만들고, 몸의 전면·후면·측면 세 개의 군으로 돌며[運] 12경맥을 운행시

킨다.《황제내경》영추 17장에는 "5장의 정기는 항상 내부에서 상부
의 7규로 모인다"라고 쓰여 있다. 여기서 7규란 얼굴에 있는 감각기관
의 구멍들, 즉 눈 2, 귀 2, 코 2, 그리고 입 1을 말한다. 눈은 간장, 귀
는 신장, 코는 폐장, 그리고 입과 혀를 비장과 심장에 배속시켜 5장의
기능이 다섯 감각기관의 기능과 관계 있음을 보여준다. 음에 속하는
흉복부 안의 오장과 양에 속하는 두면부의 일곱 감각기관이 12경맥으
로 하나의 환을 이룬다. 이것은 천지인이 하나로 합일하는 과정으로,

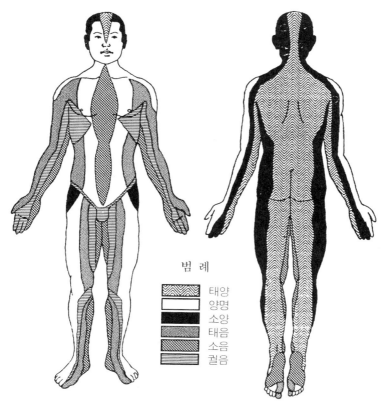

범 례

태양
양명
소양
태음
소음
궐음

〈그림 4〉 우리 몸의 6경 분포도

제곱 형식으로 표현해서 $2^2 \times 3 = 12$경맥이 결정되는 이유이다. 이러한 제곱 형식에서 역($2^3 = 8$)과 경맥($2^2 \times 3 = 12$)의 관계를 보면 2와 3의 차이임을 알 수 있다. 2는 음수이고, 3은 양수이다. 2는 체를 표현하고, 3은 용을 표현한다. 역은 8괘를 이용해 어떤 사건에 고정된 관점과 시간을 제시함으로써 길흉을 보는 것이고, 3변(3음 3양으로)을 통하는 12경맥은 살아 움직이는 인체의 기능[用]을 혈기의 성쇠로 파악하는 것이다.

그리고 모든 계는 동일한 구조를 가짐으로써 음양의 파생적 속성을 그대로 드러내기 때문에, 계와 군을 통해 12경맥이 프랙털 구조를 만드는 것을 발견할 수 있다. 계와 군으로 연결되면서 군 속에 군을 包涵하고 있다. 프랙털이라거나 파생적이라고 하는 것은 바로 이 때문이다. 그런데 중요한 것은 결코 큰 군(태음과 양명)이 작은 군(궐음과 소양)을 包涵하는 것이 아니라는 점이다. 인체 안에서 12경맥은 음양의 8대 속성에 따라 서로 유기적으로 어떠한 대칭점이나 단절이나 상하 구별도 없는 包含을 유지하고 있는 것이다. 여기서 오일러 지수는 최소화된다. 2차원의 사각형으로 표현한 것은 이해를 돕기 위한 방편일 따름이다. 그러면 어떻게 사각형이라는 2차원 공간에 그려놓은 12경맥이 음양의 8대 속성을 다 보여줄 수 있는 것인가? 이 말은 사각형 안의 상하와 좌우 그리고 내외의 모든 대칭을 제거하는 문제와 관련이 있다. 수학에서 오일러 정리란 점·선·면의 대칭점의 수와 그 대칭 관계를 나타내는 것이다. 오일러 정리에서 볼 때 앞의 경맥 사각형에는 열두 개의 대칭점이 있다. 그런데 인체 안에서는 이 대칭점이 0이라는 것이다. 파생적으로 대대하면서, 대응하면서, 율동적이면서, 역전하면서, 상대적으로 연관되어 있다는 것이다. 물론 부반결합조절 현상으로 경맥의 내부에서도 이런 일들이 벌어지고 있다.

그런데 위상수학에서는 사각형의 모든 점을 제거하기 위해 사각형의 전후·좌우·상하 세 대칭을 비트는 방법을 사용한다. 원기둥을 만들면 두 개로 줄어들고, 토러스를 만들면 한 개로 줄어든다. 그러나 사각형의 한 변을 180도 비틀어 마주 붙인 뫼비우스 띠의 경우는 대칭점을 0으로 만들었으나 여전히 변이 대칭으로 남아 있다. 이를 제거하기 위해서는 하나의 뫼비우스 띠의 변을 따라 다른 뫼비우스 띠를 같은 방향으로 이어 붙이면 된다. 이렇게 한 것이 다름아닌 클라인 병(*Klein Bottle*)이다.

　여덟 가지 위상범례를 다시 요약해보자. 원기둥은 사각형의 한 변만을 비틀지 않고 그냥 마주 붙인 것이다. 토러스는 두 변을 모두 비틀지 않고 마주 붙인 것이다. 뫼비우스 띠는 사각형의 한 변만을 비틀어 마주 붙인 것이다. 클라인 병은 한 변은 원기둥처럼 그냥 붙이고 다른 한 변은 뫼비우스 띠처럼 비틀어 마주 붙인 것(원기둥×뫼띠)이다. 이는 3차원 공간에서는 절대 불가능하다. 그러나 논리적으로는 얼마든지 추리 가능한 공간이다. 그렇다면 마지막 남은 것은 사각형의 네 변을 모두 180도 비틀어 붙이는 것이다. 이것도 3차원 공간에서는 불가능한 것이다. 특히 이 마지막 경우를 일컬어 사영 평면(*projective plane*)이라고 한다. 12경맥의 구조가 바로 이런 상태이다. 필자는 이제 점, 선, 면, 원기둥, 토러스, 뫼비우스 띠, 클라인 병, 사영 평면의 여덟 가지 경우를 다시 불러와 경맥의 구조와 연관시키고, 나아가 러셀 역설과도 연결해 살펴보고자 한다.

　이렇게 위상범례의 차원이 높아지는 것을 두고 들뢰즈는 '강도'라고 했다. 강도는 양과 질(여기서는 양대칭과 치대칭)의 거듭제곱 작용을 의미한다. 들뢰즈는 이러한 차원의 상승을 주름(*fold*) 잡는 것으로 보았다. 이를 한-주름이라고 할 수 있을 것이다.[9] 한-주름은 또 다른 주름

9　김상환 교수는 이를 '온주름'이라고 했다. 하지만 '온'은 낱의 대칭되는 말로, 전체라는 뜻은 있어도 부분이라는 뜻은 없다. 주름은 부분과 전체

운동을 계승한다. 이는 마치 경맥 속에서 뫼비우스 띠라는 주름 운동
이 계속 반복되는 것과 같다. 들뢰즈는 이를 일컬어 겹-주름(replication)
이라고 했다. 12경맥의 구조는 이러한 한-주름과 겹-주름을 하고 있
는 것이다(들뢰즈, 2004, 201). "이는 강도의 주름들을 펼치면서 발생하
는 현실적 존재자 안으로 그 주름들이 다시 봉인되는 과정을 가르킨
다. 하지만 이렇게 봉인된 주름들은 잠재적인 것도 현실적인 것도 아
니다"(김상환, 2004, 680). 들뢰즈는 이러한 세계를 두고 "세계는 어떤
알이다"라고 했다. 원시인들의 우로보로스 같은 우주알이다. 오일러
지수가 최소화하는, 그래서 모든 미분화가 사라진 새로 태어난 알과
같은 상태이다. 김일부는 이를 투명한 유리 세계(琉璃 世界)라고 했다.
이제 이러한 세계를 향해 여행을 계속할 차례이다. 유리 세계란 어항
과 같이 투명하게 들여다 보이는 공간의 세계이다. 곧 어디에도 기가
막힘이 없는 세계를 두고 하는 말이다.

3. 뫼비우스 띠와 취침 치료법

(1) 뫼비우스 띠와 인체 구조

이 책에서 주장하고 있는, 위상기하학적 공간과 역 그리고 경맥의
구조가 일치한다는 지론이 임상 치료 과정에서 설득력이 없다면, 지
금까지 펼친 이야기들은 한갓 공염불이 되고 말 것이다. 이 책의 주장
이 공리나 공론이 되지 않으려면 환자를 치료하는 임상 과정에 주장
된 이론이 적용되어 그 적합성이 인정되지 않으면 안 된다. 그래서 여
기서는 위상공간이 어떻게 침을 놓는 취침 과정에 그대로 응용될 수

혹은 종과 유의 점진·반복 운동이다. 그렇다면 온주름이 아닌 한주름이
라고 하는 것이 적합할 것이다.

있는가를 보여주려고 한다.

12경맥과 기경8맥 가운데 임맥과 독맥를 합해 14경이라 부르고, 이 14경에는 있는 혈을 정혈(正穴)이라고 하는데, 총 361혈이 있다. 각 경맥마다에 배열되어 있는 혈은 서로 연접하면서 대칭 구조를 이루고 있다. 인체를 위상공간(phase space)의 동상으로 파악했을 때, 전후·좌우·상하 그리고 내외 등의 대칭을 발견할 수 있다. 한의학의 취침 원리에 따르면, 침은 통증이 있는 곳의 반대 부위에다 놓는다. 침 치료의 기본 원칙으로 (1) 좌병우치(左病右治), (2) 우병좌치(右病左治), (3) 상병하치(上病下治), (4) 하병상치(下病上治), 이렇게 네 가지가 있다. 이는 치료에서 기본적인 혈의 배혈법(倍穴法)으로 위대칭과 치대칭의 내용을 그대로 담고 있다.

인체를 대칭 구조로 파악하고 인체의 전후·좌우·상하의 반대 대칭점을 찾아 취침한다는 원리는 통증이 있는 곳에 병의 원인이 있다는 한의학의 원리이다. 통증이 있는 곳에 집도를 해야 한다는 양의학의 원리와는 상반되는 것이 한의학이다. 이러한 치료 원리는 지금까지 이 책에서 줄곧 주장해온 경맥의 위상기하학적 배경 없이는 이해하기가 어렵다. 칼을 사용하는 자는 칼로 망할 것이라는 예수의 말이 의학에도 그대로 적용될 것이다. 양의학의 장기는 집도(執刀)이다. 칼을 사용하면 칼이 가지고 있는 소유권 때문에 더 많은 부작용을 나타낸다. 의술도 예외가 아니다. 치료 과정의 최소화를 의술의 경제화(economy of medicine)라고나 해두자. 한의학의 경제화는 아픈 곳 바로 그 자리에 치료하지 않는다는 것이다. 그 반대로 대칭점을 찾아 치료하는 것은 의술의 경제화의 부산물이다. 인체가 위상공간으로 되어 있지 않으면 이러한 경제화는 불가능할 것이다. 아픈 곳에 직접 치료를 한다고 할 때, 치료 과정 그 자체는 아픈 곳이 갖는 소유권 때문에 병을 더 유발시킨다.

여기서 배혈법은 앞에서 살펴본 치료의 기본 원칙에 속한다. 즉, 순경취혈법·접경취혈법·통경취혈법 모두가 이에 해당한다. 예를 들어, 대장의 이상으로 생긴 변비라면, 순경취혈법·접경취혈법·통경취혈법 모두에서 좌병우치·우병좌치·상병하치·하병상치의 배혈법을 적용할 수 있다. 환자에게 침을 놓을 때 혈을 선택하는 취혈 방법으로는 (1) 본경취혈법(本經取穴法), (2) 이경취혈법(異經取穴法), (3) 접경취혈법 (接境取穴法), (4) 통경취혈법(通經取穴法) 등 네 종류가 있다. 이 취혈법은 모두 위상공간이 아니면 설명하기 어려운 내용들이다. 우선 치료의 기본 원칙인 배혈법에 대해 알아보자.

(2) 대응 배혈법에 관해

집합론적으로 파악할 때 인체는 크게 셋으로, 즉 부류의 부류, 부류, 그리고 부류의 요원으로 나눌 수 있다. 부류의 부류격이란 몸을 상하와 좌우로 대별하는 것이다. 상하 대칭은 두저 대칭이라고 하고, 좌우 대칭은 등고 대칭이라고 함으로써, 두저 대응법과 등고 대응법으로 나눈다. 이어서 수저, 즉 팔과 다리의 대칭으로 나누고 이를 수각 대칭이라 한다. 아울러 수각 대칭에 각각 순과 역을 적용해 수각순대법과 수각역대법으로 나눈다. 이것이 부류격에 따른 분류법이다. 다음은 몸체인 구(軀)를 중심으로 해서 이를 손과 발에 대칭시켜 수구와 족구로 나누고, 다시 이에 순과 역을 적용한다. 이를 보기 쉽게 나타내면 다음과 같다. 위상공간의 위상범례들과 연관시키기 위해 인체를 하나의 사각형으로 파악하고 그 속에 이들 대칭들을 모두 넣어보자. 그리고 이 사각형으로 뫼비우스 띠와 클라인 병 그리고 사영 평면을 만들어보는 것이다. 그러면 바로 그것이 한의학의 침을 놓는 원리가 될 것이다.

부류의 부류격

① 등고대응법(等高對應法)
⑧ 두저대응법(頭骶對應法)

부류격

② 수각순대법(手脚順對法)
③ 수각역대법(手脚逆對法)

요원격

④ 수구순대법(手軀順對法)
⑤ 수구역대법(手軀逆對法)
⑥ 족구순대법(足軀順對法)
⑦ 족구역대법(足軀逆對法)

침을 놓을 때 혈 자리를 배열하는 방법에서 위의 여덟 가지 경우는 크게 인체의 좌우를 기준으로 하는 경우와 상하를 기준으로 하는 경우로 나눌 수 있다. 좌우로 나누는 경우를 ① 등고 대응이라고 하고, 상하로 나누는 경우를 ⑧ 두저 대응이라고 한다. 등고 대응이란 아픈 자리가 오른쪽이면 반대로 왼쪽에 침을 놓는 경우이다. 예를 들어, 오른쪽 곡지혈이 아프면 왼쪽 곡지혈에 취침을 하는 것이다. 두저 대응법의 '두저'란 머리와 꽁무니를 말하는 것으로, 꽁무니의 미주알이 빠졌을 경우 머리 정상에 있는 백회혈에 침을 놓는다. 만일 경맥이 뫼비우스 띠와 같은 위상공간의 구조로 배열되어 있지 않다면, 상상도 할 수 없는 치료법일 것이다. 인체를 전후좌우로 대응시키는 것이 가장 큰 부류의 부류격의 대응법이라면, 수각 대응이란 팔과 다리의 대응법으로 그 다음에 해당하는 부류격 대응법이다. 이어지는 것은 수구 대응으로 팔과 몸체의 대응법이며, 족구 대응이란 팔과 몸체의 대응법이다. 수각·수구·족구 대응에는 각각 순대법과 역대법이 배당된다. 이에 대해 구체적인 설명을 하면 다음과 같다.

② 수각순대법은 말 그대로 팔과 다리의 부분을 순서대로 대응시키는 방법이다. 즉, 어깨는 사타구니와, 팔죽지는 넓적다리와, 팔꿈치는 무릎과, 팔뚝은 아랫다리와, 팔목은 발목과, 손은 발과 대응·연결시켜 취침점을 찾는 것이다. 가령, 오른손의 합곡혈을 왼쪽다리 태충혈에 대응시켜 취침하는 경우를 들 수 있겠다. ③ 수각역대법은 팔과 다리를 거꾸로 대응시키는 방법이다. 즉, 어깨는 발과, 팔죽지는 아랫다리와, 팔꿈치는 무릎과, 팔뚝은 넓적다리와, 손은 사타구니와 대응시켜 취침점을 찾는 방법이다. 오른쪽 넓적다리 바깥쪽으로 저리고 아플 때 왼쪽 외관혈 혹은 지구혈에 침을 놓는 것이 그 실례가 될 수 있다.

요원격 대응법은 몸체를 중심으로 위로는 손과 그리고 아래로는 발과 대응시키는 방법인데, 이 역시 순역에 따라 모두 네 가지가 있다. ④ 수구순대법이란 말 그대로 손과 몸체[軀] 안의 각 부분들을 대응시키는 방법이다. 즉, 팔죽지는 가슴(혹은 등)과, 팔꿈치는 배꼽과, 팔뚝은 아랫배나 허리와, 팔은 음부와 대응시켜 치료하는 것이다. 가령, 왼쪽 양지혈로 자궁 좌굴을 치료하는 경우를 그 예로 들 수 있겠다. ⑤ 수구역대법은 팔과 몸체를 거꾸로 대응시키는 방법이다. 즉, 손과 팔목은 머리와, 팔뚝은 가슴 혹은 등과, 팔꿈치는 배꼽과, 팔죽지는 아랫배와, 어깨는 음부와 대응시키는 방법이다.

같은 몸체를 중심으로 발과 대응시키는 방법에도 족구순대와 족구 역대의 두 가지가 있다. ⑥ 족구순대법은 다리와 몸체를 그대로 대응시키는 방법이다. 즉, 넓적다리는 가슴 혹은 등과, 무릎은 배꼽과, 아랫다리는 아랫배와, 발은 음부와 대응시키는 것이다. 대돈이나 은백혈로 자궁 출혈을 치료하거나, 복유혈로 꽁무니뼈 부위의 통증을 치료하거나, 혹은 삼음교혈로 아랫배를 치료하는 등의 예가 이에 해당한

다고 하겠다. ⑦ 족구역대법은 다리와 몸체를 거꾸로 대응시키는 방법
이다. 발은 머리와, 발목은 목과, 아랫다리는 가슴 혹은 등과, 무릎은
배꼽과, 넓적다리는 아랫배와 대응시키는 방법이다. 가령, 족임읍혈로
편두통을, 합곡혈로 전두통을, 속골혈로 후두통을 치료하는 경우가 이
에 해당하는 것이다.

 이러한 임상 치료에 적용되는 대응 방법은 위상기하학의 위상범례
가 아니라면 그 구조를 파악할 수 없는 것들이다. 위상범례들을 통해
한의학의 치료법이 논리적 설득력을 갖게 되는 것이다. 아픈 곳의 원
인은 아픈 바로 그곳에 있다는 국소주의적(localistic) 발상은 뉴턴−데
카르트적 세계관에 기초를 두고 있는 것으로, 그 근원은 그리스의 유
클리드 기하학에서 찾을 수 있다. 한의학은 비과학적인 것도 비논리
적인 것도 아닌, 비유클리드적 위상공간을 통해서만 이해될 수 있는
논리를 지니고 있는 것이다. 그리고 이러한 비국지적 논리는 20세기
의 새로운 과학과 그 맥을 같이한다.

(3) 위상 치료법에 관해

 다음으로 경맥 안의 부부 관계와 형제 관계 그리고 자매 관계를 통
해 네 가지 취혈법을 살펴보도록 하자.

 본경취혈법 : 본경취혈법은 가장 기본적인 취혈법으로, 병이 든 장기
에 해당하는 경맥의 혈을 선택해 치료하는 것이다. 같은 경맥 안에서
도 가까이 있는 혈을 택하느냐 아니면 멀리 있는 혈을 택하느냐에 따
라 국부 취혈과 원격 취혈로 나눌 수 있다. 폐에 이상이 생길 경우 본
경인 수태음폐경을 치료하는 방법이 그 한 예이다.

 이경취혈법 : 병이 날 경우 가장 친절하게 간호를 해주는 상대는 아
마 배우자일 것이다. 경맥에서도 표리 관계로 묶은 경맥을 부부 관계
의 경맥이라고 한다. 부부처럼 가장 밀접한 관계의 경맥이라는 말이

다. 이는 뫼비우스 띠에서 본 것처럼, 안과 겉이 하나로 이어진 경맥으로 표리를 서로 연접하는 원리를 이용한 것이다. 자기의 경맥에서 치료하는 것을 본경취혈법이라고 한다면, 배우자 관계에 있는 경맥을 치료하는 것은 이경취혈법라고 한다. 아픈 자기 자신의 경맥을 취하는 것이 아니고 다른 경맥을 취하는 것이다. 이경취혈법의 다른 경맥이란 다름아닌 자기와 부부 관계에 있는 경맥을 일컫는 말이다. 수태음폐경을 예로 들면, 이 경우에는 배우자인 수양명대장경의 혈을 취한다. 족태양방광경이 약해 어린아이가 오줌을 쌀 경우, 그것의 배우자 관계에 있는 족소음신경의 태계혈이나 복유혈을 택하는 것도 이에 해당한다고 하겠다. 족양명위경이 약해서 생기는 위통은 그것과 배우자 관계에 있는 족태음비경의 음릉천혈이나 공손혈을 택한다. 이는 뫼비우스 띠가 아니면, 즉 서로 상반되는 사각형의 앞과 뒤가 서로 연접된다는 원리가 아니면 설명 방법을 찾을 수 없다. 이러한 본경취혈법과 이경취혈법을 합해 순경취혈법이라고도 한다.

　접경취혈법 : 경맥에서 접경이란 형제와 자매의 관계를 두고 하는 말이다. 형제와 자매 관계는 경맥 위에서 번갈아 나타난다. 예를 들어 12경맥의 순환 순서를 살펴보면, 수태음폐경 → 수양명대장경 → 족양명위경 → 족태음비경 → 수소음심경 → 수태양소장경 → 족태양방광경 → 족소음신경 → 수궐음심포경 → 수소양삼초경 → 족소양담경 → 족궐음간경으로 이어지는데, 족궐음간경은 다시 수태음폐경으로 이어져 하나의 고리를 이룬다.

　병이 날 경우 배우자 다음으로 도움을 주는 대상은 형제와 자매라고 할 수 있다. 수태음폐경의 경우 자매는 족태음비경이고, 수양명대장경의 경우 형제경은 족양명위경이다. 수태음폐경과 족태음비경은 태음이라는 공통분모로 만난다. 하나는 수에, 다른 하나는 족에 흐르는 경맥으로서, 서로 음＋음이므로 자매경이라고 부른다. 마찬가지로 수양명대장경의 경우 형제경은 족양명위경이다. 이두경도 양명을 공통분모로 가지고 수와 족에 각각 있으며 양+양이므로 형제경이라고 부른다.

　폐경에 질환이 있을 때 자매경인 족태음비경을 치료하거나, 대장에 이상이 있을 때 형제경인 족양명위경을 치료하는 것이 그 예이다. 접경법은 팔과 다리의 병에 잘 듣는다. 가령, 오른쪽 팔이 아플 경우 왼쪽 발 부위에 취혈하고, 오른쪽 발이 아플 경우 왼쪽 손 부위의 혈에 취침하면 더욱 효과가 큰데, 이를 특히 거자법(巨刺法)이라고 부른다. 이는 상하 대칭과 좌우 대칭을 동시에 한 것이다.

　여기서 선택하는 치료 혈이 서로 만나는 곳은 다름아닌 뫼비우스 띠에서 서로 변과 변이 교차되는 곳이며, 아픈 곳과 치료하는 곳은 서로 대칭되는 점들이다. 뫼비우스 띠를 만들어보면, 오른손이 한 바퀴 돌아 왼손이 되고, 왼손은 오른손이 된다. 이런 원리, 즉 뫼비우스 띠의 원리를 이용해 한의학은 치료를 하고 있는 것이다.

　통경취혈법 : 통경법이란 서로 통하는 경을 이용해 치료하는 방법이다. 여기서 서로 통한다는 의미는 거울을 보고 있듯이 경맥이 서로 마주보고 있다는 것이다. 경맥의 순서로 볼 때 폐경은 위경과 마주보고 있고, 대장경은 비경과 마주보고 있다. 그래서 폐경에 병이 날 경우에는 위경을 치료한다. 이는 손에 있는 음경의 병(폐경)을 치료하는 데 발에 있는 양경인 위경을 이용하는 것이다.

　X·Y축 위에서 12정경의 순환 사이클을 보면, 네 개의 경맥이 하나의 군을 이루어 전체 안과 밖이 마주보는 세 개의 뫼비우스 띠 형태로 되어 있다(〈그림 5〉).

　1군(큰 원) : 수태음폐경 → 수양명대장경 → 족양명위경 → 족태음비경
　2군(가운데 원) : 수소음심경 → 수태양소장경 → 족태양방광경 → 족소음신경

3군(작은 원) : 수궐음심포경 → 수소양삼초경 → 족소양담경 → 족궐음
간경

여기서 세 개 군의 처음에 배열된 세 개의 경맥, 곧 수태음폐경·수
소음심경·수궐음심포경에서 공통분모를 찾으면 수와 음이다. 따라서
수3음경이라고 한다. 두번째에 있는 경맥들은 수양명대장경·수태양소
장경·수소양삼초경이며, 공통분모는 수양이므로 수3양경이라고 한다.
다음 그룹인 족양명위경·족태양방광경·족소양담경의 공통분모는 족
양이므로 족3양경이라고 한다. 그리고 마지막 그룹인 족태음비경·족
소음신경·족궐음간경의 공통분모는 족음이므로 족3음경이라고 한다.
수3음경은 가슴에서 시작해 손으로 나가는 경맥이고, 수3양경은 손
에서 시작해 두면부로 올라가는 경맥인데, 이 세 개의 경맥은 서로 안
과 겉에 분포되어 있어 음양표리경이라고 한다. 그리고 족3양경은 두
면부에서 시작해 발 쪽으로 하강하고, 족3음경은 발에서 양경들과 만
나 발끝에서 시작해 가슴과 복부로 들어가 가슴에서 들어간 다음 처
음 시작한 수3음경과 만남으로써 하나의 원이 된다.
여기서 1군에 속한 수태음폐경 → 수양명대장경 → 족양명위경 →
족태음비경을 한번 보도록 하자. 수태음폐경과 수양명대장경은 서로
음양표리 관계로서 인체 상부의 전면에 분포되고, 족양면위경과 족태
음비경도 음양표리 관계로서 인체 하지의 전면에 분포되어 있다. 지
금까지 살펴본 내용을 도해로 정리하면 다음과 같다. 여기서는 X축으
로 수경과 족경을 나누고 Y축으로 음경과 양경을 나누었다. 이 그림
에서 보는 것처럼, 폐경에서 부부경과 같은 관계인 대장경을 이경이라
고 부르고, 폐경과 흉부에서 만나는 비경은 자매 관계로 접경이라
고 한다. 아울러 폐경과 마주보는 위경은 음양으로 통경이라고 하고,
자신의 경인 폐경을 본경이라고 한다.

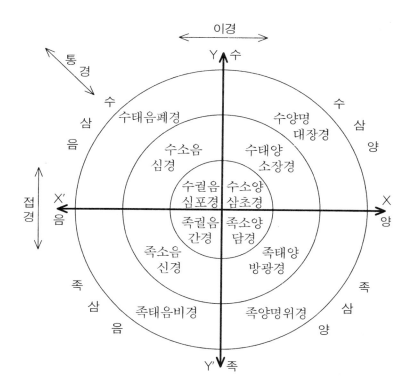

〈그림 5〉 이경·접경·통경·본경 관계표

　이에 따라 치료에서 폐경에 이상이 생길 경우 여러 가지 대처 방법을 생각할 수 있다. 기본적으로 본경의 혈을 취하는 본경취혈법과 대장경의 혈을 이용한 이경취혈법이 있는데, 이는 음병을 양경으로, 또 이병을 표로 치료하는 방법이다. 비경의 혈을 이용해 상지에 있는 병을 하지에서 치료하는 접경취혈법과 서로 마주보고 있는 위경의 혈을 이용해 치료하는 통경취혈법도 있다. 이와 같은 통경취혈법은 상부의 병을 하지에서 치료하고, 음경의 병을 양경으로 치료하는 방법이다.

즉, 상하 대칭과 음양 대칭을 동시에 이용하는 치료법이다. 이를 두고 '위상 치료법(Topological Treatment)'이라고 할 수 있을 것이다.

4. 위상기하학과 러셀 역설

(1) 뫼비우스 띠와 거짓말쟁이 역설

여러 차례 말했듯이, 음양오행의 공식은 페어홀스트 방정식으로 만들 수 있다. 이제 방정식이 만드는 건물에 근접하는 청사진을 방정식과 동상으로 만들어보면, 그것이 사영 평면이 될 것임을 알 수 있다. 하나의 사각형 안에는 전후·좌우·상하의 3차원적 대칭이 있다. 이를 인체에 비유해 상하를 경맥의 수족 대칭이라고 하고, 좌우를 음양 대칭이라고 했다. 양대칭은 사각형의 내외 대칭, 즉 사각형 안의 사각형을 만듦으로써 가능할 것이다. 사각형의 세 대칭 가운데 어느 하나만 같으면 원기둥, 양 방향이 같으면 토러스 원환(圓環)이다. 여기서 어느 한 방향만 반대일 경우, 그것이 곧 뫼비우스 띠이다.

여기서 '비틀'을 거짓말(F) '안 비틀'을 참말(T)라고 하고, 원통(원기둥)과 뫼비우스 띠의 관계를 거짓말쟁이 역설을 통해 고찰해보자. 원통과 뫼비우스 띠 그리고 두 번 꼬아서 만든 세 가지 경우를 서로 비교해봄으로써 위상공간의 논리적 구조를 파악할 수 있을 것이다. 원기둥과 토러스 원환은 정향적(orientable)이고(안 비틀), 뫼비우스 띠는 비정향적(nonorientable)이다(비틀). 후자에는 순역의 구별이 없지만, 전자는 그런 구별이 있다. 뫼비우스 띠는 한 번 비튼 것이지만, 이를 두 번 비튼다고 해보자. 이 새로운 띠는 두 개의 뫼비우스 띠가 마주 붙어 있는 형상일 텐데, 그 위상은 뫼비우스 띠와는 다를 것이다. 다시 말해서, 정향적이다. 전과 전 그리고 후와 후가 서로 마주 붙어 있다. 이를 특히 애뉼러스(*anulus*)라고 한다.

이 새로운 띠는 뫼비우스 띠의 중앙을 가위로 잘라 만들 수 있다. 원통의 경우 이 등분하면 원래의 띠와 같으면서 서로 분리된 두 개의 띠를 만들 수 있다. 그러나 뫼비우스 띠를 둘로 가르면 길이가 원래 띠의 두 배이면서 두 번 꼬인 띠 하나가 생긴다. 그런데 두 번 꼬인 띠를 자르면 서로 엇갈린 띠 두 개가 만들어진다. 이 두 띠는 길이가 원래 띠와 같으면서 두 번 꼬인 띠이다. 이렇게 원환과 뫼비우스 띠를 갈랐을 때 다른 결과가 나오는 까닭은 두 띠의 위상기하학적 차이 때문이다. 그러나 원통과 두 번 꼬인 띠가 위상기하학적으로 같음(정향적)에도 그 결과가 다른 것은 그것의 위상학적 차이가 다르기 때문이다. 여기서 위상학적 차이란 다음과 같이 논리적 차이라고도 할 수 있다(Devlin, 1997, 186). 두 번 꼬인다는 것은 '거짓말'의 '거짓말'이기 때문에 '참말이다'라는 말과 같다. 그러나 원환은 꼬임이 없기 때문에 '참말'이다. 여기서 '참말', 즉 안 비틀림(안 꼬임)의 경우(원통)와, '거짓말의 거짓말'이라는 '참말'과는 그 위상이 다르다. 그러나 그 결과는 '안 비틀림'(참말)으로 같다. 전자를 참말^1 그리고 후자를 참말^{2}로 구별해두자.

원환의 경우 가운데를 가를 때 원래의 원환과 같은 크기의 원기둥이 생겨난다. 여기에는 더하기 작용이 있을 뿐이다. 즉, 두께가 반으로 된 같은 크기의 원기둥이 생기고, 이를 다시 더하면 원래 크기의 원환이 복원된다. 즉, 참말의 참말은 참말이다. 그러나 '비틈'을 다시 '비튼'다는 것은 더하기 작용이 아니고 곱하기 작용이다. 곱하기, 즉 '비틈의 비틈'은 안 비틈이다. 결과는 원환과 '안 비틈'으로 같으면서도, 그 위상은 이미 메타화한 것이다. 메타화는 곱하기에서만 가능한 것으로, 더하기에서는 불가능하다. 이러한 메타화를 위상전환이라고 하는데, 위상학의 단서라고 할 만큼 중요하다. 더하기는 차원 변화를 가져오지 않지만, 곱하기는 그것을 가능하게 한다.

그러면 이런 위상전환을 통해 이어지는 위상범례의 논리적 구조를 검토해보도록 하자. 한 사각형 속의 두 쌍의 변 가운데 하나는 방향이 같고 다른 것은 반대이면 곧 클라인 병이 된다. 마지막으로 양 방향이 모두 반대일 경우, 그것은 사영 평면이다. 이 과정 자체는 유치원생도 알 수 있을 만큼 단순해 보인다. 그러나 막상 이러한 대칭 구조로 모양을 만들려고 할 때, 평면 공간에서는 클라인 병과 사영 평면이 절대 불가능함을 알게 된다. 필자는 앞에서 12경맥이 사영 평면이라고 했는데, 클라인 병이나 사영 평면은 모두 뫼비우스 띠를 기본 구조로 하고 있다. 예를 들어, 클라인 병은 뫼비우스 띠와 원기둥(뫼비우스 띠×원기둥)의 결합이고, 사영 평면은 뫼비우스 띠와 뫼비우스 띠(뫼비우스 띠×뫼비우스 띠)가 결합되어 있다. 이를 두고 '주름 잡힌(folding)'다고 하는 것이다. 차원이 높을수록 더 많은 주름이 잡힌다. 노인의 얼굴에 깃든 주름이 살아온 연륜을 나타내듯이 말이다. 주름이 늘수록 3차원 공간에서는 불가능한 공간들이 된다. 뫼비우스 띠와 원기둥이 결합된 클라인 병의 경우를 보면, 두 가지가 동시적일 수 없다. 뫼비우스 띠(비틈)와 뫼비우스 띠(비틈)가 결합되는 사영 평면의 경우도 마찬가지이다. 반드시 시간의 개념이 첨가될 경우에만 가능한 공간들이다.

뫼비우스 띠는 사각형의 어느 한 변을 비틀어 만든다. 그래서 뫼비우스 띠는 클라인 병과 사영 평면을 구성하는 기본 구조를 결정한다. 그렇기 때문에 먼저 이 뫼비우스 띠와 거짓말쟁이 역설의 관계를 알아둘 필요가 있다. 사각형 공간에서 '비틀림'을 '거짓말'(F) '안 비틀림'을 '참말'(T)로 구별하기로 하겠다. 거짓말쟁이 역설이 성립하려면 두 가지 조건이 필수적으로 충족되어야 한다. 그것은 자기언급(SP)과 자기부정(NI)이다. 사각형 종이 하나가 있다고 할 때, 자기언급이란 사각형의 한쪽 끝을 다른 쪽 끝에 가져다 붙이는 것과 같다. 이런 행위가 사각형이라는 평면의 자기언급이라고 할 수 있다. 그렇다면 자기부정이란 무엇인가? 그것은 사각형을 한 번 비틀어 방향을 반대로 바꾸는 것이다. 즉, 자기부정이란 화살표의 방향을 180도 반대로 하는 경우이다. 사각형에는 전후·좌우·상하 세 쌍의 대칭이 있는데, 먼저 180도를 비튼다거나 하는 일 없이 그냥 마주 붙이면 원기둥이 된다. 비틀지 않을 경우에는 화살표의 방향을 같게 표시한다. 그러나 만일 180도 회전시켜, 즉 비틀어 마주 붙이면 어떤 현상이 생길까? 이는 자기언급과 자기부정이 모두 포함된 경우이다.

그러면 뫼비우스 띠 속의 거짓말쟁이 역설에서 본 바와 같은 TF 사슬이 과연 발견되는지 묻지 않을 수 없다. 이에 대해서는 이미 앞에서 암시해둔 바 있다. TF 사슬 고리와 연관을 알기 위해서는 뫼비우스 띠의 면을 등분해보아야 한다. 원기둥의 경우에는 면을 따라 가위로 이등분하면 두 개의 고리로 완전히 나누어지지만, 뫼비우스 띠의 경우는 그렇게 나누어지는 것이 아니라 서로 연결되는 단곡면(單曲面)의 띠를 만든다. 아무리 많이 등분하더라도 서로 연결된 채 분리되지 않는다. 그래서 뫼비우스 띠는 원기둥과는 달리 앞뒤가 분리되지 않는 단곡면이다. 그리고 상하·좌우·전후 3차원의 대칭점들이 모두 만나 일치한다.

대칭점들을 '참'과 '거짓'이라는 대칭으로 바꾼다면, TFTFTF와 같은 하나의 TF 사슬 고리가 만들어진다. 문장의 TF 피라미드 사슬에서는 소문자와 대문자를 바꾼다는 것이 곧 자기언급이라고 했는데, 사각형 종이의 경우에서 보자면 이는 다름아닌 그림(*figure*)과 그 그림의 바탕 (*ground*)의 관계와 같다. 소문자와 대문자를 바꾸는 행위는 곧 종이(바탕) 위의 문장(그림) 위치를 바꾸는 것과 같다. 이는 위상수학과 논리학의 절묘한 만남인 것이다. 그래서 뫼비우스 띠는 자기언급과 자기부정의 상호 연관 관계를 시각적으로 확인할 수 있도록 해준다. 블라스토스가 만일 자기서술과 자기부정을 이렇게 위상공간 속에서 실험했더라면, 양자를 그렇게 갈라놓지는 않았을 것이다. 자기동일성과 자기비동일성은 이렇게 동전의 양면과 같아서, 위상공간 속에서 볼 때 논리학자들의 역설 해결 시도는 결국 부질없는 일처럼 보인다.

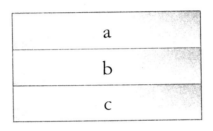

〈그림 6〉 3등분된 사각형과 위상범례

자기언급과 뫼비우스 띠(뫼띠)의 관계에 대해 좀더 알아보도록 하겠다. 우선 〈그림 6〉과 같이 사각형을 3등분해보자. 이때 등분 a와 등분 c가 만나 서로 이어지는 쌍뫼비우스 띠 혹은 쌍뫼띠(애뉴러스)를 상정해보면, 등분 a와 등분 c가 서로 다른 등분이기 때문에 타자언급을 함을 알 수 있다. 그래서 쌍뫼띠는 그 자체로 뫼띠가 아니다. 이는 곧 쌍뫼띠의 둘레를 선으로 그을 경우 제자리로 돌아오지 않는다는 말이다. 뫼띠의 경우는 제자리로 돌아온다. 쌍뫼띠는 비튼 것을 비튼 것이기(twisted twist) 때문에 결국 '안 비틀림(untwisted)'을 의미하는 것이다. 그런데 가운데 등분 b는 자기가 자기를 만나 뫼띠를 만듦으로써 쌍뫼띠에 걸린다. 이를 '외뫼띠'라고 하자. 이 외뫼띠는 NI와 SP를 동시에 수행하므로 거짓말쟁이 역설을 만족시킨다. 이는 '비틀림'의 구조이다. 그렇다면 이 외뫼띠의 둘레에 쌍뫼띠의 가장자리를 붙인다고 할 때, 이는 비틀림 주위에 안 비틀림을 혹은 안 비틀림 주위에 비틀림을 마주 붙이는 것과 같다. 이는 사영 평면을 만들 때 원주의 대칭점을 반대로 마주보게 한 다음(뫼비우스 띠) 원둘레 위에 빠짐없이 마주 붙이는 것과 같다고 할 수 있다.

이렇게 하면 영락없는 사영 평면이다. 사영 평면을 알아보는 또 다른 방법 가운데 하나이다. 요약하자면, 사영 평면은 사각형을 3등분한 다음 가운데 등분의 가장자리에(비틀림) 다른 두 등분이 마주 붙은 가장자리(비틀림의 비틀림=안 비틀림)를 마주 붙여 만드는 것과 같다.[10] 사실상 그 누구도 만들 수 없고, 생각도 할 수 없는 공간이다. 여기서는 다만 이런 구조를 사각형 주위의 화살표를 통해 논리적 언어로 돌려놓고 생각해보는 것으로 만족해야 한다. 그래야만 이해가 빠르고 응용도 손쉽기 때문이다. 여기서 등분이 갖는 의미는 매우 크다. 우리는 그것을 경맥과 연관시켜 생각하면 될 것이다. 열두 개의 경맥을 사각형 위에 배치한 이유도 여기에 있는 것이다.

문장과 관련해 우리는 다음의 세 가지 경우를 생각해볼 수 있다. 이는 러셀 역설과 위상기하학을 연관시켜 설명할 수 있는 좋은 기회이다. 문장의 피라미드를 사각형의 종이 위에 표시해보자(요시마사, 1993, 85). 먼저 사각형을 횡으로 2등분한 다음 거기에 다음과 같은 문장을 써 넣는다(이 책 제2부 1장의 〈그림 3〉과 〈그림 4〉 참고).

만일 사각형의 방향을 같게 하면 이 경우는 문장의 내용이 "below sentence is True"로 같다. 그러나 만일 사각형의 위 칸에는 "below sentence is False"라고 적고 아래 칸에는 "above sentence is True"라고 적

---

10   사영 평면은 '비틈의 비틈'이기 때문에 그것을 만들자면 '비튼 것'을 '안 비튼 것'과 마주 붙여야 한다. 그래서 비튼 원둘레(외뫼띠) 위에 다시금 비튼 것(애뉴러스)을 마주 붙여 만든다. 만드는 방법은 사영 평면 그 자체와는 서로 상반된다.

는다면 이는 뫼비우스 띠가 된다. 소문자는 사각형 안에, 대문자는 사각형의 밖에 적었다. 사각형이 그림 도형(圖形)이라면, 사각형이 놓여 있는 곳은 바탕 공간(空間)이다(김용운, 1996 참조). 그러면 소문자는 도형에, 대문자는 공간에 속한다. 이는 부분과 전체의 관계와 같다. 이 책 제2부 1장의 〈그림 3〉은 바로 원기둥의 경우로, 사각형의 마주보는 두 쌍의 변 가운데 어느 한 쌍이 같은 화살표 방향대로 마주 붙은 경우이다. 두 문장의 주장하는 바가 같기 때문이다.

뫼띠의 경우는 마주보는 한 쌍의 방향이 반대로 되어 있다. 서로 주장하는 바가 상반되기 때문이다. 대문자와 소문자를 서로 교환할 때 도형과 공간이 서로 교환되는 것이 바로 이런 경우이다. 그리고 소문자 'below'나 'above'는 대문자 'Above'나 'Below' 속에 있는 부분적 단어이다. 그래서 공간은 도형을 그 속에 부분으로 包涵하고 있다. 공간은 부류이고 도형은 요원이다. 여기서 공간을 도형과 교환한다는 것은 곧 부류와 요원 그리고 전체와 부분이 교환된다는 말과 같다. 바로 이때 원기둥의 경우는 bTT=B이거나 aTT=A와 같다. 비틀림이 없는 경우이다. 그러나 뫼비우스 띠의 경우에는 bFT=B이거나 aTF=A와 같다. 후자의 경우는 "A가 자기 a를 언급해 말하기를, 자기 말이 참이기도 하고 거짓이기도 하다"라고 하는 것과 같다. 우리는 여기서 러셀 역설이 위상기하학적으로 표현될 수 있음을 알 수 있다.

사각형의 경우로 다시 돌아와보면, 사각형의 마주보는 두 쌍의 방향을 다음 두 가지 경우로 더 생각해볼 수 있다. 즉, '⬩⬩'의 경우는 원기둥×뫼비우스 띠인 클라인 병의 경우이다. 한 쌍은 원기둥과 같이 비틀지 않고 그냥 붙이고, 다른 한 쌍은 뫼비우스 띠의 경우와 같이 비틀어 붙이는 경우이다. 이 경우를 두고 클라인 병(Klein Bottle)이라고 한다. 다음은 두 쌍의 방향을 모두 비틀어 붙이는 경우이다. 즉, '⬩⬩'와 같은, 뫼비우스 띠×뫼비우스 띠의 경우이다. 이 경우가 바로 사영 평면(*projective plane*)의 경우이다. 이는 다름아닌 차원의 상승의 경우이며, 클라인 병과 사영 평면은 '시간(time)'이라는 개념이 들어가야만 가능해지는 공간이다. 우리는 여기서 러셀 역설의 해결 방안으로 '차원'과 '시간'의 문제를 도입해볼 필요성을 느끼게 된다. 그러나 여기서는 위상범례를 통해 그 논리적 관계만을 아는 것으로도 족하다. 뫼비우스 띠에서는 전후·좌우·상하의 세 대칭이 모두 일치한다. 클라인 병에서는 겉과 속까지 일치한다. 사영 평면에서는 꼭지점과 면 그리고 변의 대칭이 모두 한 점에서 일치한다.

경맥은 인체 안을 흐르는 기이다. 거기에는 혈이 있고 경로가 있다. 어디에서도 막힘이 없이 기가 주유하자면 그 공간은 궁극적으로 사영 평면이 아니면 안 되며, 그렇지 않고서는 이해할 수 없는 공간이다. 지금까지 필자는 이를 거짓말쟁이 역설과 연관시켜 살펴보았다. 러셀 역설에서 발생하는 참(T)과 거짓(F)의 반대가 위상기하학에서는 모두 일치한다. 일치하는 데는 차원의 문제와 시간의 문제가 필수적으로 수반되어야 한다. 비틀어서 붙인다는 것은 '자기부정'과 '자기언급'을 한다는 것을 의미한다.

인체는 우주를 닮고 우주는 인체를 닮는다. 우주 과학자들은 지구의 구조가 뫼비우스 띠처럼 되어 있다고 입을 모으고 있다.[11] 북극점에서 남극점을 찾아간다는 것은 결국 뫼비우스 띠 위의 한 선을 따라간다는 것과 같다. 그렇다면 뫼비우스 띠 위의 어디에 남극과 북극을 정하는가 하는 문제가 남게 된다. 극을 어떻게 정하느냐가 문제라는 것이다. 이 지구라는 행성은 뫼비우스 띠 모양으로 되어 있으면서도 하나의 극점이 존재하는 그러한 모양을 하고 있다. 이런 공간을 보이(*Boy*) 표면이라고 한다. 그 표면을 그림으로 나타내면 다음과 같다.

---

11   위상기하학으로 아인슈타인의 우주를 초월·극복하고 있는 실정이다(레 빈, 2003, 173).

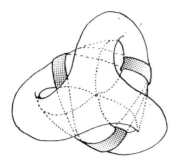

〈그림 7〉 뫼비우스 띠로 이루어진
우주의 보이 표면

〈그림 8〉 경맥의 길과 같은 보이
표면 위의 선들

보이 표면의 적도는 바로 반 바퀴 꼬인 뫼비우스 띠와 같다. 인체 안에서 주행하고 있는 경맥의 구조 역시 이러한 보이 표면의 그것과 같을 것이라고 추리할 수 있다. 왜냐하면 한의학의 오운육기론(五運六氣論)이란 소우주인 인간과 대우주가 같다는 데 근거를 두고 있기 때문이다. 그러자면 그 구조 역시 같아야 한다. 의학이란 이러한 일치점을 구현해내는 것에 지나지 않는다. 위 그림 속의 선들은 경맥의 흐름과 그 방향을 한눈에 볼 수 있도록 해준다. 만일 점선을 음이라고 하고 실선을 양이라고 한다면, 음과 양은 선회·착종을 하면서 하나의 극점에서 모두 만난다. 그러면 그 어디에도 중심이 없고, 모든 곳이 중심이다. 12경맥에서는 이러한 극점 같은 것을 편의상 하나 두고 있는데, 그것이 바로 수태음폐경으로 시작해 족궐음간경이 만나는 점이다. 삼음이 만나는 회삼음혈 같은 것도 이에 해당한다. 백회(百會)혈도 말 그대로 모든 경맥이 모여 지나는 혈이다. 이러한 뫼비우스 띠의 구조는 클라인병이나 사영 평면을 통해 더욱 복잡해지는 것을 볼 수 있다.

(2) 클라인 병과 사영 평면의 역설적 구조

클라인 병의 경우를 먼저 생각해보자. 클라인 병은 원기둥을 만들고 나중에 뫼비우스 띠를 만들어도 되며, 그 반대라도 상관없다. 다만, 원기둥과 뫼비우스 띠가 동시적일 수는 없다. 흔히 하는 방법대로 원기둥을 먼저 만들고 뫼비우스 띠를 나중에 만드는 경우를 생각해보기로 하자. 먼저 사각형의 가로를 마주 붙여 원기둥을 만든다. 그러면 세로는 마주 붙지 않고 열린 상태로 남게 된다. 세로마저 마주 붙이면 토러스가 된다. 토러스의 경우는 자동차 타이어 튜브와 같아서 겉과 속이 분리되어버린다. 우리의 관심사는 튜브의 겉과 속을 어떻게 연결시키는가 하는 것이다. 만약 연결되어 있는 튜브만 있다면 돌을 밖에서도 넣을 수 있을 것이다. 아니, 그런 튜브는 펑크가 날 위험도 없을 것이다. 하지만 이런 것은 3차원에서는 구현할 수 없는 공간이다. 이런 공간을 가능하게 하려면 시간이라는 개념을 도입해 튜브가 만들어지기 이전의 평면 상태로 되돌아가야 한다. 사각형의 평면에서 튜브가 만들어지는 그 순간에 겉과 속을 마주 붙여야 한다. 하지만 아무리 기능공의 솜씨가 전광석화처럼 빠르다고 해도 거기에는 시간의 차이가 생기게 마련이다. 그럼에도 공상 과학 소설가들은 과거로 시간 여행을 한다는 설정을 통해 이런 작업을 가능하게 만든다. 안과 밖이 연결된 이와 같은 공간은 시간이라는 새로운 변수의 도입 없이는 불가능하다.

그런데 클라인 병이 원기둥과 뫼비우스 띠가 결합되어 만들졌다는 데 착안을 하면 다음과 같은 논리적 발상을 할 수 있다. 이런 논리적 발상을 통해 거짓말쟁이 역설의 위상공간적 모습도 볼 수 있다. 원기둥은 '비틀지 않은 것'이고 뫼비우스 띠는 '비튼 것'이다. 앞에서 우리는 '비튼다'를 '거짓말'(F) 그리고 '안 비튼다'를 '참말'(T)이라고 했다. 그러면 클라인 병은 "비튼다가 안 비튼다"(FT)와 같아진다. 그렇다면 사영 평면은 "비튼다를 비튼다"(FF)와 같아진다. 다시 말해서, 클라인 병을 만들자면 비튼 것(뫼비우스 띠)을 안 비틀게 하면 될 것이다. 역설적으로 비튼 것(F)을 안 비틀게(T) 하자면, 비튼 것인 뫼비우스 띠의 가장자리에 같은 크기의 비틀린 뫼비우스 띠의 가장자리를 같은 방향에서 이어 마주 붙이면 된다. 그러면 원래의 비틀린 뫼띠는 안 비틀리게 되어 비틀린 상태를 지키게 된다. 그러면 클라인 병은 두 개의 뫼비우스 띠가 마주 붙어 있는 꼴이 될 것이다. 다시 말해서, 클라인 병 안에는 두개의 뫼비우스 띠가 같은 방향으로 마주 붙어 있으며, 앞에서 쌍뫼비우스 띠라고 한 것이 바로 이를 일컬은 것이다. 여기서 주의할 것이 있는데, 사영 평면은 뫼비우스 띠가 '비틈의 비틈'의 형식이지만, 클라인 병의 경우는 그 만드는 과정에서 뫼비우스 띠의 가장자리를 다른 뫼비우스 띠의 가장자리에 이어 붙인 형식이라는 점이다. 역설적이게도 클라인 병을 만들기 위해서는 뫼비우스 띠의 가장자리를 뫼비우스 띠의 가장자리에 붙이는, 즉 '비틈에 비틈'을 하는 방식을 취해야 한다는 것이다. 그러면 쌍뫼띠가 만들어진다.

이 쌍뫼비우스 띠는 "거짓말쟁이가 거짓말을 하면 참말이 된다"와 같다. "비튼 것을 비틀면 안 비튼 것이 된다"와 그 언어적 구조가 완전히 같다. FF＝T의 구조를 갖는 것이다. 그렇다면 사영 평면은 "비튼 것을 비트는 것"이기 때문에, 이를 만들기 위해서는 역설적으로 비틀린 뫼비우스 띠의 가장자리를 안 비틀린 원둘레(원판) 위 가장자리에 마주 붙여야 한다. "거짓말쟁이(F)가 참말(T)을 하면 거짓말(F)이다"는 "비튼 것(F)을 안 비틀면(T) 비틀린다(F)"와 같다. 즉, FT＝F의 구조를 갖는다. 클라인 병인 FF＝T와 한번 비교해보기 바란다.

이에 대한 추가 설명을 해두자. 뫼띠를 중심선에서 절단한 것을 특히 애뉼러스(anulus)라고 한다. 즉, 쌍뫼띠가 애뉼러스이다. 애뉼러스는 하나의 경계에 두 개의 반원둘레를 갖는다. 이를 역방향으로 맞붙이면 그것이 바로 뫼비우스 띠이다. 사영 평면에서 원판을 잘라내면 나머지 곡면은 뫼비우스 띠인데, 역으로 원판과 뫼비우스 띠를 맞붙이면 사영 평면이 된다(Devlin, 1996, 396).

다시 정리하면, 뫼비우스 띠(비틈)를 원판 둘레(안 비틈)에 붙이면 사영 평면이 되고, 뫼비우스 띠를 같은 뫼비우스 띠의 가장자리에 이어 붙이면 클라인 병이 된다. 이는 거짓말쟁이 역설에서 거짓말(뫼비우스 띠)을 참말(원판)이라고 하면 거짓말(사영 평면)이 되고, 이를 다시 참말(원판)이라고 하면 참말(구면)이 되는 것과 같다고 할 수 있다(〈그림 11〉). 이는 일종의 위상수술과 같은 것으로, 위상구조를 분해해 봄으로써 역설적 구조를 파악할 수 있게 된다(혼마, 1995, 113~123).

논리적으로는 하자 없이 클라인 병과 사영 평면이 만들어졌다. 그러나 클라인 병을 3차원 공간에서 실제로 만들기 위해서는 안 비튼 원기둥을 먼저 만든 다음(T), 자기 몸을 자기가 꿰뚫고 들어가야 한다. 즉, 원기둥의 한쪽이 휘어져 자기 몸체의 중간 부분을 겉에서 속

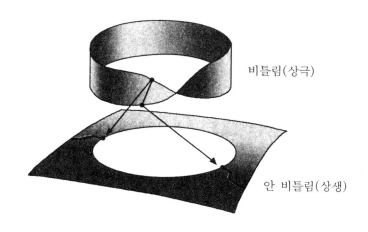

비틀림(상극)

안 비틀림(상생)

〈그림 9〉 사영 평면 제작 방법

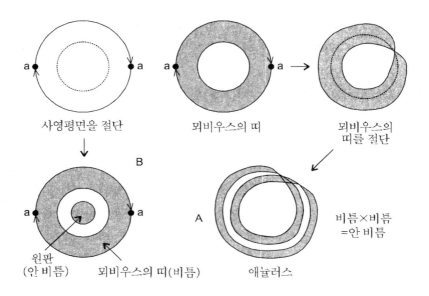

<그림 10> 뫼비우스 띠의 위상수술 해부

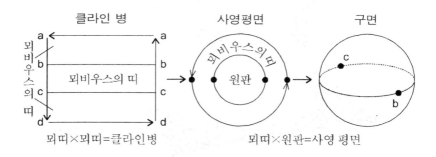

<그림 11> 사영 평면의 위상수술 해부

으로 뚫고 들어가야 한다(F). 그리고 다른 쪽 끝에서는 휘감고 원기둥
의 속으로 내려온다. 그래서 꿰뚫고 들어온 끝과 휘감고 들어온 끝이
원기둥 안에서 만나야 한다. 이렇게 만들어진 것이 다름아닌 클라인
병이다. 이렇게 하면 원기둥의 겉과 속이 서로 만나게 된다. 토러스의
경우에는 겉은 겉과 만나고 속은 속과 만났지만, 클라인 병의 경우에
는 겉과 속이 그리고 속과 겉이 서로 만나게 된다. 이렇게 만들어진
클라인 병을 이등분하면 다음 그림과 같이 두개의 뫼띠가 생겨난다.
그래서 크기가 같은 두 뫼띠의 가장자리를 마주 붙여도 클라인 병이
복원된다.

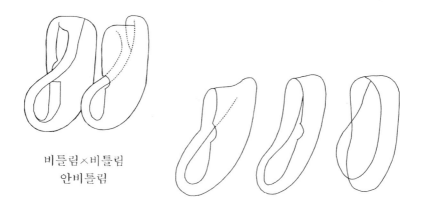

비틀림×비틀림
안비틀림

〈그림 12〉 뫼비우스 띠의 가장자리를 이어 붙여 클라인 병을 만드는 과정

이를 두고 위상공간의 위상수술이라고 한다. 수술을 통해 초공간의
세계를 구조적으로 이해할 수 있게 된다. 초공간을 전체로서는 파악
하기 힘들지만, 이렇게 수술을 하고나면 그 부분을 통해 전체 상을 파
악할 수 있게 된다.

(3) 위상수술의 해부도

사각형 경맥도(〈그림 4〉)에서도 사각형 주변의 굵은 화살표를 보면 모두 사영 평면과 같이 화살표가 반대로 되어 있다. 이는 위상범례에서 볼 때 경맥의 구조가 사영 평면과 같음을 한눈에 보여주는 것이다. 경맥 사각형으로 돌아가서, 사각형의 경맥들이 모두 사각형(〈그림 13〉의 ①)의 주위에 배치되어 있다고 상상해보자. 이 〈그림 13〉의 ① 자체가 화살표 상으로는 완성된 사영 평면이며, 마주 붙이기 전에는 사각형의 경계가 전혀 없다. 그러나 완성된 사영 평면을 해체·수술한 뒤 다시 구성해보도록 하자. 그 과정을 시각적으로 이해한다는 것은 사실상 불가능하지만, 여기서는 논리적 과정과 절차를 익혀두는 것이 필요하다.

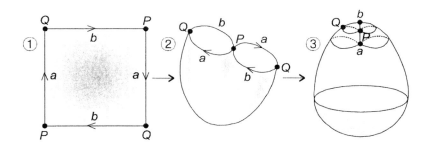

〈그림 13〉 사영 평면의 해부도

앞에서 사영 평면은 비틀림1의 안 비틀림을 통해 비틀리2게 한다고 했다. 그렇다면 먼저 비틀림1을 시도해보자. 그러기 위해서는 〈그림 13〉의 ①에서 먼저 위와 아래의 가장자리 b 가운데 어느 하나를 비틀어 다른 한쪽 b의 끝 P(또는 Q)끼리 일치시켜야 한다. 다른 끝 Q(또는 P)는 그냥 둔다. 사각형을 하나의 보자기라고 생각한다면, 이 보자기의 대각선의 양끝을 집어서 묶는 형태라고 할 수 있다. 이때의 상태가 바로 〈그림 13〉의 ②이다. 이제 남은 것은 안 비트는 것인데, 여기서 '안 비튼'다는 것은 반드시 〈그림 13〉의 ②를 그렇게 하는 것이어야 한다. 그래서 비틈1과 안 비틈은 반드시 곱하기 형식으로 표현되어야 한다. 이는 서로 논리적으로 메타 관계임을 의미한다. 그러면 〈그림 13〉의 ②를 안 비트는 방법은 무엇인가? 그것은 가장자리 a는 a끼리, 그리고 b는 b끼리 각각 화살표 방향대로 이어 붙이고, Q는 Q끼리 일치시키는 것이다. 이렇게 만들어진 것이 〈그림 13〉의 ③이다. 〈그림 13〉의 ③은 3차원 공간에서는 그려낼 수 없는 것이기 때문에 구태여 여기서 파악하려고 애쓸 필요는 없다. 그러나 중요한 것은 이에 대한 논리적 설명이다. 그것이 더 중요하다. 이러한 논리적 설명만을 염두에 둔다면, 즉 '비틀림의 안 비틀림'(FT)이라는 역설적 어법을 머릿속에 둔다면, 다음과 같이 얼마든지 다르게 사영 평면을 만드는 방식을 생각해볼 수 있다(김용운, 1995, 180).

이 사영 평면의 구조는 다음에 설명할 경맥의 구조와 같다. 여기서 최대한 이해를 돕는 설명을 해 두는 것이 필요하다. 이러한 사영 평면과 같은 공간을 폐공간(閉空間)이라고 한다. 폐공간은 복잡한 형태이기는 하지만, 그래도 그 가운데 가장 단순한 것으로는 구면을 들 수 있겠고, 그 다음이 토러스이다. 구면은 두 원판의 가장자리를 이어 붙이는 것으로 쉽게 구현할 수 있다. 그런데 사영 평면은 사각형의 '비튼 것'을 다시 '비튼 것'이기 때문에 역설적으로 '비튼 것'을 '안 비튼 것'에 마주 붙여야 한다고 했다. 이를 더하기가 아니라 곱하기로 표현해야 하는 까닭은, 마이너스 더하기 마이너스는 마이너스이지만, 마이너스 곱하기 마이너스는 플러스가 되기 때문이다. 그래서 거짓말쟁이 역설은 더하기 작용이 아니고 곱하기 작용인 것이다. 원판의 둘레에 원판(T)을 덮으면 구(T)가 되지만, 원판의 가장자리(안 비틀림)(T)에

뫼띠(비틀림)(F)의 가장자리를 이어 붙이면 곧 사영 평면이 되는 것이다. 이것이 사영 평면을 만드는 두번째 방법이다. 이는 상상으로만 가능한 공간이다. 우리가 이해할 수 있는 방법은 사각형의 네 방향 화살표만을 보는 것인데, 이것으로도 만족해야 할 것이다.

뫼비우스 띠의 등분으로 돌아가서 사영 평면을 다시 한번 생각해보자. 뫼비우스 띠를 2등분하면 두 개의 뫼비우스 띠가 서로 연(連)해 이어진 긴 띠가 하나 생긴다고 했다. 바로 애뉼러스의 경우이다. 그렇지만 이 긴 쌍뫼비우스 띠 자체는 뫼비우스 띠가 아니다. 비틈의 비틈인 탓에 이는 곧 안 비틈이기 때문이다(FF=T). 두 개의 뫼비우스 띠의 가장자리를 서로 이어 붙이면 그것은 클라인 병이 된다. 그러면 같은 방법으로 뫼비우스 띠를 3등분했을 때를 한번 생각해보자. 3등분할 경우 등분 a와 등분 c가 연해 쌍뫼비우스 띠를 만들고, 가운데 등분 b는 자기 자신이 만나 뫼비우스 띠를 만들어 쌍뫼비우스 띠에 걸려 있게 된다. 이를 연(連)에 대해 결(結)이라고 부르기로 하자. 이해를 쉽게 하기 위해 여기서 몇 개의 부호를 만들어 사용하기로 하겠다.

하나의 뫼비우스 띠를 태극 도형 '◯'로 표시하고, 쌍뫼비우스 띠처럼 연할 경우에는 '⊗'로, 그리고 결할 경우에는 '⊗'로 표시하기로 하자. 2등분은 연하고 3등분은 연과 결을 같이하므로, 4등분은 '⊗⊗'처럼, 5등분은 '⊗'처럼 표현될 것이다. 이로써 등분에 따른 연결 방식을 손쉽게 파악할 수 있다. 다시 사영 평면으로 돌아와 등분과 연관해 그 구조를 살펴보면 다음과 같다. 3등분의 경우 쌍뫼비우스 띠는 비틈의 비틈이기 때문에 '안 비틈'이다. 그리고 쌍에 결해 있는 가운데 등분 b가 만드는 뫼비우스 띠는 '비틈'이다. 그렇다면 이 뫼비우스 띠(비틈)의 가장자리에 쌍뫼비우스 띠(안 비틈)의 가장자리를 이어 붙이면 그것이 바로 사영 평면이 될 것이다. '비틈'의 '안 비틈'은 '비틈'이기 때

문이다(FT＝F). '⊗'는 비틀의 비틀, '∞'은 '비틀의 비틀(안 비틀)'의
비틀이다.

이러한 사영 평면을 원판 위에 나타내면 경맥의 구조를 이해하는
데 도움이 된다. 여기서 우리는 경맥의 경우도 이러한 연과 결이 구별
된다는 사실에 착안해야 한다. 즉, 같은 계안에서는 연하고 계와 계는
결한다고 할 수 있는 것이다. 수태음폐경과 수양명대장경은 연하고,
대장경과 족양명위경은 결한다고 보아야 할 것이다. 수수와 족족은
계를 만들고, 경맥의 수와 족은 하나의 군을 만든다. 각 군 안에는 음
양이라는 두 개의 계가 있다. 즉, 수삼음과 수삼양이 짝이 되어 계를
만드는 것이다. 폐·대장·위·비는 하나의 같은 군 속에 있고, 폐와 대
장 그리고 위와 비는 각각 하나의 계를 만든다. 이러한 군과 계의 구
조를 사영 평면을 통해 파악할 수 있다. 계와 계는 서로 연하고 군과
군은 서로 결해, 결국 연결(連結) 관계를 만든다. '⊗'로 두 개의 계가
연한 것, 즉 군은 계와 계가 결한 '⊗⊗'로 표현하면 된다.

5. 동물의 신경계 구조와 경맥의 구조

(1) 위상기하학과 신경생물학

동물의 신경계를 위상공간과 일치시키려는 연구가 서양에서는 오
래전부터 이루었다. 그러나 이 책에서 다루는 것은 이와 상관없이 그
이전부터 이루어졌다. 2002년에 버클리 대학을 방문했을 당시 이에
관한 자료들을 구할 수 있어서 그 가운데 일부분만을 여기에 소개할
까 한다.

동물의 신경계를 클라인 병의 구조와 일치시키려는 연구에는 다음

과 같은 것들이 있다. 그러나 이들 연구가 놓친 것은 동물의 신경계 역시 사영 평면이지 클라인 병은 아니라는 점이다. 만일 클라인 병이라고 한다면 위상범례에서 볼 때 기는 어느 곳에선가 막히고 말 것이기 때문이다. 그러나 일단 동물의 신경계를 위상기하학적으로 고찰한 시도는 높이 평가할 만하다. 20세기 과학이 19세기의 위상기하학에 뿌리를 두고 있다는 사실은 잘 알려져 있다. 아인슈타인의 상대성 원리는 이미 한 세기 전에 리만 같은 위상수학자들이 만들어놓은 것을 가지고 물리학에 응용한 것에 불과하다(레빈, 2003, 199~333). 위상기하학은 비단 물리학에서뿐만 아니라 신체감각(somaticsensory)을 다루는 신경생물학(Neurobiology) 영역에서도 응용되어 여러 학자들이 괄목할 만한 성과를 거두었다. 이러한 연구는 주로 동물을 대상으로 한 것이지만, 인간에게도 그대로 적용할 수 있다. 그동안 한의학의 경맥 연구는 위상수학적으로 다루어지지 않았다. 여기서 신체감각론의 위상수학적 연구 결과를 간접적으로 소개하려는 까닭은 이를 경맥의 구성 및 구조와 연관시켜봄으로써 이 책에서 다루고 있는 연구 내용의 신빙성을 높일 수 있다고 보기 때문이다. 그러면 위상기학학과 연관시키면 한의학이 한층 새로운 연구 분야로 발돋움할 수 있을 것이고, 아울러 그 외연을 넓히는 기회도 가지게 될 것이다.

필자는 1999년에 《초공간과 한국 문화》(서울 : 교학연구사)를 통해 한복의 구조를 연구하는 과정에서 경맥의 구조를 위상기하학과 연관시킨 적이 있다. 그리고 2002년에 버클리 대학을 방문하는 동안 허먼 숀(Hermann Schöne)의 《공간 정위(*Spatial Orientation*)》(Princeton : Princeton University Press, 1986)를 통해 새로운 지평을 발견하게 되었다. 위상기하학과 우리가 여기서 시도하는 논리학 및 집합론의 관계도 이미 신경생물학자들 사이에서 연구된 바 있음을 아울러 발견하면서, 그것이 이 책의 취지와 같다고 보기 때문에 여기서 소개해두려는 것이다. 이러한 것들이 앞으로 이 분야의 연구에 일조하기를 바란다.

먼저 사람의 몸인지 원숭이의 몸인지, 혹은 직립 보행인지 아닌지 따라 차이는 있지만, 크게 두 가지 대칭 관계로 나누어볼 수 있다. 전면과 후면 그리고 측면과 중앙의 대칭이 바로 그것이다. 워너(Gerhard Werner)는 원숭이를 세워놓고 보았을 때 다음 〈그림 14〉와 같이 신경계가 연결된다고 보았다. 여기서 우리는 신경계가 직선으로 변화 없이 주행하는 것이 아니라, 몇 곳에서 전후가 뒤바뀌면서 꼬리에서 얼굴까지 주행하는 것을 볼 수 있다. 그림에 보이는 번호는 그 주행 순서에 따라 붙인 것이다. 꼬리에서 시작해(1), 허벅지를 거쳐(2), 발끝으로 내려와 발등과 발바닥을 감돌고(3), 다시 다리를 타고 무릎으로 올라가(4), 등 척골(5)을 거쳐 팔꿈치 뒤로 간 뒤(6), 다시 손끝을 감돌고(7), 팔꿈치 앞을 지나서(8) 얼굴로 올라간다.

이러한 주행 과정을 상하 대칭이라고 하자. 그러면 이에 대해 각 번호가 있는 곳에서는 전후가 서로 뒤바뀌는 현상이 생긴다. 이를 전후 대칭이라고 하자. 사각형의 세로 중앙을 가로 지르는 굵고 검은 선은 번호 1에서 8까지의 상하 대칭선이다. 이 대칭선을 수직으로 지나는 여덟 개의 선은 전후 대칭을 나누는 선이다. 이 수직선이 바로 신경과 신경을 연결하는 선이다. 물론 사각형은 입체적인 원숭이의 몸을 2차원 위에 그려놓은 것이다. 이 2차원 사각형을 원기둥으로 만들면 화살표 방향대로 신경망이 서로 연결이 된다. 수직선의 점선은 원숭이 그림에서 뒤로 감추어져 보이지 않는 부분이다. 원숭이 몸이 사각형에 사영되어 있다.

이 그림을 통해 우리가 알 수 있는 것은 신경계의 주행이 그 구조에서 사람 몸의 경맥의 주행 구조와 일치하는 점이 있다는 사실이다. 12경맥 가운데 제1군에 속하는 네 개의 경맥을 대표로 선택해 이를 서로 비교해보자. 제1군의 수태음폐경-수양명대장경-족양명위경-족

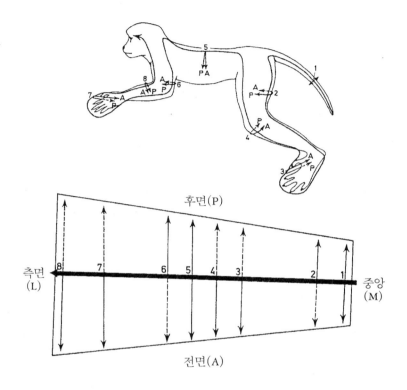

〈그림 14〉 원숭이의 뫼비우스 띠 신경계 구조

태음비경의 주행을 살펴보면, 폐경은 가슴에서 손끝으로 나가고 손끝에서 수양명대장경과 만나며, 수양명대장경은 손끝에서 얼굴을 향해 가다가 얼굴에서 족양명위경을 만난다. 족양명위경은 다리 밑으로 하행해 엄지 발끝에서 족태음비경을 만난다. 족태음비경은 흉복부로 들어가 수태음폐경을 가슴에서 다시 만난다. 한의학적으로 인체의 음양을 구분하면, 전후 음양, 상하 음양, 표리 음양, 좌우 음양, 장부 음양으로 나뉜다. 따라서 인체의 전후 대칭을 음양 대칭으로 보고 얼굴과 발끝을 상하 대칭으로 본다면, 제1군의 주행의 경우에는 음양(폐와 대장)-양양(대장과 위)-양음(대장과 비)-음음(비와 폐)으로 음양이 서로 착종하며 만나고 있음을 발견하게 된다.

〈그림 14〉의 사각형에서 만일 수직의 실선을 양이라고 하고 점선을 음이라고 한다면, 1은 양양, 2는 양음, 3은 음양, 4는 음양, 5는 양양, 6은 양음, 7은 음양, 8음 음양이라고 할 수 있다. 이는 제1군 경맥 주행과 같은 것이다. 신경계의 경우는 세분화해 3과 4 그리고 7과 8을 나누었지만, 만약 이를 동일시한다면 신경계가 경맥처럼 양양(1)-양음(2)-음양(3과 4)-양양(5)-양음(6)-음양(7과 8)과 같이 될 것이다. 아직 경맥과는 차이가 있지만, 이는 세분화에 따른 문제이기 때문에 근본 구성에서는 같다고 할 수 있다. 다시 말해서, 같은 것이 연결되었다가 다시 반대되는 것이 연결되는 반복 과정이 중요하다는 것이다. 그리고 이 점에서는 경맥과 신경계가 같다는 것이다.

다시 제1군의 제2계만을 따로 분리해 이것이 신경계와 어떻게 연관되는지를 알아보기로 하자. 즉, 족양명위경과 족태음비경이 어떻게 연관되는가를 알아보는 것이다. 이것을 알아보는 것은 신경계 전체 구조를 알아보는 것이나 마찬가지이다. 음양의 파생적 성격 때문에 부분의 구조가 동시에 전체의 구조를 결정하기 때문이다. 제2계는 전적으로 다리 부분에 해당한다. 족양명위경은 다리의 양부위인 측면(lateral)을 타고 내려오다 음부위인 내면(medial)에서 족태음비경을 만난다. 우리는 여기서 경맥의 경우 계와 계가 만날 때는 양양 아니면 음음과 같이 동일한 속성 끼리 만난다는 것을 발견하게 된다. 그런데 같은 계 안에서는 반드시 음양 혹은 양음같이 다른 치대칭끼리 만난다. 즉, 수태음폐경은 수양명대장경을 만난다. 위상기하학적으로 볼 때 같은 속성끼리 만난다는 것은 마치 사각형에서 좌는 좌, 우는 우끼리 만나는 것과 같다. 이는 위상범례에서 원기둥을 두고 하는 말이다. 그런데 다른 대칭끼리 만난다는 것은 사각형의 어느 한 방향을 비틀

어야 가능하기 때문에 이를 두고 뫼비우스 띠라고 하는 것이다. 그렇
다면 위에서 본 음음-양음-양양-……의 반복은, 사각형의 경우 안
비틀림과 비틀림의 T와 F가 연속적으로 반복하는 것과도 같다고 할
수 있다.

제2계 안에서 양양-양음-음양-음음은 위상기하학의 중대한 구조
변화를 시사한다고 할 수 있다. 워너를 비롯한 신경생물학 연구자들
이 이룩한 큰 공헌이란 다름아닌 이들 동물 신경계 구조가 위상기하
학의 클라인 병과 같다는 것을 실험으로 증명한 것이라고 할 수 있다.
이 증명과 관련해 좀더 살펴보면 다음과 같다.

〈그림 15〉에서 보는 것처럼 원숭이 왼쪽 다리가 하나 있다. 이를
상하좌우로 나누어보자. 먼저 발톱·발목·무릎·엉덩이 순서로 상하를
나눈다. 다음에는 원숭이 발의 등과 바닥으로 나눈다. 그리고 다리의
중심선을 정한다. 이럴 때 다리의 위에서 아래로 흐르는 굵은 선(족양
명위경이라고 하자)은 발목에서 점선(족태음비경)을 만난다. 점선은 발
바닥 밑으로 감돌며 들어가 다리의 내측(좌측)으로 빠져나와 자기 위
로 향한다(Schöne, 1986, 254).

(2) 클라인 병과 원숭이 신경계 그리고 집합론

그런데 흥미 있는 점은, 그림에서 보는 것처럼 점선인 가는 선이 굵
은 선으로 변했다는 사실이다. 즉, 굵은 실선과 융합이 되어버렸다는
말이다. 이는 족양명위경의 양과 족태음비경의 음이 만나 제3의 기를
창출해냈음을 의미한다. 〈그림 15〉는 발바닥과 발등에서 이와 같은
음양 융합 작용이 생기고 있음을 잘 보여주고 있다. 아래 그림에서 보
는 바와 같이 발등과 발바닥은 음양이 만나 교체하는 곳이다. 이처럼
음양은 서로 만나 빛을 발한다(Schöne, 1986, 254).

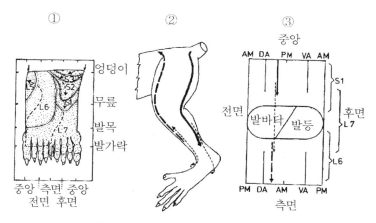

A : 전면, M : 내면, P : 후면, D : 발바닥, V : 복부

〈그림 15〉 원숭이 다리의 신경계 구조

여기서 워너와 다른 연구 학자들은 중대한 위상기하학적 증명을 하고
있다. 즉, 다리 부분의 상하와 좌우 대칭 그리고 발등과 발바닥의 3중
대칭을 사각형 위에 그려놓고, 대칭들이 어떻게 만나 클라인 병 속에서
융합 작용을 할 수 있는지를 위상기하학적으로 설명하고 있다는 것이
다. 〈그림 15〉는 이러한 것들을 2차원 평면 위에 그려놓은 것이다.

  이를 만약 초공간 속으로 옮겨놓으면 클라인 병이 된다. 즉, 〈그림
16〉에서 보는 것처럼 사각형을 말아 먼저 원기둥을 만들고 다시 클라
인 병을 만드는 것이다. 신경계는 다시 말해서 클라인 병이다(Schöne,
1986, 255). 각 대칭점은 경맥의 대칭으로 생각하면 된다. 잰센은 발바
닥에서 신경계가 회전하는 구조를 멱집합의 논리로 표현하고 있다. 이
럴 때 신경이 비틀리는 모양을 알 수 있다는 것이다. 〈그림 17〉과 〈그
림 18〉은 신경계가 흐르는 방향을 지시한 것으로, 두 개의 사각형으
로 표시해 비교하고 있다.

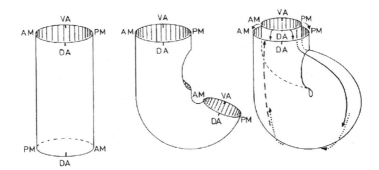

A : 전면, M : 내면, P : 후면, D : 발바닥, V : 복부

〈그림 16〉 클라인 병과 신경계

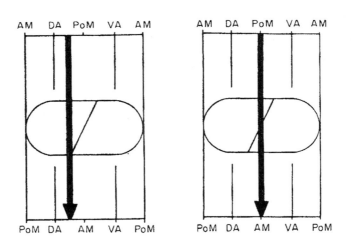

〈그림 17〉 사격형 위의 신경계

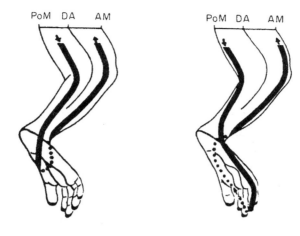

〈그림 18〉 신경계의 뫼비우스 띠 구조

　〈그림 17〉은 사각형에서 비틀림 없이 그냥 만나는 것과 같고, 〈그림 18〉은 인체 안에서 비틀려 만나는 것과 같다. 〈그림 18〉의 굵은 화살표 세로선은 같은 방향이다. 곧 원기둥이라는 뜻이다. 이런 원기둥의 가로선을 다시 비틀면 그것이 바로 클라인 병이다. 여기서 보듯이, 클라인 병이 아니고서는 신경계가 서로 융합하는 구조를 설명할 수 없는 것이다.

　이제 잰센은 위상 구조를 수학의 집합론과 관련해 다음과 같이 설명하고 있다. 클라인 병은 자기가 자기 속을 뚫고 들어가기 때문에 자기언급적이다. 〈그림 20〉에서 T와 T*는 서로 동상이다. 클라인 병 내부에서 자기가 자기를 언급하는 것을 멱집합으로 나타내면 T={A, ∅, {a, b}, {b}, {c, d}, {b, c, d} }와 같다. 집합 {a, b}·{b}·{c, d} 그리고 {b, c, d}는 서로 교집합과 합집합을 만든다. 그러면서 제 자신이 자기 집합의 한 구성요소가 된다. 예를 들면, {c, d} ∩ {b, c, d} =

{ c, d } 로서 제 자신이 자기 집합이 한 요소이다. { x, y, z, w } 도 마
찬가지이다. 이렇게 잰센은 위상기하학을 신경계와 연관시키고 동시

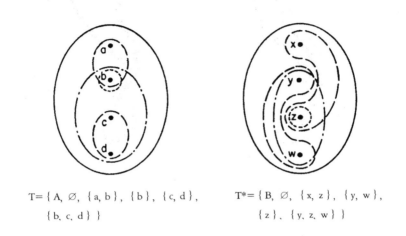

T= { A, ∅, { a, b }, { b }, { c, d },
　　 { b, c, d } }

T*= { B, ∅, { x, z }, { y, w },
　　　 { z }, { y, z, w } }

〈그림 19〉 신경계와 위상공간

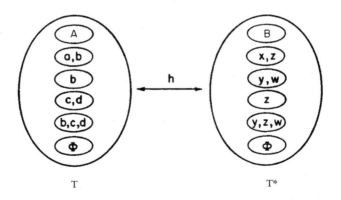

〈그림 20〉 신경계와 집합론

에 집합론과도 일치시킨다(Jansen, "Signal Transmission Between Successive Neurons in The Dorsal Spinocerebellar Pathway", 609). 이는 경맥의 구조를 위상기하학적으로 설명하는 데도 그대로 적용할 수 있으며, 한의학을 고안한 고대인들의 지혜를 현대적으로 조명할 수 있는 절호의 기회를 제공하기도 한다. 이와 동일한 모형을 12경맥의 모든 계에도 적용할 수 있다. 이러한 연구들은 필자가 이 책에서 시도하는 것들과 일치한다고 할 수 있다. 토가 오행 속에서 갖는 위치, 그리고 삼초와 심포가 12경맥 속에서 갖는 구조도 멱집합적이다.

아울러 우리는 여기서 동물 신경계 연구 성과를 통해 수양명대장경과 족양명위경 그리고 족태음비경과 수태음폐경과 같이 양양과 음음이 만나는 이유도 알 수 있다. 위 그림에서 보는 것처럼, 점선과 실선은 일정 부분 겹치고 있다. 다시 말해서, 〈그림 18〉의 굵은 점선은 양이면서 동시에 음인데, 그것이 점선과 특정 부분에서 서로 겹친다는 것이다. 이는 양양과 음음이 가능함을 보여주는 것이다. 바로 이 부분이 클라인 병에서 원기둥이 자기 자신의 몸을 자기가 뚫고 들어갈 때 접합되는 부분이라고 할 수 있을 것이다.

6. 위상공간의 역과 경맥

(1) 위상범례와 이상한 끌개

필자는 이 책 제2부의 3~4장에 걸쳐 역의 도상을 말하면서 물리학 용어인 생성을 자연수를 통해 파악했다. 그런데 도대체 이런 수를 통한 이해가 자연현상과 무슨 상관이 있는 것인가? 역의 도상은 한갓 종이 위의 그림에 불과한 것인가? 하도에서는 생수와 성수가 서로 붙어 분리되지 않았다. 그러나 낙서에서는 같은 군 안에서 분리되어 곁에 짝을 짓고 있었다. 그러나 정역도에서는 완전히 군을 이탈해 다른 군으로 옮겨진 채 견우와 직녀처럼 마주보고 있었다. 이러한 수의 결합과 분리 및 이동이 자연현상과 어떤 상관이 있다는 말인가? 그런데 이 같은 여러 의문에도 불구하고, 현대 카오스 이론이 나타나면서 이러한 수의 생성 운동은 매우 유의미하다는 사실이 입증되었다.

여러 연구자들은 미분리의 혼돈 상태에에서 가지치기를 하면서 점진·반복할 때 위상공간적 차원이 달라지고 새로운 자연현상이 나타남을 발견했다. 장마철에 계곡의 물이 바위에 부딪혀 난류를 만드는 데서부터 같은 호수 안의 송어와 창꼬치 사이에 벌어지는 순환 관계가 모두 이들 가지치기와 관계되어 있다는 사실이 실험으로 증명되고 있다. 물론 한의학의 경맥의 흐름 역시 계곡의 물 흐름 같은 난류 현상일 뿐이다. 이제 하도에서 낙서로 그리고 정역도로 도상이 변천하면서 두 생수와 성수가 계에서 군으로 또 군에서 군으로 가지치기하는 현상을 살펴보고, 아울러 이를 난류 현상에 연관시켜 정리해보려고 한다. 역에서 이렇게 생수와 성수를 갈라놓으려는 까닭은 결국 카오스 이론에서 보는 바와 같이 홀론 혹은 황극의 세계를 만들어내려는 데 있다. 김일부는 이를 '유리 세계'라고 했다.

이 책의 요점은 한의학의 경맥 구조를 위상공간(phase space) 속에 표현하고 그것을 다시 논리적으로 읽어보자는 데 있다. 위상공간이란 하나의 가상공간으로서, 움직이는 물체의 위치와 속도를 하나의 좌표 위에 두고 표시하는 방법이 동원된다. 여기에 하나의 흔들이가 있다고 하자(〈그림 21〉). 이 흔들이는 계속 반복해 좌우로 왕복하는 진동 운동을 한다. 이때 속도와 위치를 각각 좌표의 x축과 y축이라고 한다면, 흔들이는 좌우로 움직이지만 위상공간에서 궤도는 원이 된다. 이때 x축을 음양 대칭이라고 하고, y축을 위대칭이라고 하자. 그리고 경

맥의 경우에는 x축을 음양 대칭, 그리고 y축을 음양의 양대칭(태음·소
음·궐음……)이라고 하자. 흔들이에 손을 대지 않고 그냥 두면 흔들이
는 가운데서 멈추고 만다. 이 멈추는 점을 카오스 이론에서는 끌개라
고 한다. 이 멈춤점이 다름아닌 무극이다.

  태초에 있던 하나의 검은 점을 두고 혼돈(Chaos)이라고 한다. 이 혼
돈을 두고 역은 무극(無極)이라고 한다. 이 무극은 아직 아무런 분별
이 없는 혼돈 그 자체로, 신화에서는 이를 두고 우주알(Cosmic Egg) 혹은
우로보로스(Uroboros)라고도 일컫는다. 이 우주알을 깨우기 위해 이 주
변에 엄청난 크기의 에너지 혹은 기가 감돌기 시작한다. 우주알을 에
워싸고 수만 번 감돈다. 우주알을 깨우는 가장 단순한 방법이 역에서
본 것과 같은 제곱 작용이다. 음양·사상·팔괘 등으로 이어지는 제곱
작용 말이다. 1948년에 독일의 과학자 에버하르트 호프(Eberhard Hopf)
는 에너지가 우주알을 깨는 방법에 대해 다음과 같이 제곱 작용으로
설명했는데, 이것은 바로 현대 카오스 이론에서 말하는 끌개(Attractor)
이론과 같다.

  그런데 끌개 이론은 지금까지 이 책에서 말해온 위상기하학적 모습
과 같다. 다음에 보듯이 위상범례에 따라 네 가지의 끌개를 설명할 수
있는데, 이는 곧 위상범례의 순서와 역에서 도상이 만들어지는 순서
와도 일치한다.

>   고정점 끌개(*fixed point*) : 무극 점 일차원
>   한계 순환 끌개(*limited point*) : 뫼비우스 띠
>   준주기 끌개(*quasi-periodic*) : 토러스
>   기묘한 끌개(*strange*) : 초공간

이 네 개의 끌개를 역과 위상범례에 연관시켜 설명하는 것이 이어지

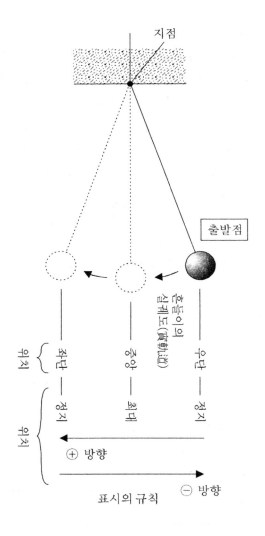

지점

출발점

흔들이의
실궤도(實軌道)

좌단 중앙 우단

위치

정지 최대 정지

위치

⊕ 방향

⊖ 방향

표시의 규칙

〈그림 21〉 흔들이

는 주요 논의일 것이다. 위상공간 안에서 끌개의 모습을 찾아보면 다
음과 같은 진기한 현상들을 발견할 수 있다. 이것들은 경맥의 구조를

이해하는 데 더없이 도움이 된다.

하나의 흔들이가 만들어내는 두 가지 다른 모습을 한번 보도록 하자. 흔들이의 위치가 왼쪽 끝이나 오른쪽 끝에서 최대가 될 때 속도는 0이 되며, 위치도 0이 된다. 외부에서 가해지는 다른 힘이 없다면 흔들이는 그냥 원점에서 멈춘다.

그러나 흔들이에 주기적으로 일정하게 힘을 가하면 좌우로 움직이는 운동을 지속하게 된다. 흔들이가 도달한 점을 고정점이라고 한다. 이렇게 지속되는 것을 특히 한계 순환(*limit cycle*)이라고 한다. 배터리 시계의 경우, 배터리가 일정하게 지속되는 한 이런 한계 순환을 유지하게 될 것이다. 그러나 배터리가 약해지면 고정점에 도달하고 만다. 이렇게 고정점에서 한계 순환으로 변하는 분기점을 특히 홉(*Hop*) 분기점이라 한다. 이제 한계 순환에서 다음으로 전개되는 발전 과정을 살펴보면 다음과 같다.

(2) 무극과 태극의 생성

여기서 한계 순환을 생태계 및 역과 연관시켜 잠시 설명하도록 하겠다. 한 호수에 송어와 그것을 잡아먹는 창꼬치를 넣어두자. 창꼬치가 송어를 마구 잡아먹은 결과 몇 년 뒤에는 호수의 송어의 수가 줄고 창꼬치의 수가 늘어난다. 그러면 창꼬치는 먹잇감이 없어서 수가 줄어들고 송어의 수는 상대적으로 증가한다. 그러면 다시 먹잇감이 생겨 창꼬치의 수는 증가하고 송어의 수는 줄어든다. 바로 이런 식으로 반복되는 것을 한계 순환이라고 하는 것이다. 그렇다면 이 한계 순환이란 페어홀스트 방정식을 그대로 두고 하는 말이라고 볼 수 있다.[12] 아울러 음이 늘어나면 양이 줄어들고 양이 강해지면 음이 약해

---

12   1과 0 사이의 값은 그대로 둔 한계 순환이라고 볼 수 있는 것이다.

지는 역의 태극도와도 같다고 할 수 있을 것이다. 이는 다름아닌 하도의 구조를 그대로 반영하는 것이다. 하도는 안정된 코스모스의 세계를 그려낸다. 하도 안의 두 원은 한계 순환계 속에 있다.

그렇다면 이어지는 추리는 바로 하도 다음의 낙서의 경우이다. 낙서는 하도의 생－성의 짝을 풀어버린, 즉 분리시킨 것이다. 다시 말해서, 가지치기가 시작된 것이다. 가령, 송어와 창꼬치가 사는 호수에 새 변수인 인간이 하나둘 나타나 낚시를 하면서 생태계의 구조가 파괴되기 시작하는 것이다. 천적과 먹잇감에 따라 한계 순환은 위협을 받는다. 그러면 한계 순환은 더 높은 위상공간으로 변하지 않을 수 없다. 하도는 음양의 대칭과 위대칭이라는 안정된 한계 순환계 안에서 그려진 그림이다. 음이 장성하다 쇠잔해지고 다시 양이 장성하다 쇠잔해지는 형국이 반복되는 그림이다. 그러나 사회는 복잡해지고 새로운 변수들이 나타나면서 위상범례의 차원도 높아지지 않을 수 없게 되었다. 이에 잇달아 나타난 것이 바로 낙서이다. 낙서는 사각형의 네 변을 같은 방향으로 마주 붙인 토러스 형이다. 2,500여 년의 시간이 지나면서 역의 도상에도 다시금 새로운 변화가 나타났으니, 그것이 바로 정역도이다. 이 과정을 좀더 고찰해보자. 역의 도상이 세 번 변하는 과정을 더 자세하게 혼돈 이론과 연관시켜 설명을 해두면 다음과 같다.

① 먼저 고정점 끌개를 살펴보자. 블랙홀과 같이 고정점 끌개는 주변의 기를 고정점에 끌어들인다. 역에서는 이를 무극이라고 한다. 이것이 곧 우주알이며, 무한한 잠재력을 가지고 폭발을 준비하고 있는 초기 단계, 대폭발 직전의 단계이다. 이 지점을 상태 공간이라고도 하는데, 왜냐하면 잠재력이 내장된 하나의 상태로밖에는 파악할 수 없기 때문이다. 고정점 끌개는 기하학적으로는 한 점에 불과하다. 안정

된 상태이며 정지해 있는 상태이다. 역에서 말하는 일정일동(一靜一動)에서 '일정'에 해당한다. 외부에서 움직임이 생기지 않는 한 그 상태를 계속 유지하려고 한다.

　가운데에 우주알 무극이 있다. 드디어 태극 속에서 음양이 나와 음양 두 갈래의 길이 이를 감싼다. 우주알 주위를 음양이 서로 반대 방향으로 회전하며 순환하다가 드디어 우주알로 되돌아간다. 하도에서 말하는 생과 성을 우주알 주변의 두 개의 원으로 생각해도 좋다. 하도는 가운데 태극을 두고 생수와 성수가 안팎에서 감도는 것과 같다. 하도에서는 음수와 양수가 짝을 짓고 있으며, 분리가 되지 않는다. 그래서 한계 순환을 할 수밖에 없다. 위상공간을 빌어 이를 표시하면 다음과 같다.

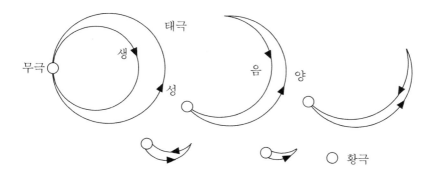

〈그림 22〉 무극과 태극의 생성도

　② 그러나 일정일동의 원리에 따라 무극의 점 주변에는 기가 증가하고 요동이 일어나기 시작하면서 고정점 둘레를 에워싸며 감돈다. 무극에서 태극이 태동하는 순간이다. 태극 속에 있던 음양은 가지치

기를 하려고 준비한다.

③ 이렇게 생겨난 음양의 가지들은 태극 고정점 주위를 계속 맴돌이한다.

④ 더욱 기가 증가해 회전력이 증가하면서 갈래들이 고정점에서 떨어져 나온다. 드디어 음양 분기가 일어나는 것이다. 사상·팔괘 등과 같은 2^2의 작용을 하면서 급속도의 분기 현상이 확산된다. 이 시점이 제1차 분기점 혹은 가지치기가 생기는 시점이다. 드디어 생수와 성수의 가지치기는 한계 순환 끝개로 변한다. 고정점에 반발자가 생긴다. 생과 성이 분리되는 것을 두고 반발이라고 한다. 끝개가 안정점을 유지하려는 것인 데 반해, 반발자(*repellor*)는 그것에 반발하는 불안정한 점들이다. 아래 그림에서 보는 것처럼, 반발자 때문에 화살표 방향이 반대로 향하고 있다(③). 이는 오행의 상극 작용에 해당한다고 할 수 있다. 다시 말해서, 음군과 양군이 나뉘고, 양군은 역으로 그리고 음군은 순으로 운동을 한다. 반발자로 말미암아 상생상극 현상이 나타나면서 제2차 분기점이 생기기 시작한다. 분기점이 하나씩 생길 때마다 위상범례의 단계가 높아진다. 그리고 역의 도상도 발전한다. 한계 순환 끝개는 안정된 고정점들이 원주 위에 배열되어 있는 것이다. 그래서 원주 둘레에서는 자유롭게 움직인다. 이는 마치 원주 둘레에서 괘들이 움직이는 것과 같다. 괘들은 다음 분기점이 생길 때까지 순역 구조로 회전한다.

한계 순환계들을 언제나 단순 주기로만 규정할 수만은 없다. 낚시꾼들이 나타남에 따라, 낚시꾼과 송어 혹은 낚시꾼과 창꼬치의 삼각 관계에서 마치 가위바위보를 하듯이 물고 물리는 형국이 벌어진다. 이때 한계 순환계는 두세 개로 늘어난다. 이렇게 늘어나는 순환계는

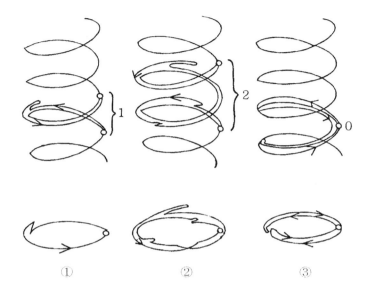

〈그림 23〉 반발자 때문에 심화된 갈래질

서로 간섭을 하면서 위상공간의 차원을 높여준다. 이는 마치 우주선 안에 있는 고양이가 우주인의 주위를 돌고 우주선은 지구를 돌고 지구는 다시 태양계를 돌고 태양계는 은하계를 도는 것과 같다(Hall, 1991, 51). 같은 호수 안의 곤충과 개구리의 순환계가 서로 간섭할 수도 있다. 그러나 이 모든 한계 순환계는 서로 유기적이며 서로 공조하기도 한다. 하도에서 짝짓고 있던 생수와 성수가 분리되어 나오는 것이 바로 이때이다. 수들이 모두 개별자가 되면서 한계 순환계는 토러스로 변하고 만다. 마치 실타래처럼 실이 자기 자신의 봉을 감고 있는 꼴이다. 자기가 자기를 감아 자기언급을 한다. 토러스 표면을 감고 있는 하나하나의 원이 바로 하나하나의 순환계가 될 것이다. 한계 순환은 토러스 주변을 감도는 원둘레가 될 것이다(김용운, 1998, 235).

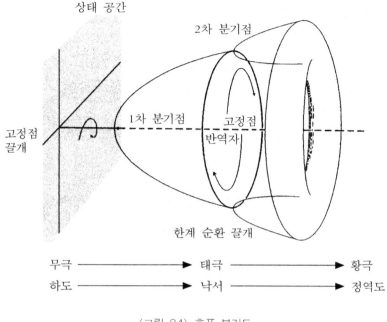

〈그림 24〉 호프 분기도

⑤ 다음 단계로, 우주와 인체 안의 기가 증가함에 따라 여기에도 요동이 일어나면서 한계 순환 끌개를 휘감으며 돌아가는 일이 벌어진다. 하도 주위를 낙서가 태동하기 위해 휘감고 있는 단계라고 생각하면 될 것이다. 하도 속의 짝이 모두 풀려나는 것과 같다.

⑥ 휘감기를 계속하면서, 다시 말해서 제곱 작용을 반복적으로 하면서 드디어 임계점에 도달하게 된다. 그 임계점에서 토러스, 곧 원환이 나타난다. 여기서 다시 낙서의 구조로 돌아가본다면 우리는 놀라지 않을 수 없다. 위의 '반발자'란 하도에서 분리되지 않던 생수와 성수가 분리되어 나오는 것을 의미한다. 이 반발자가 없으면 한계 순환을 벗어나지 못한다. 하도에는 이런 반발자가 없기 때문에 고정된 장

소 속의 연못처럼 송어와 창꼬치가 순환·반복한다. 낙서에서는 사각
형으로 원기둥을 만들고 다시 그것으로 토러스를 만든 것을 기억할
것이다. 원둘레×원둘레=토러스이다. 이렇게 변한 토러스는 그 지름
이 점점 커진다. 기는 이 토러스 주위를 돈다. 그러나 한계 순환계처
럼 주기적인 것이 아니라, 준주기적(*quasiperiodic period*)이다. 준주기란 어
떤 계가 주기적인 것처럼 보이지만 결코 반복되지 않을 때를 일컫는
말이다. 그런 점에서 하도는 주기계이다. 그러나 낙서는 하도만큼 규
칙적으로 보이지는 않는데, 그 까닭은 바로 그것이 준주기계이기 때
문이다. 토러스는 무한대 주기를 가지고 있다. 한없이 토러스 주변을
휘감는다. 낙서는 토러스 구조가 변환된 것이다.

　낙서 토러스 속에 있는 두 개의 군인 좌군(2761)과 우군(9638)은 마
치 서로 마주보고 있는 거울과 같다고 하겠다. 그러면 틈새 속의 틈이
생긴다. 이는 토러스가 갈라져 더 작은 토러스들이 만들어지는 것으
로, 마치 토성의 고리처럼 사이사이에 큰 규모의 틈새를 이루는 것과
같다. 어떤 토러스는 안정된 반면 다른 것은 불안정하다. 토러스 사이
에서 불안정한 작은 궤도를 발견할 수 있다. 이는 결코 사소한 문제가
아니며, 과학의 모든 영역에 걸쳐 나타나는 현상이다(브리기스, 1996,
43). 이는 산발성 혹은 무작위성이 질서와 중첩되고, 단순성이 복잡성
을 포함하며, 복잡성이 단순성에서 비롯된다는 것을 의미한다. 질서와
혼돈이 더 작은 규모에서 계속 반복되는, 이른바 **쪽거리**(*fractal*) 현상이
이렇게 나타나는 것이다,

　지금까지 고찰한 끌개는 한 점에 빨려드는 끌개가 아니면 토러스
둘레를 휘감는 한계 순환 정도였다. 롤리나 더핑 같은 과학자들은 토
러스만으로도 그 표면에 감겨 있는 다양한 준주기계를 통해 많은 것
을 고안해낼 수 있었다. 그러나 준주기계 이상의 복잡한 끌개가 있다
는 것이 카오스 이론가들에 의해 발견되었다. 그것이 바로 이상한 끌개

(*strange attractor*)이다. 이는 정역도가 나타나기를 기다리는 역의 세계와 같다고 할 수 있다. 이로써 뉴턴적 우주관은 위기에 봉착한다. 우주는 매우 복잡하고 불안정하며, 절대 공간이나 절대 시간 같은 것도 생각할 수 없다. 우주선 속의 고양이처럼 말이다.

⑦ 위상범례에서 볼 때 낙서에는 이러한 한계가 있으며, 토러스에는 아직 그 속에 남겨진 오일러 지수들이 있다. 클라인 병과 사영 평면으로 위상범례의 차원을 높여야 할 과제가 여기에 있는 것이다. 그것이 바로 남겨진 이상한 끌개의 세계이다. '이상한'이라는 말은 처음이 끌개를 발견했을 때의 당혹스러움 때문에 붙은 것이다. 그러나 사실은 이 이상한 끌개가 더 자연에 가까운 것이고, 다른 끌개들이 차라리 이상한 것이라고 할 수 있다. 자연계는 결코 토러스 모양을 하고 있는 것이 아니다. 만일 태양계가 주기적이거나 준주기적이라면, 가속도가 붙어 계속되는 반복에 열 폭발이 일어나고 말 것이다.

하도 낙서는 가로 아니면 세로 대칭 차원에 머물고 있다. 하도는 상생만 하고 낙서는 상극만 한다. 상생과 상극 어느 하나만 하면 열사 현상이 나타나고 말 것이다. 정역도는 3차원의 대칭을 합일시켜 상생 상극을 엮어내려고 한다. 이는 하나의 난류(亂流, *turbulent*) 현상을 만드는 것이다. 바람이 어디서 불어와 어디로 가는지 모른다고 예수는 말했다. 예수는 난류 현상을 이렇게 표현한 것이다. 바위와 교각 주변에 생기는 소용돌이나 태풍의 방향 등, 난류는 우리 주변에 다반사로 일어나는 현상이다. 인체의 경우 심장의 박동과 신진대사 등 모든 것이 난류 현상이다. 준주기적이던 토러스에 난류를 만드는 것과 같다. 그러나 그것은 하나의 작은 물줄기일 뿐이었다. 낙서, 즉 토러스의 한 단면에서 균열이 생겨 끌개가 만들어지는 과정을 알기 쉽게 그림으로 살펴보도록 하자(김용운, 1998, 235).

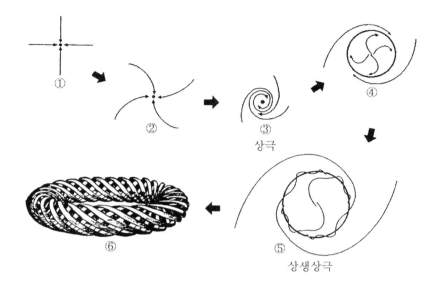

①

②

③
상극

④

⑤
상생상극

⑥

〈그림 25〉 끌개가 만들어지는 과정

　〈그림 25〉에서 ⑤가 이상한 끌개이다. 우리가 사는 자연은 모두 이런 이상한 끌개 모양을 하고 있다. 이상한 끌개란 홀로그래피 구조 혹은 프랙털 구조를 하고 있다. 이는 전체가 반복되는 구조이므로, 구조의 어느 한 부분을 확대해보더라도 전체 모양을 알 수 있다. 역에서는 이를 황극(皇極)이라고 한다. 토러스는 아직 3차원 공간이고, 방향이 정해지는 시원적 공간이다. 그러나 클라인 병과 사영 평면은 비시원적인 것으로, 3차원 이상의 공간에서만 가능한 시간이라는 차원이 첨가되지 않으면 불가능한 공간이다. 이상한 끌개는 〈그림 25〉에서 보듯이 자기 교차를 하며 반대쪽을 넘나든다. 한정된 공간 안을 무한히 반복해 돌고 있는 이 모습은 무한 길이의 구렁이가 마치 똬리를 틀고 있는 것 같다. 이상한 끌개와 12경맥이 똬리를 틀고 있는 모습을 다음

그림에서 한번 비교해보자. 뱀이 제 자신의 몸을 휘감고 굴 속에 똬리를 튼 모습이 바로 12경락이자 이상한 끌개이다.

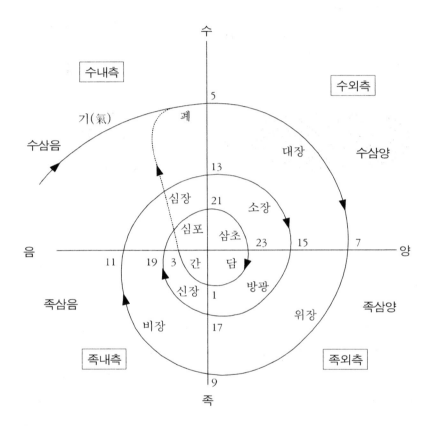

〈그림 26〉 이상한 끌개와 12경맥 똬리(숫자는 시간대별 운행 순서)

이상한 끌개 속에 있는 한 점(무극)은 잡아당기고 접히면서 끌개를 만든다. 마치 제빵사가 밀가루를 반죽하듯이 말이다. 이렇게 접히고 끌어당기기가 15회 지속되면 그 이후의 결과는 불확실한 것으로 보인다.[13] 역에서도 제곱이 $2^8=64$에 그친 것에 유의할 필요가 있다. 미세하다고 생각해 무시해버린 값들이 점진·반복 과정에서 엄청난 양으로 변해 불확실성을 초래하고 마는 것이다. 여기서 초기 값의 민감성이라는 나비 효과가 일어난다. 이러한 끌개가 생기는 원인은 거짓말쟁이 역설에서 본 것처럼 TF 사슬 고리가 만드는 되먹힘의 결과 때문이다. 기의 제곱 작용 때문에 몸속에 황극의 세계가 만들어져 어느 부분도 전체가 된다. 결국 인체의 건강이란 홀론-황극의 상태인 것이다.

관악산 계곡은 바위가 많기로 유명하다. 바위 주위에 형성되는 소용돌이를 관찰하노라면 끌개 공부를 거의 다 하게 된다. 물이 만드는 난류는 일종의 규칙계를 깨뜨리는 현상이다. 이제 난류가 처음 형성되면서 어떻게 이상한 끌개를 만드는가를 고찰함으로써 인체 안의 기가 만드는 난류 현상을 간접적으로 복습하기로 하자. 냇물이 큰 바위를 만나면 물의 흐름이 갈라지면서 바위를 감싸고 돌아 소용돌이를 만든다. 이러한 단순한 소용돌이를 한계 순환들이라고 한다. 역의 하도에서 본 단순한 순환 현상이다. 하도는 생수와 성수를 상하좌우에 소용돌이 모양으로 배열한 것이다.

비가 와 냇물이 불어나면 물살이 빨라지고, 소용돌이들은 떨어져 나와 흐르면서 소용돌이끼리 서로 영향을 준다. 서로의 영향으로 주기적인 변동을 한다. 냇물의 속도가 더 늘어나면 소용돌이들이 국부적으로 끊어지고 소용돌이치는 지역으로 풀려 들어가는 것을 볼 수 있다. 불규칙적인 모습마저 보이면서 난류의 첫 현상이 나타난다. 바로 이것이 낙서에 나타나는 현상이다. 하도가 상생의 모습을 그리고 있다면 낙서는 상극의 모습을 그린다고 했다. 소용돌이끼리 만나면서 한계 순환의 질서는 파괴되고 상극을 하면서 난류를 만든다. 물의 흐

---

13   정역도와 뫼비우스 띠의 대칭 수가 14, 그리고 클라인 병의 대칭 수가 18이다.

름이 아주 빨라지면 바위 뒤의 질서는 모두 사라지고, 작은 물방울 입자들만이 산만하게 나타날 뿐이다. 이 지점에서 정역이나 그 이상의 역을 통해 볼 수 있는 현상이 나타난다. 소용돌이 속의 소용돌이가 형성되어 작은 규모의 가지치기가 이어진다. 이를 두고 레이놀즈는 자기유사성(self-similarity)이라고 했다. 자기 '닮음'이다. 이는 곧 자기언급이라고 할 수 있다. 정역에서는 생수와 성수가 같은 계 안에 머물지 않고 군을 달리해 분리된다. 원의 좌우 반구가 각각 군에 해당한다. 낙서에서는 같은 계 안에서 분리되었다. 즉, 2-7-6-1에서 보는 바와 같이 같은 계 안에서 분리된다. 그러나 1-7-9-3에서 보는 것처럼 정역에서는 자기 짝(예를 들어, 1의 짝은 6)을 같은 계 안에서는 발견할 수 없다. 다른 군으로 간 것이다.

경맥을 흐르고 있는 기는 궁극적으로 이러한 이상한 끌개를 만드는데 있다. 이것은 기라는 밀가루가 충분히 섞이는 것을 의미한다. 만약 어느 곳에서든지 기의 흐름이 막히면 탈이 난다. 이러한 탈을 방지하기 위해서는 의사나 환자 모두 기가 가지고 있는 위상공간의 구조를 파악할 필요가 있다. 위상공간이란 사각형 위에서 대칭 구조를 조작하는 것으로, 유치원생도 알 만한 것이라고 했다. 이러한 간단한 조작이 그 많은 변화를 가져올 것이라고는 상상하기가 어렵다. 역의 도상 변화는 위상공간의 차원 변화 그리고 혼돈 이론의 단계적 변화와 밀접하게 연관된다고 생각한다.

(3) 경맥의 길과 시간의 문제

보통 위상공간 안에서 두 점을 연결하는 선을 길(Path)이라고 한다. 구불구불하거나 자기 자신과 교차해도 상관없지만, 다만 끊겨져 있으면 안 된다. 이런 길을 연속적인 길이라고 한다. 인체 안에 있는 경맥이란 다름아닌 혈과 혈을 연속적으로 연결하는 길이라고 할 수 있다.

다른 경맥과 연결도 되고 교차도 되는 것이 경맥의 길이다. 자기와 교차되는 경우에는 교차점에서 반드시 앞으로 나갈 방향을 제시해주어야 한다. 하도에서는 양군과 음군이 교차한다. 그리고 정역도 안에서는 양군 속에서 음양이 그리고 음군 속에서 음양이 서로 교차한다. 그렇다면 이 두 도상은 교차하는 방향을 다르게 표시해주어야 한다.

이제 사각형 안의 한 점인 무극을 응축시켜 그것을 황극으로 바꾸는 방법을 강구해보자. 사영 평면에서는 정사각형의 지름 양 끝을 동일시한다는 것을 고려해야 한다. 〈그림 27〉은 사각형 안의 한 점이 어떻게 응축되는가를 도형으로 나타낸 것이다. 앞에서 우리는 인체 안의 기가 경맥을 통해 확산되고 응축되는 과정을 보았다. 끌개가 바로 응축시키는 역할을 한다. 〈그림 27〉은 경맥이 하나의 기에서 생겨나는 과정을 보여준다. 사각형의 전후를 음양 대칭, 상하를 몸의 수족 대칭이라고 하자. 사각형 안의 대각선 길을 두 개로 그린다. 이는 음양의 분기를 의미한다. 이 두 길을 수삼음과 족삼음이라고 하자. 왼쪽 수삼음을 잡아 끌어올려 왼쪽 위의 모서리를 넘게 한다. 그러면 넘어서 수삼양을 만난다. 뒤에서 수삼양은 족삼양을 만나고 다시 앞으로 나와 족삼음과 만난다.

12경맥은 이렇게 순차적으로 상하·전후·좌우 운동을 하는데, 이는 사영 평면 공간에서만 가능하다. 여기에는 시간의 개념이 도입되어야 한다. 화살표가 뒤로 넘는다는 것은 역의 사각형에서 마치 전후 대칭이 바뀌는 것과 같다. 〈그림 27〉은 사영 평면의 경우에 해당한다. 그런데 사영 평면에서 지름(대각선)을 동일시한다는 것은 지름의 양 끝점을 동일시하는 것이나 마찬가지이다. 그래서 사각형의 오른쪽 아래 모서리에 반대 방향으로 나타난다. 그래서 결국 수삼음과 수삼양 그리고 족삼음과 족삼양이 모두 한 점에 응축된다. 이 새롭게 응축된 점이 황극에 해당한다. 한 점에 응축될 때가 기가 잘 통하는 상태이고,

어디선가 막힌다면 그것은 곧 기가 막힌 상태이다. 이는 인체 속의 기의 흐름에만 해당하는 것이 아니라 우주 만상의 모든 기에도 해당하는 말이다.

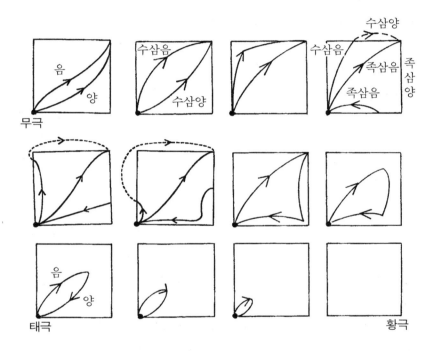

〈그림 27〉 사영 평면에서 12경맥의 흐름

이제 우리에게 남은 최대의 물음은 3차원 공간에서는 불가능한 자기 교차이다. 다시 말해서, 자기언급이 어떻게 가능한가 하는 점이다. 평면 위에 있는 두 직선의 관계는 서로 평행하든지 만나든지 둘 가운데 하나이다. 그러나 3차원 공간 안에서는 교차 관계가 있는데, 이는 입체 교차로를 생각하면 될 것이다. 한국 전통 문화는 매듭(knot)을 이용한 수많은 생활 용품들이 있다. 2차원 공간 속에 사는 벌레들은 도저히 이런 매듭을 만들 수 없다. 왜냐하면 매듭을 만들기 위해서는 우선 꼬인 위치가 있어야 하는데, 2차원 평면에서 그렇게 하려면 교차가 되어버리기 때문이다. 그래서 매듭은 3차원 공간에서만 가능하다. 그런 의미에서 경맥의 구조는 매듭과 같으며, 3차원 이상의 공간에서만 가능하다는 것이다. 그런 의미에서 매듭 이론과 경맥 이론의 관계는 앞으로 남겨진 주요 연구 과제이다.

그런데 경맥에는 매듭만으로는 해결되지 않는 문제가 남는다. 어떻게 서로 다른 경맥끼리 연결되는지, 그리고 수와 족에 있는 경맥이 어떻게 서로 결합이 되는지 등이 바로 그것이다. 가로·세로·높이의 3차원 축만으로는 해결될 수 없는 것이 경맥의 구조이다. 위에서 보는 것처럼 사영 평면 속에서 과연 어떻게 앞뒤를 넘나들 수 있을까? 즉, 〈그림 27〉에서 어떻게 화살표가 종이 뒷면으로 넘어가는가? 여기에 제4의 축이 필요하다. 3차원 공간 속에 갇혀 있는 죄수에게는 감옥을 둘러싸고 있는 담벼락이 한스럽게 여겨질 것이다. 이 죄수가 생각한 한 가지 방안은 감옥 안에서 타임머신을 만드는 것이다. 이제 이 죄수가 타임머신을 타고 어떻게 탈옥에 성공하는지를 한번 보자.

제4의 축이란 다름아닌 시간(時間)이라는 축이다. 사영 평면 공간 속에 시간이라는 축을 만들면 위와 같은 사각형 안에서 앞뒤를 자유자재로 오갈 수 있게 된다. 자유자재롭다는 것은 매듭의 교차 부분을 자유롭게 넘나들 수 있다는 것을 의미한다. 시간의 축이 더해진 4차원 공간에서는 도형의 어느 부분에 대한 시간을 빠르게도 늦게도 할 수 있다. 이런 상황 속에서는 뫼비우스 띠의 자기 교차 부분에서 얼마든지 선의 아래위 부분을 바꿀 수 있다. 클라인 병이든 사영 평면이든 그 기본 구조는 모두 뫼비우스 띠이다. 사영 평면은 뫼비우스 띠×반구(원둘레)이다. 결국 매듭이 있는 곳은 뫼비우스 띠이기 때문에 뫼비우스 띠에서 풀리면 전체가 다 풀리게 된다.

이제부터 감옥 안의 죄수가 타임머신을 타고 어떻게 탈출하는지 두고보자.

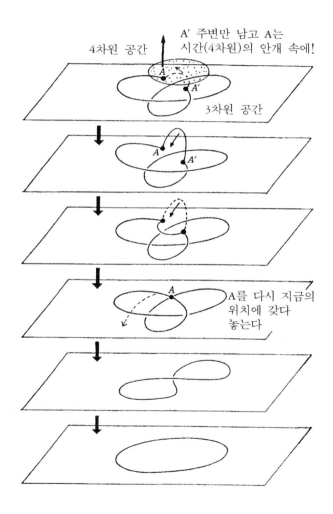

〈그림 28〉 뫼비우스 띠와 4차원의 세계

점 A가 생긴 지점을 바로 지금이라고 하자. 그 가까이에 점 A′를 남겨두고 타임머신을 이용해 A를 훨씬 이전의 과거로 되돌아가게 한다. 죄수가 있는 점이 바로 A인데, A′라는 자기 흔적만 남겨놓고 투옥되기 이전의 과거로 되돌아간다. 그러면 죄수는 감옥 안에 없는 상태에서 A′만 남겨놓고는 A를 투옥 이전의 과거로 되돌린다. 이제 A는 과거의 시점에서 A′ 부분만을 살짝 위로 들어올린다. 그런 다음 A는 다시 타임머신을 타고 과거에서 현재로 되돌아온다. 그러면 자기는 감옥 안에 있지 않고 밖에 있게 된다. 아래에 있던 선이 위로 올라오게 되고, 그러면 그림에서 보는 것처럼 모든 매듭이 풀려 완벽하게 탈옥에 성공하게 된다. 따라서 4차원 세계에서는 감옥의 구조를 달리 해야 할 것이다.

사영 평면 구조로 되어 있는 경맥은 24시간 쉬지 않고 인체 안을 순환한다. 순환 과정에는 수많은 매듭들이 있다. 만일 경맥이 3차원 경맥으로 되어 있다면 경맥 사이의 연결은 불가능할 것이다. 굴 속에 똬리를 틀고 있는 뱀과 같은 경맥의 기는 수많은 매듭을 풀지 않으면 막히고 만다. 기를 통하게 하려면 매듭의 자기 교차를 풀어야 하는데, 그러자면 시간이라는 제4의 축이 반드시 필요하게 된다.

여기서 12경맥의 기기승강출입에 대해 알아보자. 수삼음경은 가슴에서 손으로 출(出)하고, 수삼양경은 손에서 머리로 승(昇)하며, 족삼양경은 머리에서 발로 강(降)하고, 족삼음경은 발에서 다시 가슴으로 입(入)한다. 인체를 천지인으로 나누면, 머리는 하늘(天)과 같이 둥글고[圓] 양이며, 몸통은 땅[地]과 같이 네모이고[方] 음이며, 사지는 음양이 혼합된 인(人)부로 각(角)에 속한다. 따라서 수삼양경과 족삼양경의 올라가고 내려오는 기(氣) 운동으로 원(圓)을 만들어 뇌의 정상 생리를 만드는 메커니즘을 기기승강(氣機昇降)이라고 한다. 그리고 수삼음경과 족삼음경의 나오고 들어가는 기 운동으로 방(方)을 만들어

5장 6부의 정상생리를 만드는 메커니즘을 기기출입(氣機出入)이라고
한다. 여기서 승강출입(昇降出入)이라는 기의 메커니즘[氣機]이 뇌나
5장 6부에서 직접적으로 이루어지지 않고 사지에 있는 각각의 삼음경
과 삼양경의 3변(變)을 통해 이루어지는 것이 각(角)이다. 이것은《내
경》에서 말하는 기의 운동인 승강출입의 네 가지 속성과《천부경》의
천지인 사상 그리고 원방각 이론이 하나로 만나는 것으로, 이를 통해
12경맥의 기의 메커니즘을 설명할 수 있다.

　기의 승강출입을 통해 위상공간에서 차원을 높여간다. 그리고 혼돈
이론에서 가지치기를 해나간다. 그런데 이러한 일련의 작업들이 목적
하는 바와 방향은 무엇인가? 그것은 역의 경우는 황극이고, 혼돈 이
론의 경우는 홀론의 세계이다. 다시 말해서, 김일부의 유리 세계이다.
인간의 몸이 건강하다는 것은 곧 인체가 황극의 홀론 상태에 도달한
다는 것이다. 그리고 경맥의 경우에는 기가 막힘 없이 조화롭게 순환
해 몸의 어느 부분도 전체적으로 되는 투명한 '한'의 세계를 이루는
것이다.

7. 경맥의 홀론적 구조

(1) 홀로그래피와 기의 간섭 작용

　양의학의 논리가 포토그래피와 같다면 한의학의 논리는 홀로그래
피와 같다고 할 수 있다. 포토그래피의 논리는 전형적으로 A형 논리
이다. 포토그래피는 빛이 대상에 직접 닿아 그 빛이 건판에 인각된 것
이다. 그러나 홀로그래피는 하나의 광원에서 나간 빛을 둘로 나누어,
하나는 대상에 닿지 않게 하고 다른 한 빛은 대상에 닿도록 해 그 두

빛이 감광판에서 다시 만나 간섭을 하게 함으로써 만들어진다. 양의학은 마치 포토그래피를 만들 때와 같이 빛과 대상이 일대일로 대응한다고 본다. 그래서 병이 난 부위에만 관심을 갖는다. 그러나 한의학은 양의학과는 달리, 병이 난 부위에 닿은 빛과 그렇지 않은 빛이 서로 간섭을 하는 그 자리에 이상이 생겨 병이 난다고 본다. 경맥이 바로 두 빛이 간섭하는 장소(place)와 같다고 보는 것이다. 양의학에서는 이러한 경맥의 개념이 전무한 상태이다.

생명은 인간의 몸을 통해 그 존재가 확인된다. 몸은 생명을 소유하고 있다. 생명이 자체권이라면 몸은 그 생명의 소유권을 가지고 있다. 한의학에서는 생명을 기로 파악한다. 아니 동양사상에서 주요한 위치를 차지하고 있는 기라는 개념 자체가 한의학에서 유래한 것이라고 해도 과언이 아니다. 한의학의 기는 세 방면에서 이루어진다. 선천의 기는 부모에게서 받은 것으로, 인체의 하초에 위치한다. 후천의 기는 입을 통해 먹는 곡물을 통해 형성되는 것으로, 일명 곡기(穀氣)라고도 한다. 이는 인체의 중초에 위치한다. 같은 후천의 기로서 자연계로부터 폐에 유입되는 기가 있는데, 이를 대기(大氣)라고 한다. 이는 인체의 상초에 위치한다. 기의 이러한 세 가지 근원이 인체 안에 머무는 자리에 따라 상초·중초·하초가 결정되며, 이를 삼초(三焦)라고 한다.

《장씨유경(張氏類經)》에서 "생화의 도는 기를 근본으로 하며 기는 천지만물에 미치지 않는 것이 없다.…… 사람의 생명도 모두 이 기에 의존 한다"라고 했다. 이러한 기를 한의학에서는 크게 두 가지로 나누는데, 하나는 선천의 기(先天之氣)라고 하고, 다른 하나는 후천의 기(後天之氣)라고 한다. 이를 홀로그래피의 빛에 비유할 때, 이 두 가지 기는 마치 두 가지 빛과 같다고 할 수 있다. 선천의 기나 후천의 기 모두 같은 근원에서 나왔지만, 그 기능에 따라 둘로 나뉘는 것은 홀로그래피가 만들어지는 과정, 즉 한 근원에서 나온 빛이 순수광과 불순광으로 나뉘는 것과 같다.

기는 인간을 포함한 삼라만상에 모두 나타난다. 여기서 문제가 되는 것은 기의 자체권과 소유권이다. 기는 그 자체로는 존재할 수 없다. 기는 반드시 무엇에 소유되어 존재할 뿐이다. 나무에 소유될 때는 나무의 기가 되고, 돌에 소유될 때는 돌의 기가 된다. 그러면 이미 기는 기 자체가 아니다. 그렇다면 기 자체가 거의 손상됨 없이 나타난다는 것은 소유권이 전무한 것에서나 나타나는 것이라고 할 수 있다. 그런 것이 있다면 기에 대해 가장 근접한 이해를 얻을 수 있을 것이다. 그것이 바로 **빛**이다. 왜냐하면 물질 가운데 자기 자신의 질량을 전혀 가지고 있지 않는 것은 빛뿐이기 때문이다. 빛이 가장 **빠른** 이유는, 빛은 제 자신의 질량을 가지고 있지 않기 때문이다. 만일 어떤 사람이 골프공을 빛의 속도만큼 **빠르게** 쳤다고 해보자. 그러면 $E = MC^2$라는 공식에 따라 속도와 질량이 제곱 작용을 해 에너지를 만들어낸다. 그런데 에너지가 증가하면 질량도 증가하기 때문에 결국 속도가 줄어들고 말 것이다. 빠르다고 하는 것이 오히려 느려지는 원인이 된다. 여기서 에너지를 기라고 한다면 그것은 속단일 것이다. 그러나 여기서 의도하는 것은 기의 자체권과 소유권을 아인슈타인의 방정식을 통해 설명해보려는 것뿐이다. 기가 인체 안에서 어떤 장부를 만나 그 자체권과 소유권에 문제가 생길 경우에는 반드시 이 아인슈타인의 공식의 지배를 받는다. 즉, 부반결합조절이 일어나는 것이다. 왜 자연의 숨겨진 질서에는 이렇게 제곱이라는 수학적 계산이 반드시 들어가야 하는가?

어머니 배 속에서 생명을 유지할 때는 충맥[14]과 임맥[15]이라는 양맥

---

14   충맥(衝脈)의 '충'은 '요충'이라는 뜻이다. 12경맥의 요충에 있으며, 기혈을 조절한다고 해서 '경맥의 바다'라고도 부른다.
15   임맥(任脈)의 '임'은 모두를 담임한다는 뜻으로, 총괄의 의미가 있다. 충

을 탯줄을 통해 연결받는데, 이렇게 받는 기를 '선천의 기'라고 한다. 이렇게 선천적으로 계승받는 기는 신장에 저장되며, 이를 원기(元氣)라고도 한다. 이 원기는 일명 원기(原氣)·진기(眞氣)·진원(眞元)의 기라고도 불린다. 선천적으로 받은 이것은 선천의 정이 화생해 몸의 신장에 저장되어 있는 기이다. 이는 마치 홀로그래피에서 레이저 빛이 갈라지기에 앞서 근원에 저장되어 있는 빛과 같다. 그러나 이러한 선천적 원기는 후천의 정기를 만나 서로 보합이 되어야 그 지속적인 힘을 유지할 수 있다. 원기는 보편적인 특성을 지니고 있어야 하며, 부류적 성격을 지녀야 한다. 그래서 원기는 삼초 경맥을 통해 온몸에 분포되어 있다. 안으로는 장부에서 밖으로는 피부 근육에까지, 원기가 닿지 않는 곳이 없다. 가히 원기는 생명 활동의 원동력과 같고, 원천과도 같다.

이러한 원기를 담지하고 있는 장기가 바로 신장이다. 먼저 인체를 상초·중초·하초의 삼초로 나눌 때, 상초에는 심장과 폐장이, 중초에는 위와 비장이, 그리고 하초에는 간과 신장이 속하게 된다. 다음의 〈그림 29〉에서 보는 것처럼, 신장에서 나온 기는 둘로 나뉜다. 선천적인 원기가 신장에 비축되어 있다가 한 가닥은 중초 비장을 거쳐 상초로 바로 올라가며, 다른 한 가닥은 위(胃)로 간다. 위에서는 입으로 받아들인 곡물이 신장에서 온 원기와 조화되는데, 이것이 곡기이다. 비로 간 것은 순수기이고 위로 간 것은 불순기라고 해도 좋다. 여기서 '불순'이라는 말은 구체적인 장기인 위를 만나 새로운 기인 곡기를 만들어낸 것을 의미한다. 그래서 불순이라는 말보다는 '작용'이라고 하는 것이 더 적합하다. 이렇듯 원기는 반드시 순수하게 상초로 올라가는 작용과 불순하게 장기를 만나 새로운 기를 만들어내는 작용을 동시에

맥과 임맥은 해당 장부가 없다. 즉, 소유권이 없다. 그래서 모두를 맡을 수 있다.

해야 한다. 이는 마치 홀로그래피에서 그러한 것과 같다. 위비는 중초에서 기의 승강을 좌우하는 중추적인 역할을 한다. 다시 말해서, 위는 내리는 작용을, 비는 올리는 작용을 한다.

다시 홀로그래피와 비유해 설명하면 다음과 같다. 선천의 기는 빛과 같이 자체권이 거의 0에 가깝다. 레이저 빛에 비유하면 순순광에 가깝다고 하겠다. 세상에 태어나 생명 활동을 하면서 인간이 만들어내는 기가 있는데, 이를 후천의 기라고 한다. 후천의 기는 음양의 원리에 따라 하나는 땅으로부터 생성되고, 다른 하나는 하늘로부터 생성된다. 전자는 입을 통해 곡물을 받아들임으로써 만들어진다고 해서 곡기라고 하는 것이다. 다른 하나는 코를 통해 하늘의 기를 받아들이는 것으로, 대기 혹은 청기(淸氣)라고 한다. 폐에서 곡기와 대기가 만나 종기(宗氣)를 만든다. 이는 원기가 구체적인 장기를 만나 생겨난 후천적 기와 더불어 형성된 것이다. 이러한 불순한 종기는 비장을 통해 올라온 순수한 선천적인 기와 만나야 한다. 이렇게 형성된 것이 진기(眞氣)이다. 진기를 두고 영추 〈자절진사편〉은 이렇게 말하고 있다. "진기란 하늘로부터 받아 곡기와 더불어 몸에 충만해 있다." 그림에서 보듯이, 진기란 다름아닌 원기에서 나간 기가 둘로 나뉘었다가 다시 만난 기이다. 다시 말해서, 원기에서 나간 두 기가 만나 간섭을 함으로써 만들어진 것이다. 순수기와 불순기가 만나 간섭 작용을 하는 곳은 폐(肺)이다. 폐는 이미 그 글자 모양에서 보는 것처럼, 몸의 시장(市場)을 의미한다. 이 말은 곧 두 종류의 기가, 마치 시장에서 그런 것처럼 서로 교환되는 곳임을 의미한다. 다시 말해서, 순수기와 불순기가 서로 간섭해 골과 봉우리가 만나 그 높낮이를 고르게 하는 것을 말하는 것이다.

이렇게 해서 기가 전신에 퍼지기 전의 준비 작업이 완료되었다. 원기가 둘로 갈라졌다가 다시 만나 간섭을 한 다음이라야 몸에서 정상

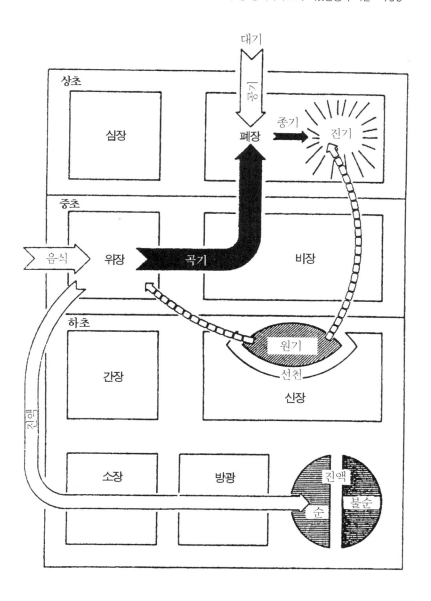

〈그림 29〉 선천기와 후천기의 간섭 작용도

적인 작용을 할 수 있는 것이다. 이러한 진기에 대해 다시 《장씨유경》은 다음과 같이 말한다. "진기는 원기이다. 천에 있는 기(대기)를 코로 흡입하는데, 콧구멍[喉]이 이를 관할한다. 수곡에 있는 기는 입으로 들어오는데, 목구멍[咽]이 이를 관할한다. 아직 출생하기 전의 것을 선천의 기라고 하고, 생후의 것을 후천의 기라고 한다. 기가 양 기관에 있으면 양기, 음 기관에 있으면 음기라고 한다." 이는 홀로그래피의 구조를 그대로 반영하고 있는 말이다.

한의학에서 말하는 기는 그 자체권이 몸이라는 것을 소유해 구체적인 실체를 통해 작용한다. 그래서 소유권 없이 자체권만 있을 수는 없다. 플라톤이 형상을 질료와 구별하면서 서양철학이 시작되는 것과는 판이하게 다르다. 그래서 제3의 인간 역설은 생길 수 없다. 형상과 개물은 서로 간섭을 하기 때문이다. 그리스의 철학자들은 자연광인 햇빛을 통해 양자를 이해하려 했기 때문에 참여설과 분유설 같은 것들이 나오게 된 것이다. 순수기란 항상 작용하는 몸을 통해 있기 때문이다. 햇빛은 모든 사물에 전체로서 존재한다. 《소문》에서는 "천에 있으면 기가 되고 지에 있으면 형(刑)이 된다. 형과 기가 상호 감응으로 만물이 생한다"고 했다. 이를 '화생(化生)의 도'라고 한다. 화생의 도가 다름아닌 기화 작용(氣化 作用)이다. 기의 화생 작용을 통해 장부 혹은 기관의 활동이 생기게 된다. "경맥이란 다름아닌 장부의 기화 경로이다"라고 《의경정의》는 말하고 있다. 경맥이란 바로 이와 같이 순수 자체권으로서 기와 상중하에 속해 있는 장부를 소유한 기가 만나 만들어진 진기의 경로인 것이다.

홀로그래피의 간섭과 같은 것을 두고 기기(氣機)라고 한다. 기기란 기가 몸 안에서 기화 작용하는 것을 망라해 하는 말이다. 간섭이란 산의 봉우리와 골짜기가 서로 더하기와 빼기를 하는 것을 의미한다. 마찬가지로 기기가 간섭하는 것을 두고 특히 기기승강(氣機昇降)이라고 한다. 이는 빛의 간섭과 일치하는 표현이라고 할 수 있다. 기의 승강출입이라고도 하는 것은 기의 상생상극에 대한 다른 표현이라고 할 수 있다. 기기의 승강출입은 장부 어느 곳에서나 작용하는 것으로, 다시 말해서 그 작용 방법은 마치 빛이 간섭하는 것과 같다. 앞에서 본 〈그림 29〉를 참고해 기기의 승강출입 방식을 구체적으로 설명하면 다음과 같다. "경맥은 장부의 기화의 경로이다"라는 것은 곧 기기의 승강출입을 두고 하는 말이라고 할 수 있다.

　그리고 5장 6부도 경맥에 따라 상초에 위치한 심과 폐는 기를 아래로 내리는 선강기능(宣降機能)을 하고, 하초에 위치한 간과 신은 기를 위로 올리는 선승기능(宣升機能)을 하며, 위비는 중초에 위치해 오르고 내리는 것을 조절하는 중추적 역할을 한다. 상초의 심장은 양에 속하기 때문에 그 속성상 아래로 내려가야 하고, 신장은 음에 속하기 때문에 그 속성상 위로 올라가야 한다. 즉, 심장은 아래로 내려가 신장을 만남으로써 그 열기를 내려야 하고, 신장은 위로 올라가 심장을 만남으로써 냉기를 따뜻하게 만들어야 한다. 심장이 산봉우리라면, 신장은 산의 골과 같다. 서로 만나 간섭을 해야 한다는 것이다. 이를 두고 수화상제(水火相濟) 혹은 심신상교(心腎相交)라고 한다.

　그러면 이러한 간섭효과가 일어나도록 하는 도우미 역할 혹은 조절자의 역할이 필요한데, 그것이 바로 위비이다. 위와 비는 토에 속한다. 비의 기는 음기로서 위로 올리는 역할을 주로 하고[土升], 위의 기는 양기로서 아래로 내리는 역할을 주로 한다[土降]. 위비의 이러한 역할 분담 없이는 기의 기기 작용, 즉 간섭은 일어날 수 없다. 이런 점에서 홀로그래피의 순수광과 불순광이 서로 간섭 작용을 하는 과정에서 어느 것이 그 중추 매개 역할을 하는지 아직 알 수 없다. 그러나 한의학에서는 〈그림 30〉에서와 같이 선천의 기는 모두 위와 비를 통해 가야만 하는 것을 볼 수 있다. 이는 위비가 그 오르내리는 조절자 역할을

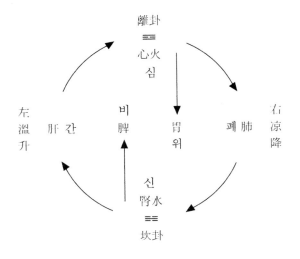

〈그림 30〉 장부의 기기승상도

하기 때문일 것이다. 산봉우리는 내리고 골은 높이는 역할을 바로 위 비가 서로 나누어 하고 있다는 것이다.

간섭효과는 생명효과이며, 이러한 효과 없이는 소화도 호흡도 모두 어렵다. 인체의 신진대사가 모두 기기승강출입 작용에 따라 가능해진 다. 이것이 중지되는 것은 바로 생명이 중지되는 것과 같다(신천호, 1990, 167).[16] 만일 이러한 기의 간섭효과가 그 기능을 상실하고 나면 오장육부가 서로 협조·통일을 하지 못하게 되며, 제 병적 현상이 몸 에 나타나게 된다. 경맥이란 이렇게 순수기와 불순기가 서로 간섭을 함으로써 만들어진 것이다. 그래서 모든 경맥은 홀론적 구조를 가질 수밖에 없다. 다시 말해서, 오행의 모든 행들이 독자적인 부분, 즉 전

---

16   《소문》의 〈육징지대론〉에서는 "출입이 없으면 자라고 늙는 것이 그치고 말며, 승강이 없으면 생장이 거두어들이는 것이 없어진다"라고 했다(신 천호, 1990, 167).

체적 성격을 가진다는 것이다. 이렇게 한의학은 역설을 파악한다.

장기의 이러한 간섭효과는 역의 도상과도 일치한다. 하도의 경우에 본 16북수·27남화·38동목·49서금을 기억할 것이다. 이는 하도의 상생 순서와 일치한다. 장부의 기기승강은 이처럼 하도의 상생 구조로 설명될 수 있다. 북수신(北水腎)은 역의 감괘(坎卦, ☵)에 해당한다. 감괘는 그 모양새에서 보는 바와 같이 상하 음효·가운데에 양효를 하나 가지고 있다. 이 양 하나를 감양(坎陽)이라고 한다. 신장은 이와 같이 물〔水〕이지만, 그 한가운데에 양을 하나 품고 있다. 이 감양의 발동으로 따뜻해져서 위로 올라가게 되면 중앙 토를 먼저 데우고 다시 간을 데운다. 그러면 감괘 안의 두 개의 음효(이를 두고 신음이라고 한다)는 간목에서 일어나는 기와 간섭해 홀론을 만든다.

중앙 토에서도 기의 간섭효과가 생기는데, 같은 방향에 있는 중앙 비장은 간장과 간섭해 따뜻해져 위로 상승하고, 반대로 위장은 같은 방향에 있는 폐장과 간섭해 서늘해져 아래로 하강한다. 여기서 말하는 같은 방향이란 음양 조화를 의미한다. 다음으로 27심화의 괘인 이괘(離卦, ☲)를 보자. 상하 양 가운데에 음이 하나 들어 있다. 이를 두고 심음(心陰)이라고 한다. 이 심음이 중앙 토로 내려온다. 그러면 중앙의 위비와 만난다. 위와 폐금이 만나 서늘해져 하강하고, 비를 만나서는 따뜻해져 위로 상승한다. 이와 같이 중앙 토는 간섭효과가 일어나는 장소로서, 회전축에서 그런 것처럼 간비는 따뜻하게 되어 위로 상승하고, 심폐는 서늘하게 되어 하강한다. 이렇게 해서 장부의 승강 기능이 제대로 이루어진다(양력, 2000, 307).

(2) 오행의 홀론적 구조

한의학을 하나의 기하학적 도형으로 정의하라고 한다면, 그것은 두말할 것 없이 우리 눈에 가장 익숙한 오각형(Pentagon)이다. 오각형인 까닭은 음양 상대성, 상생상극 작용, 주객전도라는 기의 3대 기능 때문이다. 기의 이 3대 기능을 설명하기에 오각형만큼 이상적인 도형이 없다. 오각형이 있고 3대 원칙이 있는 것이 아니라, 거꾸로 3대 원칙이 있는 상태에서 그것을 도형으로 나타낸 것이 오각형일 뿐이다. 다시 말해서, 오각형을 그려놓고 거기서 3대 원칙을 부여한 것이 아니라, 그 반대라는 것이다. 3대 원칙이 우선하며, 편의상 그것을 오각형으로 설명하는 것이다.

3대 작용 원칙의 철학적 배경은 제3의 인간 역설에서 발생하는 자체권과 소유권의 문제이다. 3대 원칙은 의학뿐만 아니라 우주 만상을 지배하는 원리이다. 이렇게 생각하면 왜 오각형이고 오행이어야 하는지 알 수 있을 것이다. 오각형 안에서 자체권과 소유권은 서로 3대 원칙에 따라 간섭을 해 홀론 현상을 만들어낸다. 홀론이란 부분 '가운데' 전체, 전체 '가운데' 부분을 두고 하는 말이다. 한의학의 '한'이라는 말 속에 깃든 '하나'·'여럿'·'가운데'라는 의미가 여기서 살아난다. '가운데'는 '한'의 의미로 볼 때, 그리고 위와 같이 하나와 여럿을 말할 때 그 의미가 드러난다고 본다. 한의 이러한 의미는 현대 과학의 프랙털에서 더욱 그 중요성을 갖는다. 프랙털이란 닮음의 자기 반복을 일컫는 말이다.

스웨덴의 수학자 코흐(H. Von Koch, 1870~1924)는 선분을 3등분하고 가운데 선분을 위로 구부려 올림으로써 원래 선분의 3분의 1인 선분 네 개를 만들었다. 이때 처음 선분을 프랙털에서는 **창시자**(*intiator*)라고 하고, 이 창시자를 구부려 나중에 만든 선분을 **생성자**(*generator*)라고 한다. 생성자를 축소해가면서 계속 반복해 만든 것이 이른바 **코흐 곡선**이다. 코흐 곡선이란 부분이 전체와 닮은 전형적인 프랙털 도형이다(김용운, 2000, 39). 그러면 〈그림 31〉과 같이 창시자의 선분 가운데를 직각으로 구부려 생성자를 만들어보자.

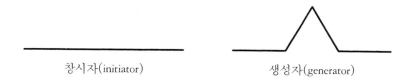

창시자(initiator)　　　　　　　생성자(generator)

〈그림 31〉 코흐 곡선

　이 생성자의 오른쪽 선분부터 먼저 오른쪽 방향으로 구부리고, 다음 선분은 왼쪽으로 구부린다. 이것이 2단계이다. 3단계에서도 마찬가지 방법으로 구부려나간다. 이런 방식으로 계속해나가면 마치 용이 하늘 위로 승천하는 것 같은 모습이 만들어진다. 이를 하터-하이트웨이 용(Harter−Heightway Dragon)이라고 한다. 직선이라는 창시자에서 구부린 생성자를 만들고 이를 점진·반복시키면 그것이 용 모습이 된다는 것이다. 물론 코흐 곡선을 점진·반복시키면 눈송이 모습이 된다. 이처럼 자연의 삼라만상의 모습이 프랙털 구조로 결정됨을 발견할 수 있다. 우리의 각자 다른 얼굴 모습도 창시자와 생성자의 차이에 따라 결정된다고 할 수 있다. 하나의 직선이라는 창시자를 3등분해 구부리면 그것이 눈송이가 되고, 직각으로 구부리면 용의 모습이 된다는 것이다. 작은 각도의 차이가 눈송이도 되고 용도 되게 한다.

　80년대 중반 몽골 복양현 장수촌 지역의 신석기 시대 앙소 문화 유적지에서 발견한 유물에는 아홉 마리의 용이 있고 그 아홉 마리 속에 또 작은 아홉 마리의 용이 새겨져 있었다(우실하, 1004, 192). 이는 전형적으로 동북아 문명권에서 나타나는 프랙털 도형이라고 할 수 있다. 이는 코흐 곡선에서 각 부분을 확대할 경우 전체와 부분이 닮은 자기 사상(寫像)의 구조로 일관되어 있음을 발견할 수 있는 것과 같다. 부분의 부분을 아무리 반복해나가도 도형의 구조는 변하지 않는

다. 그러면서 눈송이 같은 삼라만상의 모든 형태를 결정한다. 이러한
프랙털 현상은 앙소 문화뿐만 아니라 동양 문화 전반에 걸쳐 있는 현
상으로, 유형무형의 여러 곳에서 쉽게 발견된다.

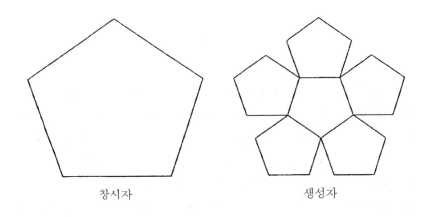

창시자   생성자

〈그림 32〉 뒤러의 오각형

〈그림 33〉 카오스

　그렇다면 다시 한번 음양오행도로 돌아와 생각해보자. 이때 오각형은 엄연한 하나의 창시자이다. 16세기 르네상스 시대의 독일 화가 뒤러(A. Durer, 1471~1528)는 오각형이라는 창시자로 생성자를 만드는 작업을 이미 해놓았다. 뒤러는 정오각형이라는 창시자로 작은 오각형이라는 생성자를 만들었다. 창시자인 정오각형의 대각선 연장선 위에 작은 오각형을 만든다. 이것이 〈그림 32〉이다. 생성자를 다르게 만들어나가면 〈그림 33〉과 같은 모습이 된다. 다시 말해서, 이 생성자를 축소해 다섯 개의 작은 오각형으로 대신 바꾸어 넣는다. 이 과정을 무한히 반복해나가 하나의 생성자 '가운데' 작은 오각형을 바꾸어 넣으면 〈그림 33〉과 같은 형태가 나타나는 것이다. 생성자를 어떻게 만드느냐에 따라 이처럼 다양한 모양의 형태가 형성된다.

　이 오각형 프랙털은 다음과 같이 우주의 구조를 해명하는 데 결정적인 도움을 주었다. 카펜터는 은하 집단에서 은하의 분포를 조사하며 중심으로부터 거리 r 이내에 있는 은하의 수를 조사하는 연구를 했다. 그 과정에서 은하가 오각형 프랙털 구조라는 사실이 밝혀졌다. 위상수학으로 우주의 구조를 설명한 레빈은, 위상기하학적으로 우주를 모형화할 때 그것은 우주의 표면을 따라 다섯 개의 점을 가진 별과 오각형이 '5'라는 수를 반복하면서 대칭을 이루는 모양과 같다고 했다(〈그림 34〉). 다음 그림에서 점의 형태는 미래의 우주 탐사선이 찍을 우주의 모습이라고 했다(레빈, 2003, 30). 오각형 속의 오각형이 선명하게 보인다.

　우리는 한의학의 오각형이 갖는 신비함을 다시금 경이롭게 바라보게 된다. 왜 우주 구조를 만드는 데 오각형이 창시자인가에 대해서는 오각형의 3대 기능으로 돌아가 생각해보면 알 수 있을 것이다. 음양상대성과 상생상극 그리고 주객전도라는 원칙을 만들어내는 데는 오각형이 기본이기 때문이다. 그래서 우리는 오각형에 매료될 것이 아

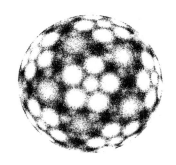

〈그림 34〉 대폭발로 남은 빛에 암호화된 우주의 가능한 한 가지 형태

니라, 3대 작용 기능에 더 관심을 가져야 할 것이다.

이제 한의학의 오행도로 눈을 돌려보자. 그러면 지금까지 말한 프랙털 현상이 그대로 나타남을 알 수 있을 것이다. 다시 말해서, 5행의 각 행들은 각각 하나하나가 또 오행을 가지고 있다는 것이다. 목·화·토·금·수 안에 또 제각각 목·화·토·금·수를 가지고 있는 프랙털 현상을 볼 수 있다. 기는 끊임없이 순환한다. 한의학에서는 이러한 흐름을 수(脈)라고 한다. 5행 속에 5수가 있으며, 5수에는 기가 흐르는 순서와 기능에 따라 목 정(井), 화 형(滎), 토 유(兪), 금 경(經), 수 합(合)이 있다. 정은 기가 나오는 곳, 영은 머무는 곳, 유는 쏟아지는 곳, 경은 흘러가는 곳, 합은 들어가는 곳을 일컫는 말이다(《영추》, 〈구침십이원〉). 정혈은 금에서 시작하고, 형혈은 수에서, 유혈은 목에서, 경혈은 화에서, 합혈은 토에서 시작한다. 이와 같이 음경이 목에서 정혈로 시작하고 양경이 금에서 시작하는 것은 마치 복희의 몸을 두 마리의 뱀이 감싸고 올라가는 그림과 같다.

이들 정·형·유·경·합은 기가 흐르는 순서이며 기능이다. 이에 해당하는 혈을 오수혈이라고 하는데, 이 혈들은 팔굽 이하 그리고 무릎 밑에 위치해 있다. 물론 이들 오수혈 안에서 오행도 얼마든지 가능하다. 그러나 치료라는 경제적 목적에서 생각할 때 더 이상의 세분화는 직접적인 도움이 되지 못할 것이다. 마치 우리의 손발이 지금의 길이만큼 있는 것이 생활에 편한 것과도 같다. 그러나 순수하게 이론적으로 볼 때는 우주의 구조가 그런 것처럼 오행 속의 오행이 얼마든지 가능하다고 할 수 있다. 이러한 오행의 프랙털 현상을 그림으로 나타내면 다음 〈그림 35〉와 같다. 그림에 등장하는 숫자는 경맥에 위치한 혈의 위치를 나타내는 것이지만, 여기서는 무시해도 좋다. 다만 오행이 우주의 구조와 얼마나 같은지 보기만 하면 될 것이다. 우주의 구조나 몸 안의 경맥의 구조가 모두 프랙털 현상과 같음을 이 그림을 통해 참고로 살펴보면 될 것이다.

　도대체 밤하늘은 왜 어두운가? 모든 별들은 사실 해와 같이 밝다. 그렇다면 밤마다 모든 별들이 해와 같이 빛을 발해야 하겠지만, 사실은 그렇지 않다. 왜냐하면 바로 프랙털적인 우주 구조 때문이다. 우주에서는 작은 것과 큰 것 그리고 부분과 전체가 자기언급을 점진·반복적으로 하고 있기 때문에, 빛이 한 방향으로 흐를 수가 없다. 예를 들어 방 안에 촛불이 있어야 방안이 밝을 수 있는데, 만일 그 촛불 속에 방이 들어 있다면, 즉 방이 자기 속에 같은 방을 인습(仍習)한다면, 그리고 그것이 프랙털적으로 점진·반복을 되먹힘한다면 빛은 한 방향으로 비칠 수 없을 것이다. 그래서 우주의 밤하늘은 어두운 것이다. 마찬가지로 몸 안의 기가 한 방향으로만 일정하게 흐른다면 기의 흐름 속도는 기하급수적으로 증가할 것이고, 그 속도에 따라 기의 양도 기하급수적으로 증가해 생명을 유지하기 어려운 파국에 다다를 것이다. 상생상극과 주객전도가 일어나는 이유는 다름아닌 기의 프랙털 현상 때문이며, 이 때문에 3대 작용이 가능해진다고 말할 수 있을 것이다. 오행 가운데 오행이 또 인습(仍習)되어 있는 까닭은 바로 기의 이러한 파국

(catastrophy)을 막기 위해서이다. 인간이 잠을 잘 수 있도록 우주에
밤이 있는 것은 바로 우주가 오각형으로 된 프랙털 구조를 하고 있기
때문이다. 얼마나 고마운 일인가? 기의 충만 그 자체는 위험천만하다.
오각형 속의 오각형에 갇혀 있는 기가 아니면 기의 파국을 면치 못할
것이다. 이 또한 얼마나 고마운 일인가?

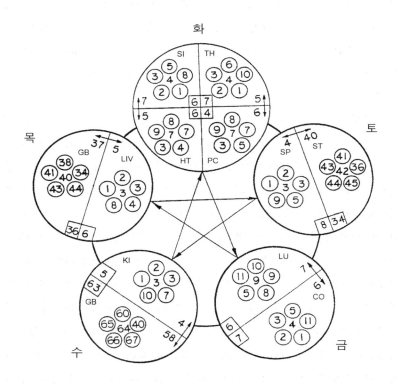

〈그림 35〉 오항 속의 오행 구조(숫자는 오수혈에서 혈의 번호를 나타냄)

결론을 대신하여

지금 지구와 우주는 파국을 맞고 있다. 아니 파멸 직전에 있다. 그 이유는 서양의 잘못된 논리 때문이다. 논리는 침묵의 신이다. 뒤에서 조정을 하면서도 전면에 나타나지 않는다. 그래서 모든 비난으로부터 안전지대에 있다. 인간은 파국을 막기 위해 교토의정서를 서두르고 있지만, 실효성은 의문이다.

현대 문명을 파국으로 이끈 장본인은 다름아닌 아리스토텔레스의 A형 논리이다. 아마도 가장 큰 피해를 주는 곳이 의학일 것이다. 인간을 심신으로 갈라놓고 자연으로부터 유리시킨 것이 서양의 논리학이다. 그러나 서양 논리학은 수학에서 역설이 나오면서부터 심각한 국면을 맞게 되었다. 그 해법을 둘러싸고 아직도 설왕설래하고 있다.

유클리드 기하학과 A형 논리는 그 궤를 같이한다. 이 책에서는 비유클리드 기하학의 위상공간을 통해 러셀 역설의 해법을 모색해보았다. 역을 이해하는 방법에 위상공간을 적용함으로써, 역을 통해 역설 해법의 지혜를 구해보았다. 그러나 지금까지 나타난 역의 도상을 통해 볼 때, 아직도 그 해법을 구하는 과정에 있다고 할 수 있다. 하도와 낙서 모두 궁극적으로는 수의 역설이 직면하는 위기를 극복하고 나름대로 시대에 맞는 해법을 찾기 위해 작도된 것으로 보인다.

의학 역시 인체 안에서 발생하는 여러 역설 현상에서 병이 생긴다고 본다. 우선 역설적인 면에서 심신을 이원화시킬 경우 이것이 탈이고 병인 것이다. 그래서 필자는 한의학이 역설을 다루는 방법을 통해 간접적으로나마 그 해법 찾기에 도움을 받을 수 있지 않을까 싶어 이 책을 쓰게 되었다. 그러나 이것은 어디까지나 해법 모색의 한 과정일 뿐이다.

미국의 대선 소식과 함께 현재 세계는 양극화로 치닫고 있다. 파국은 막아야 할 것이다. 이럴 때 음양오행 속에 담긴 상생상극과 주객전도의 지혜를 빌려보면 어떨까? 미국이 지금처럼 일방주의로 나가지 말고 다른 나라와 상생상극하며 주객을 전도해보는 사고방식을 갖게 된다면 이 세계가 얼마나 평화롭게 될까 하는 생각을 하며 착잡한 마음을 갖는다. 상극 일변도를 걷고 있는 미국의 일방주의는 세계를 병들게 하고 있음이 분명하다. 땅 밑마저 서로 상충해 지각변동을 일으키고 있으며, 수많은 인명을 앗아가고 있다. 지구상 초강대국 미국이 교토의정서마저 거부하고 있다는 소식에 착잡한 마음으로 글을 마감한다.

참고 문헌

Aczel, Amir D., 신현용·승영조 옮김, 《무한의 신비》(*The Mystery of The Aleph*), 서울 : 숭산, 2002.

Ashbrook, James B., *The Brain and Belief*, Evanston : Wyndham Hall Press, 1988.

Barr, Stephen, *Experiments in Topology*, New York : Thoma Y. Crowell Company, 1964.

Bartlett, Steven J., and Suber, Peter, *Self-Reference*, Boston : Martinus Nijhoff Publishers, 1987.

Beinfield, Harriet, *Between Heaven and Earth*, New York : Ballantine Books, 1991.

Bohm, David, *Wholeness and the Implicate Order*, Boston : Routledge and Kegan Paul, 1980.

Briggs, John and Peat David, *Seven Life of Chaos*, New York : Harper Collins Publisher, 1999.

Briggs, John and Peat David, *Turbulent Mirror*, London : Perennial Library, 1990.

Chopra, Deepak, *Quantum Healing*, Toronto : Bantam Books, 1989.

Cohen, Jack, *The Collapse of Chaos*, New York : Viking, 1994.

Davidson, John, *The Secret of The Creative Vacuum*, Cambridge : The C. W. Daniel Company, 1989.

Devlin, Keith, *Mathematics, The Science of Patterns*, New York : Henry Holt & Company, 1994.

Doore, Gary, *Shaman's Path*, Boston : Shambhala, 1988.

Dossey, Larry, *Space, Time, and Medicine*, London : Shanmbhala, 1982.

———, *Reinventing Medicine*, Stanford : Harper San Francisco, 1999.

Foss, Laurence, *The End of Modern Medicine*, New York : State University of New York Press, 2002.

Gleick, James, *Chaos*, Auckland : Penguin Books, 1987.

Granville, Henry, *The Mechanism and Freedom of Logic*, London : University Press of America, 1993.

Gupta, Annil, *The Revision Theory of Truth*, London : The MIT Press, 1993.

Hall, Nina, ed., *Exploring Chaos*, New York : W. W. Norton and Company, 1991.

Iovine, John, *The Complete Guide to Inexpensive Do–It–Yourself Holography*, New York : TAB Books, 1990.

Kushi, Michhio, *Macrobiotics and Oriental Medicine*, New York : Japan Publications, Inc., 1991.

Lawlis, G. Frank, *Transpersonal Medicine*, Boston : Shambhala, 1996.

Leshan, Lawrence, *The Mechanic and the Gardner*, New York : Holt, Rinehart & Winston, 1982.

Lorenz Edward, *The Essence of Chaos*, Seattle : University of Washington Press, 1995.

Matsumoto, Kiito and Birch Stphen, *Five Elements and Ten Stems*, Higganum : Paradigm Publications, 1984.

Moyers, Bill, *Healing and The Mind*, New York : Doubleday, 1993.

Nelson, Jone E., *Healing The Split*, New York : State University of New York Press, 1994.

Oickover, Clifford A., *Surfing Through Hyperspace*, New York : Harper Collins Publisher, 1999.

Popper, Karl, *The World of Parmenides*, New York : Routledge, 1998.

Russell, Bertrand, *Introduction to Mathematical Philosophy*, London : George Allen & Unwin LTD., 1960.

Russell, Robert John, *Chaos and Complexity*, Vatican : Vatican Observatory Publications, 1995.

_____, *Quantum Cosmology and The Laws of Nature*, Vatican : Vatican Observatory Publications, 1996.

Schöne, Hermann, *Spatial Orientation*, Princeton : Princeton University Press, 1984.

Song, Ha Suk, *The Nature and the Logic of Truth*, Claremont : Claremont Graduate School, 1994.

Turchin, V. F., *The Phenomenon of Science*, New York : Columbia University Press, 1977.

Werner, Gerhard, "The Topology of the Body Representation in the Somatic Afferent Pathway", Schmitt, F. O., ed., *The Neurosciences*, New York : The Rockfeller Univ. Press, 1970, pp. 605~617.

Whitehead, A. N., *Principia Mathematica*, New York : W. W. Norton & Company, 1927.

_____, *Process and Reality*, New York : The Free Press, 1979.

Walter, Katya, *Tao of Chaos*, Droset : Element, 1994.

Wolf, Fred Alan, *The Body Quantum*, New York : Macmillan Publishing Company, 1986.

가노우 요시미츠, 《중국의학과 철학》, 서울 : 여강출판사, 1991.

가노우 요시미츠, 《몸으로 본 중국 사상》, 동의과학연구소, 1999.

강효신, 《東洋醫學槪論》, 서울 : 고문사, 1981.

고회미, 정병석 옮김, 《주역철학의 이해》, 서울 : 문예출판사, 1995.

구니야 준이치로, 심귀덕 등 옮김, 《환경과 자연인식의 흐름》, 서울 : 고려원, 1992.

그레일링, A. C., 남경태 옮김, 《존재의 이유》, 서울 : 사회평론, 2002.

글리크, 제임스, 성하운 옮김, 《카오스》, 서울 : 동문사, 1996.

금오, 《건강으로 가는 周易 탐구》, 서울 : 신농백초, 1997.

김경호·채홍철, 《수학의 맥을 찾아서》, 서울 : 교우사, 1997.

김교빈·박석준 외, 《동양철학과 한의학》, 서울 : 아카넷, 2003.

김상일, 《현대물리학과 한국철학》, 서울 : 고려원, 1993.

_____, 《초공간과 한국 문화》, 서울 : 교학연구사, 1999.

_____, 《수운과 화이트헤드》, 서울 : 지식산업사, 2001.

김영제, 《고대 서양의학의 질병관》, 서울 : 전파과학사, 1983.

김용옥·김용국, 《위상기하학》, 서울 : 동아출판사, 1992.

김용운, 《도형에서 공간으로》, 서울 : 우성문화사, 1996.

김용운·김용국, 《토포로지 입문》, 서울 : 우성문화사, 1995.

_____, 《프랙털과 카오스의 세계》, 서울 : 우성, 2000.

김인곤, 《플라톤의 파르메니데스 연구》, 서울 : 서울대학교 대학원, 1995.

김정암, 《한의학 어떻게 할 것인가?》, 서울 : 태웅출판사, 1996.

노자키아 키히로, 홍영의 옮김, 《궤변의 논리학》, 서울 : 펜더 북, 1993.

다쓰오까 시즈오, 조재철 옮김, 《레이저와 영상》, 서울 : 겸지사, 1989.

들뢰즈, 질, 김상환 옮김, 《차이와 반복》, 서울 : 민음사, 2004.

_____, 이찬웅 옮김, 《주름》, 서울 : 문학과학사, 2004.

레빈, 재너, 이경인 옮김, 《우주의 점》, 서울 : 한승, 2003.

레터, R., '보건과 사회' 연구회 옮김, 《인간과 의학》, 서울 : 나라 사랑, 1990.

맹웅재 외, 《한의학의 기초이론》, 서울 : 의성당, 2000.

문명호·박종일, 《위상수학 입문》, 서울 : 경문사, 2004.

미치오 가쿠, 최성진 옮김, 《초공간》, 서울 : 김영사, 1994.

박석준, 《몸》, 서울 : 소나무, 1995.

박재주, 《주역의 생성 논리와 과정철학》, 서울 : 청계, 1999.

박희준, 《동양의학의 기원》, 서울 : 하남출판사, 1996.

베이츤, 그레고리, 서석봉 옮김, 《마음의 생태학》, 서울 : 민음사, 1989.

베이트슨, 그레고리, 박지동 옮김, 《정신과 자연》, 서울 : 까치, 1990.

베이트슨, 메리 캐서린, 홍동선 옮김, 《마음과 물질의 대화》, 서울 : 고려미디어, 1993.

브리그스 존, 피트 데이비드, 조혁 옮김, 《혼돈의 과학》, 서울 : 범양사, 1989.

사이먼튼, 칼, 박치주 옮김, 《마음의 의학》, 서울 : 정신세계사, 1997.

산전광윤·대전문언, 吳淡 옮김, 《도설 동양의학》, 서울 : 논장, 1992.

서승조, 양동춘 옮김, 《민중의학의 기초》, 양동춘역, 서울 : 광주출판사, 1986.

세이건, C., 김명자 옮김, 《에덴의 龍》, 서울 : 정음사, 1990.

시겔, 버나드, 김정범 옮김, 《비오스를 찾아서》, 서울 : 소학사, 1990.

시미즈 히로시, 임승원 옮김, 《생명과 장소》, 서울 : 전파과학사, 1992.

신재룡, 《알기쉬운 漢醫學》, 서울 : 동화문화사, 1989.

신천호, 《문답식 한의학 개론》, 서울 : 성보사, 1990.

아커크네히트, 허주 옮김, 《世界醫學의 역사》, 서울 : 지식산업사, 1987.

안도 유키오감수, 이종은 옮김, 《인체의 신비》, 서울 : 고려미디어, 1995.

안재오, 《논리의 탄생》, 서울 : 철학과현실, 2002.

야마오카 에쓰로, 안소현 옮김, 《거짓말쟁이 역설》, 서울 : 영림카디널, 2004.

얀치, 에리히, 홍동선 옮김, 《자기조직하는 우주》, 서울 : 범양사, 1989.

양력, 김충렬 옮김, 《周易과 中國醫學》, 서울 : 법인문화사, 2004.

에르스코비치, 아르망, 문선영 옮김, 《수학먹는 달팽이》, 서울 : 까치, 2000.

余明千, 조혜인 옮김, 《신동양의학개론》, 서울 : 일중천, 1994.

오모다카 히사유키, 신정식 옮김, 《의학의 철학》, 서울 : 범양사, 1990.

와인버그 스티븐, 장회익 외 옮김, 《우주와 생명》, 서울 : 김영사, 1996.

왓슨, 라이얼, 박용길 옮김, 《생명의 조류》, 서울 : 고려미디어, 1992.

요사마사, 요시나가, 임승원 옮김, 《괴델 불완전성 정리》, 서울 : 전파과학사, 1993.

울프, 프레드 A., 박병철 옮김, 《과학은 지금 물질에서 마음으로 가고 있다》, 서울 : 고려원미디어, 1992.

울프, 헨릭, 페데르센 스티그 외, 이종찬·이호영 옮김, 《의학철학》, 서울 : 아르케, 1999.

유기현, 《스트레스 관리》, 서울 : 무역경영사, 1995.

유아사 야스오, 이정배 옮김, 《몸과 우주》, 서울 : 지식산업사, 2004.

이남덕, 《한국어 어원연구》, 서울 : 이화여자대학교 출판부, 1985.

이성언, 《病은 마음으로 고쳐라》, 서울 : 경영문화원, 1978.

이제마, 이을호 역술, 《사상의학원론》, 서울 : 행림출판사, 1976.

이준천 편, 《역의학사상》, 서울 : 법인문화사, 2000.

이창일, 《사상의학, 몸의 철학 마음의 건강》, 서울 : 책세상, 2003.

임병식, 《바울과 이제마의 만남》, 서울 : 가리온, 2002.

장동순, 《東洋思想과 서양과학의 接木과 應用》, 서울 : 청홍, 1999.

전창선·어윤형, 《음양오행으로 가는 길》, 서울 : 세기, 1999.

정재혁, 《의학과 철학의 만남》, 서울 : 전파과학사, 1983.

정호완, 《우리말 상상력》, 서울 : 정신세계사, 1996.

조용현, 《정신은 어떻게 출현하는가?》, 서울 : 서광사, 1996.

조헌영, 《通俗韓醫學 原論》, 서울 : 학림사, 1983.

주커브, G., 김영덕 옮김, 《춤추는 물리학》, 서울 : 범양사, 1989.

지규용, 《한의학 터닦기》, 서울 : 일중사, 1999.

지만석·지성광, 《고려의학원리》, 평양 : 과학백과사전 출판사, 2002.

초프라, 디팩, 유열경 옮김, 《현대병과 명상치료》, 서울 : 동아출판사, 1992.

카프라, F., 이성범·김용정 옮김, 《현대물리학과 동양사상》, 서울 : 범양사, 1985.

_____, 이성범 옮김, 《새로운 科學과 文明의 轉換》, 서울 : 범양사, 1986.

_____, 홍동선 옮김, 《탁월한 지혜》, 서울 : 범양사, 1993.

캐럴, J. M., 이상수 옮김, 《레이저 이야기》, 서울 : 전파과학사, 1988.

키르스타, 알리스, 박지명 옮김, 《스트레스로부터 살아남는 법》, 서울 : 하남출판
사, 1992.

포앙카레 앙리, 김성숙 옮김, 《포앙카레의 만년 사상》, 서울 : 교문사, 2002.

하야시 하지메, 한국철학사상연구회 기철학분과·동의과학연구소 옮김, 《동양의학
은 서양과학을 뒤엎을 것인가》, 동의과학연구소, 1996.

하이젠베르크, 김용준 옮김, 《부분과 전체》, 서울 : 지식산업사, 1982.

한국주역학회 편, 《주역의 근본 원리》, 서울 : 철학과현실, 2004.

한규성, 《역학원리강화》, 서울 : 예문사, 2004.

한동석, 《우주 변화의 원리》, 서울 : 대원사, 2001.

혼마 다쓰오, 임승원 옮김, 《위상공간으로 가는 길》, 서울 : 전파과학사, 1995.

홀런드, 존, 김희봉 옮김, 《숨겨진 질서》, 서울 : 사이언스북, 2001.

황인태, 《하늘, 땅 그리고 우리들》, 서울 : 중원문화사, 1990.

찾아보기

ㅈ